Mit dem Zufall spielen

Steffen Bogen

MIT DEM ZUFALL SPIELEN

Würfel, Karten, Zahlen, Quanten

Konstanz University Press

Dieses Buch wurde gefördert mit Mitteln des Zentrums für Kulturwissenschaftliche Forschung (ZKF) der Universität Konstanz. Der Druck wurde gefördert vom Verein Spiel des Jahres e. V.

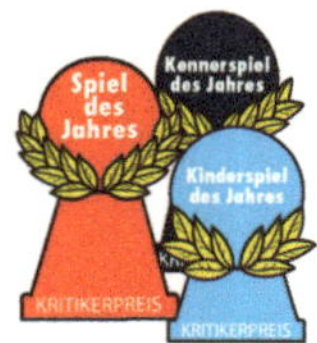

Bibliografische Information der Deutschen Nationalbibliothek

Die Deutsche Nationalbibliothek verzeichnet diese Publikation in der Deutschen Nationalbibliografie; detaillierte bibliografische Daten sind im Internet über http://dnb.d-nb.de abrufbar.

www.k-up.de | www.wallstein-verlag.de
Konstanz University Press ist ein Imprint der
Wallstein Verlag GmbH

Einbandgestaltung: Eddy Decembrino, Konstanz
Druck und Verarbeitung: Hubert & Co, Göttingen
ISBN 978-3-8353-9168-0

Inhalt

Einleitung: Brettspiele entwickeln

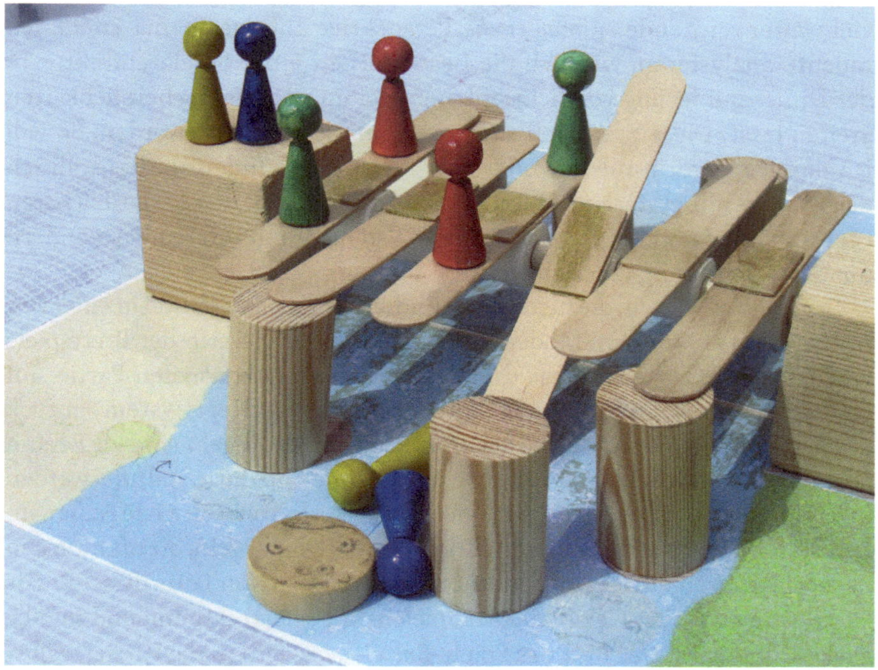

Auf Boardgamegeek, der größten Datenbank für Brettspiele, kann man inzwischen in einer Liste von über 30.000 Namen der Kategorie »Designer« browsen, nicht zu verwechseln mit den Kategorien »Publisher« oder »Artist«, die für Reproduktion, Vertrieb, Graphik, Gestaltung und häufig sogar das Thema eines modernen Brett- oder Kartenspiels verantwortlich sind.[1] Wie also soll man *Designer* ins Deutsche übersetzen: mit Spiel- oder Gamedesigner:in oder besser mit Spieleentwickler:in, Spieleautor:in oder wie jüngst vorgeschlagen mit Spielearchitekt:in?[2] Das Problem ist ebenso offen, wie die Frage, wie viele der auf Boardgamegeek aufgeführten »Designer« ihre Tätigkeit eher als Spiel und Hobby oder eher als Beruf und Arbeit verstehen.

Als ein Autor, der das Hobby zumindest teilweise zu seinem Beruf gemacht hat, schreibe ich das Buch mit Blick auf eine akademische Welt, in die ich als Kunst- und Kulturwissenschaftler eingebunden bin, auch wenn Forschung und Lehre – das eigene Umfeld einmal ausgenommen – vom Erfinden von

Brettspielen bisher wenig Notiz genommen haben. Aus dieser Doppelperspektive erwächst das Thema des Buches. In einer *kunst- und kulturhistorischen* Perspektive frage ich, wie das Design von Brettspielen in den letzten fünfzig Jahren keineswegs an ein Ende gekommen oder durch Computerspiele verdrängt worden ist, sondern sich überraschend weiterentwickelt hat. Aus dem Versuch, zum Kern dieser Frage vorzudringen, entsteht eine viel weiter reichende *systematische* Perspektive auf das Thema *Zufall*: Ich möchte analysieren, wie sich die Besonderheit einer Spielarchitektur in der Dimensionierung von Schwankungsbreiten und Wahrscheinlichkeiten greifen lässt. Diese Frage soll auch mathematisch gestellt werden. So will ich darlegen, worin für mich der Reiz des Spieleerfindens besteht: durch das Basteln mit einfachen Materialien vorzubereiten, was in der nächsten Partie als Spielstand *zählen* soll. Es geht also nicht nur um Zahlen, sondern um die Entwicklung von Zählweisen.

Beide Perspektiven, die historische und systematische, laufen in einer zentralen These zusammen: Modernes Gamedesign im Bereich der Brettspiele ist so angelegt, dass das *play*, d.h. das Spielen einer konkreten Partie, auf ein variables *game*, d.h. ein veränderliches Spiel- und Regelsystem »zurückgespielt« werden kann.[3] Einfacher ausgedrückt: Die Regeln sind zu Beginn jeder Partie noch gar nicht fertig, ihre Aktivierung und Ausgestaltung werden in jeder Partie aufs Neue von der Spielgruppe bestimmt. Für viele Außenstehende führt das zu einer unübersichtlichen Fülle von Regeln, die oft mühsam nachgelesen, vorgemacht und erlernt werden müssen. Der Lohn dieser Praxis ist jedoch eine soziale Flexibilität des Spielens, die selbstbestimmt und zufällig ausgestaltet wird. Der Reiz des Spiele-*Entwickelns* wird in die Partien selbst hineingetragen.[4] Das lässt sich auch an der Tatsache festmachen, dass viele Gamedesigner oder »Spielarchitekt:innen« keine feste Anstellung bei Verlagen haben, sondern im Kreis der Hobbygamer verankert geblieben sind.

Im gemeinsamen Aufbau eines Spiels entsteht ein Spielgefühl, das bereits im Ansatz von einer Definition abweicht, wie sie Huizinga in seinem viel zitierten, aber auch zurecht kritisierten Diktum vom magischen Zirkel des Spielens vorgelegt hat.[5] Der Beginn einer Partie ist dann gerade kein klar abgrenzbarer Eintritt in eine Sphäre unumstößlicher geltender Regeln, sondern lässt das beginnen, was Bernie DeKoven in einer glücklichen Wendung »playing the game« genannt hat:[6] Ein Prozess, in dem die Regeln, nach denen gespielt wird, selbst auf dem Prüfstand stehen und von den Beteiligten immer wieder in dem, was sie miteinander teilen wollen, ausagiert und ausgehandelt werden müssen.

Im kooperativen Aufbau solcher Spielsysteme bekommen zufällige Auslagen und Zuteilungen, so die Grundthese dieses Buches, eine zentrale und noch wenig reflektierte Funktion: Sie entscheiden nicht (nur) über Gewinn und Verlust, sondern stellen den Spielgruppen (vor allem) die Aufgabe, die eigenen Spielweisen, Strategien und Regelbildungen an eine wechselnde Mischung von Spielmaterialien anzupassen.

Dieser Befund wirft Fragen auf, die über die Rolle des Zufalls in Spielsystemen weit hinausreichen. Wofür können Brettspiele eigentlich Modelle sein? Gewiss für die Interaktion der beteiligten Personen. So können moderne Brettspiele zum Modell für Gesellschaften werden, in denen keine Partei die Regeln allein vorgeben kann, wie gemeinnützig oder pädagogisch sie sich auch geben mag. In modernen Brettspielen wird eine Regulierung vorgeführt, die sich über zufällige Zuteilungen und Entscheidungen aller Parteien aufbaut. Ein solches Spielen dient dann auch nicht nur der individuellen Motivations- und Leistungssteigerung, wie sie gegenwärtig in vielen ökonomischen Kontexten als *gamification* propagiert wird, sondern wird zu einer unersetzlichen Form der sozialen Aushandlung, bei der alle ein Wörtchen mitsprechen dürfen.[7]

Diesen Prozess möchte ich untersuchen, indem ich bei den Spielmaterialien ansetze, die aus dem *playtesting* hervorgegangen sind. Wie können Spielmaterialien, sozusagen wie Kiesel im Wasser, von verschiedenen Spielweisen, »rundgeschliffen« werden und für ein variables Spielerlebnis sorgen? Wie können Spielsysteme gut und fair ausbalanciert werden und für nachhaltigen Wiederspielreiz sorgen? Wie lassen sich solche Zusammenhänge überhaupt begrifflich und numerisch fassen?

Je weiter ich mich in die Fragen eingearbeitet habe, desto klarer wurde, dass grundlegende Modelle und Methoden für ihre Analyse fehlten, auch wenn solche Prozesse vielleicht nirgendwo deutlicher auf dem Tisch liegen als im Entwickeln von Brettspielen. Von Anfang an war da die Intuition, dass das Aufbauen von Brettspielarchitekturen ein unterschätztes und unerkanntes Modell für Themenfelder sein könnte, die über menschliche Interaktion und kulturelle Infrastrukturen weit hinausreichen. Gibt es nicht auch in ökologischen Systemen und Organismen eine Vielfalt von Interaktion, die gar nicht zentral und kognitiv gesteuert ist, sondern von einer zufälligen Mischung und Passung von Prozessen abhängt?[8] Wenn wir noch eine naturwissenschaftliche Stufe tiefer steigen, stoßen wir mit Quantenphänomenen auf genuine Zufälle, deren Unvorhersehbarkeit sich nicht bloß auf menschliche Unkenntnis zurückführen lässt.[9] Könnte sich hier vielleicht ein Kreis schließen: die Freiheit, die wir im Spielen erleben, an die Freiheit physikalischer Prozesse zurückbinden? Das sind zweifellos große Fragen. Doch wer mit dem Zufall spielt, kann überraschende Entdeckungen machen.[10] Dies soll im letzten Kapitel des Buches deutlich werden: Ich versuche, Prozesse der

Regelbildung die sich in Spielarchitekturen beobachten lassen, auf Modelle des genuinen Zufalls zu übertragen, die kultur- und naturwissenschaftliche Fragen miteinander verknüpfen.

Damit solche Ideen und Spekulationen nicht in der Luft hängen, brauchen sie das Sprungbrett der Brettspiele. Kehren wir also zurück auf den Boden der Tatsachen und zurück zum Aspekt der Bastelei. Mein erstes 2006 veröffentlichtes Spiel trägt den Namen *Wackelbrücke* (Abb. 1): Figuren werden mit zwei Spezialwürfeln über insgesamt sechs kippende Planken einer Brücke gezogen, die eine sichere und eine unsichere Seite haben. Figuren, die einen festen Stand haben, können anderen die Waage halten. Werden sie von der sicheren Seite abgezogen, hat das recht direkte und zwingende Konsequenzen: Figuren, die auf der Gegenseite stehen, können ein Übergewicht bekommen und die ganze Planke zum Kippen bringen. *Wackelbrücke* ist ein einfaches Kinderspiel, das dennoch in einer Art Modell veranschaulicht, was mich beim Entwickeln von Brettspielen reizt: Das Einschreiben von Regeln in physikalische Materialien; das Dimensionieren von Zug- und Zählweisen, die in konkreten Spielrunden in ein Gleichgewicht gebracht werden müssen; und nicht zuletzt das Zähmen und Zulassen von Zufällen, die von den teilnehmenden Personen unterschiedlich aufgefasst werden können: als unkontrollierbarer Spaß, der die Partie immer wieder unvorhersagbar in den Gegensatz von Gewinn und Verlust kippen lässt, oder als Variation einer gemeinsam zu lösenden Aufgabe.

Diese Qualität von Brettspielen soll in insgesamt fünf Kapiteln in den Blick kommen: Kapitel 1 dient der Klärung von Fragestellung und Forschungsstand. Am Gegenstand der *Brett*spiele, die in den Debatten der auf Computerspiele fokussierten *game studies* kaum eine Rolle gespielt haben, möchte ich den Weg für eine mathematisch-ludologische Methode ebnen, die ich Aleatorik nennen möchte. Sie ist aus der Sicht des Gamedesigns an einem systematischen Balancing von Zählweisen interessiert und stellt Fragen, die mathematische Spieltheorien und ihr Ziel egoistischer Nutzenmaximierung nicht direkt adressieren oder beantworten können.

Kapitel 2 vergleicht mit *Monopoly* (1934) und *CATAN* (1995), zwei moderne und doch sehr unterschiedliche Klassiker des Brettspiels miteinander: *Monopoly* hat die Verschmelzung von Spielbrett, Würfel und Karten populär gemacht und damit das hybride Genre der modernen Gesellschaftsspiele mitbegründet. *CATAN* wird zum Türöffner einer neuen Modernität, indem Spielabläufe durch zufällige Kombinatoriken und die ganze Spielgruppe mitbestimmt und reguliert werden können.

Kapitel 3 verfolgt, wie sich der Zauber des magischen Zirkels in modernen Brettspielen gerade in einer neuen Durchlässigkeit zwischen den Partien und den sozialen Räumen entfaltet, in denen sie stattfinden. Am Beispiel einer konkreten Partie *Scotland Yard* (1983) werden Spielweisen beschrieben, die auf das Entwickeln von Regeln und die Reflexion der eigenen Spielziele abzielen. Das Kapitel ist dialogisch und spielerisch angelegt. Steffen Bogen, der *Gamedesigner* und Hauptautor des Buches trifft auf den *Metagamer* Philip Hauser.

Kapitel 4 bündelt die methodologischen Überlegungen und entwickelt aleatorische Grundbegriffe, mit denen das Öffnen und Schließen von Spielräumen in der Entwicklung von Feld- und Rundenstrukturen beschrieben werden kann. Hauptbeispiel wird mit *Camel Up* eine eigene Spielentwicklung sein, die 2014 als »Spiel des Jahres« ausgezeichnet wurde.

Kapitel 5 stellt die Frage nach der Relevanz der Aleatorik in einer Welt, die noch immer von einer egoistischen Nutzenmaximierung und kybernetischem Maschinendenken beherrscht wird, auch wenn wir seit einem Jahrhundert wissen, dass zählbare Zufälle und regulierte Korrelationen die Grundlage einer geteilten und vernetzten Wirklichkeit bilden. Ziel ist es, die Welt nicht als Maschine zu betrachten, die Menschen steuern und kontrollieren können, sondern als Spiel, in dem wir mitspielen und die Regeln sogar ein wenig mitbestimmen dürfen, solange wir es klug anstellen.

Noch eine letzte Bemerkung zur Schreibweise und Formatierung. Ab dem zweiten Kapitel werden weitere, untergeordnete Gliederungsebenen eingeführt und grafisch sichtbar gemacht. Die Hauptthesen sind in großer Schrift, die Beispiele in kleiner Schrift gesetzt. Dies soll ermöglichen, den Text mit unterschiedlichen Geschwindigkeiten und Vertiefungen zu lesen. Es wird sogar empfohlen, bei einer Übersicht über die Leitlinien der Argumentation zu beginnen und die kleinen Beispiele nur bei Interesse einzublenden. Aber wie bei jeder guten Regel, soll hier auch nicht zu viel vorgeschrieben werden.

1 Wandlungen einer alten Gattung

Bevor wir in die Tiefen des Themas eintauchen, ist ein Forschungsüberblick angebracht. Er wird auch auf Defizite und Desiderate aufmerksam machen müssen, denn Brettspiele stellen meines Erachtens einen hochgradig unterschätzten Forschungsgegenstand dar. Dennoch lohnt sich die Mühe, die eigene Frage und den eigenen Ansatz aus dem Gegenstand und den gängigen Methoden zu entwickeln. Was wissen wir also über die Geschichte der Brettspiele und ihre erstaunliche Weiterentwicklung in den letzten Jahrzehnten, und wie wurden solche Spiele bisher hauptsächlich untersucht?

1.1 *Sitzspiele und Sesshaftigkeit*

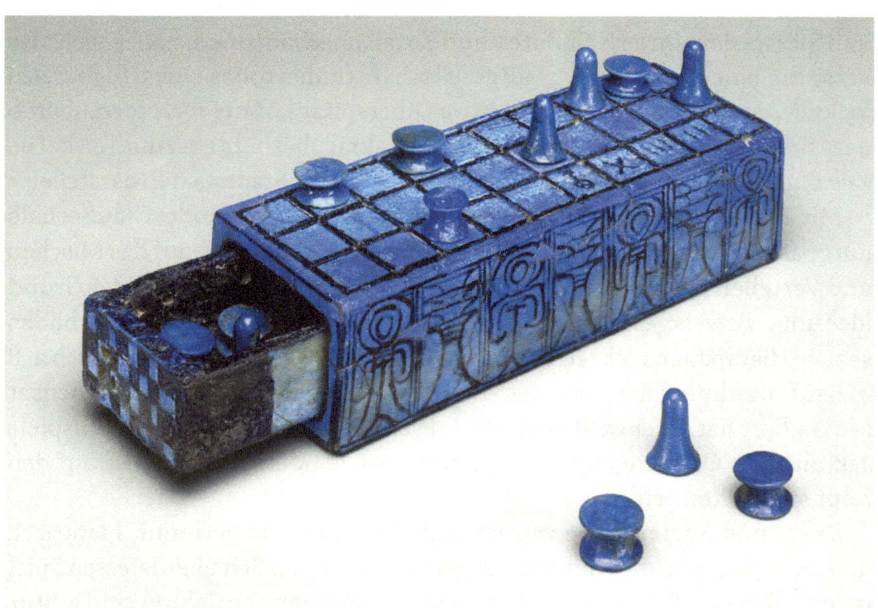

Brettspiele entstehen bereits im dritten Jahrtausend vor unserer Zeitrechnung in den frühen, archaischen Stadtstaaten. Zu den ältesten Beispielen gehören das *königliche Spiel von Ur* oder das vielfach überlieferte Spiel *Senet*. Abgebildet ist ein wunderbares Fayence-Kästchen, das im Grab von Amenophis (Amenhotep) III., dem neunten Pharao der 18. Dynastie gefunden wurde und sich heute im Brooklyn Museum in New York befindet.[11] Auch wenn die Gattung damit auf eine geradezu sagenhaft lange Geschichte zurückblicken kann, scheinen ihre Grundideen weitgehend unverändert geblieben: Noch immer versammeln sich die teilnehmenden Personen in meist sitzender Haltung um einen Tisch oder eine Ablagefläche, um dort kleine Spielsteine, Figuren, Würfel und andere Materialien zu verteilen, zu werfen, zu ziehen und – unabdingbar für das Ermitteln von Ergebnissen – auszuwerten und zu zählen.[12] Alex Randolph, der große Brettspielerfinder des 20. Jahrhunderts, hat in Anlehnung an den *homo ludens* von einem *homo ordinator* gesprochen, der die ›Tischspiele‹ erfunden habe. Er betont, dass mit solchen Spielen ein Sinn für willkürliche Ordnungen auf Tische und Bretter übertragen wurde.[13]

Die frühen Spielbretter und Spielfiguren gehören wie Rechenbretter und Zählsteine zu einer Sphäre der Kalkulation, mit denen ein für Stadtstaaten typischer Verwaltungsapparat versuchte, eine mit den neuen Wirtschaftsformen entstehende Überproduktion zu steuern.[14] Zu beachten ist allerdings auch, dass mit den Brettspielen Instrumente der Divination, wie Astragale, Würfel und Wurfstäbchen, spielerisch gewendet wurden.[15] Mit den Tisch- und Sitzspielen, ihren Zählhilfen und Zufallsmechanismen, haben sich also Versuche einer sesshaften Stadtgesellschaft tradiert, das Unverfügbare zu kalkulieren und zu beschwören. Etwas überspitzt könnte man formulieren, dass Brettspiele das Genre eines zum Teil sakral überhöhten, zum Teil karnevalesk gewendeten Verwaltungsapparats der frühen Stadtstaaten darstellen.[16]

Mit Aufkommen der Papierproduktion im 14. Jahrhundert (außerhalb Europas wahrscheinlich schon früher) wurde das Dispositiv auf das Mischen und Verteilen von Karten übertragen, was bereits die Flexibilität der Grundidee unter Beweis gestellt hat.[17] Die auseinandergeschnittenen Karten bilden soziale Hierarchien nicht nur ab, sondern können sie umkehren, was sich z. B. in der Einordnung des Eins, des »Asses«, als höchster Wert eines Farbensatzes tradiert hat. Hier wird besonders deutlich, dass Brett- und Kartenspiele sakralisierte Ordnungen nicht nur abbilden, sondern karnevalesk auf den Kopf stellen können.

Brett- und Kartenspiele wurden bisher weitgehend getrennt, historisch und archäologisch, d. h. mit grundlegenden Fragen zu den überlieferten Spielmaterialien und Spielregeln untersucht.[18] In den letzten Jahren sind kulturhistorische Arbeiten hinzugekommen, die die Frage nach der Überlieferung von Materialien und Regeln auf soziale Kontexte und Entstehungsorte des Spielens zurückbeziehen.[19] Die zwei großen Hauptzweige der »Tischspiele«, das Brettspiel mit festem Feld, Figuren und Würfeln und das Kartenspiel mit kombinatorisch aufgebauten Kartensätzen sind seit *Monopoly* in einer

Hybridgattung fusioniert, die sich in modernen »Gesellschaftsspielen« immer weiter ausdifferenziert hat.[20] Solche Veränderungen sind in den seltenen Seitenblicken der spezialisierten Karten- und Brettspielforschung auf die eigene Gegenwart kaum in den Blick geraten. So wurde sogar behauptet, dass in Brettspielen und ihren archaischen Materialien, ganz anders als in Computerspielen die Zeit geradezu stillstehen würde.[21] Immer wieder haben es Brett- und Kartenspiele ungeachtet ihres hohen Alters und ihrer faszinierenden Wandlungsfähigkeit geschafft, unter dem Radar größerer kulturwissenschaftlicher Forschungsprojekte zu fliegen.

In Ansätzen, die sich dezidiert als *Game Studies* bezeichnen, bedeutet »game« am Anfang ziemlich eindeutig Computerspiel.[22] Ableitungen und Abgrenzungen von Brettspielen sind punktuell und werden meist als Gegensatz von ›traditionellem‹ Brettspiel und ›modernem‹ Computerspiel modelliert.[23] Ausblicke auf neu entwickelte Brettspiele sind selten.[24] In den grundlegenden Diskussionen zwischen narratologischen und ludologischen Ansätzen, auf die ich noch genauer eingehen werde, spielen Brettspiele zunächst keine Rolle.[25] In den Gründungsschriften der *Game Studies* findet man daher den Begriff »board« häufiger im »keyboard« als im »boardgame«.

Auch von der anderen Seite des Brettspiels her wurden wenig Brücken gebaut. Viele Pädagog:innen haben behauptet, dass die ›vereinsamenden‹ Praktiken des Computerspiels nichts mit den ›eigentlichen‹ kulturstiftenden Formen des Spielens gemein hätten.[26] Dezidiert auf das Brettspiel ausgerichtete Ludolog:innen haben in Selbstverlagen oder online, ohne akademischen Kontext und Anschluss an die auf das Computerspiel orientierten *Game Studies* publiziert.[27] Das gilt z.B. auch für die zwischen 2006 und 2015 zehnmal ausgetragenen »Weilburger Spieleautorentage«, eine von der Brettspielszene getragene Fachtagung. Die lesenswerten Beiträge sind in mehreren Bänden dokumentiert, aber über die engere Szene hinaus bisher kaum wahrgenommen worden.[28]

Feuilletons deutschsprachiger Zeitungen hatten bereits in den siebziger Jahren des letzten Jahrhunderts damit begonnen, das wandlungsfähige Kulturgut ›Brettspiel‹ zu pflegen und Kolumnen zu neuen Gesellschaftsspielen einzurichten.[29] Aus dem Kreis der ersten Brettspieljournalisten ist auch die Jury »Spiel des Jahres« hervorgegangen.[30] Der seit 1979 vergebene Kritikerpreis hat sich schnell zu einer auch international beachteten Marke entwickelt, die den prämierten Spielen regelmäßig zu erstaunlichen Auflagenhöhen verhilft.

In den letzten zehn Jahren sind auf allen Kontinenten – d.h. wirklich weltweit – Brettspielcafés entstanden, in denen moderne Spiele ausgeliehen und gespielt werden können.[31] Die Verkaufszahlen wachsen beständig, so dass die Zeitungen in regelmäßigem Abstand von einer überraschenden »Renaissance der Brettspiele« berichten. Das Attribut »überraschend« zeigt jedoch, dass die Feststellung auf dem Vorurteil beruht, Gesellschaftsspiele seien eigentlich eine veraltete und historisch gewordene Gattung, die von den modernen Computerspielen abgelöst worden sei.[32] Dies ist aber keineswegs der Fall: Analoge Spiele haben sich im digitalen Zeitalter erstaunlich ausdifferenziert.[33]

Inzwischen sind viele Brettspielekritiken in eigene Online-Foren und Social-Media-Kanäle ausgewandert. Die Szene versucht, eigene Qualitätsstandards zu definieren, die über ein verständliches Erklären der Regeln hinausreichen und das eigentliche Spielerlebnis erfassen sollen.[34] Auf der weltweit größten Spielemesse ohne Computerspiel, der SPIEL in Essen, stellen jährlich über 600 Aussteller weit über 1000 neue Titel vor. 2021 wurde der weltweit größte Verlag und Vertrieb analoger Spiele für 3,5 Milliarden Dollar (!) von einem der größten Computerspielstudios aufgekauft, nicht um die Gattung abzuschaffen, sondern um sie ökonomisch auszubauen. Für 2023 wird ein Volumen des weltweiten Brettspielmarktes von etwa 12 Milliarden Dollar geschätzt.[35] Die Studien, die sich dezidiert mit der neuesten Entwicklung von Brettspielen beschäftigen, mehren sich.[36]

1.2 *Neue Forschungsansätze*

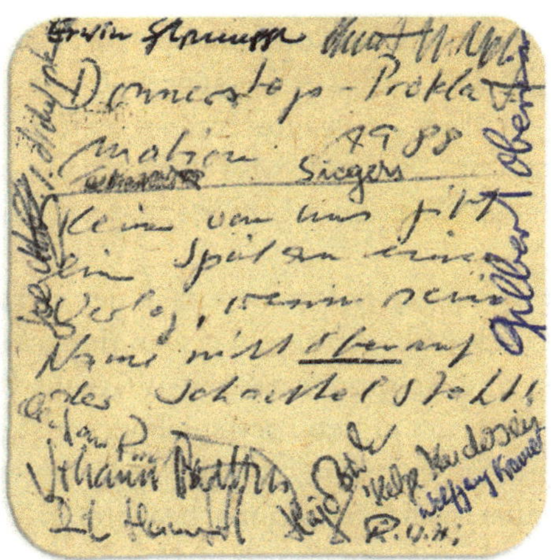

Man kann so weit gehen und behaupten, dass sich die Gattung der Brett- und Kartenspiele in den letzten 50 Jahren parallel zu den Computerspielen neu erfunden hat.[37] Am einfachsten lässt sich diese These an der anfangs erwähnten Kategorie der *Gamedesigner* festmachen. Seit etwa 30 Jahren werden die Namen der Spieleautoren auf den Schachteln und Spielregeln regelmäßig abgedruckt. Als im 19. Jahrhundert ein eigener Markt für Gesellschaftsspiele entstanden ist, waren es zunächst die Verleger, wie Milton Bradley oder Otto Maier aus Ravensburg, die auf den neu gestalteten Spielen firmierten.[38] Es blieb die Ausnahme, Erfinder- oder Autorennamen im engeren Sinn zu nennen, bis sich in einer folgenreichen Aktion auf der Nürnberger Spielwarenmesse 1988 die damals erfolgreichsten Brettspielautoren einen Bierdeckel unterzeichneten, der bis heute im Spielearchiv in Nürnberg aufbewahrt wird (Abb. 1.2): »Keiner von uns gibt ein Spiel an einen Verlag, wenn sein Name nicht oben (unterstrichen) auf der Schachtel steht.« Zu den Unterzeichnern dieser »Donnerstags-Proklamation« gehörten u. a. der bereits zitierte Alex Randolph, Erwin Glonegger, Johannes Rüttinger, Hajo Bücken, Reinhold Wittig und Wolfgang Kramer.[39] Eine solche Solidarität unter den Autoren (tatsächlich firmiert am Anfang keine weibliche Autorin) hatte sich vor allem auf dem von Karin und Reinhold Wittig initiierten »Göttinger Spieleautorentreffen« entwickelt, das bis heute jährlich abgehalten wird.

Inzwischen werden pro Jahr weltweit vorsichtig geschätzt 1500 Brettspiele mit Namen von Autor:innen veröffentlicht. Die Gruppe der Personen, die solche Spiele erfinden, wächst, und damit auch mögliche Fragen, die sich an eine solche Praxis richten: Was unterscheidet ein neu erfundenes Spiel von einem bereits existierenden? Und noch schwieriger: Was unterscheidet ein Spiel, das Wiederspielreiz erzeugt, von einem Spiel, das, einmal gespielt, zur Seite gelegt wird? Solche Fragen beschäftigen Gamedesigner:innen ebenso wie Spielekritiker:innen, die ihre Tätigkeit nicht nur als Produktentwicklung oder Warentest, sondern als Arbeit an einem ebenso alten wie neuen Kulturgut Spiel verstehen.[40] Doch wo soll der Vergleich überhaupt ansetzen: bei der Graphik, beim Thema, beim Spielmechanismus, bei den Emotionen und Erlebnissen der Spielenden oder bei der Verbindung aller Elemente?[41]

Inmitten der weltweiten Covid-Pandemie sind zwei Bücher zum Thema Brettspiel erschienen, die sich nicht nur als Spezialstudie zu einem Nischenthema verstehen, sondern methodologische Anschlüsse an andere Themen legen. Der Sammelband von Brown und MacCallum-Stewart bietet einen methodologisch reflektierten Überblick über ein breites Spektrum an kulturwissenschaftlichen Ansätzen, das Buch von Paul Booth schreibt das Thema in medienwissenschaftliche Kontexte ein.[42] Der Verein »Spiel des Jahres« hat 2021 zwei Promotionsstipendien ausgelobt, die sich mit der Entwicklung des modernen Brettspiels und der Geschichte dieses Preises befassen.[43] Asmodée, der weltweit größte Hersteller von Brettspielen, hat eine eigene Plattform gegründet, die wissenschaftliche Studien im Bereich der Brettspiele unterstützt.[44] Auf der SPIEL 2022 in Essen wurde ein *research day* veranstaltet, der verschiedene deutschsprachige Ansätze gebündelt hat.[45] Auch die aus dem Bereich Computerspiel kommenden *Game Studies* haben sich in den letzten Jahrzehnten sehr viel weiter auf das Thema ›Boardgame‹ geöffnet.[46] Inzwischen gibt es auch einige spezielle Podcasts[47] und dokumentierte und in Buchform publizierte Tagungsberichte von Brettspielentwickler:innen, die über den Anspruch praktischer Ratgeber hinausgehen.[48] So schließt der Begriff Gamedesign auch in schriftlichen Publikationen langsam aber sicher auch den Bereich der Brettspiele ein.[49]

Im Folgenden möchte ich mich in diesen Prozess einschreiben und in gewisser Hinsicht Grundlagenarbeit leisten, ohne zu beanspruchen, alle Aspekte, die ein gutes Gamedesign oder eine gute Brettspielkritik ausmachen, zu erfassen. Stattdessen möchte ich auf einer sehr tiefen Ebene des Spielsystems ansetzen, und die auch mathematisch und medientheoretisch spannende Frage stellen, wie in den Materialien Kombinations- und Variationsmöglichkeiten angelegt sind, die verschiedene Spielverläufe und Zählweisen zulassen, aber auch einschränken. Diese Frage ist in der zitierten Literatur nicht unerwähnt geblieben. So haben z. B. Melissa Rogerson, Martin Gibbs und Wally Smith in einem Beitrag zum Sammelband von Brown und MacCallum-Stewart über die Funktion von Spielmaterialien gesprochen, Instrumente der Kalkulation und Zufallserzeugung bereitzustellen.[50] Ich nenne diesen Aspekt einer Spielarchitektur das *Dimensionieren* von Materialien und Zufällen, und versuche einleitend etwas weiter auszuführen, wie dieser auch mit Zahlen und Wahrscheinlichkeiten argumentierende Ansatz zu einer Modellbildung führen soll, die größere kultur- und naturwissenschaftliche Themen einschließt.

In Spieleautor:innenkreisen ist bekannt, dass ich einige Schubladen mit Spielmaterialien in meinem Arbeitszimmer habe, in denen ich immer wieder gerne krame, um auf neue Ideen zu kommen. Meine Spiele haben wie die *Wackelbrücke* oft kleine materielle Gimmicks, die aus solchen Spielereien entstanden sind: kippende Planken einer Brücke; Mäuse, die durch Mauselöcher schlüpfen; Hasen, die über Hasenfenster springen; Würfel, die aus Pyramiden fallen oder Kamele, die sich stapeln. Demnach wird es vielleicht überraschen, wenn ich nun ein recht mathematisches Buch über Brettspiele vorlege. Für mich sind das aber keine Gegensätze. Denn dieses Buch handelt nicht nur von Zahlen und Wahrscheinlichkeiten, sondern von Zählweisen, die in den Materialien, ihrer Kombinatorik und einer entsprechenden Wahrnehmung angelegt sind. Dimensionieren von Kontingenz bedeutet für mich, festzulegen, was in den Materialien überhaupt in fester Verbindung oder freier Kombinatorik unterschieden und gezählt werden kann. Aus diesen

Zählweisen entstehen dann Regelsysteme und Bedingungen, unter denen eine Partie fortgeführt werden kann, aber auch enden soll. Wenn ein Spiel gut ist, erscheint dieser Prozess keineswegs trocken, sondern kann wie ein Modell mit dem Thema verbunden und atmosphärisch eingekleidet werden.

Der 2022 verstorbene Bruno Latour fragt am Ende seiner Untersuchung zur »Anthropologie der Modernen« nach einer neuen Wertschätzung der Buchhaltung. Wie lässt sich die Berechnung von Kosten und Nutzen hinterfragen, indem wir die Aufmerksamkeit auf die Prozesse der Feststellung und Kalkulation lenken?[51] Genau das können moderne Brettspiele mit ihren einfachen Mitteln vormachen: Die reflexiv gewordenen »Zählsteine« und Zählhilfen sind so geschickt dimensioniert, dass sie in wechselnden Kombinationen und Auslagen immer wieder neu angeordnet und ausgewertet werden können. Im folgenden Buch soll an konkreten Beispielen ein Vokabular für die Analyse solcher Prozesse entwickelt werden.

Das Ziel lässt sich an zwei bekannten und unterschiedlich komplexen Beispielen verdeutlichen, die im zweiten Kapitel genauer betrachtet werden: *Monopoly* und *CATAN*. In beiden Spielen werden am Anfang jeder Runde zwei sechsseitige Würfel geworfen. Dieser Input einer kontingenten Würfelsumme wird auf ganz unterschiedliche Weise in die für das Spiel entscheidenden Dimensionen und Währungen übersetzt und umgerechnet. In *Monopoly* ist die ›Zielwährung‹ das alles bestimmende Spielgeld, in *CATAN* sind es die auf verschiedene Weise zu erringenden ›Siegpunkte‹.[52] Zwischen die Würfelsumme und die ›Zieldimension‹ schieben sich in unterschiedlicher Komplexität Zwischendimensionen, in denen Zählweisen übertragen und verrechnet werden, über die Lauffelder eines Parcours oder mit Karten, die man einsammelt und wieder ausgibt. Mit der Dimensionierung der Kontingenz wird im Kern ein ökonomisches System angelegt, das bestimmt, wie die Aktionen über Zählweisen miteinander verknüpft oder voneinander entkoppelt sind, mit welchen Schwankungsbreiten die Werte auftreten, ob sie gezielt gewählt oder blind zugeteilt werden und wie all diese verschiedenen Ebenen eines Spiels aufeinander aufbauen.

1.3 *Narratologie vs. Ludologie*

In Brettspielen liegt die gestaltete Kontingenz in Form von Würfeln, Karten und variablen Spielplänen sehr viel offener auf dem Tisch als in Computerspielen, wo sie eher in den Tiefen des Codes verborgen ist. Solche ökonomischen Systeme zu beschreiben ist etwas anderes, als Bücher, Filme oder andere Formen der Erzählung zu analysieren.[53] Dennoch dominieren vielfach narratologische, aus der Literatur- und Filmwissenschaft abgeleitete Methoden die *Game Studies*. Selbst Ansätze, die sich dezidiert als ludologisch bezeichnen, arbeiten mit der Metapher des ›Lesens‹ von Spielen und halten damit am Ziel der Analyse fest, Bedeutungen zu analysieren, die ein Spiel mit seinen – eben spielerischen – Mitteln erzeugen und kommunizieren kann.[54] Auch die Metasprache der Ludolog:innen ist weitgehend verbal geblieben und argumentiert ohne Zahlen.

Spielanleitungen von Brettspielen beginnen dagegen in der Regel mit der Aufzählung von Spielmaterialien. Auch Computerspiele werden durch Zahlen geprägt, die etwa Spielaktionen in einen Punktestand und eine ablaufende Spielzeit transformieren. Wie solche Werte bestimmt und errechnet werden, wird bei Computerspielen im Programmcode definiert und ist im Spielerlebnis oft weniger greifbar als in Brettspielen. Im schlechtesten Fall treffen Geheimhaltungsvorschriften der Computerspielproduzenten auf unterentwickelte Codelesefähigkeiten von Medienwissenschaftler:innen. So scheint sich die Ausgrenzung von Brettspielen auch negativ auf die Entwicklung mathematischer Methoden in den *Game Studies* ausgewirkt zu haben. Sie verweisen fast nie mit Zahlen auf ein Spiel, seine Bewertungskriterien und Zählmechanismen, noch weniger werden diese Zahlen in irgendeine Form von Gleichung, Kombinatorik oder Wahrscheinlichkeitsrechnung überführt.[55] Eine Ausnahme bilden gesonderte statistische Erhebungen zu Spielen, etwa Umfragen zum Spielspaß, die jedoch nichts mit den spieleigenen Zählweisen zu tun haben.[56]

Es gibt sicher viele Fragen des Gamedesigns, die sich zunächst begrifflich fassen lassen. So hat Aki Järvinen in seiner Taxonomie von Spielelementen vierzig grundlegende »Spielmechaniken« als ludologische Grundbegriffe definiert; Geoffrey Engelstein und Isaac Shalev haben eine eigene, systematisch geordnete Liste von »Bausteinen des Brettspieldesigns« vorgelegt.[57] Stewart Woods wendet in seiner ersten größeren Studie zum modernen Brettspielgenre der »Eurogames« die Kategorien von Järvinen an.[58] Zu den wichtigsten Primärmechaniken, die er in seinem Gegenstandsbereich antrifft, gehören demnach »eine Wahl treffen« (»Choosing«), »Spielelemente platzieren« (»Placing«) und Elemente »von einem Punkt zum anderen bewegen« (»Point-to-Point Movement«). Für das historische Ziel der Analyse erweisen sich diese Kategorien als zu grob, denn moderne »Eurogames« lassen sich so gerade nicht von traditionellen Brettspielen wie z. B. *Senet*, *Schach* oder *Backgammon* abgrenzen. Aussagekräftiger ist die Feststellung, dass »direkte Kampfhandlungen« wie das Schlagen von Figuren oder »Eroberungen« im neuen Brettspieldesign eher selten bis gar nicht vorkommen.[59]

Um die Beschreibung zu schärfen, greift Wood deshalb auf Kategorien zurück, wie sie die Brettspielszene bereits 2012, im Erscheinungsjahr seines Buchs u. a. auf *Boardgamegeek* diskutiert hat.[60] So kann er charakteristische Mechaniken definieren, zu denen z. B. Mehrheitswertungen (»Area majority«) oder das Platzieren von Spielfiguren beim Auswählen von Aktionen (»Worker Placement«) gehören. Bis zum Ende arbeitet allerdings auch Woods auf einer begrifflichen, sprachlichen und grafischen Ebene, ohne den Zugriff auf Zahlen und Spielauswertungen zu geben, die dem Spielsystem und einzelnen Partieverläufen selbst entnommen wären.

Mit dieser Kritik am mangelnden Interesse der *Game Studies* für Zahlen will ich keineswegs behaupten, dass das Narrativ und Thema eines Spiels irrelevant oder nebensächlich für ein Spielerlebnis wären. So zeigen gegenwärtig viele narratologisch-ludologische Analysen auf, wie die scheinbare Bedeutungslosigkeit von Spielen zur ideologischen Falle werden kann, wenn Spiele unhinterfragt Stereotypen und Klischees tradieren.[61] Auch in der Praxis setzt ein Umdenken ein, indem z. B. für Ökologie und Diversität sensibilisierende Themen und Graphiken neue Marktanteile gewinnen oder in die Konzeption der spielerischen Rollen Aufforderungen zur Kooperation eingebaut werden.[62] Seit den Debatten um Ludologie und Narratologie wird betont, dass man beide Seiten eines Spiels untersuchen sollte: das, was man ludologisch das interaktive Potential und das, was man narratologisch den ludischen Text nennen kann.[63] Allerdings wird die Eigenständigkeit ludologischer Fragen regelmäßig als ›polemisch überspitzt‹ bezeichnet oder die Unterscheidung selbst als intellektuell überholt bzw. nur für einzelne Spielgenres relevant dargestellt.[64]

In dieser Situation möchte ich (noch einmal) eine Lanze für eine dezidiert ludologisch-*mathematische* Fragestellung brechen, welche die Argumentation mit Zahlen und Wahrscheinlichkeiten nicht von vornherein ausschließt, sondern methodologisch integriert.[65] So kann es z. B. spannend und sinnvoll sein, moderne Brettspiele auf den unterschwelligen Zusammenhang zwischen »romantischen«[66] bis »kolonialistischen Narrativen« und harter ökonomischer Logik zu untersuchen.[67] Doch um solche Spannungen überhaupt aufzeigen und analysieren zu können, sollte man Spielmechaniken nicht nur aufgrund ihrer narrativen Einkleidung kritisieren, sondern auch die Dimensionierung ihrer Spielarchitektur analysieren können. Auf dieser Ebene kann man die im Kreis von Gamedesigner:innen viel entspannter diskutierte Frage angehen, wie Spiele nicht nur für Simulation und Narration, sondern für Spaß und Gemeinschaftserlebnisse sorgen können.

So verdienstvoll und aufschlussreich die Klassifikation von Spielmechanismen auch sein mag, der Ansatz greift zu kurz, wenn er keine Auskunft darüber gibt, wie die Mechanismen dimensioniert und auch über Quantitäten miteinander verschränkt werden. Denn es macht einen Unterschied, ob sich Personen zwischen zwei oder zehn Optionen entscheiden müssen, egal ob sie dabei Handkarten ausspielen oder Spielfiguren auf Aktionsfelder setzen.[68] Deshalb bin ich skeptisch, wenn die Güte eines Spiels allein über die Aufzählung von Mechaniken geklärt werden soll.[69]

Denn der Teufel steckt oft im Detail, und das Detail sind in diesem Fall Zahlen. Wie wundervoll Mechaniken auch ausgewählt und zusammengestellt worden sein mögen: Wenn sie schlecht dimensioniert sind, bringen sie den Spielfluss zum Stocken. Bereits auf einer grundlegenden Regelebene sind Zahlen bei der Verknüpfung von Mechaniken das entscheidende Bindeglied. Wie kann z. B. überhaupt das Rollen eines Würfels (*roll*) mit dem Ziehen einer Spielfigur (*move*) zum komplexen Mechanismus »roll & move« kombiniert werden? Wäre ein dritter Mechanismus nötig, um die beiden unabhängigen Grundbausteine zu einem komplexen Mechanismus zusammenzufügen, würde die Analyse in einen unendlichen Regress geraten, weil ja auch der dritte Mechanismus einen weiteren Anschlussmechanismus bedürfte? …

Was die beiden Mechanismen zu einem übergeordneten Mechanismus »roll & move« verbindet, ist also schlicht ein verkoppelter Akt des Zählens, in dem eine Zahl aus der einen Dimension und in die andere übertragen wird. Bereits im Ansatz sind Zählweisen und Zahlen das entscheidende Bindeglied der Regelentwicklung.

Wie Paul Booth feststellt: Spielmechanismen sind nicht alles. Warum sollten wir Brettspiele analysieren, wenn es uns am Ende nur um abstrakte und tote Mechanismen oder Zahlenketten und nicht das Erlebnis und die Charaktere der Spielenden gehen würde?[70] Doch wie kommt man von der einen Seite des *game* auf die andere Seite des *play*? Das ist nach wie vor die große, ungelöste Frage der *Game Studies*. Und sie bleibt meines Erachtens unlösbar, zumindest partiell ungreifbar, wenn wir darauf verzichten, Zahlen und Zählweisen in die methodologischen Ansätze zu integrieren. Wie viele Karten bekomme ich, wie viele muss ich auswählen, ablegen oder weitergeben? Wie viele Aktionsfelder stehen für die Platzierung meiner Figuren zur Verfügung, wie viele bleiben unbesetzt? Solche ›Kleinigkeiten der Dimensionierung‹ können darüber entscheiden, ob ein Spiel gut funktioniert oder nicht.[71] Diese an Zahlen und Wahrscheinlichkeiten ausgerichteten Überlegungen sollen im Zentrum der folgenden Kapitel stehen. Es sind Brettspielautoren wie Reiner Knizia oder Geoffrey Engelstein, die diesem Ansatz den Weg bereitet[72] oder ihn in einer Reihe von Podcasts bereits weit entwickelt haben.[73]

1.4 *Aleatorik und Spieltheorie*

Was gute Spiele ausmacht, kann man nicht einfach berechnen, man kann die Frage nach ihrem Wiederspielreiz aber *auch* mathematisch stellen. Die zu entwickelnde ludologisch-mathematische Methode soll den vom Würfel abgeleiteten Namen Aleatorik tragen. Die Bezeichnung wurde bisher vor allem für musikalische Kompositionsverfahren verwendet, die auf zufällige Ziehungen zurückgreifen.[74] Der Begriff schreibt sich damit in eine Geschichte ästhetischer Verfahren der Moderne ein, die Unordnung und Kontrollverlust als Teil der künstlerischen Kreativität proklamieren.[75] Damit werden lebensweltliche Kontingenzerfahrungen gespiegelt[76] das subjektiv Unterbewusste oder eine subjektlose Autorschaft erkundet und gegen eine dominierende gesellschaftliche Zweckrationalität gewendet.[77]

Mit der Übertragung des Begriffs »Aleatorik« auf Brett- und Kartenspiele, in denen zufällige Würfe und Ziehungen ganz selbstverständlich und traditionell eingesetzt werden, verschiebt sich der Fokus: Es geht mir im Folgenden weniger um die ästhetische Erfahrung oder den Kontrollverlust einzelner künstlerischer Subjekte, sondern um die Gestaltung von Aktionsmöglichkeiten und Handlungsfreiheit in einer Gruppe, an der auch die *agency* von Materialien beteiligt ist. Deshalb können daraus auch naturwissenschaftliche Modelle entstehen, in denen die regulierte Interaktion, gar nicht zentral und kognitiv gesteuert wird, sondern von einer zufälligen Mischung und Passung von Lebewesen und Umwelten abhängt.

Die Frage, wie sich das in Spielen abbilden kann, ist noch keineswegs gut erforscht, auch wenn die gezielte Suche zu wichtigen und grundlegenden Arbeiten führt. So ist die Unvorhersagbarkeit von Spielverläufen immer wieder als wichtiger Faktor des Widerspielreizes und als grundlegende Frage des Spieldesigns identifiziert worden.[78] Auch in den akademischen *Game Studies*, die sich auf Computerspiele fokussieren, hat die Frage, wie man Schwankungsbreiten einstellen kann, eine gewisse Präsenz. Allerdings hat der Zufall hier einen eher schlechten Ruf, wird er doch aus Sicht der Spielenden vor allem als Gegensatz zu dem aufgefasst, was mit Geschicklichkeit erreicht werden kann, was etwa mit dem Meme ›RNGesus‹ ironisiert wird.[79]

Debatten über den »guten« und »schlechten« Einsatz des Zufalls im Game Design haben freilich zu einer interessanten Unterscheidung zwischen *Input* und *Output Randomness* geführt. Auch Alexander Jaffe verwendet sie in der bisher ausführlichsten Studie zu quantitativen Methoden des *Gamebalancing*.[80] Ein früher Beleg der Begriffe findet sich im Blog des Spieleentwicklers Ian Schreiber.[81] Inzwischen zirkulieren die Begriffe als eine Art Allgemeinwissen in verschiedenen Publikationen und Diskussionen:[82]

Output-Randomness steht für Zufälle, die darüber entscheiden, zu welchem Ergebnis eine getroffene Entscheidung führt. So können z. B. alle, die würfeln, das Ergebnis ihrer Aktion nicht selbst bestimmen, auch wenn sie den Zeitpunkt oder die Anzahl der Würfel wählen können. *Input Randomness* steht dagegen für Zufälle, die ein zufällig bestimmtes Set von Optionen bereitstellen, aus dem die Teilnehmer eine gezielte Auswahl treffen dürfen. Paradigmatisch hierfür steht die zufällig verteilte Kartenhand, aus der einzelne Karten gezielt ausgespielt werden. Aber auch Würfel, die man nach dem Wurf entweder stehen lassen oder noch einmal werfen darf, bekommen den Charakter von *Input Randomness*.[83]

Andere Autor:innen bezeichnen *Input Randomness* auch schlicht als *Randomness* und *Output Randmoness* als *Luck*.[84] Ich bevorzuge jedoch die Präzisierung über die Vorsilben Input und Output. Mit *Input Randomness* erzeugte, zufällige Optionen haben die für moderne Brettspiele charakteristische Eigenschaft, nicht auf direkte und brutale Art das Spielschicksal einzelner Teilnehmer:innen zu bestimmen, sondern mit Schwankungsbreiten für eine Flexibilität zu sorgen, an der sich unterschiedlich riskante Spielweisen herausbilden können. Es wird sich herausstellen, dass Zufall in dieser Hinsicht ein anderes Wort für die partielle Freiheit und Unabhängigkeit von Aktionen ist, die es Akteur:innen ermöglicht, differenzierte und doch medial verschränkte Eigenschaften auszubilden. Zufall steht dann nicht nur für Kontingenz, sondern für die arbiträre Einschränkung von Willkür in einem Kollektiv.[85]

Selbstverständlich nutzen auch viele Computerspiele den *Random-Number-Generator* um *Input Randomness* zu erzeugen. Dafür steht z. B. das Konzept der »Procedural Content Generation« (PCG), mit dem verschiedene Spielelemente variiert werden können. Das in den 1980er Jahren veröffentlichte Spiel *Rogue* stellt z. B. immer wieder die Aufgabe, ein Verlies zu durchqueren. Es wird aus einer zufällig bestimmten Kombinatorik erzeugt, so dass jede Partie anders aufgebaut ist und neue Gebiete mit zufällig platzierten Gegenständen und Gegenfiguren entstehen lässt. Das Spiel gilt als genreprägend für *rogue-like* und *rogue-lite games*, die durch ein kombinatorisches Setting und Leveldesign charakterisiert sind.[86] Es ist auch historisch spannend, dass sich hier Parallelen zu variabel aufgebauten Spielplänen ziehen lassen, die das moderne Brettspieldesign revolutioniert haben und dort mit ganz anderer Deutlichkeit und Sichtbarkeit auf dem Tisch liegen.

An dieser Stelle gewinnen die aleatorischen Überlegungen Anschluss an mathematische *Spiel- und Wahrscheinlichkeitstheorien*.[87] Mit dem Interesse für eine aleatorische Systematisierung des *Gamedesigns* verändert sich jedoch bereits im Ansatz die Fragestellung. Spiel- und Wahrscheinlichkeitstheorien sind letztlich kybernetische Ansätze, die versuchen, die Grenze zwischen Zufall und Kontrolle zu Gunsten einer steuernden Instanz zu verschieben, so dass Ergebnisse reproduziert, Informationen gegen Rauschen verteidigt und die eigenen Gewinne maximiert werden können. Ein aleatorischer Ansatz fragt dagegen, wie sich Akteur:innen und Materialien in Raum und Zeit entwickeln und ausdifferenzieren können, sodass sie Chancen und Risiken gemeinsam, aber auch unterschiedlich ausloten, unabhängige und aufeinander abgestimmte Eigenschaften ausbilden und mit und gegen den Zufall in Kontakt bleiben können. Versuchen wir diesen Unterschied am Ende dieser methodologischen und thematischen Vorüberlegungen noch etwas genauer herauszuarbeiten.

Die *Wahrscheinlichkeitstheorie* entzündet sich im 17. Jahrhundert am Problem, wie man in Glücksspielen rational wetten kann.[88] Die Frage, wie man Verluste minimieren und Gewinne maximieren kann, vererbt die *Wahrscheinlichkeitstheorie* an die *Spieltheorie*, die damit neue Gegenstandsbereiche erschließt. Die ökonomisch-mathematische Theorie, deren grundlegende Arbeiten Mitte des 20. Jahrhunderts publiziert wurden, modelliert Situationen, in denen Parteien Entscheidungen unabhängig und ohne Kenntnis voneinander treffen müssen.[89] In einem rationalen Kalkül soll die eigene Bilanz optimiert werden, auch wenn die Entscheidungen der anderen unbeeinflussbar bleiben.[90] Unter »Spiel« versteht die *Spieltheorie* also eine »relativ reine, präzise und einfache Welt«, in der abgegrenzte und unabhängig voneinander agierende Parteien ihren egoistisch definierten Nutzen maximieren.[91]

Die Aleatorik stellt im Vergleich mit klassischer *Wahrscheinlichkeitstheorie* und *ökonomischer Spieltheorie* eine andere Frage: nicht, wie man ein gegebenes Spiel gewinnen kann, sondern wie man im Entwickeln guter Spiele gemeinsam im Spiel bleiben kann. Mit dem Interesse am *Entwickeln* von Spielen, geht es also nicht darum, den Zufall zu einem ›Erfolgsfaktor‹ für einzelne Parteien und ihren Egoismus zu machen, wie sehr sich dieser auch in das Gewand eines ›Wir‹ zu kleiden versucht.[92] Das zentrale Faszinosum, das sich am modernen Brettspieldesign beobachten lässt, besteht darin, Regelbildung im Prozess des Spielens selbst auszuhandeln, in zufälligen Zuteilungen und in der Kooperation von Parteien. Wie kann man Regeln gemeinsam so entwickeln, dass Partien möglichst lange offen, variabel und *unentschieden* bleiben?[93] So könnte man die Grundfrage der Aleatorik formulieren und damit auch markieren, dass »Spielen« als eine durch nichts zu ersetzenden Alternative zu einer autokratisch bestimmten und kontrollierten Wirklichkeit verstanden wird.

Mit einem ähnlichen Grundgedanken hat sich bereits die *evolutionäre Spieltheorie* mathematische Modelle der ökonomischen Spieltheorie zu eigen gemacht, um damit die Entwicklung von Populationen zu beschreiben, die sich mit variablen Verhaltensmustern einen Lebensraum teilen. Wie können sich kontingent vererbte Verhaltensmuster einpendeln und mit wechselndem Erfolg reproduzieren?[94] Auch der Ansatz der evolutionären Spieltheorie wird im vierten Kapitel noch genauer vorgestellt werden. Im Vergleich wird jedoch auch hier die Frage nach der aleatorischen Kreativität an Kontur gewinnen: Das, was ich als Aleatorik bezeichne, zielt darauf ab, eine variable Regelbildung beschreiben zu können, nicht nur eine variable Zusammensetzung von »Spielrunden«. Die entscheidende Frage ist daher nicht, wieviel eine Partei in vorab definierten Währungen und Dimensionen gewinnen oder verlieren kann, sondern wie sich überhaupt neue Dimensionen entwickeln können, die einen Unterschied machen und zählen, was kooperative und kompetitive Aspekte einschließt.[95] Diese Frage ist meines Wissens bisher weder unter dem Namen Aleatorik, noch unter einem anderen Namen in methodisch reflektierter Form angegangen worden.

1.5 Zusammenfassung und Gliederung

Ansatz und Anliegen der Aleatorik möchte ich somit in zwei Hauptthesen zusammenfassen.

Erstens gehe ich davon aus, dass auch *analoge* Brettspiele in gewisser Weise *digitale*, d. h. vom Zählen abgeleitete Spiele sind. Der Unterschied besteht jedoch darin, dass für dieses Zählen kein elektronischer Speicher benutzt wird, sondern Spielmaterialien, die sich aus relativ archaischen Zählhilfen wie Zählsteinen, Setz- und Rechenbrettern entwickelt haben. Anders als in Computerspielen sind die Zählweisen somit nicht in den Tiefen von Programmcode und Speichern verborgen, sondern können niederschwellig beobachtet und auch verändert werden. In Ereignissen, wie dem Werfen eines Würfels, dem Mischen und Ziehen von Karten können auch Zufall und Unverfügbarkeit Einzug ins Spielen halten, nicht nur beschworen, sondern in ihrer Funktion innerhalb der Spielarchitektur reflektiert werden. Dieser Aspekt ist das, was mich am Entwickeln von Brettspielen reizt: Ein in den Spielmaterialien verankertes, modellhaft und atmosphärisch eingekleidetes und doch amüsantes und leicht verrücktes Zählen, in dem die Zählhilfen und Zählweisen selbst auf dem Prüfstand stehen. Damit können Spielarchitekturen aufgebaut werden, die als Modell für kultur- und naturwissenschaftliche Prozesse erkundet werden können.

Zweitens möchte ich zeigen, dass moderne Brettspiele den teilnehmenden Personen ein neues Spielgefühl vermitteln. Selbst wenn die Materialien fertig produziert in der Schachtel liegen, soll sich der Entwicklerspaß in den Partien fortsetzen und die Spieler:innen am Ausbalancieren von Spielprozessen beteiligen. Sie können in der Partie auch *unterschiedliche* Eigenschaften ausbilden, eher auf Chancen oder eher auf Risiken ausgerichtete Zählweisen entwickeln, nicht *obwohl*, sondern gerade *weil* sie zusammen das gleiche Spiel spielen. Niemand kann die Partie allein steuern, alle sind den Zufällen der Materialien und den unabhängigen Entscheidungen der anderen ausgesetzt. Dies scheint mir auch in seiner medientheoretischen Verallgemeinerbarkeit ein interessanter Befund zu sein. Ein Axiom der Medienwissenschaft, das gerade auch an Computerspielen durchexerziert wurde, besagt, dass die Normierung von Medien immer zu einer latenten Normierung von Gesellschaften führt.[96] Am Beispiel der Brettspiele würde ich gerne den Gegenbeweis antreten: Moderne Brettspiele sind erfolgreich, weil die gute Normierung von Materialien zu einer offenen Differenzierung von Spielweisen führt. Hier sehe ich auch Anschlussstellen an naturwissenschaftliche Fragen und Modelle, wie sich in der zufälligen Passung und Mischung biologischer Prozesse höhere Formen des Lebens bis hin zu ökologisch stabilen Lebensräumen »einspielen« können.

Wir leben in einer Epoche, in der ein Prozess der Überproduktion und sozialen Ausdifferenzierung, der in den frühen Stadtstaaten begonnen hat, nicht nur globale Verteilungskämpfe und Spaltungen, sondern auch eine ökologische Krise mit unsteuerbaren Naturkatstrophen provoziert. Vielleicht können in einer solchen Situation die ebenso alten wie neuen ›Sitzspiele‹ noch immer etwas zur Lösung des Problems beitragen: Wie kann der Zugriff auf begrenzte Ressourcen fair, flexibel und spannend reguliert werden? Wie können sich die Sesshaften beim Kampf um diese Ressourcen nicht die Köpfe einschlagen, sondern den Konflikt in einem anderen Maßstab mit neuen Reflexionsmöglichkeiten *deeskalieren*?[97] Im Entwickeln guter Spiele, so die leitende Intuition dieses Projekts, ist ein zu bergendes Wissen enthalten, Ökonomien zu entwickeln, die nicht nur auf Gewinnmaximierung, sondern auf Ausdifferenzierung, Chancengleichheit und einer robusten Aufstellung gegenüber zufälligen Schwankungsbreiten abzielen.

2 Würfel und Spielkarten in *Monopoly* und *CATAN*

Brettspiele sind keine alte, vom Aussterben bedrohte Spielegattung, im Gegenteil: Fast 5000 Jahre, nachdem die ältesten überlieferten Exemplare entstanden sind – die noch immer in rekonstruierter Form gespielt werden können – ist die Idee, an Tischen zu sitzen und zu spielen, lebendiger denn je. Inzwischen werden unzählige Arten und Variationen von Brett- und Kartenspielen verkauft, gespielt und beständig weiterentwickelt. Zeitgleich mit dem Aufkommen von Computerspielen sind auch im Bereich der Brettspiele Gamedesigner:innen mit dem Anspruch aufgetreten, neue Spiele entwickeln zu können, die mehr als grafische oder thematische Variationen bestehender Spielarchitekturen sind. Das alte Kulturgut ›Brettspiel‹ hat sich inmitten digitaler Medien von Grund auf erneuert.[98]

Das soll im folgenden Kapitel exemplarisch an den beiden erfolgreichsten Brettspielen des 20. Jahrhunderts, *Monopoly* und *CATAN* (ehemals: *Siedler von Catan*), verdeutlicht werden. Sie sind mit einem Abstand von über sechzig Jahren entwickelt und veröffentlicht worden und führen bis heute in vielen Ländern die Verkaufslisten als moderne Klassiker an.[99] Mit ihren unterschiedlichen Entstehungskontexten repräsentieren die beiden Spiele zwei unterschiedliche Entwicklungsstufen der Gattung, was sich nicht zuletzt am spezifischen Einsatz von Würfeln und Spielkarten festmachen lässt. Ziel des folgenden Kapitels ist es, die Charakteristika und Unterschiede zu beschreiben und in einer aleatorischen Perspektive zu erfassen. Damit soll zugleich der eigene methodische Ansatz in einer ersten Anwendung verdeutlicht werden.

2.1 *Ansätze der Spielkritik*

Ungeachtet ihres Erfolgs und ihrer Verbreitung haben *Monopoly* und *CATAN* bisher wenig kulturwissenschaftliche Aufmerksamkeit auf sich gezogen. Der schlechte Ruf, den das erzkapitalistische *Monopoly* unter Intellektuellen genießt, hat eher zu einem stillschweigenden Verdikt geführt. Ausnahmen bilden die soziologische Untersuchung und Kritik von Bruce Whitehill und eine originelle Arbeit von Andreas Tönnesmann, der das Spiel in eine Kunstgeschichte der Idealstädte einordnet.[100] Ältere, historisch ausgerichtete

Brettspielforscher haben die innovative Leistung von *Monopoly* ignoriert, schlichtweg negiert oder mit abschätzigen Untertönen kommentiert.[101] Erste Aufnahmen des Spiels in Brettspielgeschichten, die bis in die eigene Gegenwart geführt werden, datieren auf die 1970er Jahre.[102] Interessanterweise setzt in dieser Zeit auch eine Kritik am Spiel ein, die nicht in Text-, sondern Spielform ausgearbeitet wurde und Thema und Spielziel in *Monopoly*-Varianten umkehrt. Die meisten dieser Entwicklungen hatten einen akademischen Hintergrund: z. B. das *Anti-Monopoly* von Ralph Anspach, einem Ökonomen in Berkeley oder das *Class Struggle* von Bertell Ollmann, einem Politologen der New York University.[103] Auch wenn *Anti-Monopoly* vom Erfolg des Originalspiels mitprofitierte, sind diese Spiele nicht annähernd an dessen Verkaufserfolg herangekommen. Egal wie man sich intellektuell dazu stellen mag: Der langanhaltende Erfolg von *Monopoly* zeugt von einem gewissen Spielspaß und Wiederholreiz, den das Spiel in vielen Spielgruppen freizusetzen vermag.

CATAN ist weitaus weniger umstritten, auch wenn seine internationale Erfolgsgeschichte mit einer kleinen Persiflage in der Sitcom *The Big Bang Theory* eingeläutet wurde.[104] Doch auch *CATAN* und sein Siedler-Narrativ wurden jüngst postkolonialistisch kritisiert. Gerade weil indigene Völker im Narrativ nicht vorkämen, transportiere das Spiel das Stereotyp einer leeren, geschichtslosen, von weißen Siedlern zu besetzenden Welt. Greg Loring-Albright, der diese Kritik vorträgt, meint, dass keine in den Vereinigten Staaten des 21. Jahrhunderts ansässige weiße Person *CATAN* spielen könne, ohne den amerikanischen Nationalmythos einer immer weiter nach Westen verschobenen Grenze aufzurufen.[105]

Zu einem anderen Urteil kommt dagegen Tom Werneck, einer der rührigen Gründungsmitglieder der Jury »Spiel des Jahres«, wenn er den Erfolg von *CATAN* in einem 2020 formulierten Rückblick mit dem »europäischen Gedanken« und einem ungebrochenen Fortschrittsnarrativ begründet und dabei die territoriale Spielmechanik in moderne Infrastrukturen umdeutet. Im übertragenen Sinn gelte es »Verbindungen und Netze durch ganz Europa zu ziehen. … Dass dabei jeder seine eigenen Strategien und Ziele verfolgt, ist völlig in Ordnung, solange die Balance insgesamt stimmt. Denn Wachstum bringt Wohlstand. Nicht mit der Gießkanne für alle gleich, sondern manchem etwas mehr, anderen, die weniger Glück haben oder nicht ganz so geschickt sind, etwas weniger.«[106]

Die Standpunkte und Bewertungen von Albright und Werneck könnten unterschiedlicher kaum sein, und stimmen doch darin überein, bei einer Festlegung und Interpretation von Thema und Narrativ des Spiels anzusetzen. So illustrieren sie ungewollt, woran es der Diskussion über Brettspiele aus meiner Sicht mangelt: *CATAN* ist nicht ausreichend erfasst, wenn man sein Narrativ und Thema mit eigenen Projektionen anreichert und daraus ein eher naives Lob oder eine eher überzogene Kritik ableitet. Man kann durchaus die These vertreten, dass viele moderne Brettspiele eine im Kern ökonomische oder expansiv territoriale Logik mit abenteuerlichen Themen kaschieren und dabei Klischees und Stereotypen transportieren.[107] Eine solche Spannung wird man jedoch wie im ersten Kapitel bereits ausgeführt, nur dann analysieren können, wenn es gelingt, die Spielarchitektur als System eigener Art zu greifen. Immerhin hat Loring-Albright seine *CATAN*-Kritik in alter Anti-*Monopoly*-Tradition in einer eigenen Spielvariante ausgearbeitet, die er *The First Nations of Catan* nennt. So hat er als Zusatzfigur einen Repräsentanten der indigenen Bevölkerung eingeführt, der von einer Person im offenen Konflikt gegen die anderen geführt werden muss. Die Entstehung seiner Variante hat er in einem Entwicklertagebuch reflektiert. Er versteht diesen Text auch als eine Aufforderung an die Leser:innen, selbst zum *game-maker* oder *re-maker* zu werden.[108]

Doch genau hier greift die Kritik von Loring-Albright an *CATAN* zu kurz und scheint in gewisser Weise offene Türen einzurennen. Denn die Aufforderung zur Transformation des Spiels, das über das Erfinden bloßer Hausregeln hinausgeht, ist, so will ich behaupten, im Spielsystem von *CATAN* selbst angelegt. Sie muss nicht erst mit einer ideologiekritisch motivierten Intervention freigelegt werden. Ich würde daher auch der These von Werneck, dass alle in diesem Spiel eigene Strategien und Ziele verfolgen können, nicht nur zustimmen, sondern noch einen Schritt weiter gehen: *CATAN* ist in der Lage, die Regulierung, d. h. die konkrete Frage, was bestimmte Würfelsummen bedeuten und welche korrelierten Konsequenzen sie für die Spielgruppe haben, in einer Mischung aus Zufällen und unabhängigen Entscheidungen in jeder Partie aufs Neue aufzubauen. *CATAN* hat dadurch mit seinen eigenen spielerischen Mitteln, den Blick auf Brettspiele verändert und viele Menschen rund um den Globus für ein neues Hobby gewonnen.[109] So zählt *Boardgamegeek* aktuell 116 Ausgaben in 36 Sprachen, die verschiedenen Szenarien und Erweiterungen nicht mitgerechnet.[110] Das Spiel hat ein Publikum geschaffen, in dessen Mitte eine international aktive Hobbygamer- und Gamedesignerszene nicht nur thematische Varianten des Spiels, sondern regeltechnisch veränderte Spielsysteme hervorbringt.[111] Ich zähle mich, wie gesagt, selbst zu dieser Gruppe, und weiß noch genau, an welchem WG-Küchentisch ich 1994 saß, als ich zum ersten Mal *Siedler von Catan* spielte. Mir ging da ein Licht auf, wie materiell, konkret und räumlich das Erfinden von Brettspielen eigentlich ist.

Auch bei Greg Loring-Albright, der inzwischen eine Reihe eigener Spiele veröffentlicht hat, scheint diese Idee gezündet zu haben.[112] Deshalb sollte man *CATAN* auch nicht einfach auf die thematische Einkleidung seiner Spielmechaniken reduzieren. Der Spielreiz von *CATAN* hat meiner Meinung nach nichts mit kolonialistischer Ausbeutung zu tun und ist geeignet viele Menschen für neue Brettspiele und ihre Entwicklung zu begeistern. Wie diese Qualität über die Architektur und *Dimensionierung* von Spielelementen freigesetzt wird, wird man allerdings erst erkennen können, wenn man die Analyse von ihrer Fixierung auf die narrative Einbettung löst und an numerische Relationen zurückbindet.[113] Die folgende Analyse versucht im Vergleich der beiden modernen Klassiker, eine mathematisch-ludologische Methode zu entwickeln, die die Unterschiede aufzeigen kann und sich auf andere Beispiele übertragen lässt.

2.1.1 *Monopoly*

Das zwischen 1904 und 1934 in wechselnden Spielrunden entwickelte *Monopoly*, geht auf eine Grundidee der Quäkerin Elizabeth »Lizzie« Magie zurück, die mit der Spielmechanik ihres »Landlord's Game« die fatalen Folgen der Monopolbildung am Beispiel des Verkaufs von Grundstücken aufdecken wollte: Wie beruht der Reichtum, der sich in wenigen Händen konzentriert, auf der Armut aller anderen? 1935 wurde das Spiel von Parker mit einem dubiosen und inzwischen mehrfach nachgebesserten Copyright dem arbeitslosen Heizungsbauer Charles Darrow abgekauft.[114] Darrow, der durch die verkauften Lizenzen zum Millionär geworden ist, hatte die Grundidee vor allem thematisch weiterentwickelt und in Philadelphia in einer selbst produzierten Auflage ohne moralischen Zeigefinger auf den Markt gebracht. Die Spielmechanik und Dimensionen des Spiels wurden seitdem nicht grundlegend verändert. Es gibt inzwischen unzählige sprachlich und lokal angepasste Editionen.

2.1.2 *CATAN*

Die *Siedler von Catan* wurden in den 1990er Jahren von Klaus Teuber entwickelt, der bereits zuvor mit drei Spielen den Kritikerpreis »Spiel des Jahres« gewonnen hatte. Der 2023 verstorbene Autor ließ sich von einem Buch mit dem Titel *Auf den Spuren der Entdecker* anregen und beschäftigte sich u. a. mit der Entdeckung und Besiedlung von Island. Die Spielidee wurde verschiedenen Verlagen angeboten, die zunächst ablehnten. Legendär ist der Vorschlag eines Verlagsvertreters, das Spiel doch besser mit verkaufsfördernden Dinosauriern auszustatten.[115] 1995 wurde das Spiel vom Stuttgarter Kosmos-Verlag auf den Markt gebracht und gewann den Titel »Spiel des Jahres«. Anders als bei vielen zuvor prämierten Spielen ebbte der Verkaufserfolg nach den ersten Jahren nicht ab, sondern verselbständigte sich mit wachsenden Absatzzahlen. Dies erlaubte dem Autor, der bis dahin als Zahntechniker in einem vom Vater übernommenen Betrieb gearbeitet hatte, eine eigene GmbH zu gründen. 2015 wurde das Spiel zum zwanzigjährigen Bestehen weltweit einheitlich in *CATAN* umgetauft. Das inzwischen in über 30 Sprachen übersetzte Spiel war ein Türöffner für moderne Brettspiele, die auch als »German Games« oder »Eurogames« bezeichnet werden. Bereits 1996 erschien ein eigenständiges Kartenspiel für zwei Personen, außerdem ein Ergänzungsset für das Grundspiel, so dass es mit bis zu sechs Personen gespielt werden kann. Inzwischen ist *CATAN* zu einer modular aufgebauten Spielefamilie ausgebaut. Die folgende Analyse konzentriert sich auf das Grundspiel.

2.2 *Spielmaterialien*

Bereits beim Öffnen der Spieleschachtel und Auspacken von *Monopoly* und *CATAN* fallen – verglichen mit zuvor entstandenen Spielen – interessante Neuerungen auf. So liegen in einer *Monopoly*-Schachtel nicht nur Würfel, Spielfiguren und ein Spielplan, sondern, neben einer Menge Spielgeld, auch individuell gestaltete Kartensätze, die man vor dem Spiel sortieren oder mischen muss. Diese einfache Tatsache scheint ein Teil des Erfolgsgeheimnisses zu sein: In das Brettspiel *Monopoly* werden Spielkarten integriert, die über simple Ereigniskarten hinausgehen und wie traditionelle Spielkarten kombinatorisch aus verschiedenen Farb- und Zahlwerten aufgebaut sind (in diesem Fall Grundstückfarben, sowie gestaffelte Kauf- und Mietkosten). Dieser für das *Gamedesign* wichtige Spielraum ist uns heute geläufig, musste historisch aber erst geöffnet werden.[116] Vor *Monopoly* und dem *Landlord's Game*, aus dem es hervorgegangen ist, finden sich nur wenige Spiele, die zumindest ansatzweise simple Ereigniskarten mit Laufspielen verbinden.[117] *Monopoly* verknüpft den Spielparcours und das Würfelglück mit dem Sammeln von Spielkarten so, dass jede Person ihr Würfelglück oder Würfelpech in Form von Kartensets anhäufen und speichern kann. Erst so kann sich *Fortuna* mit einer neuen Trägheit und Beständigkeit der einen oder anderen Seite zuneigen.[118]

Auch *CATAN* verbindet Würfel und Spielkarten, zähmt sie jedoch auf eine wiederum neue und andere Art. Auch hier fallen bereits im Spielaufbau innovative Elemente auf: Der Spielplan wird variabel und mehrschichtig aufgebaut. Am Anfang jeden Zugs wird gewürfelt, die Würfelsumme jedoch nicht allein für die Person, die gewürfelt hat, sondern für die ganze Spielrunde gezählt. Damit werden Zufälle geradezu demonstrativ an den *Anfang* des Spiels und an den *Anfang* jeder Runde gestellt. *CATAN* zelebriert damit das Prinzip der *Input Randomness*[119], d. h.: der Zufall soll nicht allein für ein glückliches Ende der Partie sorgen, sondern einen Spielraum öffnen, mit zufälligen Auslagen und Zuteilungen weiterzuarbeiten. Auf der Originalschachtel klingt das in einer einfachen Werbesprache so: »Die Insel stellt Sie immer wieder vor neue Herausforderungen.«[120]

2.2.1 Würfelsummen

In beiden Spielen werden zu Beginn jedes Zugs zwei W6 (Würfel mit sechs Seiten) geworfen. Ihre Oberflächen sollten alle die gleiche Form und Größe haben und damit in gewisser Hinsicht ununterscheidbar werden. In einem zweiten Schritt werden sie unterschiedlich markiert. Um das Ergebnis eines Wurfs festzustellen, zählt in der Regel die Seite, die für alle sichtbar nach oben zeigt. Die Würfel sorgen, wenn sie fair gearbeitet sind, für zwei zufällige, unabhängige ›Ziehungen‹, die mit gleicher Wahrscheinlichkeit die Werte zwischen 1 und 6 ergeben und von keinem vorhergehenden oder nachfolgenden Wurf abhängig sind.

Für jede Summe gibt es unterschiedliche Arten der Herstellung, die im Spiel *nicht* unterschieden werden. So macht es z. B. weder in *Monopoly* noch in *CATAN* für die Summe ›8‹ einen Unterschied, ob sie durch eine ›6‹ und ›2‹ oder durch eine ›5‹ und ›3‹ gebildet wird. Insgesamt kann die Summe 8 mit zwei unterscheidbaren Würfen auf fünf verschiedene Arten hergestellt werden (2+6, 3+5, 4+4, 5+3, 6+2), während die Summe 2 nur auf eine einzige Art gebildet werden kann (1+1). Daraus resultieren unterschiedliche Wahrscheinlichkeitswerte der Würfelsummen, die vor allem bei *CATAN* eine große Rolle spielen (siehe auch unten Abschnitt 4.6.2). Nur in *Monopoly* kommt hinzu, dass jeder Pasch (d. h. Würfe, nach denen die beiden Würfel die gleiche Zahl zeigen) einen Unterschied macht und die würfelnde Person noch einmal werfen muss.

2.2.2 *Monopoly*: Verknüpfung von Würfelsumme und Zugweite

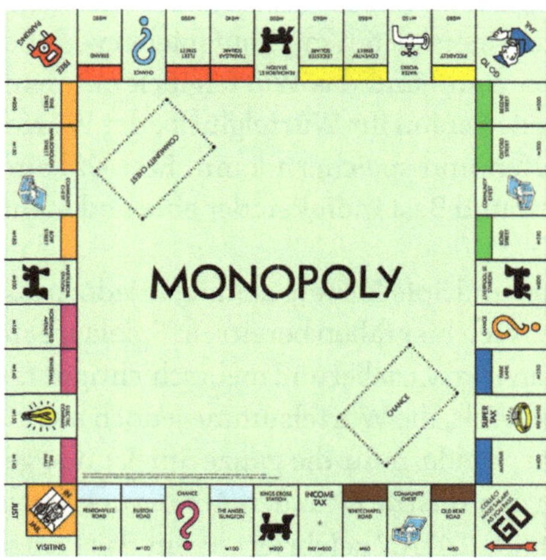

In beiden Spielen wird die Würfelsumme mit ihren numerischen Werten 2 bis 12 auf andere Dimensionen des Spiels übertragen. In *Monopoly* sind das die Felder eines linear geordneten Parcours. Der damit verbundene Spielmechanismus wird als »*roll & move*« bezeichnet, also »werfe und ziehe« und verkörpert so etwas wie die Grundidee der ganzen Gattung Brettspiel. Die Würfelsumme bestimmt die Zugweite einer Spielfigur, die die entsprechende Anzahl Felder in einem linearen Parcours voranrückt. Bereits die ersten Beispiele der frühen Hochkulturen nutzen diesen Mechanismus und verstehen das Spielbrett damit als eine Art Rechenbrett, mit dem Zahlen addiert und die Summen ermittelt und festgehalten werden können.[121]

In *Monopoly* verfügt jede Person wie beim älteren Gänsespiel nur über eine Spielfigur, so dass die Würfelsumme die neue Position der Figur im linearen Parcours direkt und ohne Wahlmöglichkeit erzwingt. In keinem Moment der gesamten Partie kann eine Person die Bewegung der eigenen Figur durch irgendeine eigene Fähigkeit beeinflussen. Allerdings wartet *Monopoly* mit einer entscheidenden Neuerung auf: Anders als die traditionellen Brettspiele ist *Monopoly* kein einfaches Wettrennen. Die Position der Figur im Parcours ist also gar nicht das, was den Spielstand und das Ende der Partie bestimmt. Die für den Spielerfolg entscheidende Dimension ist das *Monopoly*-Geld. Welche Geldflüsse eine Würfelsumme auslöst, wird recht komplex über den Spielplan und Spielverlauf reguliert.

2.2.3 *CATAN*: Würfelsumme und Rohstoffkarten

CATAN löst die Würfel vom Prinzip des »*roll & move*« und bezieht sie in der Art älterer Lotteriespiele auf durchnummerierte Felder, die durch die Würfelsumme aktiviert werden.[122] Diese Glücksziehung gilt für alle Spieler:innen und bezieht sich auf eine hochvariable Auslage und Kombinatorik von Feldern und ihrer Nummerierung. Die Spieler:innen können ihre Ertragserwartung einregulieren, indem sie durch den Bau von Siedlungen Felder auswählen, an deren Ertrag sie fortan beteiligt werden. Auf diesem Weg wird die Würfelsumme in die Dimension von Rohstoffkarten übertragen. Bereits hier wird deutlich, dass das Spielsystem von *CATAN* den Input von Würfelsummen ganz anders verarbeitet und über andere Zwischendimensionen mit den am Ende entscheidenden »Siegpunkten« verknüpft.

2.2.4 *CATAN* ohne Würfeln

Klaus Teuber beschreibt in seiner Autobiographie, wie die Würfel erst im Lauf der Entwicklung des Spiels Einzug in *CATAN* hielten. Seine erste Idee zu einem Entdeckerspiel kam noch ohne Würfel aus.[123] Die Spieler:innen konnten mit ihren Spielfiguren Landschaftsfelder erkunden und selbst bestimmen, welche Rohstoffe sie dort produzieren wollten. In den ersten Durchläufen, die der Autor allein, »im Spiel mit dem Gefährten Zweifel«,[124] simulierte, stellte er allerdings fest, dass die Grundregel schlecht funktionierte: Auf der Insel herrschte kein Mangel, es entstanden weder Konkurrenz noch Anreize zur Kooperation. Auch nach zahlreichen Umstellungen blieb die Rohstoffernte »ein sehr, sehr ödes Unterfangen«.[125] Diese Diagnose führte zum Einzug der Würfel ins Spielsystem. Teuber, der sich bei der Entwicklung des Mechanismus thematisch leiten ließ, verstand sie als Naturereignisse, die »wie im realen Leben« die Ernteerträge schwanken lassen.

2.2.5 *CATAN* mit einem oder zwei Würfel

Für die ersten Tests der neuen Regel wurde nur *ein* Würfel verwendet, so dass die Zahlen von 1 bis 6 mit gleicher Wahrscheinlichkeit fielen. Dies führte nun umgekehrt zum Problem einer unkontrollierbaren Willkür. Alle Bauplätze waren gleich gut bzw. gleich schlecht. Um dieses Problem zu beheben, wurde mit dem zweiten Würfel eine weitere, vorentscheidende Modifikation und Umstellung eingeführt: Die Würfelsummen besitzen eine differenzierte Wahrscheinlichkeitsverteilung (vgl. 4.6.2.), so dass die Bauplätze unterschiedliche Ertragserwartungen bekommen.

Mit der Unterscheidung von elf verschiedenen Würfelsummen und der damit verbundenen Reduzierung der Ertragserwartung pro Wurf entstand allerdings ein Mangel an Rohstoffen. Daraus resultierte eine letzte Regeländerung, die bis heute den Spielfluss von *CATAN* prägt: Jede Würfelsumme sollte fortan für alle Personen am Tisch zählen.[126] Dies führte nicht nur zu einer erhöhten Aktivitätsrate ohne *Downtime*, sondern gab den Zahlen die Fähigkeit, die Spieler:innen miteinander zu verschränken. Wer an den gleichen Zahlen baut, kann nach wie vor nicht sicher sein, *ob* und *wann* er Erträge bekommt, aber er kann sicher sein, dass *jede Ausschüttung* mit denen der anderen Spieler:innen korreliert bleibt.

2.3 *Eine alles entscheidende Dimension:* Monopoly-*Geld*

In beiden Spielen stehen somit Würfel am Anfang jedes Zuges. Dieser Input ist aber ganz unterschiedlich auf die Dimensionen bezogen, die über das Ende, den Gewinn oder Verlust einer Partie entscheiden. In *Monopoly* werden Einnahmen und Ausgaben in einer einzigen Dimension gezählt: in der als M abgekürzten Dimension des *Monopoly*-Geldes. Damit ist eine Art »Dimensionsmonopol« die Basis des ganzen Regelwerks: Alles, was im Spiel einen Unterschied macht, kann in der Dimension des *Monopoly*-Geldes beziffert werden. Die Bank besitzt das erste, mit dem Spielsystem gesetzte Monopol. In ihrem Namen werden die Zahlungsmittel ausgegeben, Grundstücke bewertet, Baukosten festgesetzt, die Zahlungsfähigkeit kontrolliert und Hypothekenkredite vergeben. Das Regelwerk mit all seinen numerischen Feinheiten ist aus Sicht dieser allmächtigen Bank festgelegt. Für alle entsteht die gleiche Aufgabe der Gewinnmaximierung, mit der ein einfaches, für das Spiel charakteristisches Schneeballsystem entsteht: Je mehr Geld man ausgeben kann, desto höher werden die Chancen, dass Einnahmen auf dem eigenen Konto landen. Wer zu wenig investieren kann, wird dagegen früher oder später zahlungsunfähig werden.[127]

2.3.1 Spielplan

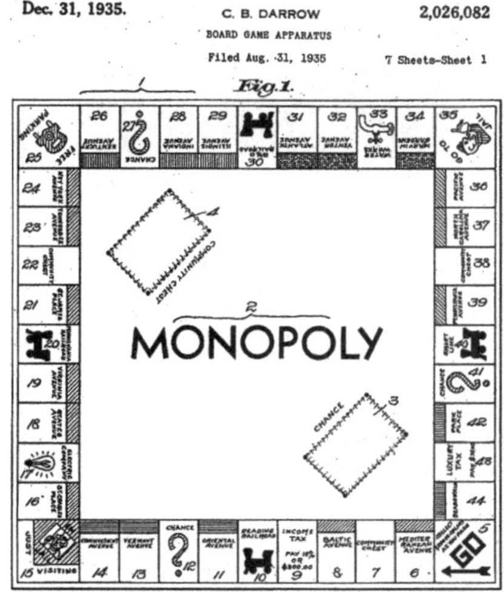

Das Spielfeld von *Monopoly* besteht aus 40 linear und zirkulär angeordneten Feldern. Jedes Feld hat festgelegte Eigenschaften. Es gibt 28 Grundstücke mit unterschiedlichen Preisniveaus, die in Form getrennter Grundstückskarten gegen Monopolygeld verkauft werden. Sechs Ereigniskartenfelder und sechs direkte Aktionsfelder wie »Los« oder »Gehe ins Gefängnis« können wie im alten Gänsespiel die »Herberge« oder »Brücke« bestimmte Zahlungen oder Bewegungen auf dem Spielplan erzwingen. Auf den sechs Ereigniskartenfeldern, die zwei verschiedenen Untertypen angehören (3 × Gemeinschaft, 3 × Ereignis) werden die Aktionen durch das Ziehen einer verdeckten Karte bestimmt. Die Grundidee von *Monopoly* besteht jedoch darin, Grundstücke zu verkaufen und zu vermieten. Die Grundregel ist einfach: Wer mit seiner Spielfigur auf einem unverkauften Grundstück landet, darf es kaufen, wenn er den erforderlichen Preis an die Bank zahlen kann. Wer auf einem verkauften Grundstück landet, muss dagegen Miete an dessen Besitzer zahlen. Durch das Bebauen der Grundstücke kann diese Mietzahlung erhöht werden.

2.3.2 Spieleranzahl

Das »Patent« von Darrow[128] verzeichnet sechs verschiedene Spielfiguren, die als Fingerhut, Schubkarre, Bügeleisen, Zylinder, Schuh und Dampfschiff ausgestaltet sind. Die nicht-menschlichen Objekte können gleichwohl als Statusobjekte für Klassenschranken und Genderdifferenzen stehen. In den zahlreichen Neuauflagen des Spiels ist die Anzahl der Personen immer wieder verändert worden. Ältere Ausgaben lassen die Spielerzahl bei drei beginnen. In neueren Ausgaben ist eine weitere, für den Verkauf förderliche Öffnung auf zwei bis acht Parteien Standard geworden. Die Gruppierung und Dimensionierung

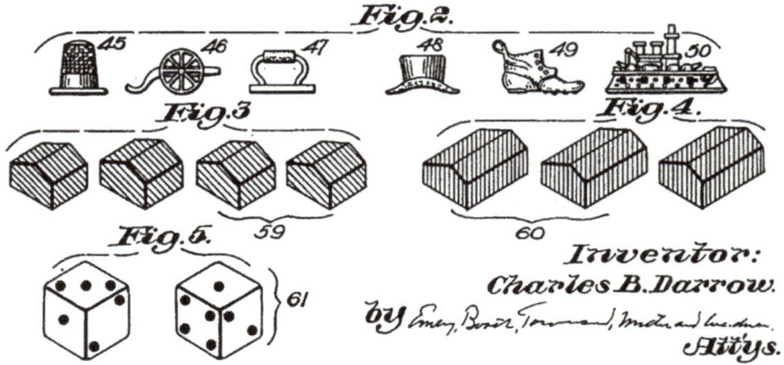

der Grundstücke sind daran nicht angepasst worden. Wenn mehr Personen teilnehmen, wird es viele Spieler:innen geben, die durch Würfelpech nie eine ernsthafte Chance erhalten, die Partie zu gewinnen, und von Anfang an nur gegen ihr eigenes Ausscheiden ankämpfen müssen.

2.3.3 10 Grundstücksgruppen

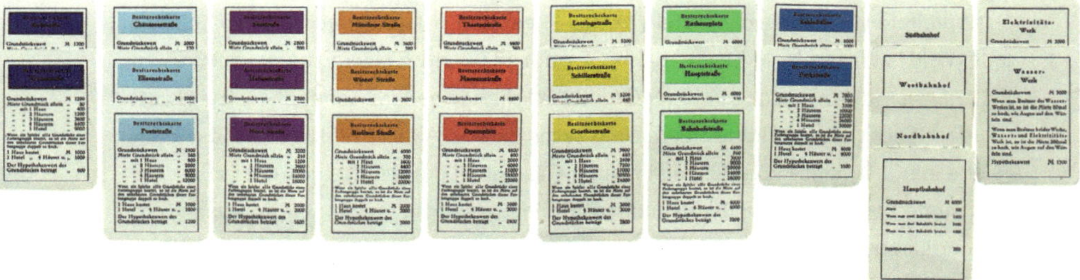

Monopoly bzw. das *The Landlord's Game* wartet mit einer für die Spielarchitektur von Brettspielen wichtigen Innovation auf: In das Brettspiel wird das Sammeln von Kartensets eingebaut. Die 28 Grundstücke sind über wiederkehrende Farben und Infrastrukturthemen zu Gruppen zusammengefasst. Eine Grundstückfarbe besteht in der Regel aus drei Straßen, bis auf die preisgünstigen und teuren Straßen am Anfang und Ende des Parcours. Einen weiteren Sonderfall bilden die vier Bahnhöfe sowie Elektrizitäts- und Wasserwerk, die nicht bebaut werden dürfen, aber ebenfalls zwei Gruppen bilden, deren Wert durch eine komplette Sammlung steigt. Im Kern ist *Monopoly* ein Set-Sammelspiel, in dem der Besitz kompletter Kartengruppen zu immer höheren Einnahmen führt.
Die Farbgruppen der Grundstücke sind auf dem Plan benachbart angeordnet und immer durch ein Gemeinschaftsfeld, Ereignisfeld oder Infrastruktur-Grundstück getrennt. Anders als in traditionellen Kartenspielen werden die Farben nicht mit den gleichen Zahlen und Rängen kombiniert, sondern mit aufsteigende Werten, die in Monopolygeld angegeben werden und durch die Farbgruppen hindurchlaufen. Jede Farbe steht für ein anderes Preis-

niveau, in dem Kauf- und Mietpreise systematisch variiert werden. Diese spielrelevanten Eigenschaften können auf jeder Grundstückkarte in einem übersichtlichen Layout abgelesen werden: Kaufpreis, Wert als Hypothek, Baukosten und von der Bebauung abhängige Mieteinnahmen. Die Eigenschaften werden drucktechnisch reproduziert und können nicht kombinatorisch aufgebrochen werden. Erst durch die Kombination der Grundstückskarten in der Hand der Personen entstehen unterschiedliche Spiel- und Besitzstände.

2.4 *Dimensionsübersicht in CATAN: Rohstoffe und Siegpunkte*

Ziel von *CATAN* ist es, als erster zehn Siegpunkte zu erreichen. Der Weg, der vom Zählen der Würfelpunkte zum Zählen der Siegpunkte führt, ist jedoch verzweigt und verschlungen.[129] Eine genauere Analyse kann bei der Zwischendimension der Rohstoffe ansetzen. In *CATAN* werden Ein- und Ausgaben nicht in einer einzigen Währung, sondern in fünf verschiedenen Naturalien gezahlt: Holz, Lehm, Schaf, Getreide und Erz. Als Zahlungsmittel zirkulieren keine Geldsteine, sondern Rohstoffkarten. Jede Rohstoffart ist eine eigene Dimension, die unabhängig und frei mit anderen kombiniert werden kann.

Die Rohstoffsymbole kehren mit ihren charakteristischen Farben und Zeichen auf einer Reihe von Spielmaterialien wieder: Jedes Sechseckfeld des variablen Spielplans kann genau eine Art von Rohstoff produzieren. Die Anzahl dieser Felder bleibt in jedem Spiel konstant. Ebenso konstant bleiben die Kosten, die mit bestimmten Aktionen wie dem Bau von Straßen und Häusern verbunden sind. Erst über diese Aktionen erreichen wir die für den Spielstand und das Spielende entscheidende Dimension der Siegpunkte. Entscheidend für die Spielarchitektur von *CATAN* ist also, dass zwischen die Basisdimension der Würfelsumme und die Zieldimension der Siegpunkte mit einer Kombinatorik von Rohstoffkarten zahlreiche Zwischendimensionen eingezogen sind, die für komplexe, von den Teilnehmer:innen bestimmbare Übersetzungsprozesse sorgen.

2.4.1 Die Zusammensetzung des variablen Spielplans

Die 19 sechseckigen Landfelder der Insel setzen sich im Grundspiel aus 4 × Wald (Holz), 4 × Weideland (Schaf), 4 × Ackerland (Getreide), 3 × Hügelland (Lehm), 3 × Gebirge (Erz) und 1 × Wüste (Räuber) zusammen. Zu den Landfeldern kommen 18 Wasserfelder, die aus 9 × Wasser, 4 × Hafen 3:1 und je 1 × Rohstoffhafen (Holz, Lehm, Schaf, Getreide oder Erz) bestehen. Diese Relationen werden in und mit den Spielmaterialien drucktechnisch konstant reproduziert. Der Aufbau des Spielplans wird dagegen durch Mischen, zufälliges Ziehen und reglementiertes Auslegen der Felder variiert. Die erste Schicht bilden die

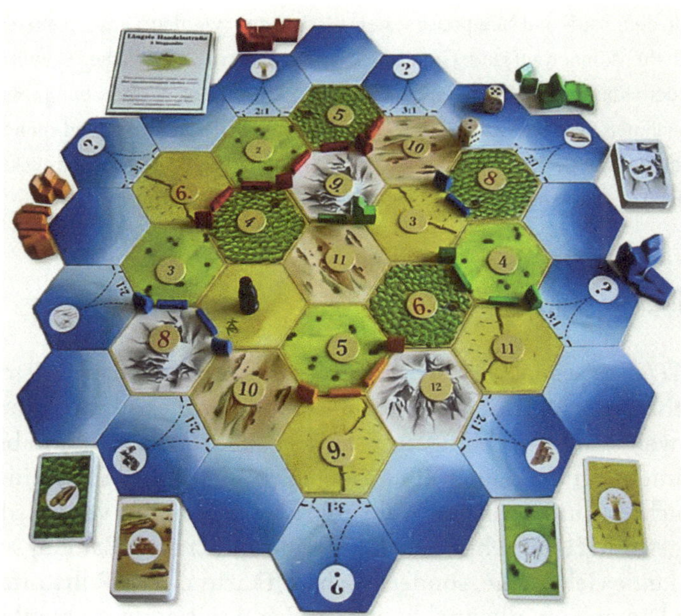

zufällig angeordneten Sechseckfelder: In der Mitte ein Hexagon aus 19 Landfeldern, als Rand ein Rahmen aus 18 Wasserfeldern.

Bis auf das Sonderfeld der Wüste werden auf allen Sechseckfeldern Land Rohstoffe produziert. Ein feiner Unterschied zwischen den Produktionsmöglichkeiten entsteht bereits durch die Aufteilung der 18 Landfelder ohne Wüste, in fünf und nicht in sechs verschiedene Rohstoffdimensionen. Dadurch sind manche Rohstoffe viermal, andere dagegen nur dreimal vertreten. Es sind solche leichte, mit den Materialien festgelegte Asymmetrien, die sich mit jeder Partie neu in unterschiedliche Entwicklungsgeschwindigkeiten der Spieler:innen verwandeln.

2.4.2 Gestaffelte Baukosten *CATAN*

Rohstoffkarten können in verschiedenen Kombinationen ausgegeben und in Aktionen investiert werden: So können mit konstanten Baukosten Straßen, Siedlungen und Städte gebaut und Entwicklungen durchgeführt werden. Mit jeder Aktion kann eine mehr oder weniger direkt festgelegte Anzahl von Siegpunkten erzielt werden: Eine Siedlung bringt z. B. einen Siegpunkt, eine Stadt zwei Siegpunkte. Die Abbildung zeigt die Tafel der Erstausgabe, auf der die festgelegten Umtauschkurse der Rohstoffe über unterschiedlichen Aktionen und Siegpunkte zusammengefasst werden.

Beim Festlegen der Baukosten, hat sich Klaus Teuber nach eigener Auskunft vom gewählten Thema leiten lassen, das als abstrakte Simulation zum Modell der Spielarchitektur geworden ist.[130]

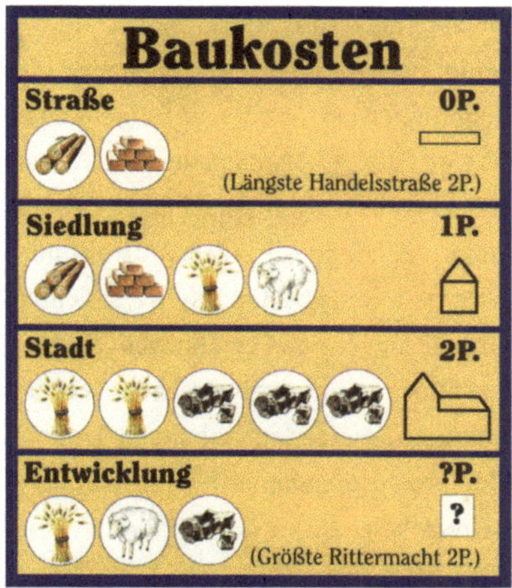

Für die Befestigung von Wegen genügen in diesem Modell z. B. einfache Mittel (Lehm und Holz). Daraus werden die Baukosten für Straßen abgeleitet,

1 Straße = 1 Rohstoffkarte Holz + 1 Rohstoffkarte Lehm

Eine Siedlung setzt zusätzlich Ackerbau und Viehzucht voraus. Entsprechend erweitern sich die Baukosten für Siedlungen:

1 Siedlung = 1 RK Holz + 1 RK Lehm + 1 RK Getreide + 1 RK Schaf

Der Bau einer Stadt setzt eine bestehende Siedlung, mehr Landwirtschaft und Metallproduktion voraus:

1 Stadt = 1 Siedlung + 2 RK Getreide + 3 RK Erz

Auch die Kosten für eine Entwicklungskarte wurden über das erste Narrativ des Spiels modellartig und simulativ festgelegt. So waren die Entwicklungskarten im ersten Prototyp Karten, die nur für Angriff und Verteidigung verwendet werden konnten. Die Kosten für die Entwicklungskarte wurden daher an der Ausstattung eines »Soldaten« oder »Ritters« mit Nahrung, Kleidung und Rüstung festgelegt.

1 Entwicklung = 1 RK Getreide + 1 RK Schaf + 1 RK Erz

Das Beispiel zeigt, wie narrative Setzungen und ludologische Dimensionierungen ineinandergreifen, sich überlagern und gegeneinander verschieben können. Damit entsteht ein Spielsystem, in dem die Rohstoffe durch ihren korrelierten Einsatz und unterschiedliche Charakteristika bekommen: Holz und Lehm werden immer in Kombination ausgegeben. Ohne den komplementären Rohstoff können sie nicht aktiv eingesetzt und nur getauscht werden. Ebenso kann Erz nur zusammen mit Getreide verwendet werden, allerdings Getreide (beim Siedlungsbau) auch ohne Erz. Getreide ist damit der Rohstoff, der in den meisten Aktionen gebraucht und am flexibelsten eingesetzt werden kann, was unter passionierten *CATAN*-Spieler:innen zum Motto »no wheat means defeat« geführt hat. Auch wenn Schafe nur in geringer Menge, je einmal in zwei von vier Aktionen gebraucht werden, werden sie häufig zum unterschätzten Zünglein an der Waage.

2.4.3 Das Verhältnis von Rohstoffkarten RK und Siegpunkten P

Jede Aktion kostet Rohstoffkarten und bringt neben anderen Vorteilen eine mehr oder weniger direkt festgelegte Anzahl von Siegpunkten ein. Mit den im Folgenden nur grob abgeschätzten Umtauschkursen entsteht eine für *CATAN* entscheidende Charakteristik: Die spielenden Personen können unterschiedliche Strategien entwickeln. Nicht die Vorgaben des Regelsystems (*game*), sondern zufällige Auslagen Würfelsummen und Interaktionen bestimmen, welche im konkreten *play* die besten Erfolgsaussichten haben. So können die folgenden Berechnungen, die die Dimension Siegpunkt auf die zusammengefasste Dimension aller Rohstoffkarten abbildet, nur grob abgeschätzte Kalkulationen sein, da die genauen Werte stark vom konkreten Spielverlauf abhängen. Dennoch wird deutlich, dass die zu erwartenden Renditen pro ausgegebener Rohstoffkarte zwischen 0,1 und 0,2 Siegpunkten pro Aktionstyp schwanken.

Siedlung = ca. 7 Rohstoffkarten pro 1 Siegpunkt

Der Bau einer Siedlung setzt durch die Abstandsregel den Bau von zwei Straßen voraus. Bei einer Gabel können an drei Straßen drei Siedlungen gebaut werden. Die mit dem Bau von Siedlungen verbundene Straßenanzahl schwankt. Wenn man pro Siedlung im Durchschnitt eineinhalb Straßen rechnet, muss man in den Bau einer Siedlung 4 + 3 = 7 Rohstoffe investieren und erhält dafür einen Siegpunkt.

Straßen = ca. 7,5 Rohstoffkarten pro 1 Siegpunkt

Der Bau einer Straße kann in Form der »längsten Handelsstraße« zu weiteren zwei Siegpunkten führen. Wie viele Straßen dafür erforderlich sind, hängt stark von der Anzahl der Spieler:innen und deren Spielweise ab. Eine regulär gebaute Straße kostet zwei Rohstoffkarten. Setzen wir einen Durchschnitt von sieben bis acht (durch Rohstoffe gebauten) Straßen an, um die Mehrheit zu gewinnen, müssen also ca. 15 Rohstoffe investiert werden, um dafür zwei Siegpunkte zu gewinnen. Die Verlierer gehen leer aus. Der Titel »Längste Handelsstraße« ist daher die riskanteste und kostenintensivste Art, Siegpunkte zu gewinnen.

Stadt = 5 Rohstoffkarten pro 1 Siegpunkt

Der Bau einer Stadt bringt zwei Siegpunkte ein. Da die Stadt aus einer Siedlung entsteht, die bereits einen Siegpunkt eingebracht hat, bringt das Upgrade einen Siegpunkt ein, der immer fünf Rohstoffkarten kostet. Der Bau einer Stadt ist die Aktion mit der besten Siegpunktquote. Sie ist allerdings voraussetzungsreich und muss jedes Mal durch den Bau einer Siedlung vorbereitet und »freigeschaltet« werden.

Entwicklung = 6 Rohstoffkarten pro 1 Siegpunkt

Entwicklungskarten sind eine weitere unwägbare Art, Siegpunkte zu gewinnen. In den Stapel von 25 Entwicklungskarten sind fünf direkte Siegpunktkarten eingemischt, außerdem sechs Fortschrittskarten und 14 Ritterkarten. Die im Vergleich größte Rittermacht bringt zwei Siegpunkte. Auch hier ist die Anzahl der dafür erforderlichen Entwicklungskarten stark von der Spielweise und Anzahl der Teilnehmer:innen und vom Verlauf der Partie abhängig. Schätzen wir, dass sechs bis sieben Entwicklungskarten ausreichen, um die größte Rittermacht zu gewinnen, kommt ein durchschnittlicher Hinzugewinn von etwa einem direkt gezogenen Siegpunkt hinzu: Mit den ca. 20 Rohstoffkarten die in sechs bis sieben Entwicklungen investiert werden müssen, kommt man also auf eine Gewinnerwartung von 3,2 Siegpunkte was einer Quote von etwa sechs Rohstoffkarten pro Siegpunkt entspricht. In den Anmerkungen ist dieses Ergebnis über Binomialkoeffizienten weiter aufgeschlüsselt.[131]

Das führt zur folgenden gestaffelten Abschätzung der Investitionskosten für tatsächlich gewonnene Siegpunkte:

Stadt = 5 Rohstoffkarten pro 1 Siegpunkt
Entwicklung = ca. 6 Rohstoffkarten pro 1 Siegpunkt
Siedlung = ca. 7 Rohstoffkarten pro 1 Siegpunkt
Straßen = ca. 7,5 Rohstoffkarten pro 1 Siegpunkt

Das Ungleichgewicht der Aktionen, das sich in dieser Schätzung abzeichnet, sollte nicht als Balancierungsfehler gewertet werden. Im Gegenteil: Unter Spielentwickler:innen gibt es lange Diskussionen, wie Spiele nicht nur *unbalanciert*, sondern eben auch *überbalanciert* sein können. Sie können sich dann langweilig und ungriffig anfühlen und nach langer Spielzeit zu frustrierend knappen und beliebigen Ergebnissen führen.[132] Aus Sicht der Spielenden ist es reizvoll, leicht unbalancierte Asymmetrien, die sich mit der Auslage von Materialien ergeben, als erster zu erkennen und für die eigenen Spielziele auszunutzen, zumal dann, wenn diese Asymmetrien mit jeder neuen Auslage des Spielplans zufällig schwanken und sich im Lauf der Spielzeit entwickeln. Genau diesen Reiz entfaltet *CATAN*, wie vielleicht kein Spiel zuvor. Die grob gerundeten Rechnungen und Schätzungen sollen also auch zeigen, dass das Ergebnis einer Partie gerade *nicht* einfach berechnet werden kann. Das Austesten der Balance durch unterschiedliche Spielweisen *ist* der Kern dieses Spiels.

2.4.4 Beispiel: CATAN Europameisterschaft 2017

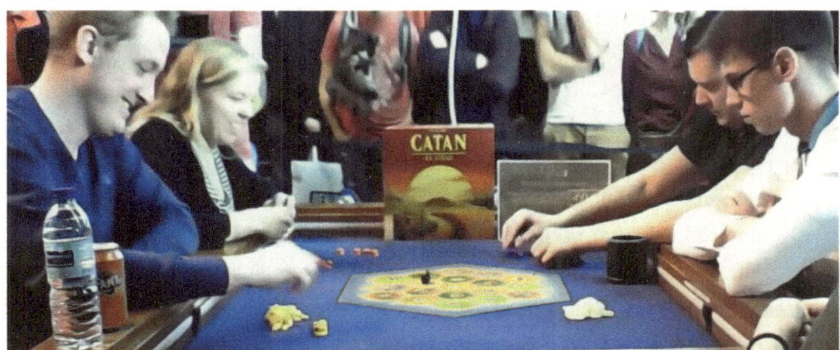

Die Beobachtung von Partien bekommt damit einen anderen Stellenwert als bei *Monopoly*. Zu zeigen ist, dass die Quoten der einzelnen Aktionen auch innerhalb einer Spielrunde unter den Mitspieler:innen variieren und im Vergleich von Partien immer wieder andere Kombinationen und Strategien zum Erfolg führen. Im Folgenden konzentriere ich mich auf eine Partie, die als Finale einer 2017 in Barcelona ausgetragenen Europameisterschaft *CATAN* ausgetragen wurde und auf YouTube öffentlich zugänglich ist.[133] Es spielen Selma aus den Niederlanden mit Rot an der Position eins, Evaldas aus Litauen mit Blau an der Position zwei, Milutin aus Serbien mit Weiß an Position drei und Martin aus Norwegen mit Orange an der Position vier.

Die folgende Tabelle schlüsselt auf, welche Rohstoffe die Parteien selbst produziert, welche sie ausgegeben und wie viele Siegpunkte sie damit erzielt haben. Zu beachten ist, dass man Rohstoffe nicht nur selbst produzieren, sondern über Monopolkarten, Aktionen des Räubers oder Handel hinzugewinnen kann.

	Selma					Evaldas					Milutin					Martin				
Produktion	21	6	3	25	7	13	–	9	6	12	12	5	17	14	6	12	17	3	7	18
Summe	62					40					54					57				
Ausgaben	15	6	2	15	7	15	1	8	10	12	7	6	10	10	8	9	12	4	9	8
Summe	45					46					41					42				
Siegpunkte	1	6	–	–	–	3	2	2	2	1	1	6	–	–	–	2	6	–	–	–
	7					10					7					8				
Produktion / Siegpunkt	8,9					4,0					7,7					7,1				
Ausgaben / Siegpunkt	6,4					4,6					5,9					5,3				

Die Übersicht macht auf einen überraschenden, aber durchaus charakteristischen Zug der Spielarchitektur aufmerksam: Zwar klafft die vom Würfelglück abhängige Rohstoffproduktion der Teilnehmer:innen weit auseinander (z. B. Rot: 62 Rohstoffe und Blau: 40 Rohstoffe). Die für den Gewinn der Partie entscheidenden und durch Verhandlungen strategisch planbaren Rohstoffausgaben liegen dagegen dichter beisammen und schwanken nur zwischen 41 und 46 Rohstoffen. Der mit Blau spielende spätere Gewinner Evaldas hat sogar die wenigsten Rohstoffe selbst produziert (40), dafür aber offenbar sehr gut gehandelt und am meisten ausgegeben (46). Mit der längsten Handelsstraße und größten Rittermacht erreicht er eine ungewöhnlich starke Quote von 4,6 ausgegebenen Rohstoffkarten pro 1 Siegpunkt. Die letztplatzierte, mit Rot spielende Selma hat nur 45 der 62 selbst produzierten Rohstoffe selbst eingesetzt. Sie kommt auf eine Quote von 6,4 ausgegebenen Rohstoffkarten pro 1 Siegpunkt, was immer noch über dem oben abgeschätzten Durchschnitt aller Aktionen liegt und das hohe Spielniveau der Turnierpartie verdeutlicht.

2.5 *Das konstant reproduzierte Spielfeld von* Monopoly

Monopoly und *CATAN* bauen zwei unterschiedliche Spielarchitekturen auf. Wie in zwei Bauwerken, in dem die Stockwerke durch unterschiedliche Wege verbunden sind, werden die Basisdimension der »Würfelpunkte« jeweils anders mit der Zieldimension des *Monopolygeldes* bzw. der *CATAN-Siegpunkte* verbunden. Greift man einzelne Ebenen dieser Architektur heraus, stößt man immer wieder auf überraschend ähnliche Dimensionierungen. So stehen in *Monopoly* z. B. 28 Grundstücke zum Verkauf, in *CATAN* können mit der Abstandsregel, nach der Siedlungen nicht direkt angrenzend gebaut werden dürfen, die Hälfte der Knoten, also maximal 27 Bauplätze besiedelt werden. Die Rangelei um die begrenzte Anzahl unteilbarer Bauplätze ist in beiden Spielen der zentrale Konflikt. Fragt man, wie die Ebene der Bauplätze mit anderen »Stockwerken« der Spielarchitektur verbunden ist, treten jedoch schnell die spezifischen Charakteristika hervor.
Ein wichtiger Unterschied besteht darin, dass *Monopoly* die Eigenschaften seiner Grundstücke konstant vorgibt. Sie sind auf den Spielplan und die Spielkarten gedruckt und werden ohne Variation mit dem Ausklappen des Spielplans sichtbar. Der linear geordnete Parcours beginnt immer mit den billigsten Grundstücken, die am wenigsten Rendite abwerfen und endet mit den teuersten, die am lukrativsten sind. Am Ende einer Partie werden tendenziell alle Grundstücke unter den Personen verteilt sein. Damit ist im Spielfeld ein klarer Weg vorgezeichnet, wie jede Partie mit den besten Grundstückgruppen gewonnen werden kann, auch wenn das Würfelglück entscheidet, wer diesen Weg als erster einschlagen kann und wer auf der Strecke bleiben wird.

2.5.1 Preise, Baukosten und Mieteinnahmen in *Monopoly*

Die Grundstücks- oder »Besitzrechtskarten« in *Monopoly* tragen wie klassische Spielkarten Informationen, die Farb- und Zahlwerte kombinieren. Die Badstraße gehört z. B. zur violetten Farbgruppe, die berühmte Schlossallee zur dunkelblauen. Die Zahlwerte bilden ein ganzes Register, das verschiedene Informationen wie Grundstückswert, Baukosten und gestaffelte Mietpreise zusammenfasst. Der Kartensatz verschleiert seine Abstammung von herkömmlichen Spielkarten und präsentiert sich wie ein notarielles Dokument. Mit den ausgebauten Zahlenwerten dieser Spielkarten wird die ökonomische Architektur des ganzen Spiels festgelegt. So gibt es eine durch den Kaufpreis bestimmte Rangfolge der Grundstücke, die quer durch alle Farben läuft, bei den billigsten Farben beginnt und bei den teuersten endet. Teilt man die Grundmiete (»Miete Grundstück allein«) durch den Grundstückwert, d. h. den Preis, der für den Kauf des Grundstücks zu errichten ist, wird deutlich, dass dieses Verhältnis nach einem einfachen Prinzip gestaffelt ist: Je billiger das

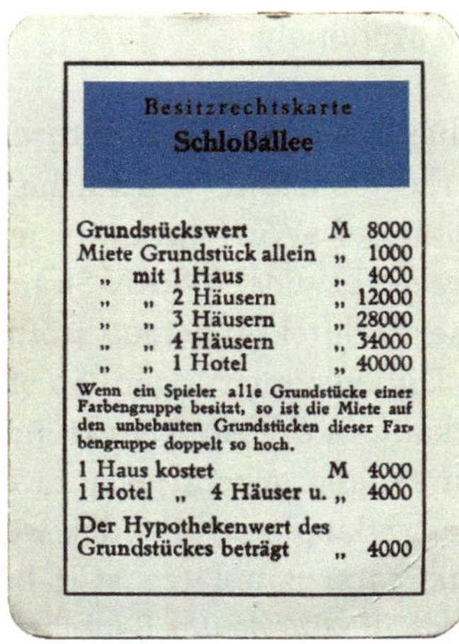

Besitzrechtskarte
Schloßallee

Grundstückswert	M	8000
Miete Grundstück allein	„	1000
„ mit 1 Haus	„	4000
„ „ 2 Häusern	„	12000
„ „ 3 Häusern	„	28000
„ „ 4 Häusern	„	34000
„ „ 1 Hotel	„	40000

Wenn ein Spieler alle Grundstücke einer Farbengruppe besitzt, so ist die Miete auf den unbebauten Grundstücken dieser Farbengruppe doppelt so hoch.

1 Haus kostet	M	4000
1 Hotel „ 4 Häuser u.	„	4000

Der Hypothekenwert des Grundstückes beträgt „ 4000

		Kaufpreis Grundstück	Grundmiete	Grundmiete ÷ Kaufpreis Grundstück
1	Badstraße	1200	40	0,033
2	Gemeinschaft			
3	Turmstraße	1200	80	0,067
4	Steuer			
5	Südbahnhof	4000	500	0,125
6	Chauseestr.	2000	120	0,060
7	Ereignis			
8	Elisenstraße	2000	120	0,060
9	Poststraße	2400	160	0,067
31	Rathausplatz	6000	520	0,087
32	Hauptstraße	6000	520	0,087
33	Gemeinschaft			
34	Bahnhofstraße	6400	520	0,081
35	Hauptbahnhof	4000	500	0,125
36	Ereignis			
37	Parkstraße	7000	700	0,100
38	Zusatzsteuer			
39	Schlossallee	8000	1000	0,125
40	Los			

Grundstück, desto länger dauert es im Durchschnitt, den Kaufpreis über Mieteinnahmen wieder einzuspielen, je teurer, desto schneller macht sich die Investition bezahlt. Die Preisangaben der folgenden Beispiele und die abgebildeten Karten und Spielmaterialien sind einer *Monopoly*-Ausgabe der 1960er Jahre entnommen. In Klammern stehen die Werte der aktuellen Ausgabe. Dabei wird deutlich, dass sich die Preise insgesamt deflationär verschoben haben (die aktuellen Preise betragen nur 5 % der historischen), ohne jedoch die Relation der Kosten anzutasten. Die preisgünstigste Badstraße kostet z. B. M 1200 (M 60), und bringt ohne Häuser eine Mieteinnahme von M 40 (M 2) ein. Es müssen also dreißigmal gegnerische Figuren auf dem Feld landen, damit sich die Kosten für die (unbebauten) Grundstücke amortisieren. Die teuerste Schlossallee kostet M 8000 (M 400) und hat Mieteinnahmen von M 1000 (M 50). Bereits ohne den Bau von Häusern werden die Baukosten bereits nach acht »Treffern« wieder eingespielt. Die Grundstücke der städtischen Infrastruktur (z. B. Südbahnhof, Wasserwerk oder Hauptbahnhof) sind am Anfang des Spiels im Vergleich lukrativ. Da sie im gesamten Spiel nicht bebaut werden können, verlieren sie jedoch an Wert.

2.5.2 Geldmengen

Zum Reiz von *Monopoly* gehört die Vielzahl an farbigen Geldscheinen, die die Spielrunde immer wieder zählen und umrechnen muss, wobei man sich auch ständig (absichtlich oder unabsichtlich) verzählen oder verrechnen kann. Alle Spieler:innen erhalten von der Bank ein (von der Spieleranzahl unabhängiges) Startkapital von M 30.000 (M 1.500) (wobei die historischen Ausgaben eine spitzfindige Stückelung vorgeben: 1 × 10.000 + 6 × 2000 + 4 × 1000 + 3 × 400 + 10 × 200 + 7 × 100 + (5 × 20 oder 10 × 10)). Der Gesamtwert

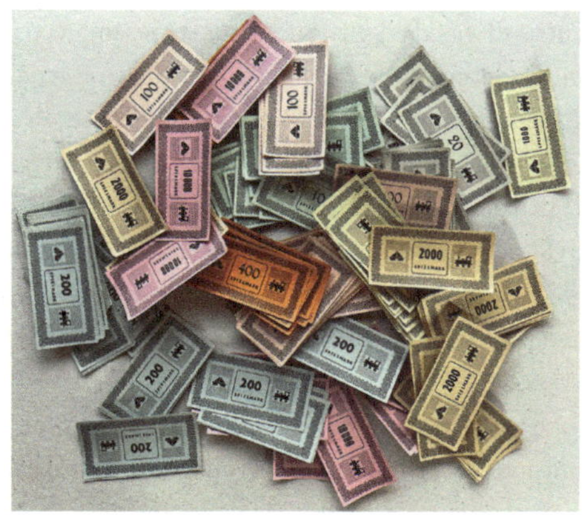

aller Grundstücke beträgt M 117800 (M 5890). Das Startkapital ist so bemessen, dass jede Person ohne zusätzliche Einnahmen und Ausgaben etwas mehr als ein Viertel aller Grundstücke von der Bank kaufen kann. Nur im Spiel zu dritt stellt sich bereits in den ersten Kaufrunden die Frage der Liquidität, weshalb man mitunter auf den Kauf eines zufällig erreichten Grundstücks verzichten muss oder es Sinn machen kann, den Betrag aufzusparen. In größeren Runden ist die Option, auf den Kauf eines zufällig erreichten Grundstücks zu verzichten, dagegen kaum sinnvoll, zumal man es später noch gewinnbringender eintauschen kann.

2.5.3 Häuser, Hotels und Amortisationsdauer

		Kaufpreis Grundstück	Grundmiete	**Gundmiete / Kaufpreis**	Baukosten	Investitionen bis zum Hotelbau	Höchstmiete	**Höchstmiete / Investitionen**
1	Badstraße	1200	40	**0,033**	1000	6200	5000	**0,806**
39	Schlossallee	8000	1000	**0,125**	4000	28000	40000	**1,429**

Mit der Spielarchitektur von *Monopoly* wird eine klare Strategie vorgegeben: Das Spiel kann nur über den Bau von Häusern und Hotels gewonnen werden. Jede Investition verbessert die Amortisationsdauer, d. h. das Verhältnis zwischen Mieteinnahmen und Investitionskosten. In dieser Hinsicht werden die Unterschiede zwischen den billigen und teuren Grundstücken im Lauf der Partie tendentiell nivelliert. Wenn z. B. die billige

Badstraße mit einem Hotel bebaut wird, hat die Spieler:in dafür insgesamt M 6200 (M 310) ausgeben. Die Miete, die ein anderer auf der voll besetzten Badstraße bezahlen muss, beträgt M 5000 (M 250). Bereits mit der zweiten Mieteinnahme dieser Art haben sich also auch auf dem billigen Grundstück alle investierten Baukosten bezahlt gemacht. In ähnlichem Maßstab verbessert sich das Verhältnis zwischen den Mieteinnahmen und Investitionskosten bei den teuren Straßen, was für die Mitspieler:innen jedoch dramatischere Folgen hat, da hier noch höhere Summen auf einmal gezahlt werden müssen. Die Kosten für eine komplette Bebauung der Schlossallee betragen z. B. M 28.000 (M 1.400). Bereits eine einzige Mieteinnahme, die M 40.000 (M 2.000) beträgt, führt zu einem Gewinn von M 12.000 (M 600) und bringt die anderen in größte Liquiditätsprobleme. Mit dieser willkürlichen Staffelung und Festlegung der Preise und Kosten wird der Spielverlauf reguliert und eine im Prinzip simple Aufgabe der Maximierung gestellt: Je mehr Geld investiert wird, desto stärker wird die durchschnittliche Rückzahlungsrate oder Amortisation beschleunigt. An der Relation dieser Kosten hat sich meines Wissens im Verlauf der Editionsgeschichte trotz verschiedener Währungsanpassungen mit ihren eigenen »Inflations- und Deflationsbewegungen« nichts Entscheidendes verändert.

2.6 *Die variabel aufgebaute Insel* Catan

In der Spielarchitektur von *CATAN* bekommt der Zufall eine neue Rolle zugewiesen. Er sorgt nicht nur für die zufällige Verteilung von Gütern, sondern ist Teil einer variablen Matrix und Kombinatorik, mit der diese Güter und ihre Relationen überhaupt definiert werden. Dieses Spielprinzip beginnt mit der variablen Auslage der sechseckigen Landschafts- und Wasserfelder. So gibt es in *CATAN* verglichen mit *Monopoly* zwar eine ähnliche Anzahl von 27 möglichen Bauplätzen (*Monopoly*: 28 Grundstücke), die Qualität dieser Orte wird jedoch in jeder Partie neu bestimmt. Es werden auch keineswegs wie in *Monopoly* alle Grundstücke vergeben, sondern die Personen wählen sukzessiv im Lauf der Partie, welche bebaut werden. Am Ende wird die Insel nicht komplett besiedelt sein. So werden in *CATAN* nicht einzelne Felder, sondern Eckpunkte mit Siedlungen bebaut. Jeder Bauplatz ist durch drei angrenzende Landschafts- oder Wasserfelder definiert, die ihm seine Eigenschaften zuweisen. Mit diesem eleganten Zug der Spielarchitektur werden die kontingenten Eigenschaften der Bauplätze in einer zufälligen Kombinatorik erzeugt und reguliert. Die Spielanleitung gibt zwar eine »Startaufstellung für Einsteiger« vor, fordert »die Fortgeschrittenen« jedoch auf, den Aufbau dem Zufall zu überlassen. Die Landschaftsfelder sind mit neutralen Rückseiten bedruckt, so dass sie gemischt und zufällig in der vorgegebenen Form ausgelegt werden können.

2.6.1 Dimensionierungen

Die Dimensionierung der Insel entstand, so der Autor Klaus Teuber, in einem glücklichen Spiel mit dem Zufall eigener Art: »Die Insel des späteren Siedler von *Catan* war an diesem Abend geboren worden, als ich mit den Landschaftsfeldern spielte und, von einem gewissen Harmoniebedürfnis geleitet, mit 19 Sechseckfeldern ein großes Sechseck bildete. Diese Struktur der Insel sollte sich bis heute nicht mehr ändern. Im Nachhinein erschien es mir, als sei die Insel vom Himmel gefallen oder habe auf der Straße gelegen und ich sei *zufällig* darübergestolpert (Hervorhebung SB).«[134]

2.6.2 Entwicklungsphase

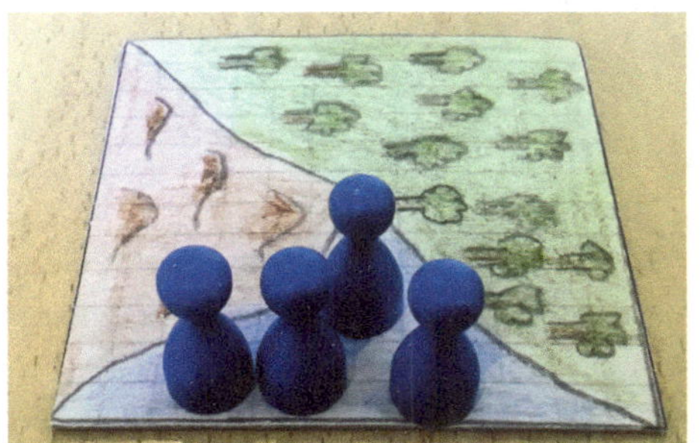

Was am Ende wie ein großer Wurf erschien, musste am Anfang in einem kleinteiligen Prozess des *trial and error* aufgebaut werden. Klaus Teuber hat in seiner Autobiographie verschiedene Arbeitsschritte beschrieben, in denen sich die Grundidee entwickelt hat. So baute sich die erste Insel noch gar nicht aus sechseckigen, sondern aus quadratischen Kärtchen auf, die über Eck konstant in jeweils drei Landschaftstypen unterteilt waren. In der Mitte konnte eine Siedlung gebaut werden, deren Eigenschaft mit der Aufteilung des Kärtchens fest vorgegeben war. In einer plötzlichen Einsicht stellte er fest, dass in einem Wabensystem von Sechsecken jede Ecke zu drei Feldern gehört, sodass man dort das Zusammentreffen von drei Landschaften in einer zufälligen Mischung generieren kann. Teuber beschreibt diese Idee als Moment, in dem seine eigene spielerische Neugier und Experimentierlust geweckt worden sei.[135] Das war auch eine Art Quantensprung im Gamedesign: Der »Spielarchitekt« hatte die Kontrolle über den Aufbau des Spiels an Algorithmen der Materialauslage und deren zufällige Variationen abgegeben.

2.6.3 Die topologische Struktur des Spielplans

Mit der sechseckigen Anordnung der Inselfelder wird eine Netzstruktur erzeugt, in der die 19 Inselfelder auf drei topologische Zonen (Zentrum, Mitte und Rand) verteilt werden. Städte dürfen nur in die Ecken der Inselfelder auf Knoten mit drei Kanten gebaut werden. Dadurch entstehen 54 in der Graphik durch kleine Kreise markierte Bauplätze, die in einer Struktur von sechs unterscheidbaren Ringen organisiert sind. Die Knoten eines Rings,

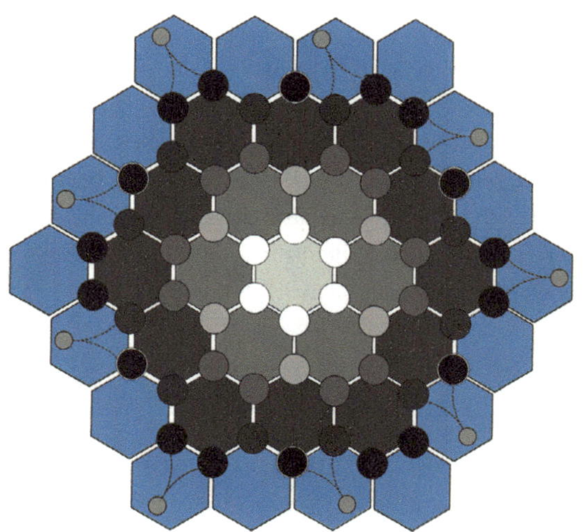

die durch ihren Abstand zum Zentrum charakterisiert sind, haben jeweils die gleichen Eigenschaften im Netzwerk. Der innere Ring hat z. B. sechs in der Graphik hell eingefärbte Knoten, die mit den sechs Eckpunkten des zentralen Hexagons zusammenfallen. Ring zwei hat sechs hellgrau eingefärbte Knoten, die direkt mit dem inneren Ring verbunden sind. Es folgen Ring drei und vier mit jeweils nochmals abschattierten zwölf Knoten. Die restlichen 18 schwarzen Knoten definieren Bauplätze, die zu einem einzigen Landfeld gehören und sonst nur an Wasser angrenzen. Durch die Verbindung zu den Sonderhäfen und durch die Position im Straßennetz können hier noch einmal feinere Unterscheidungen eingezogen werden. Nur diese topologischen Eigenschaften der Bauplätze sind mit der geforderten Auslage des Spielplans vorgegeben. Alle anderen Eigenschaften, wie die zentrale Frage, welche Rohstoffe an welchem Knoten mit welcher Wahrscheinlichkeit produziert werden, ergeben sich mit der zufallsgetriebenen Auslage weiterer Spielmaterialien nach dem Modell Ziehen ohne Nachlegen und den dabei vorgeschriebenen Prozeduren.

2.7 *Zufällige Zuteilung von Chancen und Risiken in* Monopoly

In *Monopoly* erhalten alle Spieler:innen das gleiche Startkapital, stellen ihre Spielfigur auf das gleiche Startfeld und starten ohne eigene Grundstücke. Die Startbedingungen scheinen somit absolut fair geregelt. Die Ununterscheidbarkeit aller Spieler:innen zerbricht jedoch bereits mit dem Recht, den ersten Zug ausführen zu dürfen. Dieses Vorrecht erweist sich als ein für den Spielerfolg entscheidender Faktor. Denn das Spielsystem belohnt stets diejenige Person, die als erste auf einem Feld landet. Sie kann das Grundstück erwerben, während die anderen dort fortan Miete zahlen müssen. Bereits die ersten Würfe machen folglich deutlich, dass Gewinnchancen und Verlustrisiken durch die unterschiedlichen Sitzplätze am Tisch und die damit verbundene Zugreihenfolge reguliert werden.

2.7.1 Regulierter Vorteil der Startspieler:in

	Würfelsumme	Wahrscheinlichkeit (P)
Turmstraße	3	2/36
Südbahnhof	5	4/36
Chauseestraße	6	5/36
Elisenstraße	8	5/36
Poststraße	9	4/36
Seestraße	11	2/36
Elektrizitätswerk	12	1/36

Bereits in der ersten Runde von *Monopoly* sorgen Gewinn- und Verlustrisiken für eine regulierte Asymmetrie in der Spielrunde. Die Tabelle 2.7.1 zeigt, mit welcher Würfelsumme und Wahrscheinlichkeit die Startspieler:in im ersten Wurf ein zum Verkauf stehendes Grundstück erreichen kann. Der Kauf bringt wie oben gezeigt stets Vorteile. Alle Würfelsummen, die nicht in der Tabelle auftauchen, gehören zu Feldern, deren Konsequenz nicht von der Zugreihenfolge abhängt (Gemeinschaftsfeld, Ereignisfeld, Einkommenssteuer, Besuch im Gefängnis).

Die Chance bereits mit dem ersten Wurf mit dem Kauf eines Grundstücks eindeutige Vorteile zu erwerben (s. o.), beträgt also fast ⅔. Diese Chance ist in den Spielplan eingedruckt und wiederholt sich mit jeder Partie unabhängig davon, wer das Spiel beginnt. Für alle nachfolgende Personen besteht im ersten Wurf das Risiko, nicht nur kein Grundstück erwerben zu können, sondern stattdessen Geld als Mietzahlung an die Startspieler:in abtreten zu müssen. So beträgt z. B. die Wahrscheinlichkeit, dass die ersten beiden Würfe die gleiche Summe ergeben und zu einem Grundstück führen:

$$\frac{1}{18}\cdot\frac{1}{18}+\frac{1}{9}\cdot\frac{1}{9}+\frac{5}{36}\cdot\frac{5}{36}+\frac{5}{36}\cdot\frac{5}{36}+\frac{1}{9}\cdot\frac{1}{9}+\frac{1}{18}\cdot\frac{1}{18}+\frac{1}{36}\cdot\frac{1}{36}=\frac{91}{1296}\approx 0{,}07$$

Im Mittel gerät also in jeder vierzehnten Partie die zweite Person bereits nach ihrem ersten Wurf deutlich ins Hintertreffen, ein Risiko, das in größeren Spielrunden mit jeder weiteren Verschiebung in der Zugreihenfolge noch weiter steigt.[136]

2.7.2 Neutrale Felder

	Würfelsumme	Wahrscheinlichkeit (P)
Gemeinschaftsfeld	2	1/36
Einkommenssteuer	5	4/36
Ereignisfeld	7	6/36
Besuch im Gefängnis	10	3/36

Das Spieldesign von *Monopoly* definiert eindeutige Chancen und Risiken, die mit der Reihenfolge von Zügen verbunden sind. Um den Vorteil der Startspieler:in ein wenig abzudämpfen, werden bereits im ersten Streckenabschnitt einige Felder eingestreut, die von der Zugreihenfolge unabhängige Konsequenzen haben. Besonders das an Position 7 platzierte und im ersten Zug am häufigsten erreichte Ereignisfeld zeigt, wie das Spieldesign versucht, den Vorteil der Startspieler:in abzufedern. Dazu gehören auch Ereigniskarten, die eine eigene Quelle des Zufalles bilden, und sich auf die Position der eigenen Figur oder häufiger noch direkt auf den eigenen Geldbesitz auswirken.

2.7.3 Pasch als Aufbrechen der Zugreihenfolge

Eine wichtige Regel, die dafür sorgt, dass die anfänglich ausgeloste Zugreihenfolge nicht den gesamten Partieverlauf bestimmt, ist das Recht, nach einem Pasch einen weiteren Wurf und Zug ausführen zu dürfen. In der ersten Spielphase, in der Züge die Chance erhöhen, Grundstücke zu kaufen, ist ein Pasch meist vorteilhaft, am Ende des Spiels, in der die Züge das Risiko erhöhen, Miete zahlen zu müssen, ist ein Pasch eher nachteilig. Hier sind viele kleine Stellschrauben in das Spieldesign eingebaut: Durch das Geld, das beim Ziehen über »Los« gezahlt wird, ist mit dem Zugtempo stets ein kleiner Vorteil verbunden. Besonders unwahrscheinliche Ereignisse wie das dreimalige Würfeln eines Pasches hintereinander, werden mit der Sanktion »Gehe ins Gefängnis« belegt. Am Anfang des Spiels ist es ein Nachteil, im Gefängnis zu sitzen, am Ende ein Vorteil, was einen meist Heiterkeit auslösenden Bruch des Spielnarrativs darstellt.

2.8 *In der Spielrunde regulierte Chancen und Risiken in* CATAN

In der Spielarchitektur von *CATAN* sind zahlreiche Ebenen angelegt, die durch zufällig verteilte Werte den Verlauf der aktuellen Partie regulieren. Die Mehrschichtigkeit dieser Spielarchitektur wird ganz wörtlich im mehrschichtigen Aufbau der Insel hergestellt. So wird über die erste Ebene zufällig kombinierter Landschaftsfelder eine zweite Ebene von Zahlenchips gelegt, die die Rohstoffproduktion des bestückten Landschaftsfeldes reguliert. Was die größte Würfelsumme 12 oder die häufig gewürfelten Summen 6 und 8 bedeuten können, bleibt danach für die gesamten Partie konstant.

In *CATAN* ist somit eine kleine, versteckte Lektion Wahrscheinlichkeitstheorie eingebaut.[137] Die Schriftgröße und farbliche Hervorhebung der Zahlenchips korrelieren mit der Häufigkeit der geworfenen Summen. Die oft geworfenen Würfelsummen 6 und 8 sind als große rote Zahlen gestaltet, die selten geworfene 2 und 12 als kleine schwarze Zahlen. Die Zahlen sind nicht fest auf die Landschaftsfelder gedruckt. Das Spieldesign gibt auch hier Kontrolle über den Aufbau des Spielfeldes an variabel bestimmte Prozeduren oder Algorithmen ab. Die Aufgabe, die variabel bestimmten Wahrscheinlichkeiten einzujustieren, wird bis zu einem gewissen Grad an die Spielrunde delegiert, die durch die Wahl von Siedlungsplätzen mitbestimmt, in welchen Mengen Rohstoffe bei einer bestimmten Würfelsumme produziert werden.

2.8.1 Zahlenchips als zweite, unabhängig ausgelegte Schicht

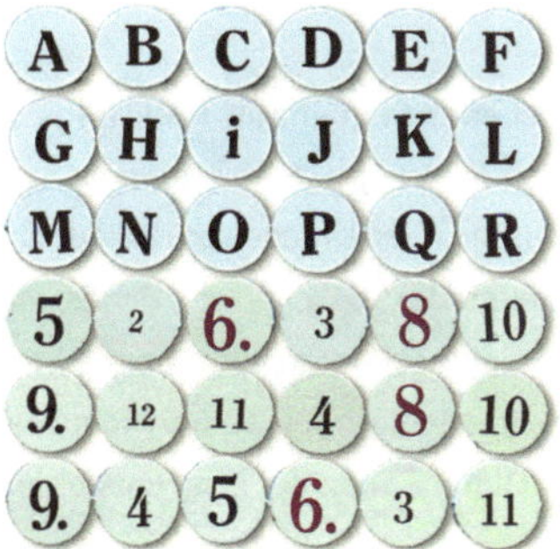

Die 18 Zahlenchips zeigen auf der einen Rückseite Buchstaben, auf der Vorderseite Zahlen. Die Zahlen beziehen sich auf Würfelsummen, die in folgender Anzahl vertreten sind. Von allen möglichen Würfelsummen bleibt die am häufigsten geworfene »sieben« als »Symmetrieachse der Wahrscheinlichkeit«[138] ausgespart. Sie ist partieübergreifend für eine Aktivierung des Räubers reserviert. Alle übrigen Summen sind bis auf die Extremwerte »zwei« und »zwölf« zweimal vertreten. Das Format und die Farbe der Zahlen verweisen auf die Wahrscheinlichkeit der Würfelsummen.
Jede doppelt vergebene Zahl verschränkt die Rohstoffproduktion der damit verbundenen Felder. Wir stoßen hier wieder auf das für *CATAN* entscheidende Spielprinzip des korrelierten Zufalls, d. h. zufällige Ziehungen sind über die Geschichte der Partie miteinander verschränkt, ohne dass die Korrelation auf Ebene des *game strikt vorgegeben würde. So ist jede Würfelsumme bis auf die Extremwerte ›2‹ und ›12‹* mit zwei Landschaftsfeldern verbunden, die unterschiedliche oder gleiche Rohstoffe produzieren können. Jede Roh-

stoffart kann dadurch mit bis zu vier verschiedenen Würfelsummen produziert werden, die am Anfang der Partie zufällig festgelegt werden.

2.8.2 Zahlenchips als regulierte Sequenz

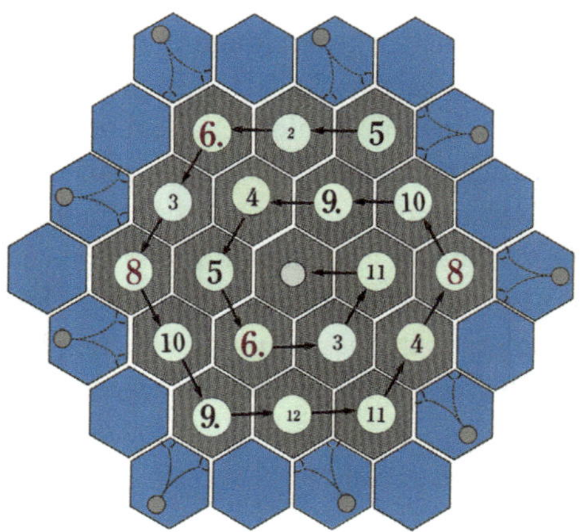

Die Auslage der Zahlenchips soll in einer vorgegebenen Sequenz am Rand beginnen und in der Mitte enden. Die Sequenz des Originalspiels lautet: 5, 2, 6, 3, 8, 10, 9, 12, 11, 4, 8, 10, 9, 4, 5, 6, 3, 11. Dies mutet ein wenig wie ein kryptischer Geheimcode an, ist jedoch ein auf *Balancing* ausgerichtetes System, in dem tendenziell starke und schwache Zahlen möglichst weit auseinander liegen und benachbarte über Siedlungsknoten verbundene Inselfelder unterschiedliche Wahrscheinlichkeiten bekommen sollen. Anders als bei *Monopoly* sollen gerade keine eindeutig vorteilhaften oder ungünstigen Zonen der Insel entstehen.

2.8.3 Startaufstellung *CATAN*: Variable Rohstoffproduktion

Auf was das variable *Balancing* von *CATAN* in Form von Zahlenchips abzielt, kann man am besten an der konkreten Analyse einer Partie aufzeigen. Die Abbildung zeigt wieder den Spielplan im Finale der *CATAN*-Europameisterschaft Barcelona 2017, der mit dem vorgegebenen Algorithmus zufällig erzeugt wurde. Eine erste Auswertung der Auslage kann bei den einzelnen Rohstoffsorten anfangen und deren Reproduktionswahrscheinlichkeiten berechnen. Im Zähler steht dabei die Anzahl an Kombinationsmöglichkeiten einer bestimmten Würfelsumme, den Nenner bilden die 36 Kombinationsmöglichkeiten der beiden W6-Würfel.

Holz <3, 4, 6, 10>: $\frac{2}{36} + \frac{3}{36} + \frac{5}{36} + \frac{3}{36} = \frac{13}{36}$

Lehm <6, 9, 9>: $\frac{5}{36} + \frac{4}{36} + \frac{4}{36} = \frac{13}{36}$

Schaf <5, 8, 10, 12>: $\frac{4}{36} + \frac{5}{36} + \frac{3}{36} + \frac{1}{36} = \frac{13}{36}$

Getreide <3, 5, 11, 11>: $\frac{2}{36} + \frac{4}{36} + \frac{2}{36} + \frac{2}{36} = \frac{10}{36}$

Erz <2, 4, 8>: $\frac{1}{36} + \frac{4}{36} + \frac{5}{36} = \frac{10}{36}$

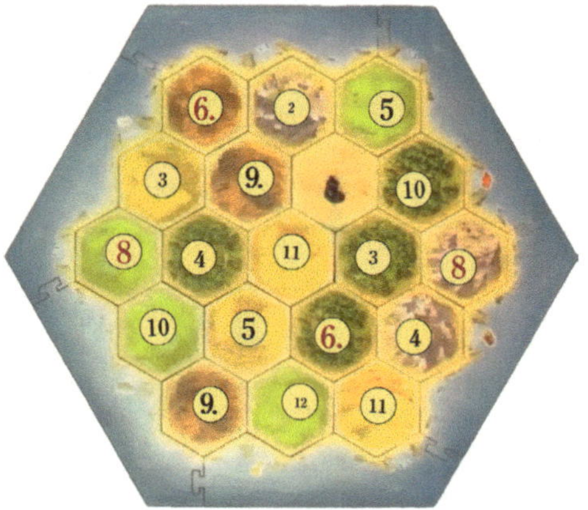

Holz, Lehm und Schaf werden also z. B. mit 36 Würfen im Durchschnitt 13 mal produziert, Getreide und Erz 10 mal.

Die maximalen Schwankungsbreiten einer zufälligen Auslage sind größer. Liegen auf einem Rohstofffeld wie Lehm oder Getreide, die drei extremen Werte 2, 3, 12 ist eine minimale Produktionsrate von 4/36 möglich. Die maximale Produktionsrate mit allen großen und doppelt vertretenen Zahlen 6 und 8 auf den vier Feldern eines Rohstoffs Holz, Schaf oder Erz, ergibt eine maximale Reproduktionsrate von 20/36. Solche Extremlagen werden jedoch sehr selten auftreten. Die verbleibenden Schwankungsbreiten sorgen für eher subtile Asymmetrien, die in jeder Partie aufs Neue erkundet und ausgetestet werden müssen.

2.8.4 Ausbalancierte Produktionserwartung der Siedlungsplätze

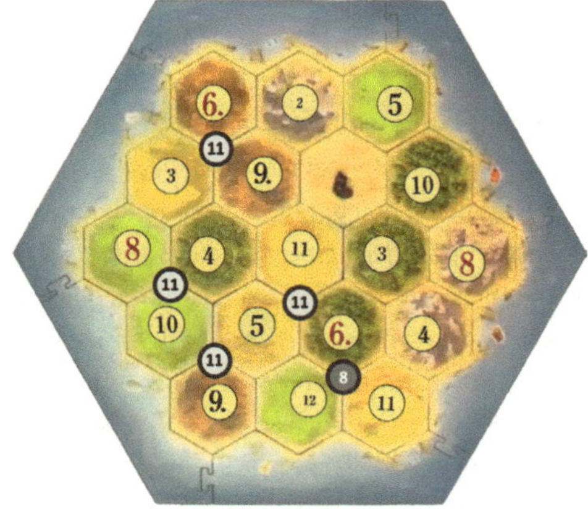

Ein ähnliches Bild ergibt sich, wenn man die Produktionswahrscheinlichkeit für einzelne Siedlungsplätze betrachtet. Konzentriert man sich im gezeigten Beispiel auf Siedlungs-

Zahlen	Wahrscheinlichkeiten	Produktionserwartung
3/6/9	(5 + 4 + 2)/36	11
5/6/11	(5 + 4 + 2)/36	11
4/8/10	(5 + 3 + 3)/36	11
5/9/10	(4 + 4 + 3)/36	11
2/6/9	(5 + 4 + 1)/36	10
5/6/12	(5 + 4 + 1)/36	10
3/4/6	(5 + 3 + 2)/36	10
3/4/8	(5 + 3 + 2)/36	10
3/4/8	(5 + 3 + 2)/36	10
3/8/10	(5 + 3 + 2)/36	10
4/6/11	(5 + 3 + 2)/36	10
4/5/10	(4 + 3 + 3)/36	10
3/6/11	(5 + 2 + 2)/36	9
5/9/12	(4 + 4 + 1)/36	9
3/4/9	(4 + 3 + 2)/36	9
4/5/11	(4 + 3 + 2)/36	9
4/9/11	(4 + 3 + 2)/36	9
6/11/12	(5 + 2 + 1)/36	8

plätze, die an drei Landschaftsfelder angrenzen, wird deutlich, dass die Quoten in einem nur schmalen Korridor schwanken, obwohl – oder gerade weil – der Aufbau der Insel einer mehrschichtigen Kombinatorik zufällig erzeugt wird. So sind in der folgenden Grafik die Produktionserwartungen nach 36 Zügen berechnet. Vier Siedlungsplätze sind hellgrau markiert, die mit durchschnittlich 11 Rohstoffen pro 36 Würfen die quantitativ beste Produktionserwartung haben. Der in dieser Hinsicht schlechteste Siedlungsplatz ist dunkelgrau markiert und wird mit acht Rohstoffen pro 36 Würfen nur etwa ein ¼ weniger Rohstoffe abwerfen. Dazwischen gibt es, wie die folgende Tabelle auflistet, acht Siedlungsplätze mit 10 Rohstoffen, und fünf mit neun Rohstoffen pro 36 Würfen. Auch bei maximaler Spieler:innenzahl können alle vier Personen Siedlungsplätze mit ähnlichen Produktionserwartungen auswählen. Hinter der Gleichförmigkeit der folgenden Tabelle verbergen sich jedoch viele versteckte Asymmetrien, zu denen etwa korrelierte Würfelsummen oder die Positionen und Nachbarschaften der Bauplätze auf dem Spielplan gehören. Diese feinen Differenzen können im weiteren Spielverlauf den entscheidenden, am Anfang noch gar nicht absehbaren Unterschied machen.

2.9 *Auswahl von Chancen und Risiken am Spielbeginn von* CATAN

Der besondere strategische Charakter von *CATAN* zeigt sich bereits am Anfang des Spiels mit der Auswahl der ersten Siedlungsplätze. Die Spielanleitung der Erstausgabe gibt dem »ältesten Spieler« das Recht auf den ersten Zug, was dem Umstand Rechnung trägt, dass es durchaus als Überforderung empfunden werden kann, aus der maximalen Fülle an Siedlungsmöglichkeiten die beste oder passendste auszuwählen. Ganz anders als in *Monopoly* können die Grundstücke nicht mit aufsteigender Güte sortiert werden, sondern jeder Siedlungsplatz besitzt vielschichtige Vorzüge und Nachteile. Oft stellt sich nach den ersten Spielminuten heraus, was man am Anfang übersehen hat oder durch Strategien der Gegenseite durchkreuzt worden ist. Die Ausrichtung von Straßen ist häufig eine besonders knifflige Entscheidung, bei der fatale Fehler gemacht werden können.

Der mit dem ersten Zug verbundene Vorteil wird durch eine Umkehrung der Setzreihenfolge in der zweiten Runde ausgeglichen. Die Person, die die erste Setzrunde beendet hat, darf die zweite beginnen. Hinzu kommt ein weiterer Aspekt, der, wie in allen strategischen Spielen, den Vorteil des Zugvorrechts ausgleicht: Mit jeder Entscheidung muss man Informationen preisgeben, die Mitspieler:innen für gezielte Gegenaktionen nutzen können. In *CATAN* ist das Timing von Aktionen und das Offenlegen der eigenen Pläne für den Spielerfolg von großer Bedeutung.

2.9.1 Die erste Setzrunde *CATAN* Europameisterschaft 2017

Wieder ist es sinnvoll, einige Feinheiten der Spielarchitektur am konkreten Beispiel zu erkunden. Das Finale der Europameisterschaft 2017 eröffnet Selma mit Rot: Sie erkennt die Besonderheit des Bretts mit der knappen Ressource Erz und baut ihre erste Siedlung an der östlichen Seite der Insel auf den Knoten <8 Erz/4 Erz/3 Holz>. Sie sichert sich damit einen großen Anteil an der knappen Ressource und hofft den Rohstoff Erz im Lauf der Partie zu günstigen Konditionen gegen andere Rohstoffe tauschen zu können. Evaldas baut mit Blau die zweite Siedlung schräg darunter auf einen <4 Erz/6 Holz/11 Getreide> Knoten. Er sichert sich damit einen eigenen Anteil an der Erzproduktion und ein sehr gutes Holzfeld. Er baut damit recht ähnliche Stärken und Schwächen wie Selma auf. Der dritte Spieler, Milutin, der mit Weiß spielt, sieht sich durch den Mangel an weiteren guten Erzfeldern bereits gezwungen, eine andere Strategie einzuschlagen. Er

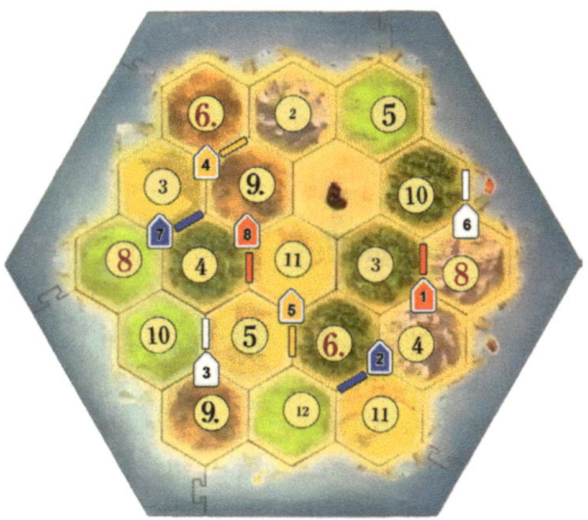

wählt im südwestlichen Eck der Insel einen <5 Getreide/9 Lehm/10 Schaf>-Knoten mit guter Getreide- und Lehmproduktion. Martin mit Orange hat nun als letzter Spieler der ersten Setzrunde das Recht, zwei Siedlungen hintereinander zu bauen. Er baut seine erste Siedlung auf ein <6 Lehm/9 Lehm /3 Getreide>-Knoten in die bis dahin unbesiedelten nord-westliche Zone der Insel, die über eine starke Lehmproduktion verfügt. Die zweite Siedlung platziert er auf einem <6 Wald/5 Getreide/11 Getreide>-Bauplatz und baut damit eine starke Holz- und Getreideproduktion aus. Wenn die mit recht hoher Wahrscheinlichkeit zu erwartende Würfelsumme ›6‹ fällt, erhält Orange damit Lehm und Holz und verfügt damit über eine Art »Straßenbaumaschine«, die ihm auch den Grundstock von Siedlungen liefert. Mit den weiteren Siedlungen werden die Analogien und Differenzen zwischen den Spieler:innen weiter ausgebaut. Es wird deutlich: Für den Spielerfolg sind nicht nur die reinen Produktionserwartungen entscheidend, sondern die Art, wie die Rohstoffproduktion in der ganzen Spielrunde korreliert verteilen.

2.9.2 Straßenbau

In *CATAN* gibt es 78 Kanten, die mit Straßen besetzt werden können. Jede Person kann maximal 15 Straßen bauen. Straßen dürfen sich verzweigen, müssen aber an eigene Straßen angebaut werden. Sie sind auch Voraussetzungen für den Bau von Siedlungen. Die Planung des eigenen Straßennetzes ist daher auch ein wichtiger Kern jeder Spielstrategie. Benachbart gebaute Siedlungen führen zu Konflikten im Straßenbau. So hätte im Beispiel Rot mit der letzten Siedlung auf einem <4/9/11> Knoten im Zentrum der Insel die Möglichkeit gehabt, eine Querverbindung zur eigenen ersten Siedlung anzubahnen. Rot baut die Straße jedoch konfrontativ nach unten und macht es für Orange schwieriger, eine eigene Straßenverbindung aufzubauen.

2.10 *Monopoly* als *Nullsummenspiel*

Monopoly ist ein Nullsummenspiel, d. h.: Wenn man auch die Bank als neutrale Partei des Spiels betrachtet und alle Gewinne und Verluste der Parteien zusammenrechnet, beträgt diese Summe am Ende ›null‹. Was die eine Partei gewonnen hat, hat die andere verloren. Das ganzen Spiel ist eine einzige Umverteilung von Geldscheinen und Grundstückskarten zwischen der Bank und den verschiedenen Spieler:innen.

Mit dem Kauf von Grundstücken und dem Bau von Häusern wird das im Umlauf befindliche Geld knapper. Im Gegenzug steigen die Mieten, die auf einem bebauten Grundstück geleistet werden müssen. Alle werden in wachsende Liquiditätsprobleme getrieben, die entscheidende Stellschraube, mit der jede Partie *Monopoly* ihrem Ende zugetrieben wird: Sobald eine zu zahlende Summe das zur Verfügung stehende Kapital einer Person übersteigt, scheidet sie aus dem Spiel aus. Sie muss dem Gläubiger alles, was sie an Wert besitzt, übergeben und darf nicht mehr weiterspielen. Das Spiel wird zum Modell eines unreguliert zur Monopolbildung führenden Kapitalismus.

2.10.1 Geldflüsse

Die Zuflüsse im Lauf der Partie sind verglichen mit dem Startkapital eher gering: Über den Stapel aller Gemeinschaftskarten fließen ca. M 10.000 (M 500) in die Spielrunde, ca. M 3000 (M 150) in Richtung Bank. Bei den Ereigniskarten halten sich Zu- und Abflüsse mit ca. M 6.000 (M 300) in beide Richtungen die Waage, wobei es Karten gibt, die Kosten proportional zu den gebauten Häusern und Hotels verursachen, sodass ihr Wert mit dem Zeitpunkt des Aufdeckens variiert.

Beim Ziehen über »Los« zahlt die Bank M 4.000 (M 200) an den entsprechenden Spieler. Ein Umrunden des Spielplans dauert durchschnittlich 5,7 Würfelrunden, was durch Ereigniskarten, mit denen man vor- oder zurückziehen darf, weiter modifiziert wird. Grob überschlagen fließen mit jedem Wurf im Durchschnitt M 1000 (M 50) von der Bank an in die Spielrunde. Es dauert also ca. 30 Würfe bis eine Person auf diesem Weg ihr Startkapital verdoppelt hat.

2.10.2 Mietsteigerung und Liquiditätsprobleme

Mit dem Kauf von Grundstücken, dem Bau von Häusern und Hotels wird das in Umlauf befindliche Geld knapp. Zugleich erhöhen sich mit dem Bau von Häusern und Hotels die zu errichtenden Mieten, bei voller Bebauung der Grundstücke verglichen mit dem Anfangswert um den Faktor 40 bis 100. Die Geldmenge, die im Umlauf ist, wird mit den Investitionen also knapper, die Einzelbeträge, die zirkulieren, steigen dagegen drastisch. Das ist der entscheidende Mechanismus, der das Spielende herbeiführt, indem eine Spieler:in nach der anderen ihre Schulden nicht mehr bezahlen kann.

2.10.3 Hypothekenkredite in *Monopoly*

Das Kreditsystem von *Monopoly* ist Teil dieses Mechanismus. Für Spieler:innen, die in Rückstand und Zahlungsschwierigkeiten geraten, sieht das Spielsystem den Rückverkauf von Häusern an die Bank und die Aufnahme von Hypothekenkrediten vor. Beim Verkauf von Häusern macht die Spieler:in einen Verlust von 50 % und Hypotheken müssen mit einem Zins von 10 % zurückgezahlt werden. Vor allem verringert jeder Verkauf und jeder Kredit die eigenen Chancen auf Mieteinnahmen. Dieser Mechanismus erzeugt ein negatives Feedback und eine sich verstärkende Abwärtsspirale. So wie Investitionen in *Monopoly* für sichere Einkommenschancen stehen, stehen Kredite für ein klares Verlustrisiko, das nur aufschiebende Wirkung hat und die Monopolbildung nicht verhindern kann.

2.11 *Aufbau von Chancen und Risiken im Spielverlauf von* CATAN

In *CATAN* bilden nur die Kategorien »Größte Handelsstraße« und »Größte Rittermacht« ein untergeordnetes, in die Spielarchitektur eingebautes Nullsummenspiel der Umverteilung. In der spielentscheidenden Kategorie der Siegpunkte können sich die Personen unabhängig entwickeln, während sie in den untergeordneten Dimensionen der Rohstoffproduktion miteinander verschränkte Eigenschaften aufbauen. Die Zahl der Siegpunkte, die über den Spielerfolg entscheidet, wächst für alle und beträgt am Ende der Partie in der Summe keineswegs null.

Die über den gemeinsamen Anteil an Rohstofffeldern und Zahlenchips aufgebaute und korrelierte Rohstoffproduktion kann im Lauf der Partie gezielt gesteigert werden. Das Startkapital von maximal drei Rohstoffen, das mit dem Bau der zweiten Siedlung verbunden ist, bildet einen nur geringen Teil aller Rohstoffe, die eine Person im Lauf der Partie erwirtschaften kann. Während *Monopoly* die Spieler:innen durch immer höhere Zahlungen vor zunehmende Liquiditätsprobleme stellt, entsteht mit dem Regelsystem von *CATAN* eine umgekehrte Dynamik: Die Baukosten bleiben konstant, die eigenen Einnahmen wachsen.

2.11.1 *CATAN*: Zufluss von Ressourcen

Die statistische Auswertung der Beispielpartie 2.4.4 zeigt, wie jede Person unabhängig von der Setzreihenfolge mit zwei bis drei Rohstoffen und einer Produktionswahrscheinlichkeit von einem halben Rohstoff pro Wurf in die Partie geht. Nach ca. acht bis neun Runden ist es allen gelungen, die Ertragswahrscheinlichkeit durch den Bau weiterer Siedlungen zu verdoppeln, so dass alle auf einen neuen Rohstoff pro Wurf hoffen dürfen. Am Ende der Partie, das nach 16 Runden erreicht war, haben die Spieler:innen im Durchschnitt insgesamt etwa 50 Rohstoffe erwirtschaftet und haben in den letzten Runden durchschnittlich eineinhalb Rohstoffe pro Würfelsumme erzielt. Dies erzeugt ein für *CATAN* charakteristisches Gefühl wachsenden Wohlstands, der in guten Partien als »Flow« die ganze Runde der Teilnehmer:innen erfasst.

2.11.2 Beispiel: *CATAN*-Europameisterschaften

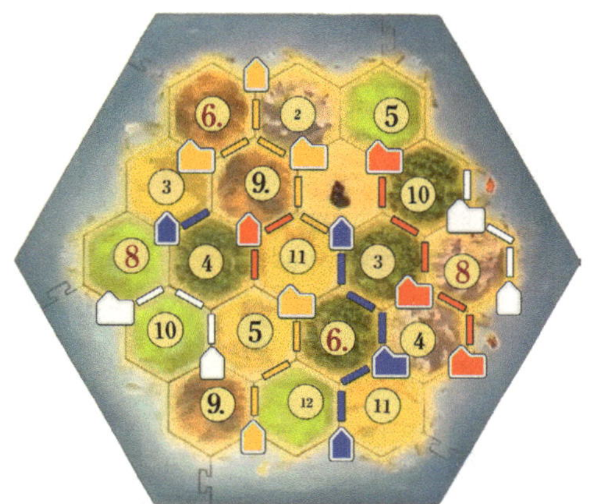

Die Abbildung zeigt den Endstand der analysierten Finalpartie. Die Tabelle listet auf, wie die Teilnehmer:innen die Würfelsummen durch den Bau ihrer Siedlungen und Städte mit einer eigenen und speziellen Rohstoffproduktion verknüpft haben. Den Zeilen der Tabelle kann man entnehmen mit welchen Aktionen spezifische Würfelsummen verbunden wurden: eine Würfelsumme von 4 war z. B. am Ende der Partie mit einer regulären

	Selma					Evaldas					Milutin					Martin					
<2>																			3		3
<3>	2					1				1										2	6
<4>	2			4		1			1												8
<5>			2												2					2	6
<6>						1										2	3				6
<7>	Räuber!																				
<8>				2				1					2		3						8
<9>		2										2					5				9
<10>	2										2		4								8
<11>					2					3										2	11
<12>								1										1			12
%	44	22	22	61	11	28	0	17	8	22	17	22	61	42	22	28	97	3	8	44	

Ausschüttung von 2 × Holz und 4 × Erz an Rot und 1 × Holz und 1 × Erz an Blau verbunden. Die letzte Zeile unten summiert die Wahrscheinlichkeiten, mit denen die Teilnehmer:innen pro Runde einen bestimmten Rohstoff produzieren konnten. Die letzte Spalte rechts zeigt, wie viele Rohstoffe bei jeder Würfelsumme insgesamt ausgeschüttet wurden.
Diese für die Partie entscheidende Regulierung haben die Spieler:innen auf der Grundlage des zufällig zusammengestellten Spielplans selbst aufgebaut. Anders als die konstante, im Regelsystem vorgegebene Tabelle der Kauf- und Mietkosten in *Monopoly* (2.3.1) werden die Quoten in *CATAN* in jeder Partie neu mit einer Kaskade von unabhängigen Vorgaben und Entscheidungen festgelegt. Nicht nur Strategien, sondern basale Regeln, wie die Frage, welche Rohstoffe mit welchen Würfelsummen produziert werden, und wie sich die Spielpositionen dadurch gleichen und unterscheiden, sind auf Ebene des *game* nur mit gewissen Schwankungsbreiten angelegt, und pegeln sich erst im konkreten *play* durch zufällige Zuteilungen und unabhängige Entscheidungen der Spielrunde ein.

2.11.3 Variable Gewinnstrategien in *CATAN*

	Selma					Evaldas					Milutin					Martin				
Produktion	21	6	3	25	7	13	–	9	6	12	12	5	17	14	6	12	17	3	7	18
Summe	62					40					54					57				
Ausgaben	15	6	2	15	7	15	1	8	10	12	7	6	10	10	8	9	12	4	9	8
Summe	45					46					41					42				
Siegpunkte	1	6	–	–	–	3	2	2	2	1	1	6	–	–	–	2	6	–	–	–
	7					10					7					8				

Die Tabelle bietet eine weitere Auswertung der Finalpartie Barcelona 2017, die Einnahmen und Ausgaben von Rohstoffen zusammenfasst. Die erste Zeile »Produktion« gibt an, wieviel Rohstoffe die Spieler:innen über ihre eigenen Siedlungen und Städte produziert haben, die mittlere Zeile »Ausgaben« listet auf, wieviel Rohstoffe sie jeweils ausgegeben haben. Unten sind die Siegpunkte angegeben, die sie damit erzielen konnten.
In dieser Tabelle werden überraschende Zusammenhänge deutlich. Die mit Rot spielende Startspielerin Selma, die am Spielende die wenigsten Siegpunkte erzielen konnte, hat die mit Abstand meisten Rohstoffe produziert. Sie konnte diesen Vorteil nicht ummünzen, da einige Rohstoffe dem Räuber zum Opfer gefallen sind, den die anderen aggressiv gegen sie gespielt haben, und andere eher zum eigenen Nachteil eingetauscht wurden. Der mit Blau spielende Evaldas hat dagegen am *wenigsten* eigene Rohstoffe produziert. Viele Rohstoffe hat er in Entwicklungskarten investiert, die einen recht hohen Glücksfaktor ins Spiel bringen und für andere nicht sofort einsehbar sind. Über die Entwicklungskarte »Straßenbau« und eine klug auf Holz ausgespielte Karte »Monopol« konnte er überra-

schend die längste Handelsstraße errichten. Da die Spielrunde seine Gewinnchancen bis zum Schluss unterschätzt hat, blieb er vom Räuber weitgehend verschont. Die Beispielpartie zeigt, wie im ausbalancierten Spielsystem von *CATAN* temporäre Bündnisse und glückliche Zuteilungen zum Zünglein an der Waage werden können.

2.12 *Im Spielfeld festgelegte Regeln in* Monopoly

Die im Spielsystem fixierten Dimensionen von *Monopoly* gestalten die Länge und Dramaturgie einer Partie. Dadurch, dass der Parcours aus 40 linear und zyklisch angeordneten Feldern nicht ohne Rest durch den Durchschnittswert der Würfelsumme 7 teilbar ist, reproduziert sich in den Partien kein klarer Unterschied zwischen häufig und selten getroffenen Feldern. Nur durch Ereignisfelder und Ereigniskarten ergeben sich leichte Verschiebungen, die nicht offen angezeigt werden, die aber erfahrene Spieler:innen bei der Berechnung von Trefferquoten berücksichtigen können.

Im Spielsystem von *Monopoly* wird vieles unabhängig vom Verlauf der konkreten Partie festgelegt, jedoch nicht, welche Chancen und Risiken mit bestimmten Würfelzahlen verbunden sind. Ob z. B. die größte Würfelsumme 12, die kleinste Würfelsumme 2 oder die häufig gewürfelte 7 mehr oder weniger vorteilhafte Zahlen sind, bestimmt sich mit jeder Spielsituation neu. Wenn die Grundstücksfarben mit fortschreitendem Spielverlauf komplett verteilt sind, strukturiert sich der Spielplan immer eindeutiger, sodass für jede Person Zonen mit besonders hohen Chancen oder besonders großen Risiken entstehen. Das bestimmt die Spannungskurve der Partie. Vor bestimmten Würfen kann man sehen, dass man nun entweder besonders viel Glück oder besonders viel Pech haben kann. Man wird dem Ergebnis entgegenfiebern, was den Wurf aus dem Einerlei einer immer wieder zu wiederholenden Prozedur heraushebt.

2.12.1 Verdeckte Wahrscheinlichkeiten in *Monopoly*

In *Monopoly* erzwingen die Gemeinschafts- und Ereigniskarten nicht nur thematisch verpackte Zahlungen, sondern versetzen auch immer wieder Figuren unabhängig von den Würfeln. So müssen sie ins Gefängnis gehen oder auf »Los« oder die »Schlossallee« vorrücken. Dadurch wird nicht nur die Trefferquote dieser Felder erhöht, sondern auch die Trefferquote von Feldern, die im darauffolgenden Zug durch die durchschnittlich am häufigsten gewürfelten Würfelsummen 6, 7 und 8 erreicht werden. Besonders beim Gefängnis, in dem man auch bei einer Paschserie landen kann, hat das Konsequenzen für die Farbgruppe Orange, die sechs und acht Felder nach dem Gefängnis positioniert ist (in der deutschen Ausgabe: »Münchner« und »Wiener Straße«). Diese Grundstücke werden überdurchschnittlich oft erreicht und versprechen dadurch häufigere Mietzahlungen. Solche Informationen werden mitunter als »Insiderwissen« in Spielgruppen weitergegeben. Eine subtile, aber wichtige Variation der Dimensionierung sind die beiden Grundstücksfarben, die mit nur zwei Grundstücken den Parcours eröffnen und abschließen (in der dt. Ausgabe: »Badstraße« und »Turmstraße«, sowie »Parkstraße« und »Schlossallee«). Sie können relativ leicht und schnell in den Besitz einer Spieler:in überführt werden. Besonders der Erwerb der beiden teuersten Straßen ist ein sehr glücksabhängiger, mit dem Spielsystem angelegter Schlüssel zum Gewinn der Partie. Doch auch die beiden preiswerten Straßen werfen zwar keine hohe Rendite ab, können aber schneller als die anderen bebaut werden, weshalb ihr Erwerb vor allem in der ersten Hälfte des Spiels einen entscheidenden Vorteil darstellen kann.

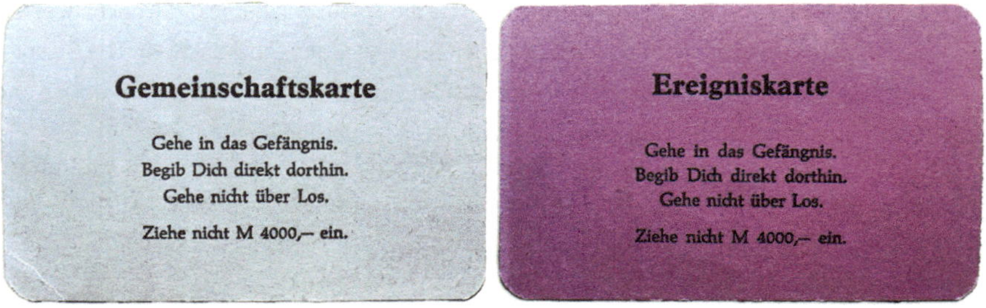

2.12.2 Hausregeln

Einige »Hausregeln« versuchen den Glücksfaktor von *Monopoly* weiter zu streuen. So wird in der Tradition von »Gänsespielen« ein Geldtopf eingeführt, in den die Spieler:innen auf bestimmten Feldern einzahlen müssen oder den sie einstreichen können (etwa als eingezahlte »Parkgebühren« beim direkten Landen auf Los oder als Auszahlung auf dem Feld »freies Parken«). Andere Modifikationen, wie eigentlich nicht vorgesehene Privatkredite, können das Partieende weiter hinauszögern, sind aber nicht in der Lage, die Dynamik des Spielsystems, das immer den Führenden belohnt, umzukehren.[139]

2.13 *In der Spielrunde festgelegte Regeln in* CATAN

Die bisherigen Analysen machen deutlich, dass die Personen in *CATAN* nicht nur bestimmen, nach welchen *Strategien* sie spielen, sondern in einer Mischung aus Zufall und kollektiven Entscheidungen festlegen, nach welchen Regeln die konkrete Partie ablaufen wird. Denn es ist kein nebensächlicher Unterschied, ob alle Personen an den gleichen Zahlen oder an unterschiedlichen Zahlen siedeln und ob sie mit den Würfelsummen tendenziell die gleichen Rohstoffe oder unterschiedliche produzieren werden. Je mehr sich die Spielpositionen der Personen gleichen, desto direkter werden sie in einen Wettkampf um den schnellsten Weg zum Ziel geführt. Je mehr komplementäre Rohstoffe sie erhalten, desto stärker wird der Tauschhandel und eine begrenzte Kooperation in der Partie angeregt. Mit der Wahl der Siedlungsplätze verändert die Spielrunde somit, ob sie will oder nicht, den Charakter und die Dramaturgie einer Partie. Dies ist ein entscheidender Aspekt, mit dem *CATAN* die Tür zu einem Grundzug der neueren Brettspiele geöffnet hat: In einer Mischung aus korrelierten Zufällen und kollektiven Entscheidungen kann die Spielrunde nicht nur einzelne Entscheidungen treffen, sondern Regeln mitbestimmen, nach denen die Partie Schritt für Schritt einen spezifischen Charakter gewinnt.

2.13.1 Doppelt vergebene Würfelsummen auf den Zahlenchips

Wie bereits erwähnt, sind alle Würfelsummen zweimal im Satz der Zahlenchips vertreten, bis auf die Extrempositionen 2 und 12, die einmal vorkommen, und die mittlere Position 7, die gar nicht vorkommt. Jede der Würfelsummen 3 bis 6, sowie 8 bis 11 aktiviert also immer zwei Landschaftsfelder, die sich an verschiedenen Stellen des Spielplans befinden. Selbst bei der maximalen Zahl von vier Teilnehmer:innen ist es daher möglich, dass alle auf die eine oder andere Art von einer der mittleren Summen profitieren. Durch die doppelte Vergabe der gleichen Zahlenchips ist eine verschränkte Produktion von Rohstoffen in die Spielarchitektur eingebaut, die zu Überfluss oder Tauschanreizen führen kann.

2.13.2 Korrelierte Rohstoffproduktion in einer Startaufstellung

	Selma					Evaldas					Milutin					Martin					
<2>																					
<3>	1									1										1	3
<4>	1			1		1			1												4
<5>															1					1	2
<6>						1										1	1				3
<7>	Räuber!																				
<8>				1				1						1							3
<9>		1										1					1				3
<10>											1		1								2
<11>					1					1										1	3
<12>																					
%	14	11		22	6	22		14	8	11	8	11	8	14	11	14	25			22	
%	53					55					52					61					

Oben wurde bereits tabellarisch aufgelistet, mit welchen Rohstoffen spezifische Würfelsummen am Ende der Partie verknüpft wurden. Ich reiche hier eine Tabelle für den Anfang der Partie nach, aus der man im Vergleich entnehmen kann, wie sich diese Regulierung sukzessiv aufgebaut hat.
In der Tabelle des Beispiels zeichnen sich folgende allgemeine Eigenschaften der Spielarchitektur ab: Ungeachtet der Zugreihenfolge, ist die Insel so dimensioniert, dass sich alle vier Spieler:innen bei gleicher Spielstärke ähnliche Gesamtanteile an der Rohstoffproduktion sichern können. Im Durchschnitt erhalten sie bereits nach der Eröffnungsphase der Partie mit zwei Siedlungen in etwas mehr als jeder zweiten Runde Rohstoffe. Der an vierter Position mit Orange spielende Martin geht sogar mit der quantitativ besten Stellung aus der Startrunde hervor.
Bei ähnlicher Spielstärke können die Spieler:innen ungeachtet der Zugreihenfolge *ähnlich* starke, aber doch *unterschiedlich* starke Stellungen aufbauen. Z. B. setzt Rot auf eine starke Erzproduktion, Blau auf Holz und Orange auf Lehm. Diese Schwerpunkte können im Lauf der Partie weiter ausgebaut, aber auch verändert werden. Die Unterschiede bieten auch Anreize für Tauschgeschäfte. Mit der Würfelsumme »8« gewinnen Rot und Weiß z. B. immer 1 Erz, Blau dagegen immer 1 Schaf. Im Tausch können die Rohstoffe auf beiden Seiten den Grundstein für Entwicklungen legen.

2.13.3 Der Räuber als personifizierter Zufall

Die Insel *Catan* ist keine *tabula rasa*, die die Personen beliebig schalten und walten lässt, da sie die Wahrscheinlichkeiten einer Rohstoffproduktion zwar kalkulieren, das Ergebnis aber nicht erzwingen können. An dieser Stelle greift auch die spielerische Ideologiekritik von Loring-Albright zu kurz.[140] Die Insel ist nicht leer, auch wenn sie nicht mit Spielfiguren, sondern mit vorgegeben Landschaftstypen abstrakten Zahlen- und Wahrscheinlichkeitschips und den damit verbundenen Produktionsraten besetzt ist. Klaus Teuber hat das auf das Modell von Wetter- und Naturereignissen bezogen, die in Form von Sturm, Dürre oder Seuchen die Landwirtschaft erschweren.[141] Zusätzlich hat er eine zufällig aktivierte *agency* in der Figur des Räubers personalisiert. Er steht von Anfang in der Mitte der Wüste, und wird bei der am häufigsten gewürfelten Würfelsumme 7 aktiv. Die Person, die gerade gewürfelt hat, schlüpft temporär in diese vorgegebene Rolle und darf einer anderen Person eine verdeckte Karte entwenden, was sonst nicht erlaubt ist. Der Räuber steht damit für eine Art zufällig eskalierenden Konflikt innerhalb der Siedlungsgemeinschaft. Diese Aktion kann gezielt gegen die führende Person eingesetzt werden, es können aber auch soziale Bindungen, die über das Spiel hinausgehen, in die Partie eingetragen werden, indem z. B. eine bestimmte Person häufig verschont, eine andere dagegen häufig attackiert wird. Auch im Führen des Räubers können sich unterschiedliche Spielweisen und Auslegungen der Regeln entwickeln.

2.14 *Berechenbarer Tauschhandel in* Monopoly

In beide Spielarchitekturen darf mit Spielkarten und Spielmaterialien gehandelt werden. In *Monopoly* sind das die in Farbgruppen unterteilten Grundstückskarten sowie Geldscheine, in *CATAN* die in fünf Sorten unterteilten Rohstoffkarten. Welche Karten in welchen Mengen getauscht werden, bleibt den beteiligten Personen überlassen. Tauschangebote können auch abgelehnt werden, sodass ein Handel nur dann zustande kommt, wenn er den beteiligten Parteien, aus welchen Gründen auch immer, vorteilhaft erscheint. Über den Erfolg entscheidet also auch Verhandlungsgeschick.

Tauschhandel trägt immer auch einen kooperativen Aspekt in Konkurrenzen ein: Personen können sich wechselseitig helfen, unterschiedliche Ziele mit dem Austausch passender Mittel zu erreichen.[142] Bei Spielen mit mehr als zwei Personen ist zu beachten, dass ein freier Tauschhandel auch genutzt werden kann, um sich gegen andere zu verbünden, indem man sich wechselseitig übervorteilt. Der Tauschhandel ist daher ein Mechanismus, mit dem leicht soziale Zuneigungen, Abneigungen oder Abhängigkeiten, die über das Spiel hinausreichen, in die Partei eingetragen werden oder umgekehrt Entscheidungen, über das Partieende hinaus, für Diskussionsstoff sorgen.

2.14.1 *Monopoly*: Wahrscheinlichkeit komplette Straßenzüge zu erwerben

In *Monopoly* gibt es, unabhängig von der Anzahl der Spieler:innen, zehn unterschiedlich wertvolle Grundstücksgruppen (vgl. 2.3.3). Das sorgt zusammen mit der Regel exklusiver Besitzrechte für die Schwierigkeit oder Unmöglichkeit einer »fairen Aufteilung« zwischen den Spieler:innen. In die Dimensionierung der Spielmaterialien ist somit ein notwendiges Ungleichgewicht zwischen den Spieler:innen eingebaut.

Gehen wir von einer Partie mit vier Teilnehmer:innen aus, in dem jeder Partei sieben der 28 Grundstücke zugelost werden. Da sie stets in 10 Gruppen mit zwei bis vier Elementen unterteilt sind, ist die Wahrscheinlichkeit, mit 7 zufällig zugelosten Karten sieben unterschiedliche Gruppen zu erhalten, relativ gering. Sie liegt bei 0,14. In etwa sieben von acht Partien wird den Spieler:innen (bei einem Spiel mit vier Teilnehmer:innen) also mindestens ein Farbschwerpunkt zugelost werden, bei dem sie zwei Grundstücke und damit zumindest die Mehrheit einer Farbe bekommen. Die Chance bei einer zufälligen Verteilung von 7 Karten, das für den Spielgewinn entscheidende Paar Schlossallee plus Parkstraße zu bekommen beträgt 0,05, wird also durchschnittlich in einer von 20 Verteilungen vorkommen. Bei einem Spiel mit vier Teilnehmer:innen wird das immerhin in jeder fünften Partie passieren. Die Chance mit sieben Karten alle drei Karten irgendeiner Farbgruppe mit drei Grundstücken zugelost zu bekommen (es gibt sechs Farbgruppen dieser Art), beträgt dagegen nur 0,002 wird also nur sehr selten in einer von 500 Verteilungen vorkommen. Mit dieser Dimensionierung zielt *Monopoly* auf einen Erwerb der

Grundstücke ab, der mit ihrer zufälligen Verteilung noch nicht abgeschlossen ist, sondern zum Gegenstand von Verhandlungen wird.

2.14.2 Gleich bewertete Dimensionen und berechenbarer Handel in *Monopoly*

In *Monopoly* haben alle Personen das gleiche Ziel, möglichst vollständige und möglichst lukrative Farbgruppen zu erwerben. Auch hier gilt: Der Wert der Tauschobjekte wird im Spielsystem von *Monopoly* mit dem Bedrucken der Grundstückskarten festgelegt. Die Informationen liegen offen, und können relativ objektiv bewertet werden, auch wenn die dafür erforderlichen mathematischen Fähigkeiten und der Wunsch, den eigenen Gewinn rational zu maximieren, unterschiedlich ausgeprägt sein können. Für eine vollkommen exakte Berechnung wäre es notwendig, die exakte Spielzeit zu berechnen, was mit den ungewissen Würfelsummen unmöglich ist. Hier bleibt auch in *Monopoly* Spielraum für unterschiedlich riskante Festlegungen und Bewertungen eines Angebots.

2.15 *Unberechenbarer Tauschhandel in* CATAN

Versteigerungen und offener Tauschhandel gehören zu den selbstregulierenden Mechanismen, in denen das *game* im *play* flexibel ausbalanciert werden kann.[143] In *CATAN* gewinnt der Handel eine besondere Qualität, da weniger leicht bestimmt werden kann, was eine Rohstoffkarte »objektiv«, d. h. für alle, unabhängig von der Spielsituation, wert ist. Die Bewertung hängt stark davon ab, welche Rohstoffkarten eine Person bereits besitzt, und in welcher Kombination sie die Karten ausgeben möchte. Eine Karte, die für eine Person wertlos und überflüssig ist, kann für die andere der Schlussstein einer lang vorbereiteten Strategie sein. Der Tauschhandel in *CATAN* ist daher vielschichtiger und in gewisser Weise schwieriger zu beurteilen. So gewinnt *CATAN* häufig nicht die Person, die die meisten Rohstoffe produziert, sondern diejenige, die am erfolgreichsten Rohstoffkarten tauscht.

2.15.1 Tauschquoten und Tauschhäfen

In *CATAN* können zu jedem beliebigen Zeitpunkt vier identische Rohstoffkarten gegen eine beliebige andere Rohstoffkarte eingetauscht werden (Quote 4:1). Diese Quote kann durch das Bebauen von Tauschhäfen gesteigert werden: Die allgemeinen Tauschhäfen erlauben eine verbesserte Quote von 3:1 für Rohstoffe aller Art. Die speziellen Rohstoffhäfen erlauben eine Quote von zwei Rohstoffen einer bestimmten Sorte gegen einen beliebigen Rohstoff einer anderen Sorte. Ein Tausch zwischen Personen kommt meist dann zustande, wenn ein Rohstoff gegen einen anderen Rohstoff 1:1 getauscht werden kann. Je nach Spielsituation können sich bei besonders seltenen und dringend benötigten Rohstoffen auch höhere Tauschquoten auszahlen. Die verdeckt gehaltene Kartenhand macht es schwieriger, Angebote objektiv zu bewerten. Auf Turnierniveau wird daher mitgezählt und alle versuchen sich zu merken, welche Rohstoffe die anderen Personen auf der Hand halten.

2.15.2 Würfelsumme sieben: Rohstoffverlust

Die Würfelsumme sieben hat neben der Aktivierung des Räubers eine zweite Bedeutung: Alle, die mehr als sieben Ressourcenkarten auf der Hand haben, müssen die Hälfte ihrer Karten (abgerundet) ablegen und auf den Vorratsstapel legen. Diese Reglementierung wird eingeführt, um den Tauschhandel nicht nur durch Mangel, sondern auch durch eine Strafe für übergroßen Vorrat zu motivieren. Warum aber sind sieben Karten eine gute Beschränkung? Die Baukosten sind so dimensioniert, dass man für zwei Rohstoffe für Straßen, drei für Entwicklungen, vier für Siedlungen und fünf für Städte benötigt. Im Durchschnitt also 3,5 Rohstoffe pro Aktionen. Mit einer gut aufgebauten und über Tausch gezielt optimierten Hand von sieben Rohstoffkarten hat man also durchschnittlich zwei nutzbare Aktionen auf der Hand. So entsteht ein leichter, aber nicht zu starker Druck, Rohstoffe auszugeben oder zu tauschen, um der Halbierung der Kartenhand durch den »Räuber« zu entgehen.

2.15.3 Beispiel Tauschhandel

In der siegreich beendeten Finalpartie hat der mit Blau spielende Evaldas sehr flexibel mit Milutin (Weiß) und Selma (Rot) getauscht, die am Ende mit sieben Punkten Platz drei und vier belegen. Die Rohstoffe, die dabei getauscht wurden, waren sehr unterschiedlich:
in Runde vier Schaf gegen Holz mit Weiß,
in Runde sechs Erz gegen Schaf mit Rot,
in Runde neun Holz gegen Getreide mit Weiß,
in Runde 13 Erz gegen Holz mit Rot.
Die anderen Spieler:innen haben noch in Runde neun relativ bereitwillig getauscht, weil sie die Gewinnchancen, die Blau vor allem mit verdeckten Entwicklungskarten angehäuft hatte, systematisch unterschätzt hatten. Durch »überfallartig« aufgedeckte Entwicklungskarten konnte sich Blau sowohl die längste Handelsstraße als auch die größte Rittermacht sichern und am Ende auch noch den spielentscheidenden zehnten Siegpunkt direkt aufdecken. Rot hatte noch in der letzten Runde getauscht, weil Sie einen derart schnellen Gewinn für unwahrscheinlich hielt.

2.16 *Chronos und Kairos*

Bezeichnen wir als Chronos den gleichförmigen Fluss von Aktionen, die sich als reguläre Aktionen beständig wiederholen, so besteht jede geglückte Partei auch aus besonderen Aktionen und Ereignissen, die als Kairos oder genutzte

Gelegenheiten die lange Dauer konformer Wiederholungen unterbrechen. Solche Momente entstehen in *Monopoly* vor allem durch Würfelglück oder Würfelpech, z. B. durch eine Würfelsumme, die eine Person in die Zahlungsunfähigkeit treibt.[144] Das Nullsummenspiel, in dem die Gewinne des einen die Verluste der anderen sind, prägt den Charakter von *Monopoly* auch in dieser Hinsicht. *CATAN* ist kein Nullsummenspiel: Alle Teilnehmer:innen haben nach dem Bau der ersten beiden Siedlungen zwei Siegpunkte auf dem Konto, einen Punktestand, den alle bis zum Ende der Partie in unterschiedlichem Maß ausbauen können. In *CATAN* sind die guten Gelegenheiten entsprechend vielschichtiger: Das können entschiedene Wettrennen um lukrative Siedlungsplätze sein oder lang angebahnte Baustrategien, die durch geschickten Tauschhandel oder den Fall der richtigen Zahlen endlich aufgehen.

2.16.1 *Monopoly*

In den Spielplan und die Spielregeln von *Monopoly* sind einige »Big Moves« fest eingebaut: So sorgt der Pasch, mit dem Recht des erneuten Werfens stets für eine Erhöhung von Chancen oder Risiken. Der Erwerb der teuersten Straßengruppe Park- und Schlossallee oder das Landen auf diesen Straßen und die dabei fällig werdenden hohen Mietzahlungen sind stets besondere Momente, die den Partieverlauf strukturieren. Gerade am Ende des Spiels kann auch der Weg ins Gefängnis spielentscheidende Bedeutung haben. In einem Moment, in dem alle Straßen verteilt sind, wird das Gefängnis in *Monopoly* zu einem glücklich erreichten Ziel, das von hohen Mietzahlungen befreit.

2.16.2 Getarnter Vorsprung und überfallartiger Sieg im *CATAN*-Finale

In *CATAN* ist keineswegs klar reguliert, welche Züge und Würfe den Partieverlauf entscheiden. Ein Beispiel ist die analysierte Finalpartie der *CATAN*-Europameisterschaft 2017. Noch in Runde 9 (37:40) liegt Blau mit seinen zwei Siegpunkten der Startaufstellung abgeschlagen auf dem letzten Platz. Er hat die schlechteste Rohstoffproduktion, hat jedoch glücklich die Entwicklungskarte »Straßenbaumonopol« gezogen, die er in Runde 9 äußerst effektiv einsetzt und damit überraschend ein Straßenbau-Wettrennen zu seinen Gunsten entscheidet. Er sichert sich in Runde 12 auf der Basis dieses Straßennetzes zwei Siegpunkte für die größte Handelsstraße, in Runde 14 zwei Siegpunkte für die größte Rittermacht und kann das Spiel in Runde 15 mit einem Siedlungsbau und einem zusätzlich aufgedeckten Siegpunkt gewinnen.

2.16.3 Entwicklungskarten

Die einzige Dimension von *CATAN*, die als reine *Output Randomness* bestimmt wird, sind die Entwicklungskarten, die gemischt und blind gezogen werden. Dass diese zufällig zugeteilten Sonderfähigkeiten und Siegpunkte eine durchaus spielentscheidende Funktion bekommen können, haben strategisch ausgerichtete Spieler:innen kritisiert und in eigenen Spielentwicklungen modifiziert.

2.17 *Zusammenfassung*

Monopoly und *CATAN* sind zwei besonders erfolgreiche Brettspiele, die zugleich für zwei unterschiedliche Entwicklungsstufen des Genres stehen. *Monopoly* hat Würfel, Spielpläne und kombinatorisch aufgebaute Kartensätze in einem thematisch kohärenten Simulationsspiel zusammengeführt. Mit den konstant bedruckten Spielmaterialien wird die Art vorgegeben, wie das Spiel gewonnen werden kann, auch wenn dies nur mit Glück und ein wenig Verhandlungsgeschick zu erreichen ist. Es geht in jeder Partie darum, die besten Grundstückgruppen zu komplettieren, um damit die höchsten Einnahmen zu erzeugen. Die anfängliche Chancengleichheit zerbricht mit der Zugreihenfolge, die immer die Person belohnt, die ein Feld als erste erreicht. Die Würfelsummen entscheiden in Form von *Output Randomness* in welche Richtung die Geldflüsse gelenkt werden. Der Weg, die eigenen Gewinnchancen zu erhöhen, ist im Spielfeld vorgezeichnet, die Grundstücke sind bereits nach Wert sortiert und im Karree angeordnet. Einmal erworbene Vorteile können in Form positiver Feedbackschleifen immer weiter ausgebaut werden, bis am Ende des Nullsummenspiels eine Person alles gewonnen und die anderen alles verloren haben. So können die Würfel in *Monopoly* selbst auf das Gemeinwohl bedachte Menschen dazu zwingen, andere in den spielerischen Ruin zu treiben.

Monopoly stellt die Brutalität eines kapitalistischen Verdrängungswettbewerbs aus, in dem sich Gewinnchancen ebenso wie Verlustrisiken über Schneeballsysteme beständig vergrößern. Auf Ebene des Spielens ist dennoch eine Art Rückstellmechanismus eingebaut, über den die soziale Wirklichkeit nicht verfügt: Am Ende der Partie legen alle das Spielgeld in die Schachtel zurück, so dass sie die nächste Partie noch einmal von vorn mit gleichem Startkapital und neuer Hoffnung auf den Sieg beginnen können. Dadurch kann jede Partie zu einer Darstellung – und wie die Erfinderin Lizzy Magie hoffte, sogar Kritik – des Kapitalismus werden, ohne selbst kapitalistisch zu sein.

In *CATAN* sind die kontingenten Schwankungsbreiten der Würfelsummen anders in die Spielarchitektur eingebaut. Bereits am Anfang der Partie wird die zufällige Auslage der sechseckigen Landschaftsfelder mit einer regulierten Sequenz von Zahlenchips kombiniert und damit die Aufgabe, die sich allen Personen stellt, in Form von *Input Randomness* definiert. Nach welchen Regeln die Partie konkret ablaufen wird, entscheidet nicht nur die zufällige Auslage dieses Feldes, sondern das Kollektiv, das die Spielrunde bildet, indem es bestimmte Bauplätze aktiviert, Würfelsummen und Rohstoffproduktion verknüpft und dadurch miteinander verschränkte Chancen und Risiken aufbaut. *CATAN* beteiligt so die Spielrunde an der Regulierung der Partien: Es können stark kompetitive Partien entstehen, in denen die Personen die gleichen Zwischenziele erreichen wollen oder eher kooperative, in denen sich die Personen mit unterschiedlichen Mitteln beim Erreichen spezifischer Ziele unterstützen.

Vom bisherigen Spielverlauf unabhängige Zufallsereignisse bekommen eine andere Rolle. Das zeigt sich auch an der Art, wie jede Würfelsumme für die ganze Spielrunde und nicht allein für die würfelnde Person gilt. Alle Personen müssen mit den gleichen Würfelsummen arbeiten, um über Rohstoffkarten, Tauschhandel, Bau- und Entwicklungsaktionen möglichst rasch die erforderliche Zahl von zehn Siegpunkten zu erreichen. Sie können sich möglichst robust gegen die Risiken unwägbarer Würfelsummen aufstellen, oder möglichst riskant alles auf wenige Zahlen setzen. Die gewürfelten Summen bewerten diese Entscheidungen mit einer unvorhersehbaren Willkür.

Die Spielarchitektur von *CATAN* gibt keine von der zufälligen Auslage und der Spielweise der Spielgruppe unabhängigen Gewinnstrategien vor. Die Materialien sind so dimensioniert, dass immer genügend Optionen zur Verfügung stehen. Das ausbalancierte Spielsystem sorgt dafür, dass keine Aktion und kein Rohstoff *per se* stärker ist, sondern dass alles durch die zufällige Auslage und Abfolge von Aktionen seinen Wert bekommt. So kann die konstante Normierung der Materialien variable Rätsel erzeugen und alle Personen in einen Wettbewerb verwickeln, in dem es keine einfachen Lösungen oder Patentrezepte gibt.

So fix und statisch *Monopoly* daherkommt, es gibt viele Möglichkeiten, das Spiel durch Hausregeln zu verändern. Diese können z. B. durch ›Privatkredite‹ an den Zeitschrauben des Spiels drehen, ohne dessen grundsätzlichen Charakter zu verändern. Man kann sich durch das Narrativ des Spiels herausgefordert fühlen, um thematisch ähnliche oder andere Spiele entwerfen zu wollen, ohne tiefer in die Architektur eines Spiels eindringen zu müssen. Dazu passt, dass in der Patentgeschichte die eigentliche Ideengeberin Elizabeth »Lizzie« Magie ausgebootet wurde, der »Erfinder« Charles Darrow mit einem kaschierten Plagiat durchgekommen ist und das große Geld bis heute von Parker, einem großen Spielwarenhersteller, eingestrichen wird.

Ich möchte behaupten, dass im Unterschied hierzu *CATAN* die latente Aufforderung zur Ausgestaltung von Regeln bereits mit jeder einzelnen Partie freisetzt. Wenn eine Partie glückt, beteiligt das Spiel die Spielrunde am aleatorischen Projekt, gemeinsam austarierte Ökonomien der Chancengleichheit und Chancendifferenzierung aufzubauen. Viele, die *CATAN* gespielt haben, haben das Spiel als Aufforderung verstanden, eigene Spiele ähnlicher Art zu entwickeln. So hat das Spiel andere komplexe Spiele nicht aus dem Markt gedrängt, sondern diesen überhaupt erst geschaffen. Für den Aufbau eines internationalen, modernen Brettspielmarktes hat *CATAN* mehr geleistet als jedes Brettspiel vor und nach ihm.

3 Spielräume suchen: Eine Partie *Scotland Yard*[145]

Das folgende Kapitel wechselt die Perspektiven. Der Blick des *Gamedesigns* auf die Architektur und Dimensionierung von Materialien und Regeln *(game)* wird gegen die Innenperspektive von zwei Spielern eingetauscht, die in einen konkreten Partieverlauf verwickelt sind *(play)*. Wie können im Prozess des Spielens Regelsysteme nicht nur befolgt und erkundet, sondern auch aufgebrochen und weiterentwickelt werden? Mit der neuen Fokussierung auf das *play* soll also keineswegs dessen Beziehung zum *game* in Vergessenheit geraten. Dieses Wechselspiel zu erkunden, bleibt das zentrale Anliegen der Aleatorik.[146]

Um die Durchlässigkeit von *play* und *game* im Blick zu behalten, wird im Folgenden eine Beispielpartie beschrieben, in der diese Leitdifferenz in der Charakterisierung der am Spiel beteiligten Parteien mehrfach wiederkehrt. Es sollen also zwei prototypisch charakterisierte Personen miteinander spielen: auf der einen Seite ein am Regelsystem interessierter *Gamedesigner*, auf der anderen Seite ein am *Metagaming* interessierter Spieler. Der Begriff *Metagamer:in* ist allerdings noch keineswegs klar umrissen und eine Art Platzhalter für weitere Ausdifferenzierungen und Anlass für Diskussionen. Ausgangspunkt der Überlegungen ist die Hypothese, dass *Metagaming*, ähnlich wie *Gamedesign*, Spielweisen und Spielregeln reflektiert und einschränkt, sich dabei aber stärker auf die konkrete Partie und die eigene Position im Spiel bezieht. Es ist Ziel dieses Kapitels, diese feine Differenzierung im Dialog zu hinterfragen und auszubauen. Dabei soll auch deutlich werden, wie sehr sich das Spielen auf die soziale Wirklichkeit öffnet, in deren Rahmen es stattfindet und eingebettet bleibt, in diesem Fall auch in das Schreiben eines Textes.[147] Beide Sphären, Gesellschaftsspiel und gesellschaftliche Wirklichkeit, spielerische Situation und wissenschaftliches Experiment bleiben miteinander verflochten.

3.1 *Innenperspektiven des Spielens*

Konkret geht es um eine Partie *Scotland Yard*,[148] die im Januar 2019 in den Räumlichkeiten des damals neu gegründeten *GameLab* der Universität Konstanz gespielt wurde. Die Gliederung orientiert sich an den zeitlichen Runden und Phasen dieser Partie. Die Texte der ersten Gliederungsebene sind vor allem vom Hauptautor dieses Buches, Steffen Bogen, verfasst, der sich als *Gamedesigner* versteht und das Namenskürzel SB trägt. Alle Interventionen von Philip Hauser, die häufig auf das *Metagaming* zielen, tragen das Namenskürzel PH und sind kursiv gesetzt. Ziel dieser Überlegungen ist keine Synthese, sondern eine Differenzierung. Thema des ganzen Kapitels ist die Suche nach Spielräumen. Diese sind, so wird sich herausstellen, immer nur perspektivisch aus Sicht von Personen zu erfahren, die an einer Spielrunde teilnehmen. Dies soll sich auch im Schreiben am Kapitel fortsetzen: Wir reflektieren zunächst getrennt über die Partie und Fragestellung (PH mit *kursiver* Markierung, vgl. z. B. den zweiten Absatz von 3.1.3 und den zweiten Satz von 3.3). Das Fazit haben wir in einem Dialog geschrieben, in dem die beiden Stimmen mit den Namenskürzeln SB und PH versehen sind.

3.1.1 Spielfeld: ›Mister X‹ vs. ›Scotland Yard‹

In der Beschreibung des *Spielfelds* sind im Folgenden die Perspektiven von ›Mister X‹ vs. ›Scotland Yard‹ zu unterscheiden. Diese Unterscheidung betrifft Informationen und Handlungsmöglichkeiten, die bereits auf Ebene der Spielregeln dieses 1983 im Otto Maier Verlag in Ravensburg herausgegebenen und mit dem Preis »Spiel des Jahres« ausgezeichneten Spiels festgelegt werden. Die Rolle des Flüchtenden wird im *game* als ›Mister X‹ männlich konnotiert, was wir im Folgenden als Rollenentwurf übernehmen werden. Anders als die Spielanleitung werden wir die offenere Rolle von ›Scotland Yard‹ nach den übergeordneten Konventionen des Buches als Detektiv:innen gendern.

3.1.2 Spielrunde: *Metagame* vs. *Gamedesign*

Alle Rollen, die im *game* angelegt sind, können im *play* von diversen Spieler:innen übernommen werden, in unserem Fall von zwei männlichen Spielern. Viele Unterscheidungen könnten hier in Bewegung kommen. In der Spielrunde sind Spieler:innen zu unterscheiden, die sich mit ihren Spielweisen, Spielstärken, Charakteren und Beziehungen in die Partie einschreiben. Hier können sich Spielgewohnheiten festigen, aber auch aufgebrochen werden. Auf dieser Ebene ist auch die zentrale noch weiter zu entwickelnde Unterscheidung zwischen *Gamedesign* und *Metagame* anzusiedeln.

3.1.3 Spielraum: PH vs. SB

Mit jeder Partie entstehen Spielräume, in denen die Personen nach Chancen und Risiken suchen, ihre Strategien wählen und taktisch reagieren. In einer Wiederholung der Partie können nicht nur die Rollen von ›Mister X‹ und ›Scotland Yard‹ getauscht werden, auch die jeweils unterschiedlichen Spielweisen, die wir mit den Perspektivierungen *Metagame vs. Gamedesign* zu fassen versuchen, können sich zusammen mit anderen Spiel- und Lebenserfahrungen verändern. Die Personen treffen ihre Entscheidungen und machen Erfahrungen. Auch der Stellenwert, den die Partie bekommt, kann sich verändern. Als

Platzhalter für die derart perspektivierte Entwicklung eines Spielraums sollen im Folgenden die Namenskürzel PH vs. SB eingesetzt werden.

Die Zuordnung der Rollen zu den Ebenen Spielfeld, Spielrunde und Spielraum macht in einer heuristischen Perspektive durchaus Sinn. Allerdings scheint sie mir nicht bruchlos möglich bzw. eine alternative Zuordnung einleuchtender: PH und SB bilden demnach die konkrete Spielrunde und können nicht auf ihre gewohnheitsmäßigen, rollenspezifischen Handlungen reduziert werden. Um den Handlungscharakter der Spielweisen, die dahinterstehen, kenntlich zu machen, müssten wir eigentlich von Metagaming *und* Gamedesigning *sprechen. Die Suche nach den Rollen von* Gamedesigner:in *und* Metagamer:in *würde dagegen in Spielräumen stattfinden, die zum Teil schon auf der Ebene des Spielfelds angelegt sind.*

3.2 *PH vs. SB*

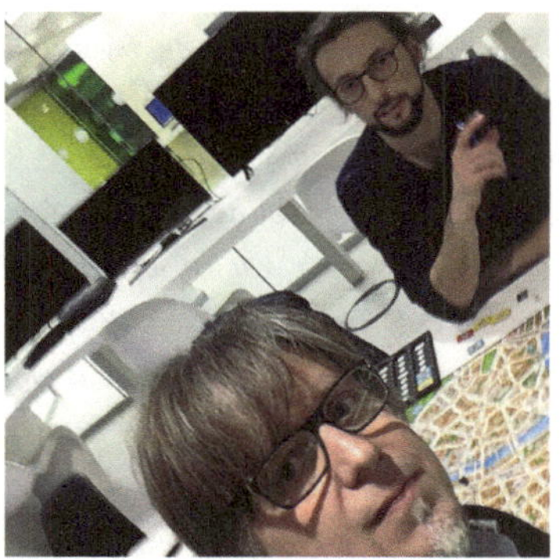

Im Wintersemester 2019/20 veranstalten SB und PH ein Seminar im Studiengang »Literatur – Kunst – Medien« an der Universität Konstanz mit dem Titel »Gute Regeln, gute Züge«. Es soll erkunden, wie man Spielverläufe beschreiben, analysieren und auf Spielregeln abbilden kann. Dass wir am Nachmittag des 17.1.2019 in einem für das *GameLab* reservierten Raum der Universitätsbibliothek Konstanz gemeinsam am Tisch sitzen und das Spiel *Scotland Yard* aufbauen, war schon länger geplant, kam am Ende aber doch recht spontan und ohne aufwändige Vorbereitung zustande. Wir haben keine großen Kameras oder Aufzeichnungsgeräte mitgebracht. Neben den Spielmaterialien liegen nur zwei Notizblöcke und zwei Smartphones auf dem Tisch. Mit dem einen wird noch schnell ein Selfie gemacht, mit dem anderen werden die Gespräche aufgezeichnet. Mit der Partie verfolgen wir das übergeordnete Ziel, gemeinsam einen wissenschaftlichen Text zu schreiben, der einen neuen Zugang zu Brettspielen legen soll. Es vergeht allerdings noch einige Zeit, bis wir dieses Ziel, im März 2022, konkret angehen.

3.2.1 SB über PH

Die Namenskürzel SB und PH sind auch Platzhalter für mehr oder weniger zufällige Begegnungen und Geschichten. Das können Vorgeschichten sein, aber auch Ereignisse, die weit über das Ende der Partie hinausreichen. Für deren Verlauf ist es nicht ganz irrelevant, dass wir uns bereits vor dem gemeinsamen Seminar in unterschiedlichen akademischen Rollen begegnet sind: zunächst in Seminaren, die SB veranstaltet und PH als Student besucht hat. In der gemeinsamen Veranstaltung werden wir solche institutionellen Hierarchien weiter einebnen und das Spielen als gemeinsame Forschungspraxis eigener Art begreifen. Darauf freue ich mich und bin gespannt, wie PH sein *Metagaming* interpretieren wird.

3.2.2 PH über SB

Das Einebnen der Hierarchien bedeutet auch eine Verschiebung der Rollen und eine stetige Anpassung an neue Verhältnisse, wobei die anfängliche Konstellation, meinem Eindruck nach, nie ganz verloren zu gehen scheint. Ich erinnere mich noch an eine frühe (wahrscheinlich auch die erste) spielerische Begegnung mit und gegen die polymorphe Gestalt SB: eine Partie Camel Up. *Die Partie fand unter eindeutigeren Vorzeichen statt: Ich noch Student. SB nicht nur Seminarleiter, sondern auch Entwickler des besagten Spiels. Die gegenseitige Ansprache damals noch das formelle und distanziertere ›Sie‹. Schon damals war ich auf der Suche nach Lücken und zugegebenermaßen auch etwas darauf aus, Chaos zu stiften. Weniger um zu gewinnen oder aus bloßer Freude am Durcheinander (wenn auch beides stets eine Rolle spielt), sondern aus Interesse an dem, was passiert. Das Hierarchiegefälle zwischen den Rollen machte die Sache nur noch spannender: Die sozialen Relationen spielen selbstredend immer mit hinein, ebenso die Herausforderung – in doppelter Weise als spielerische Problemstellung und Kampfansage. Wir waren zwei unter mehreren Personen, aber für mich war es schon eine Art Aufeinandertreffen im Duell. Der kontrolliert spielende, sich über die Spielabläufe bewusste Spieler und der ›junge‹, (vermeintlich) nichts zu verlieren habende Spieler, der einfach mal sein Glück versucht oder besser: herausfordert. Im Prinzip hat sich an dieser Konstellation auch für die hier beschriebene Partie nicht viel verändert. Auch wenn die Verteilung der Rollen von SB und PH nicht mehr ganz so eindeutig ist, wird sie in den Rollen von ›Mister X‹ und ›Scotland Yard‹ wiederholt und erneut aufgeführt bzw. nachgespielt. ›Scotland Yard‹ ist die Polizei, der Regelhüter, der die Ordnung wiederherstellen soll. ›Mister X‹ ist das Störelement, das Korrekturmaßnahmen erforderlich macht und damit das Spielen erst ermöglicht. Insofern wohnt dem Spiel etwas allegorisches und selbstreflexives inne, indem es nicht nur den spielerischen Prozess selbst reflektiert, sondern in gewisser Weise auch die gesellschaftliche Ordnung.*

3.3 *Metagamer vs. Gamedesigner*

Letztlich schreiben PH und SB diesen Text gemeinsam. *Oder genauer: SB schreibt diesen Text und PH ›mischt sich ein‹. Spiegelt das nicht auch unsere Rollenverteilung beim Spielen wider?* Die Unterscheidung zwischen ›Mister X‹ und ›Scotland Yard‹, die Gegenüberstellung von *Metagaming und Gamedesign* sowie die Dynamisierung dieser Gegensätze in der Interaktion von PH und SB sind das zentrale Thema der Überlegungen, prägen aber auch den Schreibprozess. Bitten wir PH und SB einleitend um eine kurze Charakterisierung ihrer Rollen als Ausgangspunkt für weitere Überlegungen.

3.3.1 SB über *Gamedesigner:innen*

Für mich als *Gamedesigner* ist das Entwickeln von Spielen die eigentliche Form des Spielens. Auch wenn ich ein ›fertiges Spiel‹ spiele, bleibe ich an einer Art Draufsicht interessiert, d. h. an einem Überblick über die gesamte Spielrunde. Ich mag das Gefühl, mit anderen zusammen Spielräume zu erkunden, die nicht zu groß und nicht zu klein sein sollen. Hierfür muss man beständig beobachten, ob sich die Optionen fair und spannend entwickeln und welche Details man gegebenenfalls verändern sollte. Alles, was geschieht, kann zum Präzedenzfall werden, der sich auf eine bessere Regulierung der nächsten Partie übertragen lässt. Ob ich die Partie gewinne oder verliere, ist nebensächlich. Überspitzt formuliert: *Gamedesigner:innen* fürchten weniger die Niederlage als die Risiken einer zu schnellen Entscheidung, wollen vor allem zusammen mit anderen im Spiel bleiben.

3.3.2 SB über *Metagamer:innen*

Was macht PH zu einem *Metagamer?* Ich muss zugeben: Im Moment hat der Begriff noch recht unscharfe Konturen für mich, vielleicht auch deshalb, weil ich dazu neige, die Funktion des *Metagaming* als persönliche Rolle der *Metagamer:in* aufzufassen … Nach allem, was ich über PH weiß, will er die Freiheit des Spielens erkunden und so auch die eigene Identität und die Relationen in der Spielgruppe weiterentwickeln. Das kann auch bedeuten, die Spielziele zu drehen und zu wenden, um die eigene Unabhängigkeit gegen die Macht des Systems zu behaupten.

3.3.3 PH über *Gamedesigner:innen*

Ich gehe der Bitte gerne nach und wundere mich gleichzeitig darüber, dass SB, der die oberen Zeilen verfasst hat, eigentlich sich selbst bittet. Damit ist schon viel über Gamedesigner:innen *gesagt, meine ich. Sie denken über Rollen nach, anstatt über konkrete Spieler:innen. Sie denken voraus, um abschätzen zu können, was passieren wird – schließlich sollte das Spiel auf alle möglichen Aktionen eine Antwort geben können.* Gamedesigner:innen *abstrahieren und spielen viele Spielzüge gleichzeitig. Sie treten in gewisser Weise nach außen, d. h. sie verlassen den Rahmen des Spiels, um von oben auf das Spielfeld mit seinen Möglichkeiten zu blicken. ›Außen‹ und ›oben‹ sind Metaphern, die jedoch dasselbe meinen.* Gamedesigner:innen *scheinen nicht Teil des Spielprozesses zu sein. Sie entziehen sich dem Spielen, schreiben jedoch die Regeln des Spiels. Sie machen die Regeln, die jedoch zumeist nicht für sie selbst gelten oder nur dann, wenn sie ihre eigenen Spiele testen.*

3.3.4 PH über *Metagaming*

Metagaming *ist* für mich *Spielen im eigentlichen Sinn. Das bedeutet für mich die Suche nach Möglichkeiten im Spiel, die Aushandlung der Bedingungen, zu denen ein Spiel stattfindet, und letztlich auch das Fragen danach, was es überhaupt bedeutet, ein bestimmtes Spiel zu spielen. Dies entspricht einer reflektierenden Spielweise: ein beständiges Nachdenken über das eigene Spielen, was wiederum das spielerische Tun selbst beeinflusst, was wiederum Auswirkungen auf das Nachdenken darüber hat. Ein infiniter Wechselprozess.*
Damit wird jedoch die Differenzierbarkeit von Metagaming *und* Gamedesign *problematisch, denn* Gamedesigner:innen *machen nichts Anderes: Sie fragen nach den Möglichkeiten im Spiel, handeln dessen Bedingungen aus und geben Antworten darauf, was es heißt, ein bestimmtes Spiel zu spielen.* Metagame *und* Gamedesign *sind vielleicht die klassischen zwei Seiten ein und derselben Medaille. Sie gehören unweigerlich zusammen, auch wenn die Funktionen nie zur Deckung kommen können. Die Aktionen der einen Seite erfordern bzw. fordern zu einer Handlung der anderen Seite heraus, in einem Wechselspiel immer weiter hin und her. Das Spiel, das beide spielen, ist ein Balancespiel. Das* Gamedesign *strebt nach Balance im Spiel, das* Metagaming *bringt durch spielendes Forschen die Problemstellen der Balance zum Vorschein, um sie zu nutzen und zu kippen.*

3.4 *›Mister X‹ vs. ›Scotland Yard‹*

Ist es möglich SB und PH in eine Partie *Scotland Yard* zu verwickeln, die beide interessant finden? Das von einem Autorenkollektiv im Ravensburger Spieleverlag entwickelte und 1983 zum »Spiel des Jahres« gekürte *Scotland Yard* verteilt von Anfang an die asymmetrischen Rollen von jagen und gejagt werden unter den Spieler:innen. Eine Person, die ›Mister X‹ spielt, muss sich in London verstecken und kann dort mit verschiedenen Verkehrsmitteln kreuz und quer fahren. Die anderen Personen übernehmen die Rolle von ›Scotland Yard‹ und müssen ›Mister X‹ aufspüren. Sie müssen bei ihrer Verfolgungsjagd mit einem begrenzten Vorrat an Taxi-, Bus- und U-Bahn-Tickets haushalten. In unserer Beispielpartie sind wir zu zweit. Schnell verständigen wir uns darauf: PH spielt ›Mister X‹, SB spielt mit den restlichen fünf Spielfiguren, die zusammen ›Scotland Yard‹ verkörpern.

3.4.1 SB über die Verteilung der Rollen

Die Verteilung der Rollen liegt auf der Hand. Mit den fünf Detektiv:innen von ›Scotland Yard‹, muss ich als *Gamedesigner* strategisch den Überblick behalten und ›Mister X‹ die möglichen Fluchtwege abschneiden.[149] Als ›Mister X‹ bekommt PH, der *Metagamer*, eine Schildmütze als Tarnkappe, die den Spielmaterialien beigelegt ist. PH setzt sie nicht auf, denn sie ist doch ein eher banales Angebot, sich zu verstecken und abzuschirmen. Trotzdem versucht er buchstäblich undurchschaubar zu bleiben. Werden wir Spaß an den Rollen und der ganzen Partie haben?

3.4.2 PH über die Verteilung der Rollen

Hier zeigt sich sogleich die Nähe von Gamedesign *und* Metagaming*: Gemeinsam haben wir ohne großes Aufheben eine nicht-triviale Regeländerung beschlossen, ohne die 2013 für das Spiel eingeführte Zwei-Personen-Regel genauer zu studieren.*[150] *Wir spielen das Spiel nach den Grundregeln, mit denen wir seit Jahren vertraut sind, jedoch so, dass SB alle fünf Spielfiguren von ›Scotland Yard‹ übernimmt. Damit fällt ein wichtiger Vorteil für ›Mister X‹ und ein großer Nachteil für das Team der Detektiv:innen weg. Und zwar die Notwendigkeit, das Zusammenspiel von individuellen Personen zu koordinieren, was zum einen die kommunikative Ebene betrifft und zum anderen die Ebene der (im besten Fall demokratischen) Entscheidungsfindung. SB muss niemanden von seinen Entscheidungen überzeugen und er muss keinen kommunikativen Austausch einzelner Agenten moderieren. In einem Spiel mit unübersichtlichen Informationen kann er seinen Überblick optimieren. Die Gefahr, dass dem Team ›Mister X‹ entwischt, weil bspw. einer der Detektiv:innen die entscheidenden Tickets ausgehen, ist wesentlich geringer, da die Verwaltung der Tickets nun über eine zentrale Haushaltsstelle organisiert wird. Auch die Gefahr, dass eine einzelne Detektiv:in von der gewählten Strategie abweicht – etwas, was ›Mister X‹ stets zum Vorteil gereicht –, fällt weg. Die Spielsituation gerät also zum Idealfall staatlicher Exekutive, was die Spielräume für ›Mister X‹ verengt.*

3.4.3 SB über seine Rolle als ›Scotland Yard‹

Ich verstehe ›Scotland Yard‹ als Jagdgruppe, die sich immer wieder in Untergruppen mit unterschiedlichen Aufgaben aufteilen sollte. Einige Figuren werden die Peripherie absichern und Fluchtwege abschneiden, andere – aber nicht zu viele! – ins Zentrum vorstoßen und den Zugriff versuchen. Wenn man wie ich allein das ganze Team von ›Scotland Yard‹ führt, wird die ganze Partie leiser und grüblerischer. Dennoch kann ich darin nicht nur Nachteile für ›Mister X‹ erkennen. Die Chance alle fünf Figuren gleichermaßen im Auge zu behalten, kann schnell zur Überforderung werden. Das Risiko, etwas zu übersehen, wächst. Auch das strikte Befolgen einer Strategie kann ein zweischneidiges Schwert sein: Jede kalkulierte Strategie wird letztlich für andere Personen lesbar. Und Lesbarkeit und Vorhersehbarkeit ist in *Mindgames* des Typs Schere-Stein-Papier gerade kein Vorteil.

3.4.4 PH über seine Rolle als ›Mister X‹

Der Figur des ›Mister X‹ wohnt eine gewisse Arroganz inne: Warum sonst sollte er sich auf ein Katz-und-Maus-Spiel innerhalb von London einlassen, anstatt die Stadt einfach zu verlassen? Warum sollte er sich immer wieder zeigen, so dass seine Verfolger:innen auf seine Spur kommen können? Und wie kommt er überhaupt an die von ›Scotland Yard‹ genutzten Tickets? Natürlich sind das Narrative, die auf den Regeln des Spiels fußen und abseits des Spiels nur wenig Sinn ergeben. Sie zeigen dennoch, dass sich die Figur unterschiedlich interpretieren lässt. Welches Verbrechen hat ›Mister X‹ begangen oder ist er nicht doch ein politisch Verfolgter? Die Regeln lassen weitgehend offen, wie die Rolle ausgelegt werden soll. ›Mister X‹ kann der Gejagte sein, die Maus, die in die Enge getrieben wird. Er kann sich aber auch einen Spaß daraus machen, ›Scotland Yard‹ mit einem kindlich-übermütigen ›Ihr kriegt mich nicht!‹ herauszufordern. Und besteht sein größtes Glück nicht eigentlich darin, alle anderen auszutricksen? Ich denke, diese Mischung aus Arroganz und Übermut war es auch, die mich überhaupt zu dieser Herausforderung animiert hat.

3.5 *Ein Stadtplan als Spielplan*

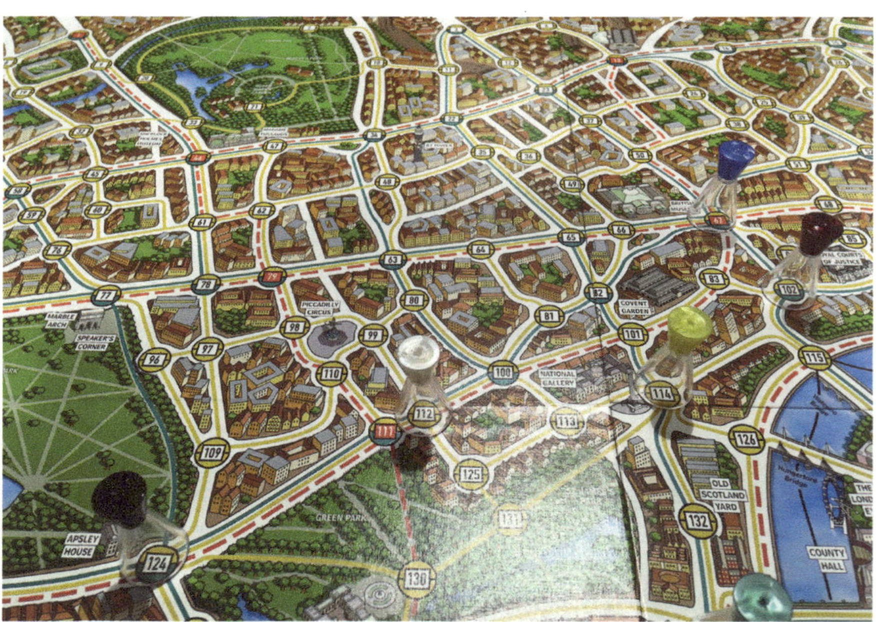

Im Rahmen der Spielregeln und mit den Spielmaterialien werden den Spieler:innen Aktionsmöglichkeiten angeboten. In den Optionen, die sie wählen, manifestieren sich unterschiedliche Spielweisen. Auf einer ersten Ebene sind sie auf das konkrete Spiel und seine Regeln bezogen und lassen sich z. B. als spezielle Spielstärke fassen. Ein Spiel*stil* kann darüber hinausreichen, und etwa die Risikobereitschaft, eine offensive oder defensive Grundausrichtung oder die Einstellung zum Spielen und die Beziehungen in der Spielrunde betreffen. Auf dieser Ebene können auch Interessen, Eigenschaften und Relationen der Personen deutlich werden, für die das Spiel nur ein Beispiel ist. Fragen wir also noch einmal konkret, was *Gamedesign* und *Metagaming* unterscheidet, und zwar mit Bezug auf die buchstäbliche Grundlage des ganzen Spiels, den Spielplan von *Scotland Yard*. Was finden SB und PH an diesem Plan interessant und reizvoll?

3.5.1 SB über das visuelle und operative Feld

Ein besonderer Charme des Spiels *Scotland Yard* besteht zweifellos darin, dass der von Erika Binz-Blanke gestaltete Spielplan aus dem tatsächlichen Stadtplan von London heraus entwickelt ist. Das Straßennetz ist nicht frei erfunden, sondern orientiert sich an der historisch gewachsenen Stadt. Auch die Themse, verschiedene Parks und Sehenswürdigkeiten sind in den Plan eingetragen.

Der Stadtplan, der wie üblich genordet ist, verspricht Übersicht. Wir haben ihn so gedreht, dass ich die Zahlen richtig orientiert lesen kann, PH dagegen auf den Kopf gedreht lesen muss. Doch das ist eigentlich kein entscheidendes Handicap, die Tücken liegen woanders, im Detail. Zunächst sind die breiten, mit schwarzen Linien eingefassten Straßenzüge die dominanten Figuren des Spielplans. Sie schreiben sich als breite Bänder in den diffusen Hintergrund der Dächer, Häuserblöcke und Bepflanzungen ein. Nur der charakteristische Schwung der Themse ist eine hierarchisch übergeordnete Gliederung, die auf die Faltung des Spielplans abgestimmt ist und aus der die Quadranten des Spielplans hervorgehen. Was mich besonders fasziniert: Das schnell überschaubare System aus Stadtvierteln und Straßenverbindungen ist eine Hülle und Verkleidung für das, was tatsächlich zählt: Das abstrakte Netzwerk aus Taxi-, Bus-, U-Bahn- und Themse-Verbindungen, die nicht immer so angelegt sind, wie die Straßen es vermuten lassen. Zweifellos haben wir es mit einem eigenständigen, sehr gut und fein dimensionierten Labyrinth aus Bewegungsmöglichkeiten zu tun. Bereits durch diese grafisch regulierte Aufgabe, in den Spielplan ›einzutauchen‹, erzeugt eine Partie *Scotland Yard* einen spezifischen »Flow«.

3.5.2 PH über den Spielplan

Als Kind, so sagt es mir meine Erinnerung, hat mich an Scotland Yard *schon fasziniert, dass ich mit einem Stadtplan interagieren kann – auch wenn es damals wohl noch mehr die Vorstellung war, tatsächlich in einer Stadt unterwegs zu sein. Ich gleite auch hier wieder ins Anekdotische ab … Vielleicht spielt dieser Reiz des Plans aber stets eine Rolle, unabhängig davon, wo man sich auf der Altersskala zwischen 10 und 99 genau befindet. Die sich ›hinter‹ dem Netzplan aus Verkehrsknotenpunkten zeigende Stadt bietet keine Möglichkeiten, sich zu verstecken. Aber sie verweist auf diesen Aspekt und kann in die Irre führen. In jüngeren*

Jahren erschienen mir die Wege durch die Parks wie kleine Fluchtrouten. Die Einmaligkeit dieser Wege war verlockend, weil niemand auf die Idee kommen würde, dass ich einfach durch den Park in einen anderen Stadtteil laufen würde. Mit zunehmender Spielerfahrung erscheint diese Sicht naiv. Die visuelle Kraft des Stadtplans hatte mich getäuscht, was nicht den daraus resultierenden Spielspaß minderte. Anstatt auf einzelne Fluchtrouten zu vertrauen, die selbstredend auch ›Scotland Yard‹ bekannt sind, scheint es mir heute sehr viel aussichtsreicher, sich in der Vielzahl an möglichen Bewegungsmöglichkeiten zu verstecken. Mit jedem Weg, der von einem Knoten abzweigt, steigen die Möglichkeiten für ›Mister X‹ im Liniennetz zu verschwinden.

3.5.3 Regulierte Knoten und Kanten

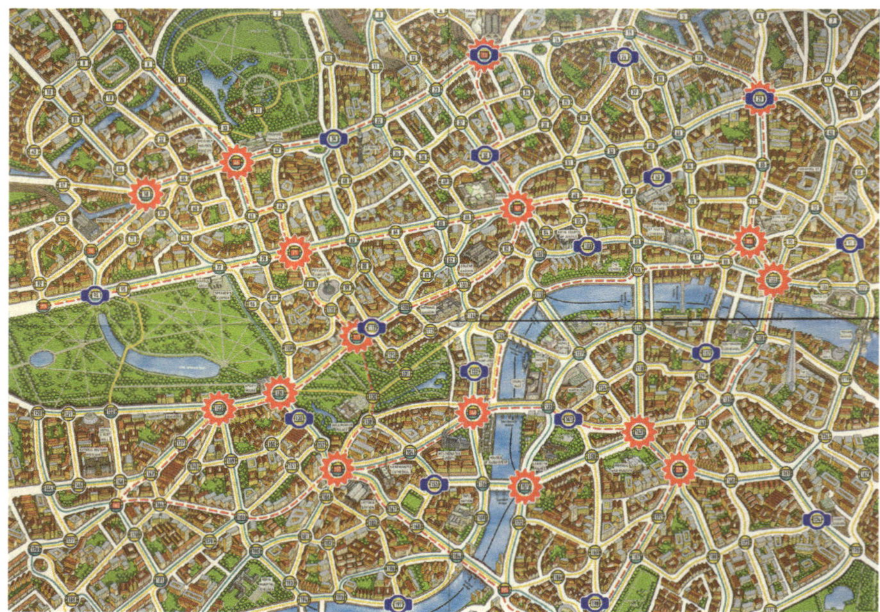

Das 1983 veröffentlichte von Erika Binz-Blanke gestaltete Spiel wurde 2013 von Franz Vohwinkel grafisch überarbeitet, ohne die Struktur des Plans zu verändern. Nur die Nummerierung der Felder wurde systematisiert (sie endet im Originalplan bei 200, lässt aber offensichtlich ohne zwingenden Grund die Nummer 108 aus. In der überarbeiteten Endredaktion wird der Plan von 1 bis 199 nummeriert.) Als *Gamedesigner* interessiert mich, wie die Schwankungsbreiten einer Partie bereits auf Ebene dieses Knotennetzes eingeschränkt werden.

Der Spielplan zählt 199 Spielfelder oder Knoten, zwischen denen 466 Zugverbindungen oder Kanten angelegt sind, die entweder eine Taxi-, Bus-, U-Bahn oder Themseverbindung darstellen. Im Durchschnitt verfügt jeder Knoten über knapp 5 Kanten, davon im

Durchschnitt 3,4 Taxiverbindungen. Nur jeder dritte Knoten hat Busverbindungen (im Durchschnitt 3,2) und nur 14 von 200 Knoten sind U-Bahnstationen, die über 20 Kanten miteinander verbunden sind. Vor jedem Zug stehen mit der durchschnittlichen Kantenzahl 5 Zugoptionen bereit, das Minimum liegt bei 2, das Maximum bei 13. Es gibt insgesamt 17 ›Superknoten‹, die über 9 oder mehr Kanten verfügen. Diese sind in der Abbildung oben mit einem roten Stern markiert.
Wie fein der gedruckte Plan die Spielabläufe reguliert, zeigt sich bei der Wahl von möglichen Startpositionen. Dem Spiel sind 18 Startkarten beigelegt, deren Felder in Abbildung 3.5.3 blau markiert sind. Die Startkarten werden am Anfang verdeckt gemischt. Dann wird jeder Figur von ›Scotland Yard‹ eine eigene Starposition zugelost, ›Mister X‹ zieht seine Startkarte geheim. Die negativ korrelierte Zuteilung der Startkarten (nie können zwei Figuren auf demselben Feld starten) sorgt für variable, aber doch regulierte Spielverläufe: 14 der 18 Startpositionen liegen in der rechten Hälfte des Spielplans, nur vier in der linken. So ist in die Spielmaterialien eine den Spieler:innen nicht offen gelegte Dramaturgie eingeschrieben: Die Jagd auf ›Mister X‹ wird häufig von Ost nach West führen.

3.5.4 PH, *Metagamer* oder ›Mister X‹?

Ich lese, was SB oben schreibt. Er legt vor, ich lege nach. Ich schreibe nicht auf einer leeren Seite, wie er vor mir, sondern mache mir meine Gedanken und kann ergänzen, korrigieren und vielleicht sogar widersprechen. Das ist sicherlich einfacher als aus dem ›Nichts‹ heraus zu schreiben. So wie ich als Spieler den Bahnen folge, die er in seinen Spielen als Spieleautor entworfen hat, folge ich nun den Bahnen, die er als Autor dieses Textes entworfen hat. In beiden Fällen werde ich stets nach Möglichkeiten suchen, diese Bahnen zu verlassen.
Auf ähnliche Weise folge ich nun seinen Spielzügen. SB hat die Karten aufgedeckt. In dem Fall waren es die Kärtchen, die die Startposition für ›Mister X‹ bestimmen. Handelt es sich hierbei um einen Regelbruch? Schließlich könnte er sich die Nummern der Startpositionen auch einfach in jeder Spielrunde notieren. Ob durch Aufdecken oder Memorieren, SB verfügt über eine Information, die ihm dabei helfen kann, seine Anfangsstrategie zu wählen. Er beschreibt dies aus der Sicht des Gamedesigners*. In dem Moment, in dem er die Information im Spielen verwendet, wird er zum* Metagamer*. Und nicht nur das! Er stellt die Informationen zudem einer Allgemeinheit zur Verfügung. Daraus resultiert nicht nur die Information selbst, sondern auch die implizite Empfehlung, dass es schlau wäre, seinem Beispiel zu folgen und die Information zu nutzen.*
Auch ich als ›Mister X‹ verfüge nun über diese Information. Wenn ich weiß, dass mein Gegenüber weiß, wo ich potenziell starte, kann ich versuchen zu antizipieren, wie er mit diesem Wissen umgehen wird. Das klassische Paradoxon der Spieltheorie. Wer oder was ist dann überhaupt noch ›Mister X‹? Wohl nur noch die Spielfigur mit ihren Optionen. Damit ist sie aber gleichzeitig alles – zumindest, wenn ich mich an die Regeln halten will. Diese haben wir aber schon verändert (s. o.). ›Mister X‹ ist, sofern die Person, die die Figur spielt, die Regeln einhält, die personifizierte Integrität. Gerade weil alles im Verborgenen geschieht,

besteht die Figur des ›Mister X‹ aus der Selbstkontrolle der Person, die sie in Gedanken führt. Zwar müssen die Züge notiert werden und werden somit nachvollziehbar. Jedoch eben nur im Nachhinein. Nur im Nachhinein kann ein Falschspielen aufgedeckt werden, in flagranti *ist das* per definitionem *der Regeln unmöglich. Im Gegensatz dazu sehen sich die Figuren von ›Scotland Yard‹ einer permanenten Beobachtung durch andere ausgesetzt. (In unserer Spielvariante, bin es bezeichnender Weise ich als ›Mister X‹, der SB als die Polizei in seinem Tun überwachen darf.) Dies eröffnet für ›Mister X‹ Spielräume für Betrug. Auch weil mich niemand bei der Notation meiner Züge überwacht und die anderen* Züge *in der Regel nicht notiert werden. Natürlich ist ein solches Vorgehen gegen einen Spieler wie SB, der* Metagamer *und* Gamedesigner *zugleich ist, wenig aussichtsreich. Aber die Spielräume existieren.*

3.6 *Die Dimensionierung des Startkapitals*

Der Spielplan liegt zwischen uns auf dem Tisch. Als ›Mister X‹ bekommt PH eine Fahrtentafel, in die er ein Papier DIN A5 einlegt. Dort notiert er geheim seine Züge und verdeckt diese mit Hilfe der genutzten Tickets. Er bekommt fünf Black Tickets, die beiden Doppelzugkarten und einen ersten Vorrat für Taxi-, Bus- und U-Bahn-Verbindungen. SB bekommt fünf Spielfiguren und fünf getrennt zu verwaltende Ticket-Vorräte. Er legt sie in der am Anfang festgelegten und für die gesamte Partie einzuhaltenden Zugreihenfolge der Detektivfiguren auf den Tisch: von links nach rechts, die Tickets der roten, gelben, grünen, blauen und schwarzen Detektiv:in. Jeder bekommt in der (aktuellen) Version 11 Taxitickets, 8 Bus- und 4 U-Bahn-Tickets. Wenn einer Figur die Tickets ausgehen, darf sie die entsprechenden Verbindungen nicht mehr benutzen. Im Team dürfen keine Tickets ausgetauscht werden und auf einem Knoten darf immer nur eine Figur stehen. Die Figuren von ›Scotland Yard‹ können sich also auch gegenseitig blockieren.

3.6.1 SB über mögliche Schwächen des *Balancing*

In der ersten Auflage des Spiels wurden jeder Detektiv:in noch jeweils 10 Taxi-Tickets zugewiesen, in der aktuellen Version sind es 11. Das Feintuning wurde also leicht zu Gunsten von ›Scotland Yard‹ verschoben. ›Mister X‹ stehen alle Taxi-, Bus- und U-Bahn-Tickets im Prinzip in unbegrenztem Maß zur Verfügung: Alle Tickets, die die Gegenpartei benutzt, bekommt ›Mister X‹, so dass er bald aus dem Vollen schöpfen kann. Nur die eigenen Sonderzüge (Black Ticket, Doppelzug) sind sehr restriktiv reguliert und stehen in einer vorab definierten Anzahl zur Verfügung. Auch hier unterscheidet sich die aktuelle Ausgabe minimal von der ersten Ausgabe. In der ersten Auflage bekam ›Mister X‹ so viele Black Tickets, wie Detektiv:innen am Spiel teilnehmen also vier oder fünf, in der aktuellen Auflage sind es stets fünf.

Ich glaube, dass die Dimensionierung am Ende ›Scotland Yard‹ bevorzugt. Wenn die Gruppe aus fünf Spielfiguren gut zusammenarbeitet, sollte sie sich gegen alle Zufälle der Startaufstellung und alle noch so überraschenden Züge von ›Mister X‹ wappnen können. Warum das Ungleichgewicht in der neuen Ausgabe weiter zu Gunsten von ›Scotland Yard‹ verschoben wurde, verstehe ich nicht. Mit der Partie will ich auch den Beweis antreten, dass ›Scotland Yard‹ *immer* gewinnen kann, was ich für einen gewissen Fehler des Spieldesigns halte.

3.6.2 PH über mögliche Ziele des *Balancing*

Ich denke, dass es bei Scotland Yard *nicht um eine ausgeglichene Partie zwischen ›Mister X‹ und dem gegnerischen Team geht. Ich denke sogar, dass ›Scotland Yard‹ das Spiel in der Regel gewinnen soll und dass das veränderte Feintuning in der Verteilung der Tickets diese Intention bestätigt. In Single-Player-Computerspielen werden Kämpfe oder Herausforderungen nicht selten manipuliert, um ein intensiveres Spielerlebnis zu generieren. Häufig werden scheinbar übermächtige Gegner schwächer, je weniger Lebenspunkte die eigene Figur hat, um der spielenden Person das Gefühl zu vermitteln, sie hätte einen Kampf im letzten Moment gerade noch geschafft. Das Ziel dieser ›Manipulation‹ ist das Spielerlebnis im Sinne einer fast schon choreografierten Szene, im Gegensatz zu einer ergebnisoffenen Partie mit unvorhersagbarem Verlauf.*

Meine Vermutung ist, dass auch bei Scotland Yard *das Spielerlebnis im Vordergrund steht. Schon die Personenstärke mag dafür sprechen, dass die Detektivgruppe bevorzugt wird, weil dann fünf Personen Spaß haben und nicht nur eine. Aber mir scheint noch mehr dahinter zu stecken. Im Team zu spielen, sorgt für ein fragileres Gemeinschaftserlebnis. Hat eine Person keinen Spaß, ist schnell der Spaß der gesamten Gruppe in Gefahr.*

Darüber hinaus ist das Ziel, zu entkommen (›Mister X‹), tendenziell offen formuliert. Wenn das Spiel nach einer bestimmten Anzahl an Zügen mit dem Sieg von ›Mister X‹ endet, ist dies eine offensichtlich willkürliche Festlegung. Die Fluchtversuche könnten mit unbegrenztem Ticketvorrat endlos weiter gehen bzw. so lange dauern, bis die Detektiv:innen aufgeben. Das Ziel von *›Scotland Yard‹ ist dagegen als klarer Abbruch definiert und auf diesen Punkt ausgerichtet. Das Ende ist genau dann erreicht, wenn ›Mister X‹ gestellt wurde. Alle Züge werden letztlich über das Erreichen oder Nicht-Erreichen dieses Ziels definiert. Die Person, die ›Mister X‹ spielt, verlängert dagegen mit jedem erfolgreichen Zug das Spiel. Sie kann hier einen Mikro-Erfolg an den anderen reihen. Selbst wenn sie am Ende gestellt wird, hat sie zwar das Spiel ›verloren‹. Dies sagt jedoch noch nichts über den vorherigen Spielverlauf aus, der knappe Entscheidungen, die eine oder andere Finte und den einen oder anderen dreisten Spielzug umfassen kann. Auch hier zeigt sich also, dass das Spielerlebnis von ›Scotland Yard‹ fragiler und eindimensionaler ist.*

Letztlich kommen ›Mister X‹ zwei Rollen zu. Er ist diejenige Figur, die das Spiel Scotland Yard *überhaupt ermöglicht. In gewisser Weise ist er Teil der Spielmechanik und dreht mit seinem Spiel an den Stellschrauben der ganzen Partie. Er spielt allein gegen viele, wobei sich auch nur vier statt fünf gegnerische Figuren auf die Jagd machen können. Ohne ›Mister X‹ geht es nicht. Zudem ist er die Figur des Tricksters, er ist der Scharlatan, der Unruhestifter – und der Trickster hat eben genau so lange Spaß, wie er Unfug machen kann. Aber die Gefahr ist stets, dass es ein Spaß auf Kosten anderer ist. Daher braucht ›Scotland Yard‹ einen Vorteil.*

3.6.3 PH über die Sonderzüge von ›Mister X‹

Die zusätzlichen Tickets, die ›Mister X‹ zur Verfügung stehen, sind natürlich stark. Der Doppelzug kann den entscheidenden Abstand zwischen den Spielfiguren schaffen und die Black Tickets ermöglichen nicht nur die Nutzung der Themse, die ›Mister X‹ vorbehalten bleibt, sondern verbergen auch das genutzte Verkehrsmittel. Dennoch darf die Stärke der Tickets nicht darüber hinwegtäuschen, dass diese als Antwort auf die Vorteile von ›Scotland Yard‹ eingeführt werden. Im Verhältnis zu dieser Übermacht sind die Sonderzüge von ›Mister X‹ nicht mehr als eine Maßnahme, die Spieldauer um ein paar Runden zu verlängern. Denn ›Mister X‹ kommt meist früher als später in Situationen, in denen die Sonderzüge notwendig werden.

Den ›regulären‹ Tickets, also den U-Bahn-, Bus- und Taxi-Tickets, die auch ›Scotland Yard‹ zur Verfügung stehen, kommt dabei wesentlich mehr Bedeutung zu als es den Anschein haben könnte, gerade wenn sie mit den Sonderzügen von ›Mister X‹ kombiniert werden. Denn in der unerwarteten und bisweilen unvorhergesehenen Kombination liegen die Spielräume verborgen, die ›Mister X‹ das Entkommen ermöglichen. Von den U-Bahn-Tickets geht ein besonderer Reiz aus, denn sie erlauben die maximale Distanz zwischen zwei Knoten zu überbrücken und bieten im nächsten Zug die größte Auswahl von Verbindungen. Diese Stärken können jedoch auch zur Falle werden, schließlich gelten die genannten Bedingungen auch für ›Scotland Yard‹, das aus großer Distanz und vielen Richtungen kommend Zugriffsmöglichkeiten auf eine U-Bahn-Station hat. Zudem sind die U-Bahn-Tickets verräterisch, da es nur wenige Verbindungen dieser Art auf dem Plan gibt und die möglichen Aufenthaltsorte stark eingeschränkt werden. Im Gegensatz dazu kann ein verdeckter Taxi-Zug nahezu überall auf der Karte stattgefunden haben. Auch wenn die reinen Taxi-Knoten meist weniger Richtungsmöglichkeiten bieten, entsteht durch die Aneinanderreihung von verdeckten Zügen eine maximierte Unsicherheit, die nur durch die Momente des Zeigens aufgelöst wird. Letztlich spielt die Zeit eher für ›Mister X‹. Oder genauer: ›Mister X‹ muss nicht auf die Runden schauen, sondern nur darauf, dass der Abstand zur Position der anderen Figuren nicht gleich null wird.

Ist das Spielkonzept so angelegt, dass ›Mister X‹ agiert (Flucht) und ›Scotland Yard‹ reagiert (Verfolgung)? Kann es gelingen, diese Gleichung umzukehren und kann ›Mister X‹ sogar seine Erfolgschancen vergrößern, wenn ›Scotland Yard‹ dazu gebracht wird zu agieren, sodass er darauf reagieren kann? (Andererseits stelle ich weiter unten fest, dass ich womöglich erfolgreicher gewesen wäre, wenn ich mehr agiert und weniger reagiert hätte …)

3.7 *Zugeloste Startpositionen*

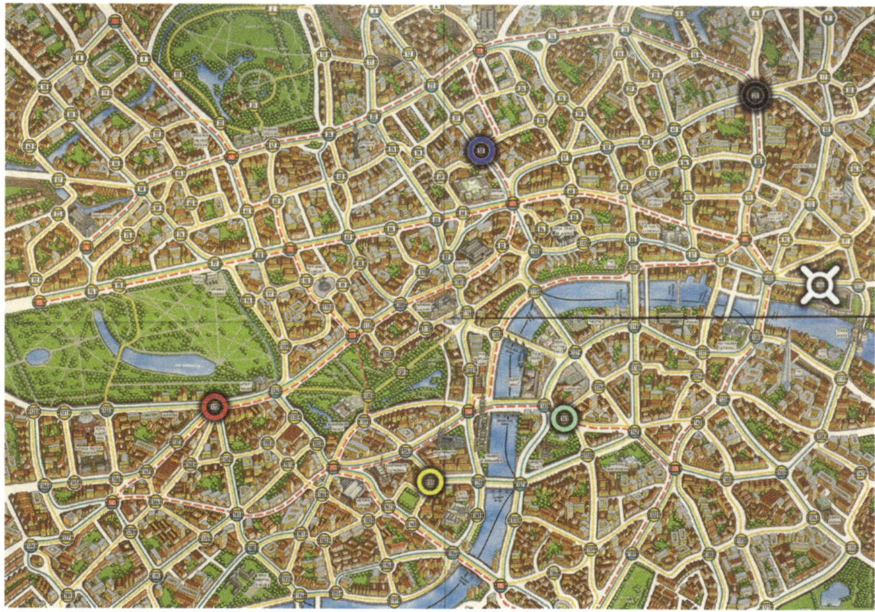

Das Spiel beginnt mit der Festlegung variabler Startpositionen, die zufällig gezogen werden. Die 18 Startkarten werden gemischt. Jeder Detektiv:in wird offen eine Startposition zugelost. Die Spielfigur wird auf die entsprechende Nummer des Spielplans gestellt. In unserer Partie zieht Rot die 123, Gelb die 155, Grün bzw. Türkis die 141, Blau die 50 und Schwarz die 29.

›Mister X‹ zieht seine Startkarte verdeckt. Seine farblose Spielfigur bleibt zunächst neben dem Spielplan stehen. Das weiße Kreuz auf Feld 106 in der Abbildung steht also für eine geheime Information, die am Anfang nur PH kennt. Erst im dritten Zug muss er sich zeigen.

3.7.1 SB über seine Startposition und die ersten zwei Züge

Beim Zulosen der Startpositionen habe ich einigermaßen Glück: Wie in 17 von 18 Spielen bin ich zwar im linken oberen Quadranten, dem an Startpositionen armen Viertel zwischen Hyde und Regent's Park *nicht* vertreten. Insgesamt scheint mir ›Scotland Yard‹ jedoch bereits überdurchschnittlich gut und ausgewogen über den Plan verteilt.

Dass der Plan sehr fein und mit Liebe zum Detail aufgebaut ist, zeigt sich bereits in der Planung der ersten beiden Züge. Da sich ›Mister X‹ nach seinem dritten Zug in Runde drei zum ersten Mal zeigen muss, sollten meine Figuren mit dem zweiten Zug einen Superknoten erreichen, der über viele Verbindungen und eine große Reichweite verfügt. Dies wird im Spielplan über die Auswahl von Startpositionen reguliert. Es ist keineswegs

so, dass jede Startposition bereits ein solcher verbindungsreicher Knoten ist: Nur zwei der 18 Startpositionen können direkt zu dieser Kategorie gezählt werden. Viel häufiger ist der Fall, dass die zugelosten Startpositionen zwischen mindestens zwei ›Superknoten‹ liegen. Dadurch bleibt die Wahl zwischen mindestens zwei gleich starken Optionen. Für die Wahl einer Alternative können dann die anderen Startpositionen ausschlaggebend sein, was von Anfang an eine hohe, zufällige Variabilität in den Spielverlauf bringt. Meine gelbe Figur steht z. B. auf der 155 und kann über zwei Züge bereits drei besonders attraktive Positionen erreichen: Die U-Bahn-Station auf 153, die U-Bahn-Station auf 140, das Themsefeld 157. Zwei dieser Felder liegen auch in Reichweite der roten und grünen Detektiv:in, so entscheide ich mich für die U-Bahn-Station auf 140, um eine Lücke in meiner Aufstellung zu schließen.
Auf die Blickrichtung meines Gegenübers achte ich nicht sonderlich. Ich weiß, dass PH mich damit vermutlich täuschen und in die Irre führen will. Ich warte darauf, dass er sich, so wie im Spielsystem vorgesehen, im dritten Zug zeigen muss und konzentriere mich darauf, die Verteilung meiner Figuren aus der Logik des Spielplans heraus zu entwickeln.

3.7.2 PH über seine Startposition und die ersten Züge

Die Startpositionen von ›Mister X‹ und den Detektivfiguren sind eigentlich unerheblich. Ich kann davon ausgehen, dass alle Möglichkeiten by design *so ausgewählt wurden, dass ›Mister X‹ nicht schon mit den ersten Züge geschnappt werden kann. Einziger wesentlicher Punkt ist es, mich ausreichend vom Spielfeldrand zu entfernen, um meine Bewegungsmöglichkeiten nicht unnötig einzuschränken.*
Schon interessanter ist es, die ersten Züge von ›Scotland Yard‹ auf dem Spielplan zu beobachten. Ich merke, dass SB strategisch vorgeht. Da er keinerlei Anhaltspunkte haben kann, wo sich ›Mister X‹ befindet, versucht er, sich zu verteilen und Felder mit großer Reichweite besetzt zu halten, sobald ›Mister X‹ im dritten Zug auftauchen wird. Dies gibt mir für meine ersten Züge eine vergleichsweise große Sicherheit, da ich absehen kann, wohin sich die gegnerischen Figuren jeweils bewegen werden.
Als ›Mister X‹ muss ich vor allem die Knotenpunkte in meiner Umgebung im Blick behalten, die schnell erreicht werden können. Daher erschien es mir sinnvoll, mich auf eine Detektiv:in zu fokussieren, anstatt mich vor allen zu verstecken. Also laufe ich vom Spielfeldrand weg und der schwarzen Figur entgegen, darauf bedacht, ausreichend Abstand zum Feld 89 zu behalten, das die schwarze Figur voraussichtlich anpeilt.
Irgendwie fühle ich mich wohler, wenn ich zumindest eine Figur in meiner Nähe habe. Ich weiß nicht genau warum. Vielleicht ist es, weil ich dann weiterhin die Laufwege einer Figur, die mir folgt, vorhersehen kann. Vielleicht ist es auch der Mindgame-*Aspekt, dass ich das Katz-und-Maus-Spiel möglichst früh beginnen will. Ich weiß, dass ich mich zeigen muss. Das gibt mir das Spiel vor. Allerdings definiert es nicht, welche Spielweise ich dabei an den Tag legen muss. Wenn ich schon etwas preisgeben muss, dann möchte ich meinem Gegenüber zeigen, womit er zu rechnen hat: mit einer Kaltschnäuzigkeit und Gerissenheit, die ich im*

Zweifelsfall auch etwas zu dick auftrage. Die Ausgestaltung meiner Rolle ist womöglich der größte Trumpf, den ich in der Hand halte. Mein Gefühl sagt mir, ich sollte ihn möglichst früh ausspielen.

3.8 *Die ersten Züge: ›Mister X‹ taucht auf*

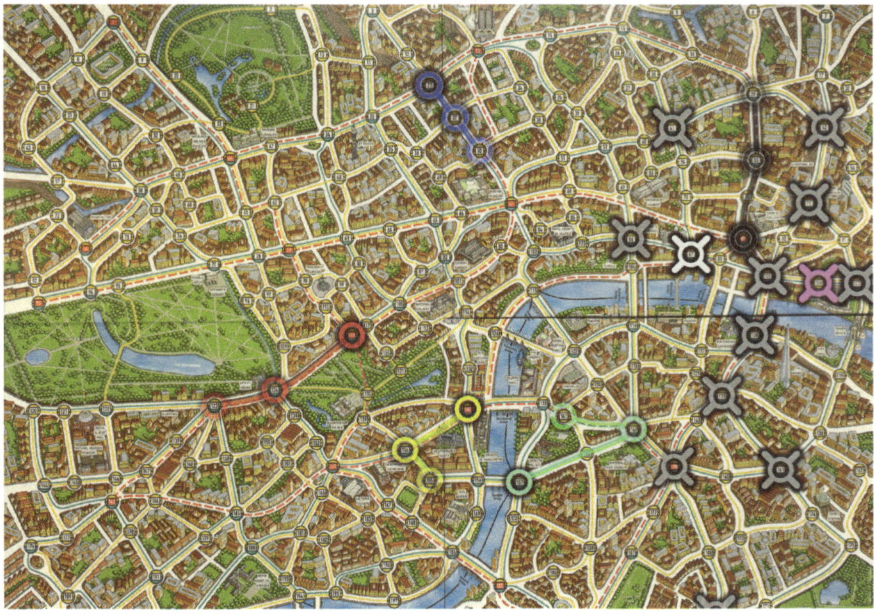

Die Figuren von ›Scotland Yard‹ ziehen offen in einer am Anfang festgelegten Reihenfolge. Jeder Zug auf einen benachbarten Knoten kostet sie ein Ticket. Die Farbe der Kante bestimmt, welches Ticket sie abgegeben müssen: Ein dunkles Gelb steht für die Taxizüge, ein Blaugrün für die Busverbindungen, eine lang gestrichelte rote Linie für das U-Bahn-Netz.

Die Abbildung des Spielplans gibt eine Übersicht über die Startzüge aller Detektivfiguren, die SB wählt. Die ›Scotland Yard‹ unbekannte Startposition von Mister X ist mit einem violetten Kreuz markiert. Die Positionen der fünf Detektiv:innen sind durch leicht transparente Farbringe und Verbindungslinien gekennzeichnet. Das Feld, auf dem die Figur am Ende des zweiten Zugs steht, ist am kräftigsten markiert, die zugeloste Startposition am stärksten verblasst. So steht z. B. Rot am Ende seines zweiten Zuges auf der U-Bahn-Station 111, ist auf 123 gestartet, mit Taxi auf 124 und mit Bus auf 111 gezogen. Schwarz, der rechts oben auf 29 startet, setzt zwei Bustickets ein, um über Feld 55 den starken U-Bahn-Knoten auf 89 zu erreichen. Ohne es zu wissen, bewegt er sich in unmittelbarer Nähe von ›Mister X‹.

›Mister X‹ ist die große Unbekannte und Leerstelle im visuellen Feld von ›Scotland Yard‹. Er startet, wie bereits erwähnt, ohne Wissen der Gegenseite auf dem violett markierten Feld 106 und muss sich in Intervallen, die vom Spielsystem vorgegebenen sind, zeigen. Er notiert seine Züge geheim auf einer Fahrtentafel und verdeckt die Information mit einem Ticket. Die Gegenseite erfährt dadurch nur, ob er Taxi, Bus oder U-Bahn gefahren ist, nicht wo er sich gerade befindet. Die grauen Kreuze auf dem Spielplan stehen anders als die Ringe der Detektiv:innen für *mögliche* Positionen, die ›Mister X‹ unter gleichen Bedingungen, d. h. bedingt durch seine Startposition und die Auswahl von Tickets, hätte erreichen können. Demnach können alle grauen Kreuze, wie das weiß markierte Feld 87, von der Startposition 106 über einen Taxizug und zwei Buszüge erreicht werden. Die Runden 3, 8, 13, 18 und 24, in denen ›Mister X‹ auftauchen muss, strukturieren die Dramaturgie des Spiels.

3.8.1 SB über das erste Auftauchen

Es ist eine Überraschung, dass ›Mister X‹ bereits am Ende der ersten Phase in Reichweite der schwarzen Detektiv:in erscheint. Zeigt sich hier bereits die Spielweise des *Metagaming* oder waren es eher Züge, zu denen PH durch die zufälligen Startpositionen von ›Mister X‹ und ›Scotland Yard‹ genötigt wurde? Natürlich hat mein Gegenüber *nicht* übersehen, dass es, anders als es auf den ersten Blick scheinen könnte, keine direkte Busverbindung zwischen der schwarzen Detektiv:in auf 89 und ›Mister X‹ auf 87 gibt. Sonst wäre die Partie leider zu Ende, bevor sie richtig begonnen hätte.

Ich versuche, umsichtig und geduldig zu spielen, und ziele nicht auf den schnellen Coup. Ich will zeigen, dass ›Scotland Yard‹ ›Mister X‹ *immer* fassen kann, nicht einfach glücklich und zufällig gewinnen. Hierfür ist es wichtig, die Zugreihenfolge meiner Spielfiguren im Auge zu behalten. Noch verfügt ›Mister X‹ über alle Black Tickets und Doppelzüge. Seine Chancen, zu entkommen, sind größer, als es im Moment des Auftauchens den Anschein hat. Höchstens *eine* Figur sollte daher in den Nahkampf übergehen, um entweder selbst zuzugreifen oder den anderen ›Mister X‹ in die Arme zu treiben. In diesem Fall hat PH der schwarzen Figur freiwillig diese Rolle angeboten, geradezu aufgezwungen. Schwarz kann bereits zum Zugriff ansetzen, während die anderen versuchen sollten, die großen U-Bahn-Verbindungen und Fluchtmöglichkeiten abzuschneiden. Nach meinem dritten Zug bin ich recht zufrieden mit meiner Stellung, auch wenn sie mir recht glücklich zugefallen scheint.

3.8.2 PH über das erste Auftauchen

Das erste Auftauchen markiert den eigentlichen Eintritt in die Konfrontation – zumindest für ›Scotland Yard‹. Zuvor war ›Mister X‹ nur über das Wissen, dass er sich irgendwo auf dem

Spielplan befindet, anwesend. Nun wird dieses Wissen in ein konkretes »Hier!« überführt, von dem die weiteren Züge abhängen. Ein nicht unerheblicher Teil des Spielplans wird nun erst einmal unwichtig. Es stellt sich heraus, welche Figuren sich umorientieren müssen. Im Mehr-Personenspiel kann das sogar für einige Personen zum Gefühl führen, zunächst einmal unnütz zu sein. Zwar ist das Spiel im Team von ›Scotland Yard‹ kooperativ angelegt, aber der persönliche Ehrgeiz, selbst ›Mister X‹ zu schnappen, kann durchaus vorhanden sein – was letztlich ›Mister X‹ in die Hände spielen wird, wenn rationale Entscheidungen im Team durch persönliche Beweggründe überstimmt werden. Dieser Punkt fällt hier jedoch weg. Alle Figuren von ›Scotland Yard‹ sind Teil einer einzigen, loyal ausgeführten Befehlskette von SB.

›Mister X‹ kann sein erstes Auftauchen strategisch nutzen. Es können Richtungen vorgegeben oder angetäuscht werden, in die sich das Spielgeschehen verlagern soll. In dem vorliegenden Fall ergab sich meine Richtung aus der Notwendigkeit, vom Spielfeldrand weg zu kommen. Zudem habe ich mich gegen eine ›Flucht‹ nach unten entschieden, die auf den ersten Blick verlockend erschien. Die Möglichkeit der schwarzen Detektiv:in, Position 89 zu erreichen, hat ihr trotz großen Abstands einen problemlosen Zugriff auf den südöstlichen Teil des Stadtplans gegeben – ebenso wie der gelben und grünen Detektivfigur. Die Idee war folglich, die Flucht nach vorne anzutreten, mit einer Detektiv:in auf den Fersen.

3.9 ›Mister X‹ taucht wieder ab

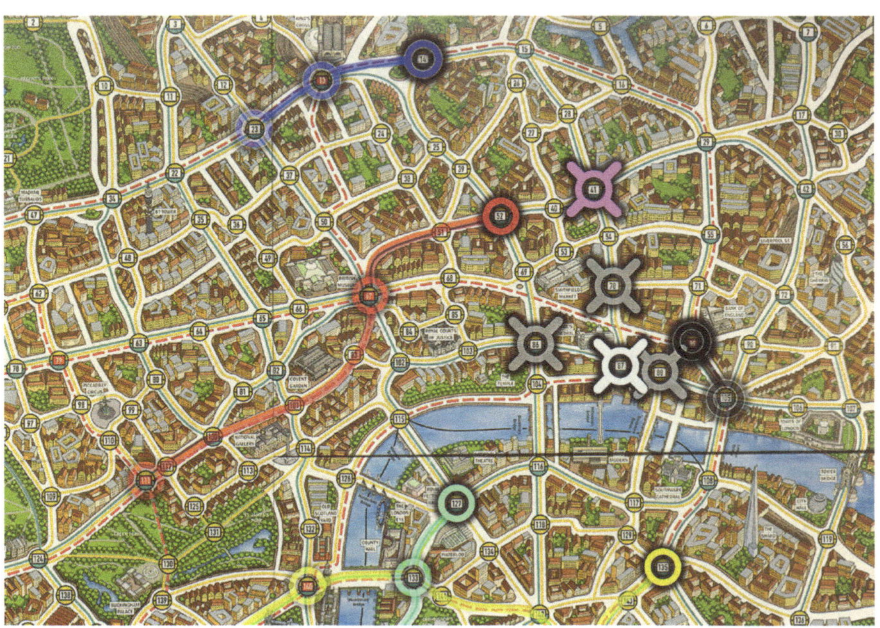

In der Graphik 3.9 sind die aktuellen Positionen der Detektivfiguren am Ende der vierten Runde wieder durch einen kräftigen Farbring markiert, die Positionen der vorhergehenden Runden durch verblassende. Zum visuellen Feld gehören aber auch mögliche Positionen und Züge, die eingeplant oder als Option erwogen werden, ohne bereits verwirklicht zu sein. Im Spiel ›Scotland Yard‹ unterscheidet sich das visuelle Feld von ›Mister X‹ grundsätzlich von dem der anderen: Er sieht nicht nur jeden Zug der Polizei und hört deren Absprachen, er kennt auch die eigenen Züge und kann sie von Runde zu Runde sehr konkret planen. Im visuellen Feld aller Personen, die zusammen ›Scotland Yard‹ spielen, wächst dagegen das Netz möglicher Positionen von ›Mister X‹ mit jedem Zug, in dem er sich *nicht* zeigen muss. In den Grafiken wird das nachvollzogen, indem die letzte bekannte Position von ›Mister X‹ in Weiß, alle möglichen Felder, auf denen er am Ende einer Runde gemäß den offen gelegten Informationen stehen kann, mit einem grauen Kreuz markiert sind. Sein tatsächlicher, aber geheimer Aufenthaltsort am Ende einer Runde ist mit einem violetten Kreuz hervorgehoben. So setzt ›Mister X‹ z. B. in Runde vier, im ersten Zug nach seinem Auftauchen, ein ›Black Ticket‹ ein. ›Scotland Yard‹ kann damit nicht erkennen, welches Verkehrsmittel er benutzt hat. ›Mister X‹ steht beim violetten Kreuz. Aus Sicht der Gegenseite könnte er aber auch alle anderen Verbindungen benutzt haben, die von Feld 87 ausgehen. Er könnte also auch auf den grau markierten Feldern stehen. Für ›Scotland Yard‹ kollabiert der Möglichkeitsraum der grauen und violetten Kreuze nur in den Runden 3, 8, 13, 18 und 24 zu einer konkreten Position.

3.9.1 Zug vier: was sieht SB?

Mit dem Black Ticket erweitert PH die Unschärfe seines Zuges maximal. Immerhin steht meine schwarze Detektiv:in auf dem benachbarten Knoten 105, so dass ›Mister X‹ dieses Feld nicht mit der Busverbindung betreten konnte und nur vier potentielle Knoten übrigbleiben. Die möglichen Zielfelder sind überschaubar, werden aber mit jeder Bewegung in diesem Stadtlabyrinth anwachsen, am Anfang sogar exponentiell. Ich versuche, alle Möglichkeiten im Blick zu behalten und bei meinen Zügen einzukalkulieren. Gut möglich, dass PH mit dem Black Ticket versucht, sich mit dem Taxi durch die Kette meiner Detektivfiguren zu schlängeln. Nach wie vor schiele ich nicht auf den schnellen, glücklichen Zugriff, sondern versuche die Risiken seiner Flucht zu minimieren. Das ist am Themseufer gar nicht so einfach. Schnell sieht man hier Verbindungen, die es in Wirklichkeit gar nicht gibt. So fehlt z. B. die Taxiverbindung zwischen den benachbarten Knoten 195 und 88 oder 87 und 86. Ich habe zunehmend das Gefühl, dass mich mein Gegenüber geschickt in einen frühen Nahkampf locken will, bei dem mir schnell die begrenzten Bus- und Taxitickets ausgehen werden. Ich entscheide daher mit meiner schwarzen Detektiv:in nicht die Verfolgung aufzunehmen, sondern sie erst einmal auf die U-Bahn-Station zurückzuziehen. Mit diesem Zug versuche ich mich bewusst unberechenbar zu machen. Ich hatte ihn zunächst anders geplant und mich dann spontan neu entschieden, gerade wegen des für mich selbst spürbaren Überraschungsmoments. Mit den anderen Figuren mache ich dagegen überwiegend absehbare Züge mit dem Bus und versuche die Schlinge um ›Mister X‹ vorsichtig enger zu ziehen.

3.9.2 Zug vier: was plant PH?

Das ist eine sehr gute Frage, die ich rückblickend nicht mehr beantworten kann. Während ich die abstrakten Knotenpunkte betrachte und versuche, meine Züge und Entscheidungen zu rekapitulieren, wird mir zunehmend bewusst, wie wenig sich mir dadurch die damals stattgefundene Partie erschließt. Deren performativer Charakter ist vorüber und lässt sich in einer solchen Dokumentation nur schwer konservieren.

Ich weiß nicht mehr genau, was ich geplant hatte, weil sich mein Plan nicht allein aus den Relationen der Figuren im Feld ergeben hat, sondern auch aus den Relationen von mir und meinem Gegenüber in der Spielrunde. Wenn ich überlege, warum ich welchen Zug gemacht habe, weiß ich das nicht mehr, weil ich auch jeden anderen Zug hätte machen können und diese vielleicht auch ganz anders machen würde, müsste ich jetzt entscheiden. Es waren Entscheidungen, die im Moment gefallen sind und darin lag auch ihre Stärke: Sie haben eine Unberechenbarkeit behalten– und wenn es nur die Möglichkeit eines dreisten oder gar unklugen Zugs war.

Vielleicht haben wir auch schlicht unterschiedliche Spiele gespielt? Ich spielte eine Art Pokerspiel und mein Gegenüber womöglich Schach. SB liest die Positionen und Werte auf dem Spielplan aus. Ich versuche, SB zu lesen und zu erahnen, was er zu lesen glaubt. Er versucht mithilfe von Wahrscheinlichkeit, die Möglichkeiten einzugrenzen. Ich versuche, zu bluffen. Und der Bluff ergibt sich stets aus der konkreten Situation heraus.

3.10 *›Mister X‹ bleibt unsichtbar*

In Runde fünf und Runde sechs zieht ›Mister X‹ zweimal Taxi. Die Taxizüge signalisieren, dass ›Mister X‹ keine großen Strecken zurückgelegt haben kann und sich noch im gleichen Viertel aufhalten muss. Sein genauer Aufenthaltsort wird jedoch immer ungewisser, die Zahl potentieller Zielfelder wächst von vier möglichen Feldern in Runde vier, über zehn in Runde fünf auf 17 Möglichkeiten in Runde sechs.

3.10.1 SB über eine mit den Spielregeln verbundene Unschärferelation

Durch die Dimensionierung der Kanten und Knoten ist eine schöne, komplementäre Unschärferelation in das Spielfeld von *Scotland Yard* eingebaut. So sind U-Bahn-Züge *stark,* um potentielle Positionen und Aktionsradien zu öffnen, denn sie verbinden weit

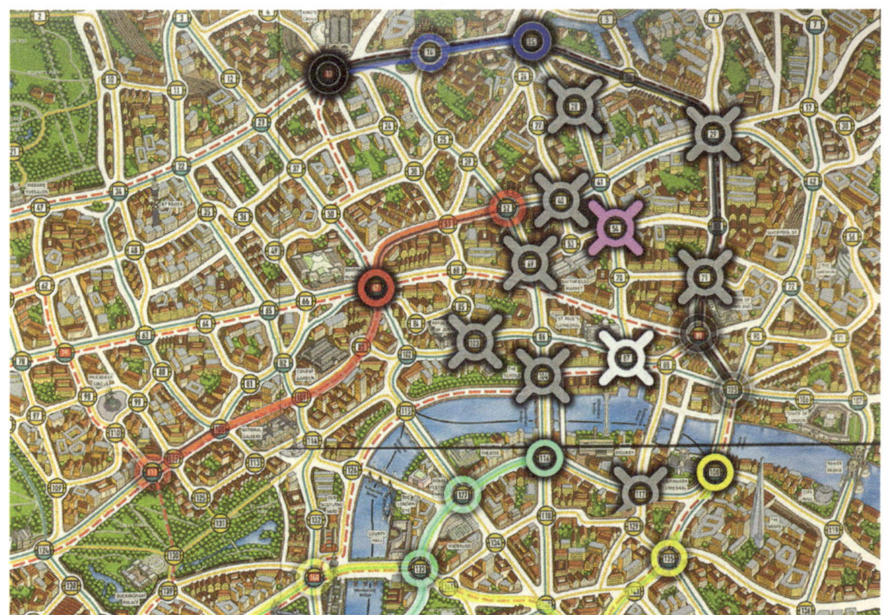

entfernte Knoten miteinander. U-Bahn-Züge sind jedoch zugleich *schwach* und als Zug verräterisch, weil ›Mister X‹ das U-Bahn-Netz benutzt haben muss und alle anderen Kanten ausgeschlossen werden können. Taxizüge haben eine genau umgekehrte Stärke und Schwäche: ›Mister X‹ kann keine großen Strecken zurücklegen, allerdings verschleiert er genau dadurch seine potentiellen Positionen in der lokalen Umgebung. Wenn ›Scotland Yard‹ die Züge von ›Mister X‹ auswertet, erinnert das folglich an das physikalische Problem, Position und Impuls eines Teilchens nicht gleichzeitig bestimmen und einschränken zu können (Heisenbergsche Unschärferelation):[151] Taxizüge stehen für eine unbestimmte Position, U-Bahnzüge für einen unbestimmten Impuls. Die Buszüge sind eine Art Kompromiss aus beiden Stärken und Schwächen. Es gibt mehr Busstationen als U-Bahn-Stationen und die Entfernung zwischen den Bushaltestellen ist etwas weiter als im dicht geknüpften Taxinetz.

3.10.2 Zug fünf und sechs: was sieht und plant SB?

Zweimal Taxi, das ist unauffällig, aber effektiv. Im Spiel benutze ich keine grafischen Hilfsmittel, die Zahl möglicher Knoten überfordert zunehmend meine Vorstellungskraft. Auch der Versuch, die Finger auf besonders gefährliche Knoten zu legen, kommt schnell an seine Grenzen. Ich konzentriere mich auf die Ränder und Extremfälle, da hier die Gefahr eines Durchbruchs besteht. Konkret bedeutet das: Die rote Detektiv:in stößt nicht weiter ins Zentrum vor, sondern zieht sich wieder zurück und sichert die U-Bahn-Station auf 67. Gelb und Grün (Türkis) rücken weiter zur Themse vor und versuchen bis zum nächsten Auftauchen, die gefährlichen Black Ticket-Themseverbindungen abzusichern. Nur Blau bewegt sich weiter Richtung Zentrum, tauscht allerdings mit der schwarzen Detektiv:in die Rollen, was PH noch einmal überraschen soll. Die schwarze Figur ziehe ich an den Rand zurück und sichere die U-Bahn-Station auf 13 ab. Diese Strategie zwingt mich, mehr Bustickets zu verbrauchen als mir lieb ist: 11 von 15 meiner Züge in Runde drei bis fünf erfolgen mit dem Bus. Weiter bemerke ich, dass das Timing meiner Züge nicht ideal ist. Die schwarze Detektiv:in muss als letzte ziehen und muss damit in der nächsten Runde eine wichtige U-Bahn-Station preisgeben. Es kommt in diesem Spiel auf Feinheiten der Zugreihenfolge an, was mich zwar in der konkreten Partie zunehmend in Schwierigkeiten bringt, was ich aus Perspektive des *Gamedesigns* jedoch durchaus zu schätzen weiß.

3.10.3 Was sieht und plant PH?

Die Absichten von ›Mister X‹ und ›Scotland Yard‹ müssen sich von vornherein und notwendigerweise unterscheiden. Sobald sie deckungsgleich werden, ist ›Mister X‹ geschnappt. Das Ziel von ›Scotland Yard‹ ist also, Pläne abzugleichen: In einem ersten Schritt untereinander im Team, in einem zweiten Schritt im Spiel gegen ›Mister X‹, dessen Fluchtpläne erahnt werden sollen. Das Ziel von ›Mister X‹ bleibt von Anfang bis Ende die Diskrepanz. Sein Plan geht auf, wenn ›Scotland Yard‹ keine Schließung gelingt. Dabei sind es unausgewogene Stellen, kleine Brüche und unerwartete Verbindungen im Spielplan selbst, die ihm zum Vorteil gereichen können.

Vielleicht gehen an dieser Stelle aber nicht nur die Spiele auseinander, die SB und PH jeweils spielen, sondern auch die Reflexionen und damit die Sichtweisen. Denn ich frage mich, was ich ab diesem Punkt weiterhin zur Analyse des Spielgeschehens beitragen kann. Die Analyse des Spielfelds und seiner Dimensionen standen nicht im Zentrum meines Erkenntnisinteresses. Die abstrakte Schönheit von Spielzügen (auch hier wieder liegt der Vergleich zum Schach nahe) will sich mir nicht vollends eröffnen – auch wenn ich mir das wünschen würde.

Doch auch wenn ich mich an die zurückliegende Partie immer weniger erinnern kann, ist sie vielleicht gar nicht so verschieden vom gerade stattfindenden Prozess des Schreibens. Meine Grundfrage richtet sich auf Spielräume, die nicht das Spielsystem, sondern die am Spiel beteiligten Personen öffnen und schließen. Das sind Spielräume, die über Spielmechanik und Spielfeld hinausgehen, denn ich möchte von der Spielweise, nicht vom Spieldesign her denken.

Wenn ich in den Text des Gamedesigners *SB hineinschreibe, so ist das ein Balanceakt zwischen Respekt und Unverfrorenheit. So wie ich als ›Mister X‹ mit einer gewissen Dreistigkeit agieren muss, um nicht nur ›Scotland Yard‹, sondern auch dem Spieldesign zu entkommen, kann ich auch hier nicht zu zurückhaltend sein, wenn ich einen Beitrag zum Buch und seinem Erkenntnisinteresse leisten möchte. Der Respekt vor dem Spieldesign, dem gemeinsamen Spielen und nun auch dem gemeinsam geschriebenen Text bilden jedoch die Grundlage für jede Form des Widerspruchs. Der Unfug bekommt nur durch die Fügung Bedeutung. Im Chaos wäre der Unfug auch nur weiteres Chaos.*

Vielleicht stoßen wir hier auch auf eine weitere komplementäre Unschärferelation. Je genauer man ein Regelsystem und seinen Möglichkeitsraum analysieren will, desto mehr treten konkrete Spielweisen in den Hintergrund. Je genauer man konkrete Spielweisen und Spielzüge ergründen will, desto mehr erweist sich ihre Unabhängigkeit von den regulierten Situationen.

3.11 *›Mister X‹ entkommt*

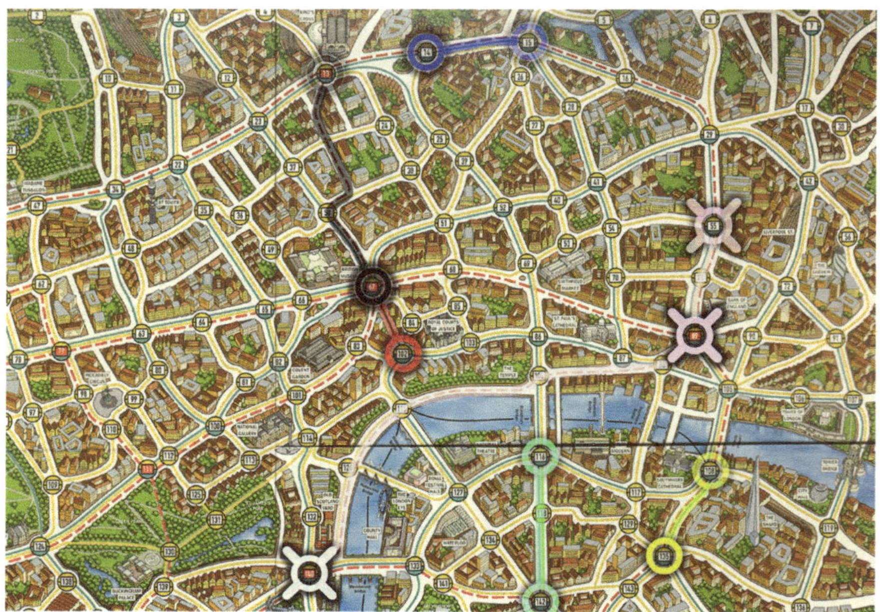

›Mister X‹ darf zweimal im Spiel einen Doppelzug einsetzen, also ein zweites Mal ziehen, bevor die Gegenpartei reagieren darf. Das erklärt auch, warum auf der Fahrtentafel von ›Mister X‹ maximal 24 Züge eingetragen werden können, die anderen Personen aber (in der ersten Version) nur über 22 Tickets verfügen.

PH macht bereits in der zweiten Phase des Spiels von beiden Sonderzugmöglichkeiten Gebrauch. Nach seinem ersten Auftauchen ist er, wie bereits erwähnt, mit einem Black Ticket weitergezogen, vor seinem zweiten Auftauchen setzt er einen Doppelzug ein: Der Ort 140, an dem er sich zeigt, ist in der Grafik wieder durch ein weißes Kreuz markiert, die beiden Positionen, die er mit dem letzten Doppelzug verlassen und durchquert hat, 55 und 89, mit violetten Kreuzen. Durch die Fahrt mit Bus und U-Bahn gelingt es ihm, die Kette der Detektivfiguren zu durchbrechen und sich auf einem U-Bahn-Feld zu zeigen, was eine Art ›Höchststrafe‹ für ›Scotland Yard‹ darstellt. Die Detektiv:innen versuchen noch immer den nordöstlichen Teil von London abzuriegeln, während ›Mister X‹ mit der U-Bahn die Themse überquert. Wie konnte das passieren?

3.11.1 Spielfehler

Mit meiner Spielstrategie habe ich mich verheddert. Die Idee, die zentrale schwarze Jäger:in plötzlich zurückzuziehen und mit der U-Bahn die Grenzen abfahren zu lassen, war zwar überraschend, aber nicht gut kalkuliert. Da ich den Zugriff erst gar nicht versucht habe, konnte ich zu wenig Zugoptionen von ›Mister X‹ im Zentrum ausschließen. Das Netz möglicher Positionen konnte sich zu schnell in alle Richtungen ausbreiten. Meinen fünften Zug mit der roten Detektiv:in von Feld 67 nach 102 würde ich im Rückblick als klaren Spielfehler bezeichnen. Denn Rot hätte hier noch die gefährliche U-Bahn-Station 89 absichern können. Da ich mich auf die Peripherie konzentriert habe, hatte ich diese wahrscheinliche und für ›Mister X‹ attraktive Option im Zentrum aus dem Auge verloren. Eigentlich hätte ich mir denken können, dass PH als ›Mister X‹ gar nicht erst versuchen würde, die Kette zu durchbrechen, sondern mich foppte und wie eine Spinne im Zentrum ihres Netzes auf seine Chance wartete.

3.11.2 Gut dimensionierte Schwierigkeitsgrade

Aus einer übergeordneten Perspektive des *Gamedesigners* bin ich vom bisherigen Verlauf der Partie durchaus beeindruckt. Die Runden zwischen Ab- und Auftauchen von ›Mister X‹ und die Knotenverbindungen im Straßennetz sind so bemessen, dass eine interessante Spannungskurve entsteht. Die Anzahl der pro Zug erreichbaren Knoten hat bei ausreichendem Abstand gegnerischer Figuren mit den ersten Zügen von ›Mister X‹ einen Reproduktionsfaktor, der zwischen 1,5 und 2 pro Zug liegt. Nach vier oder fünf geheimen Zügen kann ›Mister X‹ auf 20 bis 30 Feldern stehen und es wird zu einer schwierigen Aufgabe, diese Optionen innerhalb eines geschlossenen Gebiets zu halten. Liege ich mit meiner Einschätzung falsch, dass ›Scotland Yard‹ grundsätzlich gewinnen kann?

3.11.3 Regulierte Dramaturgie

In den ersten beiden Phasen des Spiels konnte ›Mister X‹ aus den ›westlichen Teilen‹ des Spielplans nach Osten fliehen. So überraschend sich der Coup auch anfühlt: Ein solcher Verlauf ist mit der Auswahl von Startpositionen durchaus im Spielsystem angelegt. Durch die viel höhere Dichte von Startpositionen im Westen ist eine wahrscheinliche Spielrichtung von West nach Ost in den Spielplan von *Scotland Yard* eingeschrieben, ohne dass die Spieler:innen das sofort erkennen könnten.
Auch wenn sich das unbedrängte Auftauchen von ›Mister X‹ auf einer frei gewählten Position im Westen wie ›zurück an den Start‹ anfühlt, ist dieser Eindruck falsch. Ohne die großen Zugregeln verändern zu müssen, sorgen die begrenzten Ressourcen und die immer weiter eingeschränkten Möglichkeiten der Parteien für eine gute Dramaturgie der Runden.

3.11.4 Bisherige Bilanz von ›Scotland Yard‹

Zug 8										
		Vorrat		Vorrat		Vorrat		Vorrat		Vorrat
UNDERGROUND	−1	3	−1	3	±0	4	±0	4	−3	1
BUS	−5	3	−5	3	−5	3	−4	4	−2	6
TAXI	−1	10	−1	10	−2	9	−3	8	−2	9

Am Ende von Runde acht, nach dem zweiten Auftauchen von ›Mister X‹, hat meine Strategie und Spielweise bereits zu einigen Problemen geführt. Rot, Gelb und Grün (Türkis) haben nach einem Drittel des Spiels schon über die Hälfte ihrer Bustickets ausgegeben, nämlich jeweils fünf von acht. Die schwarze Detektiv:in hat ein Problem mit den U-Bahn-Tickets, denn sie verfügt nur noch über eines von vier.
Sollte PH noch einmal die Kette durchbrechen, wäre das ziemlich fatal für mich, weil meinen Figuren zunehmend die Tickets für die Verbindungen über längere Distanzen ausgehen. Mein Ziel muss es sein, ›Mister X‹ in den Nahkampf mit Taxis zu verwickeln. Aber das ist nicht einfach.

3.11.5 Die Bilanz von PH

Zug			Mögliche Felder
9	BLACK TICKET	139	82, 126, 132, 133, 139, 154, 156
10	TAXI	130	65, 66, 81, 101, 114, 115, 127, 130, 140, 154, 155
11	TAXI	131	35, 64, 65, 82, 83, 100, 101, 102, 113, 114, 115, 126, 131, 132, 139, 154
12	TAXI	125	22, 36, 48, 63. 64, 66, 67, 80, 82, 83, 100, 101, 102, 103, 112, 113, 114, 125, 130, 131, 132, 140, 154, 155

In der dritten Phase der Partie zwischen Runde acht und 13 spielt ›Mister X‹ sehr ressourcenschonend. Im Zug neun, dem ersten Zug nach seinem Auftauchen, setzt er ein Black Ticket ein. Ansonsten zieht er fünfmal offen Taxi, ohne seinen letzten Doppelzug einzusetzen. Er scheint sich sicher zu fühlen. Tatsächlich kann er die Zahl möglicher Felder zwischen Runde neun und 12 auch ohne Doppelzug rasch vergrößern: von sieben Feldern, über 11 und 16 auf 24 mögliche Felder.
Wieder ist das Spiel so dimensioniert, dass mir der Überblick von Runde zu Runde entgleitet und ich den Moment herbeisehne, in dem sich ›Mister X‹ endlich wieder zeigen muss und sich die Zahl möglicher Orte wieder auf ›eins‹ reduziert.

3.11.6 Spielweise von PH
Schweigen. PH taucht ab.

3.12 *Risikofelder*

Für ›Mister X‹ sind alle Felder, die mindestens eine Detektiv:in im nächsten Zug erreichen kann, Risikofelder. Wie ›Mister X‹ mit diesem Risiko umgeht, ist ein wichtiger Teil seiner Spielweise. Da er seinen Aufenthaltsort nicht in jedem Zug preisgeben muss, bleibt jeder Zug auf ein solches Feld ein kalkulierbares Risiko. So lange es mehr Risikofelder gibt als Spielfiguren, die zugreifen können, bleibt eine Chance zu entkommen. ›Mister X‹ kann sich mutwillig in Risikosituationen begeben, in der Hoffnung auf einen riskanten Durchbruch. Es ist ein zentraler Aspekt des *Mindgames* zwischen ›Mister X‹ und ›Scotland Yard‹, solche Situationen einzuschätzen. Versucht ›Mister X‹ den riskanten Durchbruch oder bleibt er auf Abstand zu den Detektivfiguren? Versuchen diese den schnellen Zugriff oder sichern sie eher die Grenzen von Bereichen ab?

3.12.1 Risikoknoten in Zug 9

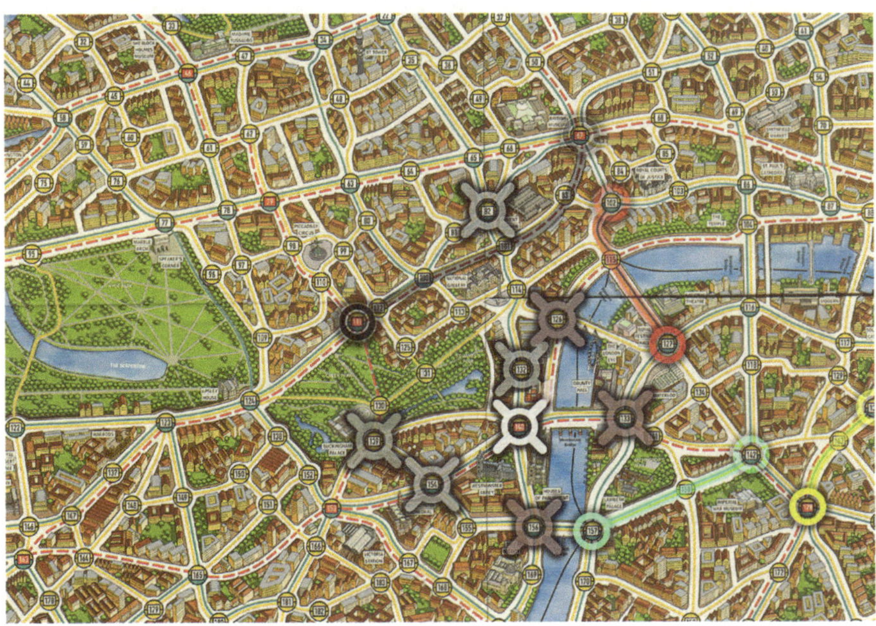

Wie riskant spielt PH? Nach dem Auftauchen von ›Mister X‹ auf Feld 140 kann ich in der achten Runde die rote und grüne Detektiv:in in seine unmittelbare Nähe bringen. Mit dem folgenden Zug, in dem er ein Black Ticket einsetzt, werden drei mögliche Positionen von ›Mister X‹ zu ›Risikoknoten‹, d.h. zu Positionen, in denen PH einen Spielverlust befürchten muss, da die Felder durch mindestens eine gegnerische Figur erreicht werden können. In der Grafik sind diese drei Felder als rotgraue Kreuze eingefärbt. Nur zwei meiner Spielfiguren (Rot und Grün) stehen bereit, um diese drei Knoten abzudecken, ich muss also notgedrungen einen offen lassen. Damit besteht eine Chance für ›Mister X‹, über eines dieser Risikofelder zu entkommen. Vergleicht man die drei Knoten miteinander, bieten 133 und 156 besonders attraktive Fluchtmöglichkeiten. Ich muss sie abtesten, wenn ich das Spiel nicht verlieren möchte. Das ›Schlupfloch‹ auf 126 muss ich deshalb offenlassen, auch wenn ich fürchte, dass PH die Situation ähnlich analysiert hat und deshalb genau dieses Feld gewählt hat. Ich ziehe also auf Feld 133 und 156 und warte mit Spannung auf die Antwort: Nein, kein Treffer, ›Mister X‹ ist anderswo. Was ich in diesem Moment noch nicht weiß: Er steht auf 139 beim Buckingham Palace und versucht weiter in den Westen oder in die vom Palast ausgehenden Parkanlagen zu fliehen.

3.12.2 Risikoknoten in Zug 10

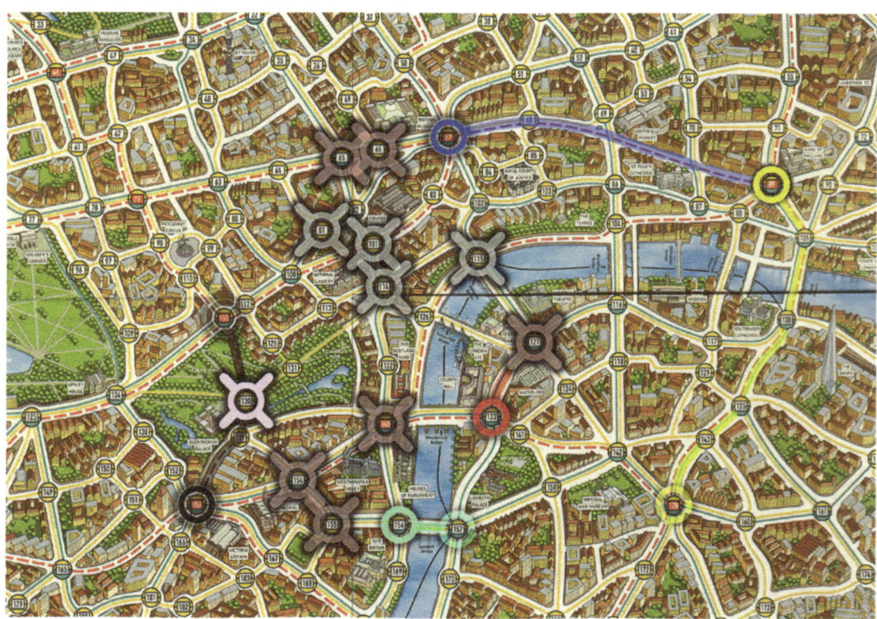

Mit dem nächsten Taxizug von ›Mister X‹ entstehen elf mögliche Aufenthaltsorte, davon sechs Risikoknoten. Alle fünf Detektiv:innen befinden sich nun mehr oder weniger im ›Nahkampf‹. So decken Grün, Gelb und Rot konkrete Fluchtmöglichkeiten an der Themse ab: Rot kann auf 127 ziehen, Gelb über eine lange U-Bahn-Verbindung auf 140 und Grün 155 absichern, so dass für ›Mister X‹ der Rückweg nach Osten versperrt bleibt. Im Westen muss ich mich mit Schwarz entscheiden, ob ich den direkten Zugriff auf 154 versuche oder eher die Verbindung der Parkanlagen auf 124 absichere. Eine offene und besonders riskante Entscheidung ist beim Zug mit Blau zu treffen. Die Figur steht auf Feld 67 und hat zwei mögliche Risikofluchtfelder von ›Mister X‹ vor sich. Das Taxifeld auf 66 und das Bus- und Taxifeld auf 65. Hier lasse ich mir den Zug von meinen begrenzten Ressourcen diktieren. Zwar scheint mir das Feld auf 65 stärker, aber Blau müsste hierfür ein weiteres Busticket abgeben und wäre in dieser Hinsicht zunehmend blockiert. Ich entscheide mich also für den Taxizug auf 66, der jedoch ohne Treffer und Zugriff bleibt. Ich muss fürchten, dass ›Mister X‹ über 65 geflohen ist …

3.13 *›Mister X‹ in Reichweite*

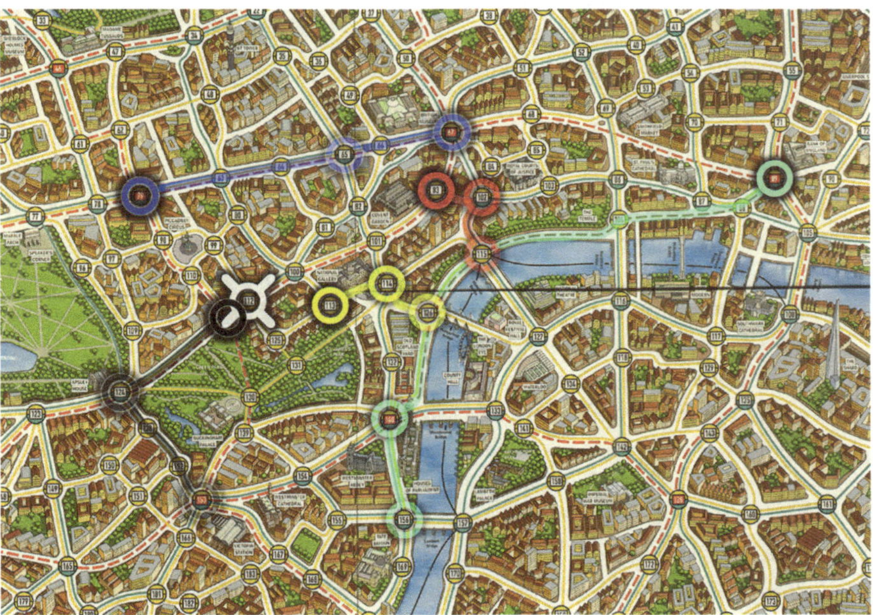

Die dritte Phase des Spiels endet regulär nach fünf Zügen in Zug 13. Diesmal sieht es besser aus für ›Scotland Yard‹. ›Mister X‹ ist durch den St. James Park Richtung Picadilly Circus geflohen, konnte sich aber nicht absetzen. Die Detektivfiguren haben ihm langsam, aber sicher die Wege abgeschnitten. Im letzten Zug hatte er nur noch eine einzige Zugmöglichkeit, da zwei der drei möglichen Ziele Risikofelder waren, auf denen kein Auftauchen ohne sicheren Verlust der Partie möglich wäre. So *musste* sich ›Mister X‹ auf Feld 112 zeigen. Die schwarze Detektiv:in kann noch in derselben Runde heranrücken und auf das Nachbarfeld 111 ziehen. Mit der gelben Figur auf Feld 113 kann ›Scotland Yard‹ eine ›Gabel‹ mit 50 % Zugriffswahrscheinlichkeit auf Feld 100 und 125 aufbauen. Die übrigen Detektiv:innen sichern eher mittelfristig Busstationen und U-Bahn-Stationen ab.

3.13.1 Bewertung der Spielsituation durch SB

Wenn PH in der dritten Phase des Spiels ins volle Risiko gegangen wäre, hätte er sich wie die grafische Analyse 3.12.2 zeigt, nach oben absetzen und sich in Zug 13 im nord-östlichen Quadranten zeigen können, im schlimmsten Fall auf Feld 34. Dabei hätte er in Runde 11 wie beschrieben in einer Situation des Typs Schere – Stein – Papier ein Verlustrisiko von 50 % eingehen müssen. PH ist dieses im Spielsystem angelegte Risiko nicht eingegangen. Das überrascht mich, ist aber auch interessant: Ich verstehe *Metagaming* wahrscheinlich immer noch zu sehr als Ansatz, im Spiel ins volle Risiko zu gehen. Die Spielweise von PH zeigt, dass das keineswegs der Fall ist. Seine Spielweise erscheint mir bezogen auf das vorgegebene Spielziel eher etwas zaghaft.

3.13.2 Bewertung des Spielexperiments durch PH

Wenn ich ehrlich bin, dann habe ich eine gewisse Vorliebe für Momente, in denen ich einfach mal etwas behaupte oder tue, was äußerst unwahrscheinlich ist, bei dem aber auch nicht viel zu verlieren ist. Hier gibt es in der Regel zwei mögliche Ausgänge: Entweder der wahrscheinliche Fall tritt ein und es gelingt nicht. Dann ist nicht viel verloren. Da das Behauptete so unwahrscheinlich war, kann zumindest die Dreistigkeit für eine gewisse Belustigung sorgen. Oder aber der unwahrscheinliche Fall tritt ein und es gelingt, dann ist die Reaktion umso beeindruckender und das Getane erscheint als spielerische Leichtigkeit oder überragendes Können. Es ist letztlich ein Glücksspiel. Aber es ist auch Teil meiner spielerischen ›Natur‹. Es ist ein Teil dessen, was ich mitbringe, wenn ich ›Mister X‹ spiele und der Grund, warum mir die Rolle des ›Mister X‹ mehr Spaß macht als die von ›Scotland Yard‹.

Vollständig und ungehemmt ausleben konnte ich dies in der hier beschriebenen Partie nicht, denn es stand zu viel auf dem Spiel. Die Partie war eben nicht nur Spiel, sondern experimenteller Versuchsaufbau in einem wissenschaftlichen Kontext. Ich würde sagen, die von SB zurecht bemerkte Zaghaftigkeit ist insbesondere darauf zurückzuführen. Die vielen unbespielten Risikofelder sind allesamt Behauptungen oder Momente, die die Dreistigkeit entlarven, wenn sie schiefgehen, und zu Erstaunen führen, wenn sie gelingen. Der Unterschied jedoch ist, dass ich mir meines Erachtens das Risiko nicht erlauben konnte, die Felder zu besetzen, auch wenn ich es vielleicht gerne getan hätte. Denn dann wäre die Partie vorüber und die Geschichte, die wir damit erzählen, wäre eine völlig andere geworden. Dieses Wissen hat mich davon abgehalten, die risikobehafteten Züge einzugehen.

Denn das Besondere an unserem Experiment war seine Singularität. Während Experimente in der Regel reproduzierbar sein müssen, hatte unsere Partie den Charakter eines einmaligen, unvorhersehbaren Ereignisses, das die Situation verändern würde. Selbst eine neu begonnene Partie hätte ein frühes Scheitern meinerseits nicht ausgleichen können, da es Teil der hier erzählten Geschichte geworden wäre. Eine Revanche hätte unter gänzlich anderen Vorzeichen stattgefunden. Es mag eine triviale Erkenntnis sein, dass Entscheidungen anders ausfallen, wenn etwas auf dem Spiel steht. Allerdings ist wahrscheinlich nicht immer auf den ersten Blick ersichtlich, was alles im Spiel ist bzw. auf dem Spiel steht.

3.13.3 Der Doppelzug

PH setzt im nächsten Zug 14 seinen letzten Doppelzug ein. Das ist schon fast zwingend, wenn sich ›Mister X‹ dem drohenden Zugriff noch einmal entziehen will. PH legt zweimal offen Taxi auf seine Fahrtentafel und verzichtet darauf, seinen Doppelzug mit einem Black Ticket zu verschärfen. Nach zwei Dritteln der Partie hat er nur zwei von fünf Black Tickets eingesetzt. Will er mit einer Strategie zeigen, dass man in diesem Spiel allein mit Taxizügen durchkommen kann? Mit einem doppelten Taxizug kann ›Mister X‹ nur fünf mögliche Knoten erreicht haben, die die anderen Figuren mit ihren Gegenzügen recht gut in Schach halten können. Wieder versuche ich vor allem die langfristig gefährlichen Optionen im Blick zu behalten und aus dem Spiel zu nehmen. Trotzdem kann ›Mister X‹ mit Zug 17 zwanzig mögliche Felder erreichen, davon 14 Risikofelder. Ich bleibe bei meiner Strategie, direkte Zugriffschancen ungenutzt zu lassen, wenn sich dadurch größere Fluchtrisiken mit Bus- oder U-Bahn verhindern lassen. Allerdings werden erste Züge von schwindenden Ticketreserven diktiert: Rot gehen die Taxitickets aus, so dass ich die Figur auf Feld 114 abstellen muss.

3.14 *Die Geschichte wiederholt sich?*

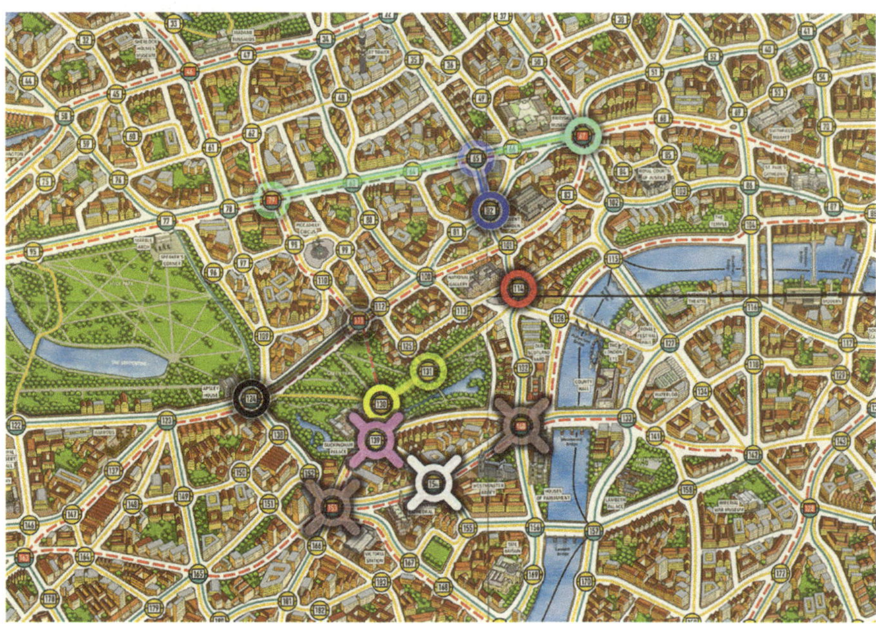

PH versucht sich in der dritten Spielphase wieder durch den Green Park nach unten abzusetzen. Bevor sich ›Mister X‹ in Zug 18 zeigen muss, steht er noch abgeschirmt vor ›Scotland Yard‹ auf Feld 139, mit der gelben Detektiv:in im Nacken. Von den drei verbleibenden Zugmöglichkeiten scheiden ohne verbliebenen Doppelzug die starken U-Bahn-Stationen auf 140 und 153 als direkte Risikofelder aus. So bleibt nur die Möglichkeit, sich in Runde 18 auf Feld 154 zu zeigen. Alle Figuren von ›Scotland Yard‹ stehen allerdings weiter im Norden, der Weg nach Süden scheint frei. Würde auch diesmal wieder ein Durchbruch gelingen?

3.14.1 Nachbarfelder

In Runde 18 meine ich ein Matt in zwei Zügen zu sehen. Spannung kommt auf: Habe ich etwas übersehen? Meine Figuren können drei direkte Nachbarfelder von ›Mister X‹ besetzen. Gelb schneidet auf 139 den Rückweg ab. Schwarz hatte sich zwischen den starken U-Bahn-Feldern auf 111 und 153 postiert und kann nun die gefährliche Station auf 153 besetzen. Die überraschendste Zugmöglichkeit steht der blauen Detektiv:in zur Verfügung. Es gibt eine außergewöhnlich lange Busverbindung zwischen Feld 82 und 140. Sie wird durch die rote, auf 114 ›geparkte‹ Detektiv:in noch zusätzlich kaschiert und optisch unterbrochen. Diese im Knotenlabyrinth angelegte Besonderheit wird nun zur Schlusspointe der Partie. Die blaue Detektiv:in fährt in einem Zug von 82 nach 140. Innerhalb einer Runde ist ›Mister X‹ umzingelt. ›Mister X‹ hat keinen Doppelzug mehr, meine Figuren verfügen über ausreichend Taxitickets. In Zug 19 bleibt ›Mister X‹ nur das Feld 155. Wieder können Schwarz, Gelb und Blau mit einem Taxizug drei von vier Nachbarfeldern zustellen. So bleibt in Zug 20 nur das Risikofeld 169, das die schwarze Detektiv:in mit ihrem fünften Taxiticket erreichen kann … ›Mister X‹ sitzt in der Falle und kann nicht mehr ziehen.

3.14.2 Spielfehler 2

Die Geschichte wiederholt sich – doch diesmal mit einem Fehler auf der Gegenseite. Die lange Busverbindung zwischen 82 und 140 hatte ich tatsächlich übersehen, so wie SB zuvor seinerseits die fehlende Busverbindung zwischen 89 und 87 übersehen hatte. Das war dann wohl der ironische Erzähltwist. Ich hatte mich sicher gewähnt auf meinem Weg über die Themse in den Südosten der Stadt. Mit dem für mich plötzlichen Aufrücken der blauen Detektiv:in hatte ich nicht gerechnet.

Allerdings fühle ich mich rückblickend in meiner Strategie bestärkt, dass durch den nahen Abstand der Detektivfiguren eine gewisse Sicherheit für ›Mister X‹ entsteht – und wenn diese nur darin besteht, dass Zugmöglichkeiten leichter überblickt werden können. Die Diskrepanz des Spielplans, die meines Erachtens häufig zum Vorteil für ›Mister X‹ werden kann, wurde hier PH zum Verhängnis.

3.15 *Fazit: Spielräume suchen*

SB: Die Partie liegt nun über drei Jahre zurück. Wir haben sie uns im gemeinsamen Schreiben am Text noch einmal vergegenwärtigt, mit den Grenzen, die du aufgezeigt hast. Ist uns klarer geworden, wie *Gamedesign* und *Metagaming* auf je eigene Weise Spielräume erkunden und ausfüllen? Lass mich mit einem vielleicht nebensächlichen Detail beginnen: Wer gegen mich *Scotland Yard* spielt, muss keine Schildmütze aufsetzen, denn ich finde es schnell unfair bis peinlich, die anderen wie beim Poker auszuspähen. Das scheint mir ein charakteristischer Unterschied: Du als *Metagamer* bewegst dich viel mehr in den inneren Spielräumen der konkreten Partie, suchst den krassen Zug, mit dem niemand gerechnet hat. Deshalb schaust du auch viel mehr auf Mimik und Gestik der Mitspieler:innen. Ich schaue dagegen vor allem auf das gedruckte Feld, die bedruckten und zugeschnittenen Plättchen und Karten, denn das sind die Materialien, die dem *Gamedesign* unmittelbar zugänglich sind und die für konstante Spielräume sorgen, die in die nächste Partie mitgenommen werden können.

PH: Die Schildmütze nicht aufzusetzen, war ein erstes, kleines und unscheinbar wirkendes Aufbegehren gegen die Spielregeln. Vielleicht fast lächerlich, weil durchaus mit Eitelkeiten verknüpft, aber eben nicht trivial, da ich mir damit Autonomie verschaffen kann, die ich im weiteren Spielverlauf dringend benötige, gerade wenn ich gegen jemand spiele, der sich als Vertreter der Spielregeln versteht.

SB: Als *Gamedesigner* bewege ich mich immer halb in den äußeren Spielräumen der Regeln, in denen festgelegt wird, was zum Abbruch einer Partie führen müsste, wenn es geschieht und entdeckt wird. Es ist, wenn man so will, ein unangenehmer Raum der Verbote, der Kontrolle und Überwachung, der vor allem vorschreibt, was man nicht tun darf: z. B. als ›Scotland Yard‹ nicht beliebig oft U-Bahn fahren oder als ›Mister X‹ nicht beliebig oft Doppelzüge machen. All diese Einschränkungen können jedoch dann, wenn sie gut gemacht sind – so meine Hoffnung als *Gamedesigner* – für ein Kräftegleichgewicht sorgen und auf eigenartige Weise Wiederspielreiz erzeugen. Deshalb spiele ich auch ›fertige Spiele‹ so, als ob sie weiterentwickelt werden müssten. Ich freue mich *auch*, wenn die Partie eine überraschende Wendung nimmt. Dann bin ich aber auch schon in Gedanken wieder beim nächsten Spiel, um zu überlegen, ob die Option eventuell zu stark ist und durch einen kleinen Eingriff des *Gamedesigns* eingeschränkt werden sollte. Insofern sehe ich jede Partie als eine Art Experiment, das auf Wiederholung angelegt ist – jedoch nicht nur zu schwankenden Resultaten, sondern eben auch zu Variationen des Versuchsaufbaus führen soll. Diese Faszination kann etwas Getriebenes und Flüchtendes haben und verhindern, sich dem Eifer des Gefechts auszusetzen, das muss ich zugeben. Vielleicht können *Metagamer:innen* in einer einzelnen Partie ganz anders aufgehen?

PH: Ich frage mich seit Beginn des Textes, ob Metagamer:in *der passend gewählte Begriff ist, für die Rolle sowie die spielerischen Relationen, die wir beschreiben wollen, aber auch für mich selbst – ob ich mich selbst wirklich als* Metagamer *begreife und begreifen kann? Ich benutze vor allem das Verb* Metagaming, *weniger das Substantiv* Metagamer:in, *das eigentlich erst du aufgebracht hast. Im* ›Metagaming‹ *erkenne ich eine transformative Praxis, die Spielmechaniken eines Spiels zu durchleuchten, aber auch auf die Zusammensetzung einer Spielrunde zu achten, um eine passende Spielstrategie zu entwickeln. Es ist also eine Suche nach Spielräumen, die ein spezifisches Wissen über das jeweilige Spiel und die Mitspieler:innen generiert. Das führt zwangsläufig zu Ausschlüssen, wenn weniger zielführende Strategien gar nicht mehr genutzt werden. Somit werden Spielräume im* play *eben nicht nur geöffnet, sondern gleichzeitig auch verengt. Das führt zu einem Ungleichgewicht in der Spielbalance, was das* Gamedesign *eigentlich vermeiden will. Insofern sucht das* Metagaming *nicht zwangsläufig oder in erster Linie nach dem einen, unvorhersehbaren oder krassen Zug, sondern nach Regeln, die sich in den Regeln abzeichnen. Wie im* Gamedesign *geht es darum, das Spiel zu verstehen, die Stellschrauben, an denen das* Metagaming *dreht, verändern die Spielmechaniken jedoch nicht für alle, sondern suchen den eigenen Vorteil, was wiederum Reaktionen des* Gamedesigns *erforderlich machen kann. So begegnen sich* Gamedesign *und* Metagaming *ähnlich wie Personen, die gemeinsam und gegeneinander ein Spiel spielen, aber auf einem anderen Spielfeld und in einem anderen Spielraum: Im* Metagame *steht das Spiel selbst zur Disposition.*

SB: Das ist spannend, denn es berührt die Grundthese meines Buches, die ich jetzt so formulieren würde: Moderne Brettspiele versuchen immer eine Art *Metagame* in die Partie einzubauen und den Spielrunden vor Augen zu führen, dass sie Entscheidungen treffen, mit denen sie den Regelrahmen und Optionen der ganzen Partie verändern können. Vielleicht ist *Scotland Yard* nicht das beste Beispiel dafür, da es recht früh und z. B. ein gutes Jahrzehnt vor den *Siedlern von Catan* entstanden ist. Aber doch haben wir Ansatzpunkte in unserer Partie gefunden: z. B. in deinem Versuch, eine Detektivfigur in einen frühen Nahkampf zu zwingen, oder in meinem Versuch, dieses Angebot auszuschlagen und ›Mister X‹ eher die großen Fluchtwege abzuschneiden. Ich finde es auch eine starke Beobachtung, dass wir mit ein- und demselben Spiel zwei unterschiedliche Spiele spielen können – der eine eher Schach, der andere eher Poker. Das ist für mich das Zeichen für ein gelungenes *Gamedesign*, das mit der Normierung von Materialien eben nicht einfach Spielweisen vorgibt und die Spieler:innen disziplinieren möchte. Die kritische Anmerkung, dass sich *Gamedesigner:innen* den Regeln nur halbherzig unterwerfen (vgl. 3.3.3), würde ich dagegen relativieren. Wahrscheinlich ist es richtig, dass sie sich von den Regeln nur deshalb einschränken lassen, um sie weiterentwickeln zu können. Sie sind deshalb vielleicht keine besonders guten Spieler:innen, aber was in der Spielsituation gilt, gilt natürlich auch für sie.

PH: Sobald du spielst, bist du ja auch Spieler und nicht mehr Gamedesigner – *zumindest was die Regeln anbelangt und wie du dich zu diesen verhalten musst. Aber ich muss auch zugeben, dass es sich hierbei um eine Zuspitzung handelt, die vielleicht nicht unbedingt nötig wäre. Ich habe dich beim Spielen häufig als besonders guten Spieler wahrgenommen, weil du analytisch vorgehst und dir so einen Vorteil verschaffen kannst. Dies entspricht eben genau der Nähe von* Gamedesign *und* Metagaming, *die sich an unserem Beispiel immer mehr abzeichnet. Demgegenüber steht ein breiteres Verständnis von* Metagaming, *das alle Vorgänge miteinschließt, die jenseits der eigentlichen Spielregeln und -mechaniken passieren: bspw. das sogenannte ›Wiegen‹ vor einem Boxkampf, das auch immer der Verunsicherung der Gegner:in dienen kann.*

Jedes Metagaming *ist eine Art Rollenspiel, das sich auch um das Öffnen und Schließen von Spielräumen dreht. Schon vor dem eigentlichen Beginn des Wettkampfs versucht man zu bluffen und sucht nach einer Öffnung im* Mindset *der anderen Partei, was dann bspw. im Kampf beim Öffnen der Deckung helfen soll. Auch beim Spiel von ›Mister X‹ in* Scotland Yard *eröffnet das Rollenspiel ein zusätzliches Spielfeld, das aus kalkulierbaren Wahrscheinlichkeiten ein offenes* Mindgame *macht.*

SB: Sind *Gamedesign* und *Metagaming* am Ende zwei verschiedene Richtungen und Versuche, die Grenzen eines Spielraums zu verschieben: Im *Metagaming* über den Eintritt in das Innere einer konkreten Partie und die dort einzunehmende Position als Partei; im *Gamedesign* über den Austritt in einen Raum der Regeln, der die ganze Spielrunde erfasst? Auch wenn wir die Spielauswahl bei unserem exemplarischen ›Duell‹ nicht groß diskutiert haben und auch in das gemeinsame Schreiben des Textes ehrlich gesagt ohne große Planung hineingestolpert sind, zeichnen sich diese Richtungen vielleicht bereits in der konkreten Spielarchitektur ab. In *Scotland Yard* wären dann alle, die ›Mister X‹ jagen, auch Repräsentanten des *Gamedesigns*, die auf das Ende der Partie hinarbeiten und den Spielplan als Netz verstehen, in dem sich der Gesuchte immer wieder regelkonform verfangen muss. ›Mister X‹ wäre dagegen der Repräsentant des *Metagaming*, der das zeitliche Ziel hat, möglichst lang und überraschend durchzuhalten, in der Partie zu bleiben und der Dimensionierung des Spiels ein Schnippchen zu schlagen.

PH: Auf der anderen Seite sind es gerade die Gamedesigner:innen, *die das Spiel harmonisch und für alle offen halten wollen. Ideologiekritisch gewendet, geschieht dies jedoch stets nur durch neue oder angepasste Regeln, die versprechen, Freiheit durch Einschränkungen zu erlangen. (Ein Argument, das im Kontext der Maßnahmen und Diskussionen zur Eindämmung der Covid19-Pandemie häufig zu hören war – sofern mir ein weiterer Vergleich jenseits des Spiels erlaubt ist. Wir sollten nicht außer Acht lassen, dass dieser Text in bzw. kurz nach eben jener Zeit entstanden ist.) Die Herausforderung von Regeln muss nicht zwangsläufig alles in Frage stellen, aber kann verhindern, dass sich alles unveränderlich verfestigt. Auch hier können* Gamedesigner:innen *und* Metagamer:innen *also ähnliche Anliegen mit anderen Mitteln verfolgen. Das* Gamedesign, *indem es ganz offen Regeln definiert, das* Metagame, *indem es sich gerade nicht restlos bestimmen lässt und in Lücken und Schwachstellen der Regulierung verschwindet.*

SB: Da kann ich noch eine kleine Anekdote aus meiner Jugend beisteuern (die Spiel- und Schreibweisen gleichen sich an). Bevor ich *Scotland Yard* das erste Mal in der Hand gehalten habe, habe ich diese eigenartige Figur von ›Mister X‹ aus durchsichtigem Plastik in der Werbung bestaunt. Ich habe mich gefragt (obwohl ich für ein solch magisches Denken eigentlich schon viel zu alt war), ob sie tatsächlich auf irgendeine Weise unsichtbar werden könnte, wenn man sie auf den Spielplan stellt und mich gewundert, wie das Spiel ohne diese Eigenschaft funktionieren sollte. Es ist lustig, dass ich Jahre später mit *Schnappt Hubi!* ein Spiel entwickelt habe, das sich um eine ganz ähnliche Jagd dreht, die gejagte Figur jedoch tatsächlich nur in elektronischer Form und als Stimme präsent ist.[152] Überhaupt scheint mir *Schnappt Hubi*! mehr als mir bewusst war mit meinen frühen *Scotland Yard* Partien zu tun zu haben. Das ist noch einmal ein gutes Beispiel, wie *Gamedesign* nicht nur punktuell bestehende Spielarchitekturen verändern, sondern neue aufbauen will, dabei aber beständig alte Spielerfahrungen und Regelelemente überträgt und rekombiniert.

PH: Dem Metagaming *wohnt dagegen immer auch das Potenzial inne, die Offenheit der Spiele zu zerstören. Wenn* Metagamer:innen *starke Strategien entdecken, werden diese genutzt und die Spielbalance kann aus dem Gleichgewicht geraten. Die Spiele entwickeln sich im Spielen stetig weiter. Auf Computerspielplattformen lässt sich beobachten, wie vor allem Personen, die eine erfolgreiche Spielweise nachahmen, die Spielbalance zum Kippen bringen.* Metagaming *würde ich daher auch nicht als individuelle Praxis beschreiben, sondern als eine von mehreren Personen mehr oder weniger direkt geteilte. So werden z. B. in Foren, die sich um die Partien lagern, spielerische Erkenntnisse ausgetauscht und ausgewertet.*

SB: Wenn es um das *Balancing* und *Feintuning* einer Beta-Version geht, kommen die Mittel und Ziele dann wirklich fast zur Deckung. Es ist jedenfalls gut, bei Testspielen mit Mitteln des *Metagaming* zu erkunden, wie robust eine Spielarchitektur bereits ist. Ich habe dann die Hoffnung, dass es so etwas wie gut dimensionierte Regeln gibt, die Spielideen auf den Punkt bringen und für eine Balance sorgen, die durch keine noch so krasse Spielweise entscheidend attackiert werden kann. Was mir vorschwebt, ist eine Art aleatorische Ingenieurskunst, die die sich allerdings vom Maschinenbau grundsätzlich unterscheiden würde: Wie lassen sich Spielräume öffnen, die mit ihren normierten Spielmaterialien möglichst *wenig* definitiv vorschreiben, sondern sich erst in und mit der Spielweise der Gruppen immer wieder neu und immer wieder anders öffnen?

PH: Ich finde »Spielgruppe« schon wieder recht abstrakt. Was mir direkt zugänglich ist, ist doch nur meine eigene Spielweise, d.h. eine einzige Position in der Runde. Hier würde ich auch mit meiner abschließenden Kritik an unserer konkreten Partie ansetzen: Ich war in der Partie generell zu zurückhaltend, was den Einsatz meiner Sonderzüge betrifft. Meine Taktik war es, die Züge aufzusparen, damit ich sie habe, wenn ich sie brauche. Sie einzusetzen, um von vornherein gar nicht in solche Situationen zu kommen, wäre jedoch wahrscheinlich die erfolgversprechendere Spielweise gewesen. Die Frage ist allerdings, wieviel Spielraum eine solche Spielweise vernichtet, wenn sie nicht aufgeht.

SB: Wenn ich nun umgekehrt mit meiner Brille als *Gamedesigner* auf die Spielarchitektur von *Scotland Yard* schaue und versuche, deren besondere Qualität zu resümieren, dann fällt mir auf, dass in mehreren Ebenen der arbiträre Teiler fünf wiederkehrt. ›Mister X‹ wird von bis zu fünf Detektiv:innen gejagt. Jeder Knoten des Spielplans verfügt im Durchschnitt über knapp fünf Kanten, so dass jede Figur pro Zug im Durchschnitt knapp fünf Zielfelder erreichen kann. Auch in der zeitlichen Dimensionierung kehrt der Teiler fünf wieder: ›Mister X‹ muss sich fünfmal im Lauf der Partie zeigen. Bis auf den ersten ›Akt‹, eine Art Exposition, bestehen alle Phasen wiederum aus fünf Runden. ›Mister X‹ hat fünf Black Tickets zur Verfügung usw. Damit will ich keine Zahlenmystik betreiben, aber die Analyse bestärkt meine Vermutung, dass in einem guten *Gamedesign* nicht nur die Mechaniken zusammenpassen müssen, sondern auch ihre Dimensionierung als numerische Relation.

Unsere Partie bestätigt allerdings auch meine Einschätzung, dass die Chancengleichheit in *Scotland Yard* zu sehr zu Ungunsten von ›Mister X‹ verschoben ist. Das Startkapital und die Ticketvorräte der Detektiv:innen scheinen mir zu großzügig bemessen, auch wenn ich deine Argumente, wie das den Spielspaß in der Gruppe fördert, sehr gut nachvollziehen kann und überzeugend finde.

PH: Immerhin habe ich bis Zug 20 durchgehalten, womit ich angesichts eines einhellig vorgehenden ›Scotland Yard‹-Teams durchaus zufrieden sein kann. Wenn dann der Gamedesigner *auch noch feststellt, dass dies unter Voraussetzungen stattgefunden hat, die zu meinen Ungunsten verteilt waren, schmeichelt mir das. Ich bin mir aber nicht sicher, ob ich die Einschätzung teilen will. Es fühlt sich eher nach einer Aufforderung zu einem Rematch an, als hätte ich noch mehr herausholen können. Weniger aufgrund meines Fehlers – ich bin mir sicher, dass uns beiden auch in weiteren Matches Fehler unterlaufen würden. Aber ich würde gerne aus unseren Fehlern (und Erfolgen) lernen und diese Erkenntnisse ins Spiel zurückgeben. Ich denke auch, dass eine einzelne Partie nicht repräsentativ für das Spiel sein kann. Allerdings ging es auch nie um eine statistische Auswertung – und auch wenn die Partie geendet hat, geht das Spiel an dieser Stelle, im Schreiben des Textes weiter.*

SB: Das führt mich zum Schluss auf das *Selfie*, das wir am Anfang gemacht haben, und das, auch wenn es uns nicht unbedingt vorteilhaft zeigt, doch vom Dispositiv her aufschlussreich ist. Ein *Gamedesigner* wäre demnach ein Spieler, der der Spielrunde wie bei einem Selfie mit gleichsam gebrochenem Blick den Rücken zukehrt, um den Spielraum von außen beobachten zu können …

PH: Wenn ich wiederum bildanalytisch und etwas freier assoziierend auf das Selfie *schaue, so sehe ich mich SB gegenübersitzend, aber gleichsam, im Moment der Aufnahme, in seinem Rücken positioniert – etwas unscharf, aber mit aktionistisch erhobener Handgeste. Im Hintergrund die Bildschirme, die einerseits als Indizes auf Computerspiele fungieren, die mein eigentliches Forschungsfeld markieren, und andererseits als Spuren von gemeinsamen, erfolgreichen Bestrebungen zeugen, dem* GameLab *einen ersten Ort zu geben. Das* Selfie *tritt, wie du bereits festgestellt hast, aus der ›eigentlichen‹ Spielsituation heraus und macht den Blick für andere Perspektiven frei. Es figuriert mich mehr als den Jagenden, denn als den Gejagten, der mitten im Spiel steckt, die Folgen seines Handelns aber an keinem Punkt bis zum Ende hin absehen kann. Vielleicht deutet sich darin auch bereits ein wenig die hier entstandene Textsituation voraus …*

SB: … die sehr produktiv und am Ende überraschend pünktlich war. Ich danke dir sehr für diese Intervention und ›Störung‹, die dieses spielerisch geschriebene Kapitel erst möglich gemacht hat.

4 Grundbegriffe der Aleatorik

Nach der Analyse der Spielarchitekturen von *Monopoly* und *CATAN* und dem Abtauchen in die Tiefen einer *Scotland Yard*-Partie sollen nun einige Grundbegriffe aus den bisherigen Überlegungen abgeleitet werden. Das Ziel besteht darin, die dynamische Entwicklung von Regeln über die Dimensionierung von Spielmaterialien beschreiben zu können. Wie werden kontingente *Spielräume* mit den Materialien eines Spiels hergestellt, geöffnet und geschlossen? Wie kann der *Spielraum* im Lauf der konkreten Partie durch Teilnehmer:innen und ihre Perspektiven, die sich in diesem Prozess definieren, weiter eingeschränkt werden? Die Grundbegriffe sollen helfen, dieses Wechselspiel von *game* und *play* zu untersuchen und auch mathematisch auf multiple Zählweisen zu beziehen.

Wenn mit diesen Fragen eine Art akademische Metareflexion des Spieldesigns konzipiert wird, soll die Kontrolle nicht wie in kybernetischen Ansätzen an eine einzige, eindeutig beobachtende und rechnende Instanz zurückgegeben werden. Damit würde gerade die Pointe moderner Spielarchitekturen verfehlt, die Kontrolle über das Regelsystem neu in der *Spielrunde* zu verteilen und an eine zufällige Mischung von Spielmaterialien zu binden. Im Lauf des Kapitels möchte ich den aleatorischen Ansatz daher noch genauer von klassischen Wahrscheinlichkeits- und Spieltheorien abgrenzen.

Die Frage, wie aleatorische Kreativität funktioniert und festgestellt werden kann, soll im Fokus der folgenden Überlegungen stehen. Das von mir selbst entwickelte Spiel *Camel Up* (Spiel des Jahres 2014) wird zum zentralen Gegenstand, ohne dass ich es damit auf die Höhe epochemachender Spiele heben möchte, die in den vorangegangenen Kapiteln untersucht wurden.[153] Die Wahl ist darin begründet, dass bei einer Eigenentwicklung der aleatorische Prozess in ganz anderem Maß zugänglich ist. So soll deutlich werden, wie Materialien, Themen, Mechaniken und die Dimensionierung der ganzen Spielarchitektur Schritt für Schritt aufgebaut wurden und mit ersten zufälligen Setzungen in vielen Testpartien rundgeschliffen werden mussten. Gleichwohl rekonstruiert das folgende Kapitel kein (nicht-existierendes) Entwickler-Tagebuch, sondern versucht, Etappen der Regelentwicklung in einer abstrakten Metasprache zu fassen. Mit Rückblicken auf die bereits behandelten Spiele und Ausblicken auf andere Spiele möchte ich den paradigmatischen Charakter der Überlegungen aufzeigen.

4.0.1 *(T)Olles Kamel*

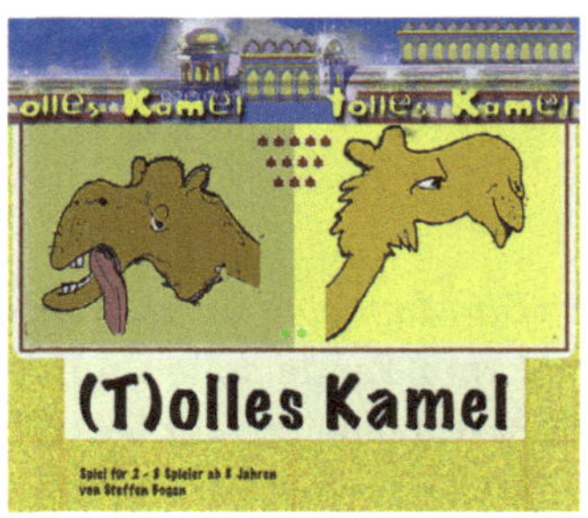

Camel Up ist ein Spiel, bei dem die Teilnehmer:innen auf den Ausgang eines Kamelrennens wetten können, wobei den Zufällen Tür und Tor geöffnet wird. Die Entwicklung des Spiels begann im Jahr 2007 und wurde mit dem Arbeitstitel *(T)Olles Kamel* von mehreren großen Spieleredaktionen begutachtet, die alle nach unterschiedlich langen Bedenkzeiten ablehnten. Bei einem Verlag dauerte die Entscheidungsfindung sogar zwei Jahre, in denen das Spiel exklusiv zur Verfügung gestellt wurde. Der Arbeitstitel des Prototyps spielt mit der niederdeutschen Redewendung »olle Kamellen« (die sich allerdings auf Kamillenblüten bezieht). Das Titelbild des Prototypen war aus allerlei *Asterix*-Zitaten zusammengebastelt.

4.0.2 *Camel (C)Up*

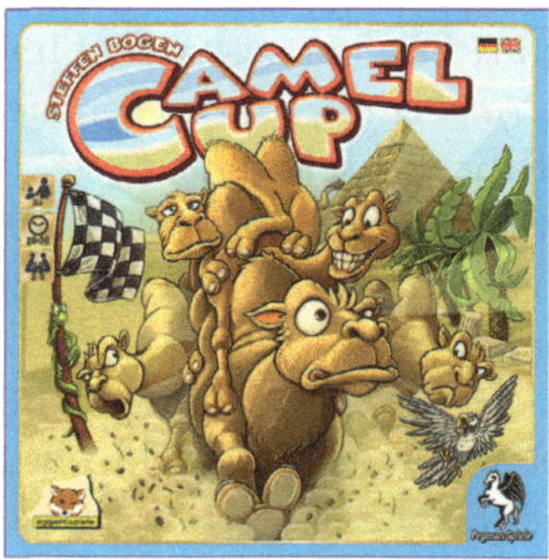

2013 wurde das Spiel von Peter Eggert unter Vertrag genommen, der in seinem Verlag bis dahin vor allem komplexe *Eurogames* veröffentlicht hatte. Das Spiel wurde von ihm zusammen mit Viktor Kobilke redaktionell betreut und im Februar 2014 unter dem Titel *Camel (C)Up* veröffentlicht. Die Illustration und Graphik fertigte Dennis Lohausen. Ursprünglich sollte das Spiel *Camel Cup* heißen und die Graphik auf dem Titelbild war nicht doppeldeutig intendiert. Durch den Tipp- oder Lesefehler eines Vertriebspartners entstand das Wortspiel mit dem *Up*, der sich übereinander ›stapelnden‹ Kamele. Es erinnerte an das Wortspiel des Prototypen *(T)Olles Kamel*, gefiel allen Beteiligten als etwas schräger, international verwendbarer Wortwitz und entschärfte eine nach dem Urheberrecht eventuell problematische Verwechslung mit einem gleichnamigen Kamelrennen in Australien *(Camel Cup)*. 2014 gewann das Spiel den Kritikerpreis »Spiel des Jahres«.[154] Das Spiel wurde in den folgenden Jahren in über 20 Sprache übersetzt. Bereits im Jahr der Prämierung erschien die Erweiterung Supercup.

4.0.3 *Camel Up* 2.0

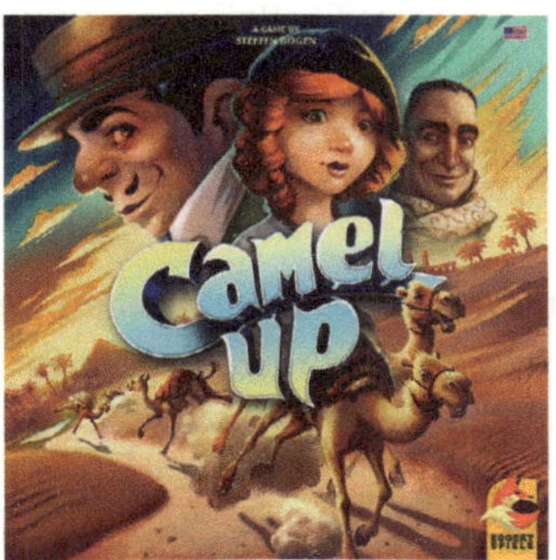

2018 erschien nach dem Kauf von »eggertspiele« durch den kanadischen Verlag »Plan B« eine modifizierte Version, auf die ich als *Camel Up* 2.0 verweisen werde. Für die Überarbeitung zeichnete Sophie Gravel redaktionell verantwortlich, die Illustration fertigte Chris Quilliams.

4.1 *Spielfeld, Spielrunde, Spielraum*

Ich beginne die Definition von aleatorischen Grundbegriffen mit der Triade *Spielfeld, Spielrunde* und *Spielraum.*[155] Den umgangssprachlich vorgeprägten Begriffen möchte ich im Folgenden eine terminologische Wendung geben. So zähle ich zum *Spielfeld*, nicht nur den Spielplan, sondern alle Spielmaterialien, Hände, die sie bewegen, und auch die spielbezogene verbale oder non-verbale Kommunikation der Teilnehmer:innen. Zum *Spielfeld* gehört das, was in einer konkreten Partie einen Unterschied machen und zählen kann. Dabei ist, wie auch die Partie Scotland Yard deutlich gemacht hat, das *visuelle Feld*, das sich mit den Teilnehmer:innen perspektiviert, vom *operativen Feld* zu unterscheiden, in dem alle Aktionen, die den Spielstand verändern, zusammengeführt werden. Das *operative Feld* verändert sich im Rahmen wiederholbarer *Spielrunden*. Ich greife die Doppeldeutigkeit des Begriffs »Runde« auf und beziehe ihn sowohl auf eine Gruppe von Teilnehmer:innen als auch auf wiederkehrende, aufeinander folgende Perioden und Phasen einer Partie.

Die *Spielrunde* steht für die wiederholte Wahrnehmbarkeit von Ereignissen und Partien, das *Spielfeld* für deren konkrete Bestimmung.

Ein *äußerer Spielraum* schützt *Spielfeld* und *Spielrunde*. Für Brettspiele ist es charakteristisch, dass sie in Räumen mit Tischen stattfinden, seien es Wohnräume, Brettspielcafés oder wie im vorhergehenden Kapitel provisorische Räume eines »Gamelabs«. Spielarchitekt:innen agieren aus solchen äußeren Räumen heraus und setzen neue Spiele in Gang. *Spielräume* können aber auch *innere* Räume meinen, die in der perspektivischen Wahrnehmung zwischen *Spielfeld* und *Spielrunden* entstehen und im *Metagaming* ausgelotet werden. Dabei sollen Charakteristika des Spiels, Konstanten der eigenen Strategie, die kein Zufall stürzen kann, ebenso wie besondere Chancen des Zugriffs erkannt werden.

Mit diesen Grundbegriffen soll die Bildung von Regeln beschrieben werden, die sich immer triadisch auf allen drei Ebenen auswirken werden. *Spielräume* werden geöffnet und eingeschränkt, indem sich Feld- und Rundenstrukturen ausdifferenzieren.

4.1.1 Würfelmaschine

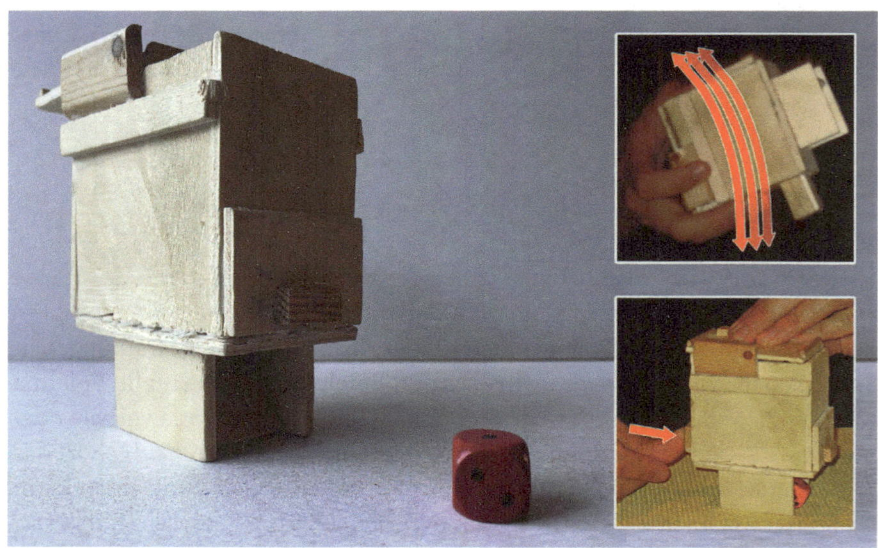

Die Entwicklung von *Camel Up* begann mit dem Bau einer »Würfelmaschine«, einem kleinen Holzkästchen, das man über einen verschiebbaren Deckel mit Würfeln befüllen kann. Die Würfel im Inneren kann man schütteln und über einen Schieber freigeben. Erste Elemente von Feld- und Rundenstrukturen waren damit angelegt, aber noch weitgehend unbestimmt. Im Schieber, der etwas öffnet und schließt, manifestiert sich eine erste temporäre Rundenstruktur. Die Grundidee war durch das wiederholte Betätigen des Schiebers sowohl die Reihenfolge der Würfel als auch die geworfenen Zahlen zufällig bestimmen zu lassen. Es sollten vier oder fünf verschiedene Farben im Spiel über die Würfel unterschieden werden (mehr Würfel fasste die Maschine nicht). Mit den W6-Würfeln war die Unterscheidung von bis zu sechs verschiedenen Werten pro Würfel möglich. Die Entwicklung des Spiels setzte einen geschützten *Spielraum* voraus, in dem sich die Regeln und Entscheidungen weiter ausdifferenzieren können. Die Würfelmaschine, mit der man immer wieder herumspielen konnte, ist selbst eine Art Verkörperung eines solchen zukunftsoffenen *Spielraums*.

4.1.2 Spielfeld

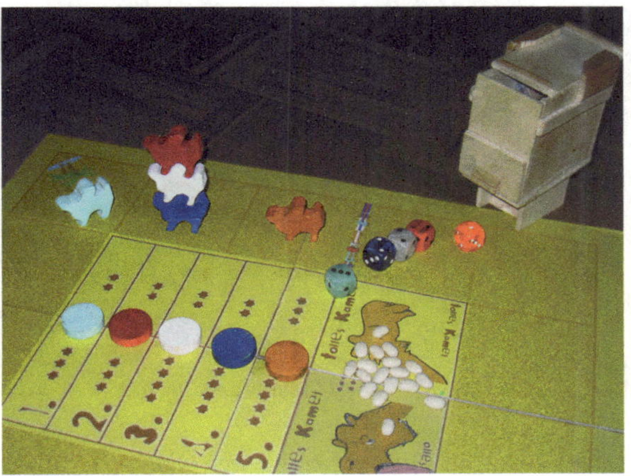

In der ersten Version des (T)Ollen Kamels gehörte zum *Spielfeld* die Würfelpyramide mit fünf Würfeln, eine Laufstrecke mit einer noch unbestimmten Anzahl an Feldern, fünf handgesägte, stapelbare und in den Farben der Würfel angemalte Kamele, Holzscheiben zur Markierung der Wettquoten, sowie Spielgeld (im Prototyp: getrocknete Bohnen).

4.1.3 Spielrunden

Die erste Version des (T)Ollen Kamels beschränkte die Spielerzahl vorläufig auf zwei bis sechs Parteien. In den Runden einer Partie zirkuliert das Zugrecht reihum, gekoppelt an die Sitzordnung in der *Spielrunde*. Einige Grundregeln wurden im Lauf der Entwicklung nicht mehr verändert: So darf die Würfelpyramide erst wieder befüllt werden, wenn fünf Würfel gefallen sind. Dies definiert eine wiederholbare Einheit des Spiels, die Etappe genannt wird. Das Spiel endet, sobald ein Kamel oder eine Einheit von übereinander gestapelten Kamelen die Ziellinie überschritten hat.

4.1.4 Spielräume

Aus dem Spiel mit Würfelpyramide und Spielplan entstand ein Spiel, in dem man auf den Ausgang des Kamelrennens wetten kann. Die Bewegung der Kamele sollte weitgehend zufällig bestimmt bleiben. Aus dieser Grundidee sind verschiedene Regelelemente hervorgegangen, die in den folgenden Unterkapiteln in ihrer sukzessiven Entwicklung vorgestellt werden.

4.2 *Spielrunden: räumlich und zeitlich*

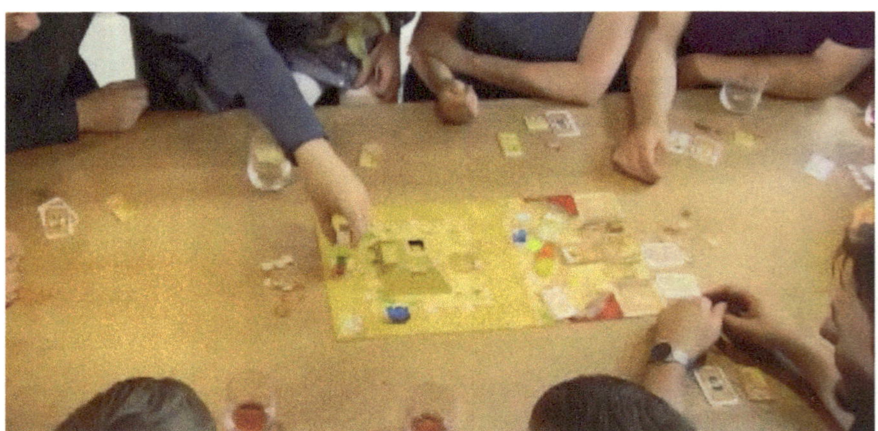

In ihren räumlichen und sozialen Dimensionen lässt sich die *Spielrunde* im Sinne Goffmans als eine »zentrierte Versammlung«[156] verstehen, in der sich mehr oder weniger unabhängige, über das *Spielfeld* verschränkte Akteur:innen für eine bestimmte Zeit zusammenfinden. Mit ›Zentrierung‹ ist keine nur geistige Fokussierung, sondern eine körperliche Ausrichtung auf die Spielmaterialien und ein durch das Spiel geregelter Kontakt gemeint. Brettspiele binden die Teilnehmer:innen in der Regel an feste Plätze und orientieren ihre Aufmerksamkeit auf ein zentrales Feld. In den räumlichen Konsens, der gemeinsamen Ausrichtung auf die Objekte der Wahrnehmung, ist bereits im Ansatz ein räumlicher Konflikt eingeschrieben, d. h. verschiedene Perspektiven, Orientierungen und Richtungen des Zugriffs.[157] *Spielrunden* bestehen keineswegs aus isolierten Individuen, sondern aus Teilnehmer:innen, die sich Spielmaterialien teilen und deren Spielstände sich im Lauf der Partie gegeneinander ausdifferenzieren oder aneinander angleichen.

Als zeitliche Einheit kann die *Spielrunde* in unterschiedliche Perioden und Phasen eingeteilt werden, die mit der Verteilung von Agens- und Patiensrollen verbunden sind. Die *Spielrunde* kann also nicht nur wie Huizinga es formuliert als, »zeitweilige Sphäre der Aktivität« verstanden werden, die aus dem »gewöhnlichen Leben heraustritt«[158], sondern auch als »Wiederholung mit Variation.«[159] Aus der Reihenfolge der Aktionen und Ereignisse baut sich die zeitliche Ordnung der Partie auf. Das Spielsystem kann vorschreiben, was in einer Runde oder Phase *gleichzeitig* geschehen darf oder per Definition auf verschiedene Phasen verteilt werden muss. Aktionen, die innerhalb einer Runde gleichzeitig und unabhängig bestimmt werden, sind aus Sicht der Teilnehmer:innen nicht nur räumlich, sondern auch zeitlich perspektiviert: Die jeweils eigene Aktion liegt als Entscheidung fest, bevor die Aktion der Gegenseite deutlich wird.

4.2.1 Cat's Cradle

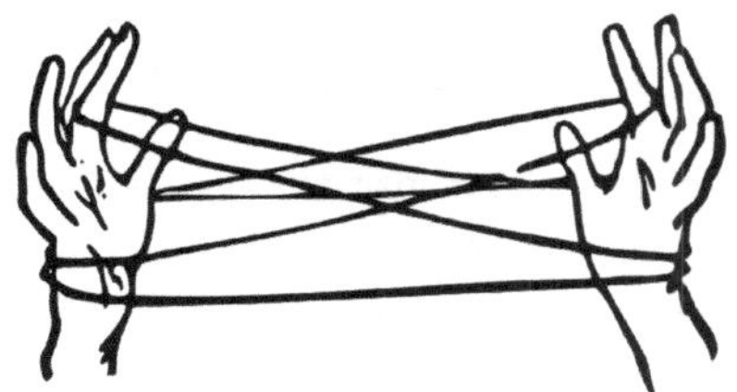

Das Spiel ›Cat's Cradle‹ ist eine Art Metapher für das Entwickeln von *Spielrunden*, in denen es darum geht, die Teilnehmer:innen durch spannende Verwicklungen im Spiel zu halten. Jede Partie beginnt mit einer Grundfigur. Ein Faden wird zwischen den Fingern der eigenen Hände aufgespannt und verschlungen. Durch Übergaben und Drehungen wird er immer weiter verwickelt und neue Figuren und »Rätsel« an die Mitspieler:innen weitergegeben. Das Spiel bricht ab, wenn beim Übergeben der Figur Verknotungen entstehen, die nicht mehr auflösbar sind.[160]

4.2.2 Runden in Raum und Zeit

Im 2014 veröffentlichten Spiel *Camel Up* wurde die Laufstrecke der Kamele auf 16 Felder begrenzt. Sobald das erste Kamel nach einer Runde auf der Rennbahn über die Ziellinie gegangen ist, ist die Partie beendet und die Gewinne werden ausgezählt und verglichen. Jede Partie wird dadurch in durchschnittlich 4 bis 5 Etappen unterteilt. Wenn alle fünf Würfel aus der Würfelpyramide gefallen sind, ist eine Etappe beendet und der Zwischenstand des Rennens wird gewertet. Während der gesamten Partie zirkuliert das Zugrecht in der *Spielrunde.* Die Aktionsmöglichkeiten pro Etappe sind durch die Anzahl der zur Verfügung stehenden Materialien begrenzt: Jede Spieler:in erhält 5 Wettkarten, mit denen sie im Lauf der gesamten Partie maximal fünfmal auf den Endstand des Rennens wetten kann. Auf den Ausgang einer Etappe kann mit Wettplättchen maximal 15-mal gewettet werden, je 3-mal pro Kamelfarbe. Außerdem darf jede Person ihr eigenes +1 / –1-Wüstenplättchen

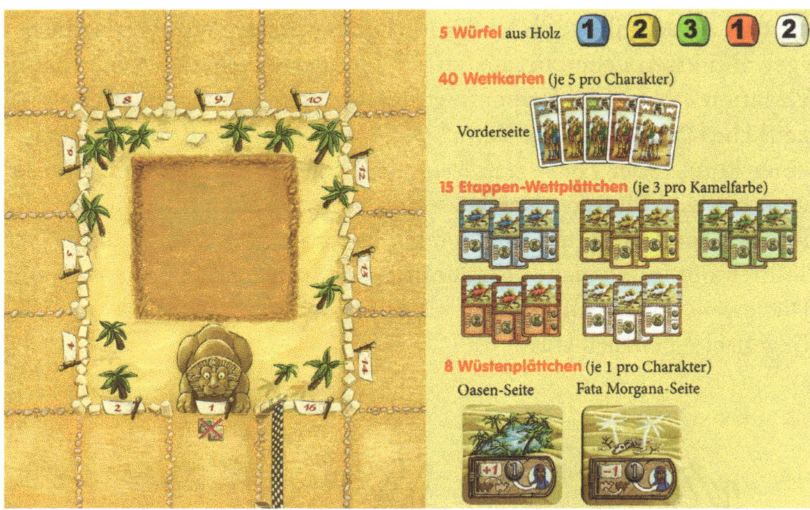

zweimal pro Etappe einsetzen. Die Spielweisen bestimmen den Charakter des Spiels. Wenn viel gewürfelt wird, sind Etappen und ganze Partien schnell vorbei, wenn viele Wetten abgeschlossen und Oasenplättchen gelegt werden, dauern die Runden länger und bekommen eine andere Dramaturgie.

4.2.3 Wetten auf den Ausgang des Rennens

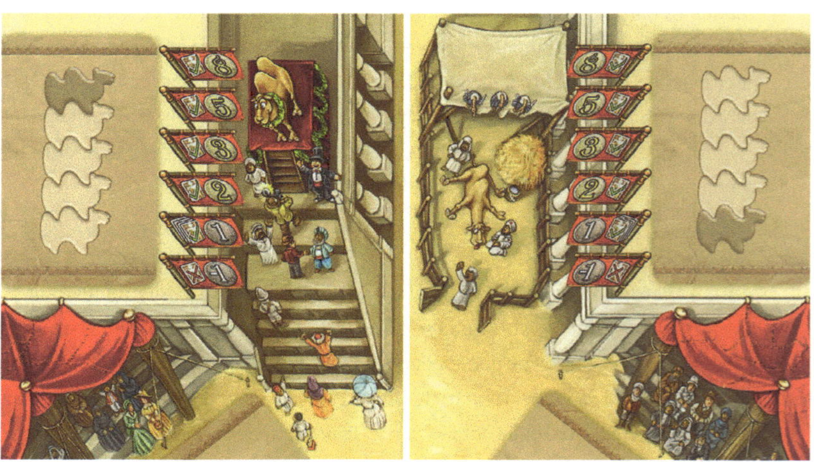

Mit den eigenen Wettkarten kann man auf den Ausgang des Rennens wetten. Man kann entweder auf den Gesamtsieger, das »tolle Kamel«, oder das am Ende letzte, oder »olle Kamel«, wetten. Wer wettet, legt seine Karte mit der Rückseite nach oben als verdeckte Information auf einen Stapel, der dem Sieger oder Verlierer des Rennens zugeordnet ist. Man darf mehrmals wetten, bereits ausgelegte Kamelkarten aber nicht mehr einsammeln oder umplatzieren. Durch die Wetten bauen die Spieler:innen ähnliche und unterschiedliche Eigenschaften auf. Die Reihenfolge, in der die Karten abgelegt wurden, bleibt im Aufbau des Stapels erhalten. Die erste Karte, die abgelegt wurde, liegt unten, die letzte oben. Erst am Ende des Spiels werden die verdeckten Karten umgedreht und in der Reihenfolge des Auslegens ausgewertet. Dadurch bekommt die Partie einen für die Teilnehmer:innen perspektivierten Zeitverlauf: Alle kennen die jeweils eigene Wettentscheidung vor den Entscheidungen der anderen, können also agieren, aber nicht reagieren und müssen ihre Entscheidungen unabhängig von den anderen treffen.

4.3 *Spielfeld als operatives Feld*

Das *operative* Feld denkt die Relation zwischen *Spielfeld* und *Spielrunde* als Kontaktfläche. Wie können Spielstände nicht nur (unterschiedlich) wahrgenommen, sondern verbindlich verändert werden? Über ein operatives Feld werden unabhängige Teilnehmer:innen in Kontakt gebracht und an gemeinsame Bezugsobjekte gebunden. Dies kann wie beim Würfeln durch eine gewisse Eigendynamik von Materialien geschehen oder wie beim Setzen von Figuren durch gezielte Eingriffe der Teilnehmer:innen (vgl. zu dieser Unterscheidung *4.13 Bottom-up* vs. *Top-down*). Geschicklichkeitsspiele operieren auf der Grenze zwischen dem kontrolliert Hervorgebrachten und dem unwillkürlich Herbeigeführten.

Zum operativen Feld gehören auch der Auf- und Abbau von Spielmaterialien am Anfang und Ende einer Partie. In der Entwicklung eines Spiels wird die gesamte Herstellung von Spielmaterialien zu einer Variablen. Es ist ein wichtiges Charakteristikum von Brettspielen, dass ihre Materialien unaufwändig hergestellt und im Prozess des *playtesting* leicht verändert werden können.[161] Mit der Entwicklung des *Online-Gaming* im Bereich der Computerspiele, sind jedoch auch hier neue Dynamiken zwischen *Gamecode*, Feedback von Fan-Foren und *Game-Modding* möglich und üblich geworden.[162]

4.3.1 Binnenartikulation des Feldes

Viele Grundregeln der Gattung Brettspiel wurzeln in der physikalischen Unmöglichkeit, dass sich zwei Dinge zur selben Zeit am selben Ort befinden können. So beginnt die Gattung Brettspiel mit Laufspielen, in denen sich die Spielfiguren auf einem Feld entweder schlagen oder blockieren. Die Regel kann auch materiell oder technisch ins operative Feld implementiert werden. Im abgebildeten Spiel »Hunde und Schakale« (Ägypten, mittleres Reich, um 1800 v. Chr., New York, Metropolitan Museum) muss man z. B. die als Hunde- und Schakalköpfe ausgestalteten Spielfiguren in die 30 Löcher des Spielplans

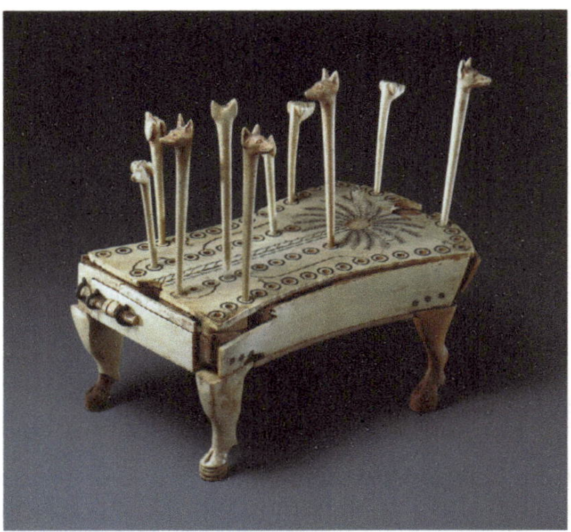

stecken. Dass auf einem Feld nie zwei Figuren gleichzeitig stehen dürfen, wird bereits materiell unmöglich gemacht.[163]

4.3.2 Zugprinzip *Camel Up*

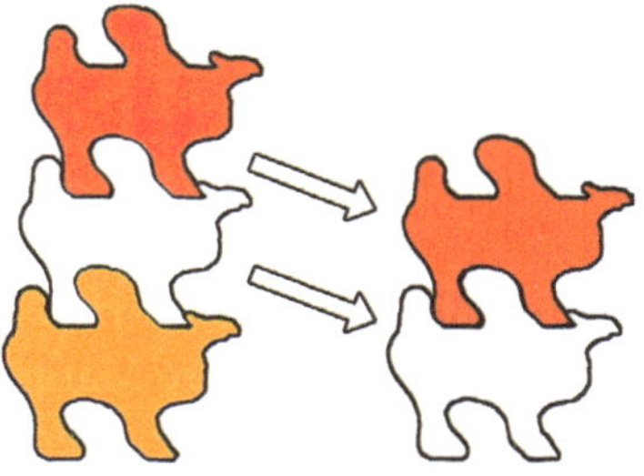

Die Basis von *Camel Up* ist die Zugregel, dass Figuren, die auf einem Feld landen, gestapelt werden müssen. Dadurch wird die zeitliche Reihenfolge, in der die Figuren auf dem Feld landen, zu einem entscheidenden Faktor des Spiels. Wird eine Figur bewegt, trägt sie alle Figuren, die später auf dem Feld gelandet sind und über ihr sitzen, mit sich weiter. Dadurch kann es zu Kettenreaktionen kommen, die auch scheinbar abgeschlagenen Spielfiguren eine gewisse Wahrscheinlichkeit geben, das Rennen zu gewinnen. 2008 bin ich bei einer Recherche darauf aufmerksam geworden, dass das Zugprinzip, das *Camel Up* verwendet, bereits 2001 von Alex Randolph in seinem Spiel *Piggyback Brigade* (Rüsselbande) eingesetzt wurde. In modifizierter Form lässt es sich bereits in dem 1927 von C. A. Nitsche-Neves veröffentlichten Spiel *Fang den Hut* erkennen.[164]

4.3.3 Kamelformen

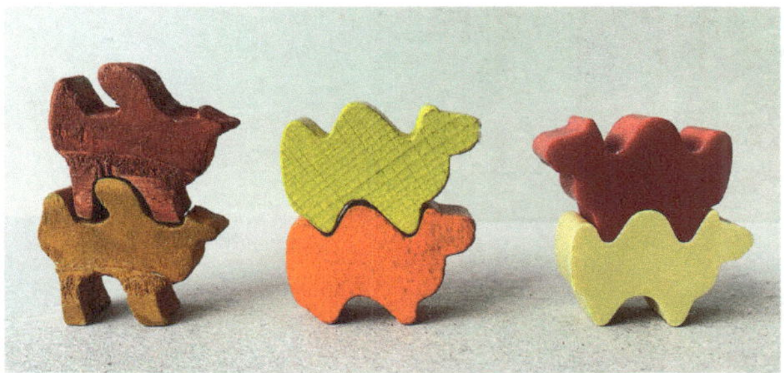

Aus der Zugregel hat sich das Thema des Kamelrennens ergeben. Die Tierform mit ihren Höckern kann lustig und stabil gestapelt werden. Die ersten Kamele waren aus Sperrholz von Hand gesägt (links). Mit den in Holz gefertigten Kamelen von *Camel Up* wurde diese Form weiterentwickelt (Mitte). In *Camel Up* 2.0 wurden Kamele eingeführt, die in die falsche Richtung laufen. Die Form wurde noch einmal so modifiziert, dass die Kamele mit symmetrischen Kontaktflächen auch in umgekehrter Ausrichtung gestapelt werden können (rechts).

4.3.4 Würfelmaschine als ›Flaschengeist‹

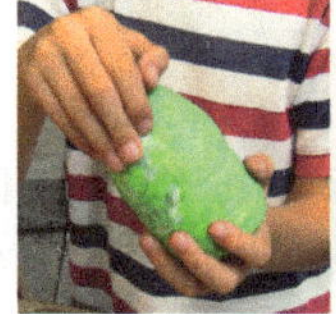 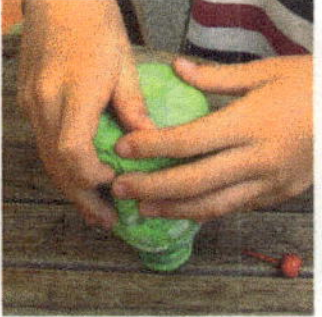 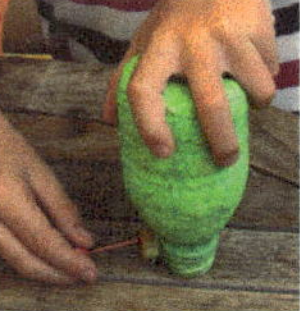 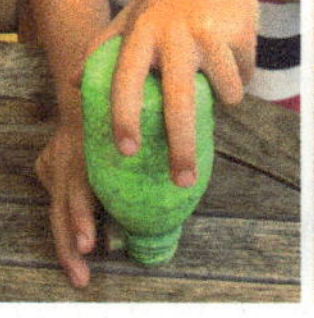 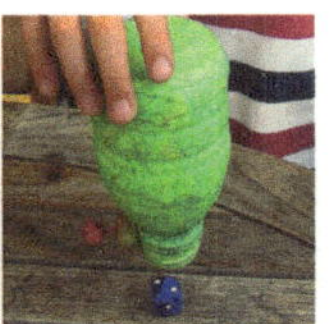

Bis die Würfelmaschine zu einem reproduzierbaren Produkt wurde, hat sie zahlreiche Modifikationen durchlaufen. So ist sie im zweiten Prototyp als »Flaschengeist« ausgestaltet worden. Eine herkömmliche Plastikflasche wurde blickdicht bemalt und mit einem Nadelschieber versehen. Nach dem Fall des Würfels wurde der Flaschenhals damit abgesperrt, sodass nur ein Würfel aus der Flasche fallen konnte.

4.3.5 Vom Flaschengeist zur Würfelpyramide

Mit der Thematik des ›Flaschengeistes‹ haben die am Spiel interessierten Verlage auch erste Umsetzungsversuche der »Würfelmaschine« entwickelt. Die Aufgabe, genügend Raum für das Mischen der Würfel zu schaffen, und die Öffnung so zu gestalten, dass immer genau ein Würfel aus der ›Flasche‹ fällt, war nicht einfach zu lösen. Der Durchbruch gelang mit einem Wechsel des Themas vom Flaschengeist zur Würfelpyramide und einer von Viktor Kobilke und Dennis Lohausen entwickelten Faltversion aus Pappe mit Gummiband. Sie wird aus zwei Schalen aufgebaut und muss bei ihrer Verwendung auf den Kopf gestellt

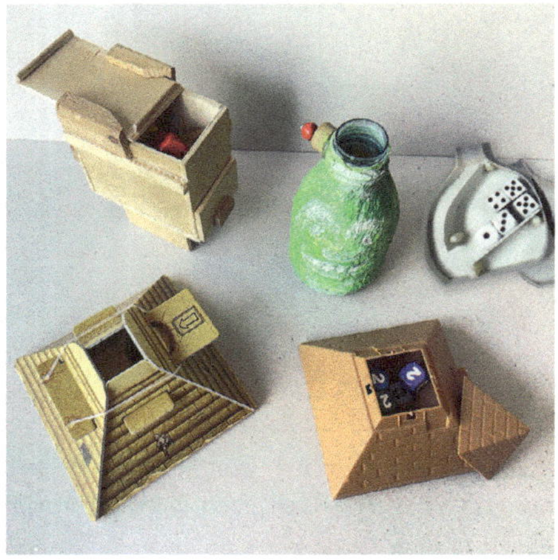

und auf den Spielplan aufgesetzt werden, damit durch Drücken eines Schiebers genau ein Würfel herausfällt. Für *Camel Up* 2.0 wurde eine stabilere und leichter zu bedienende Plastikversion entwickelt. Die Pyramide wird nach wie vor über ihre Spitze befüllt, verfügt nun jedoch über ein zusätzliches Loch im Boden. Nun kann man die Pyramide in die Luft halten und durch ein einfaches Drücken des Schiebers einen Würfel auslösen.

4.4 *Spielfeld als Wahrnehmungsfeld*

Was als Spielstand zählt und *Spielraum* für die Fortsetzung der Partie öffnet, muss feststellbar und wahrnehmbar sein. Das *Spielfeld* bleibt als perspektiviertes *Wahrnehmungsfeld* an die Teilnehmer:innen der *Spielrunde* gebunden.[165] So treten auch die Teilnehmer:innen der *Spielrunde* in das visuelle Feld der anderen ein. Es entsteht ein Spiel von Blick und Gegenblick, in denen Fähigkeiten und Absichten kommuniziert, aber auch verborgen oder vorgetäuscht werden, also geblufft werden kann.[166] Viele, aber nicht alle Wahrnehmungen, die den Spielstand bestimmen, sind visuell. Auch verbale Äußerungen können auf das Feld bezogen und als Absichtserklärung den Teilnehmer:innen zugeordnet werden. Spielstände werden vor dem Hintergrund von Regeln wahrgenommen, zu denen auch Regeln der Irrelevanz gehören, die festlegen, was keinen Unterschied machen soll.[167]

Jede Wahrnehmung ist perspektivisch an die Position wahrnehmender Subjekte gebunden. Diese Differenz wird im Dispositiv des Brettspiels eingeebnet (aber nicht aufgehoben), indem alle Parteien von oben, aus einer Art Vogelperspektive, auf das *Spielfeld* schauen. Die Perspektiven verschiedener Parteien können durch ihre diametral entgegengesetzten Zugrichtungen ins

Feld eingetragen oder durch verdeckte Informationen verstärkt werden. Ein klassisches Beispiel sind gegenläufige Zugrichtungen der Parteien im Schach oder verdeckt gehaltene Spielkarten, die den Teilnehmer:innen zusammen mit unterschiedlichen Aktionsmöglichkeiten einen unterschiedlichen Wissensstand geben.

Ein Spielfeld existiert also streng genommen nicht an und für sich, sondern verschränkt immer nur die Wahrnehmungsfelder der Teilnehmer:innen. Als *Spielraum* sind Spielfelder imaginär aufgeladen, auf mögliche Fortsetzungen bezogen und mit Blick auf unterschiedliche Spielziele bewertbar.[168]

4.4.1 Feldnotationen

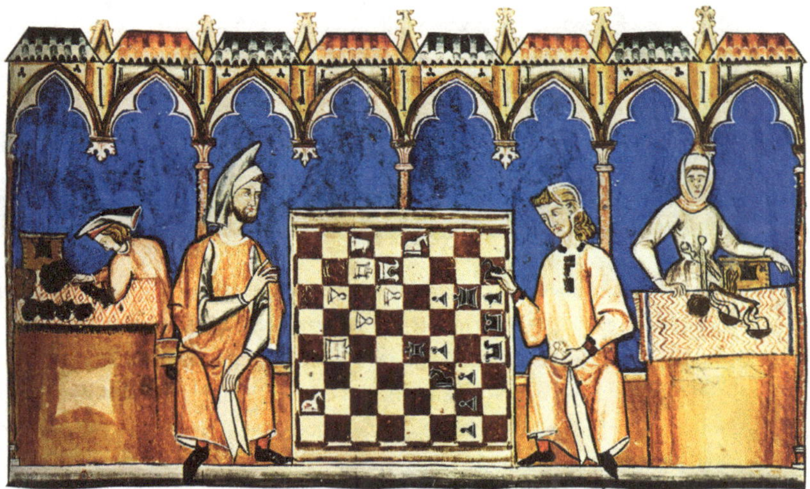

Spielstände lassen sich in Diagrammen aufzeichnen, die unterschiedliche Aspekte des visuellen Feldes festhalten. So wurden die Grundzüge der noch heute gebräuchlichen Schachnotationen im arabischen Kulturraum im 9. und 10. Jahrhundert westlicher Zeitrechnung entwickelt. Bis zu einem gewissen Grad wird ein solches Diagramm ähnlich hergestellt wie das *Spielfeld* selbst, etwa in der Dimensionierung und Kolorierung der Schachfelder oder der Formzeichnung und farblichen Unterscheidung des Figurensatzes. Die Figuren verlieren jedoch ihre operative, tastbare Qualität. Im Spielebuch das Alfonso von 1283 werden solche Diagramme in unterschiedliche szenische Kontexte eingebettet. Das abgebildete Beispiel (fol. 23v.) zeigt nicht nur eine Spielszene, sondern die materielle Herstellung von Spielfiguren.[169] Anders als in modernen Schachdiagrammen wird auch die Überlagerung von gegensätzlichen Perspektiven im *Spielfeld* anschaulich. Die schwarzen und weißen Figuren sind unterschiedlich im Feld gekippt, sodass ihre Spitze wie eine Art Waffe auf die Gegenseite ausgerichtet bleibt und ihre Zugrichtung verdeutlicht wird: Weiß spielt von links nach rechts und Schwarz von rechts nach links.

4.4.2 Falschspieler:innen

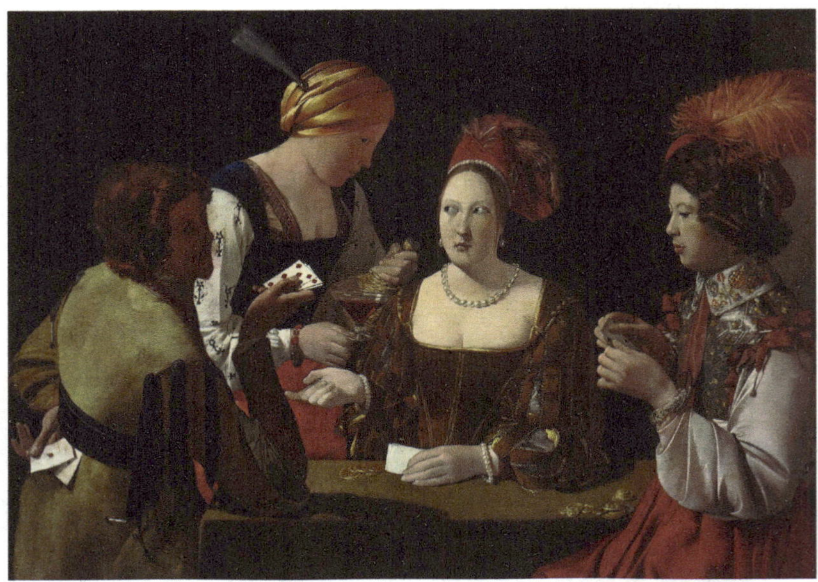

Es gibt einen barocken, von Caravaggio und seinen Nachfolgern geprägten Bildtypus, in dem das perspektivierte visuelle Feld eines Tischspiels am Beispiel von »Falschspielern« thematisiert wird. Im Beispiel von Georges de la Tour aus dem Louvre erkennen wir Karten, die als Trumpf hinter dem Rücken gehalten und vor dem Blick der anderen verborgen werden. Wir sehen, wie die scheinbar unbeteiligte Magd, die als Mundschenk den Tisch umrundet und damit Einblick in die Handkarten verschiedener Parteien hat, eventuell vielsagende Blicke und Zeichen mit einer Komplizin austauscht. Nur der aufgeputzte Adlige rechts scheint von all dem nichts mitzubekommen. Es könnte sich aber auch um das beste »Pokerface« handeln, das eigentlich alles sieht und weiß, jedoch gelassen blufft und undurchschaubar bleibt.[170]

4.4.3 Spielmaterialien: Unterscheidbare Werte, thematische und grafische Ausgestaltung

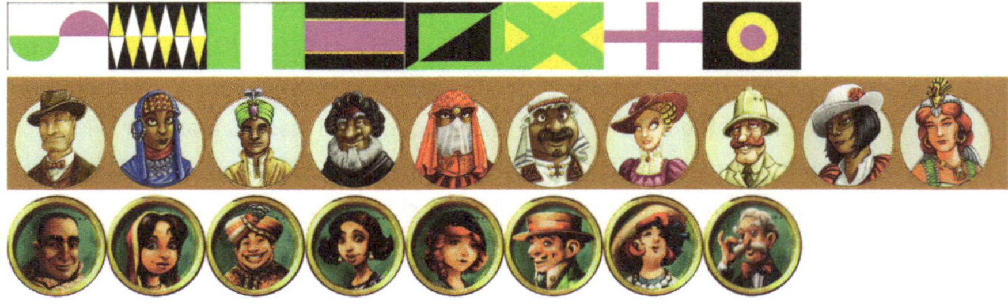

Im Prototyp von *Camel Up* wurden die im Spiel konkurrierenden Parteien durch Wappen unterschieden (obere Reihe). Bei der Produktion sollten Charaktere für stärkere Identifikationsmöglichkeiten sorgen (mittlere Reihe). Das Ergebnis waren im Comicstil gezeichnete Figuren, die ich ebenso wie der Grafiker Dennis Lohausen im Rückblick kritisch bewerte, da hier stark nationale Stereotypen und nur binär geprägte Charaktere angelegt wurden.[171] Bereits in der Erweiterung *Supercup* haben wir versucht, dem mit zwei neuen hybriden, non-binär angelegten Charakteren entgegenzuwirken (siehe mittlere Abbildung Position 9 und 10). In der Neugestaltung von *Camel Up* 2.0 wurde dieser Ansatz übernommen, die Ecken und Kanten der alten Grafik entschärft und ein stärker amerikanischer Markt anvisiert (untere Reihe).

4.4.4 Ausgelegte Farbwürfel in *Camel Up*

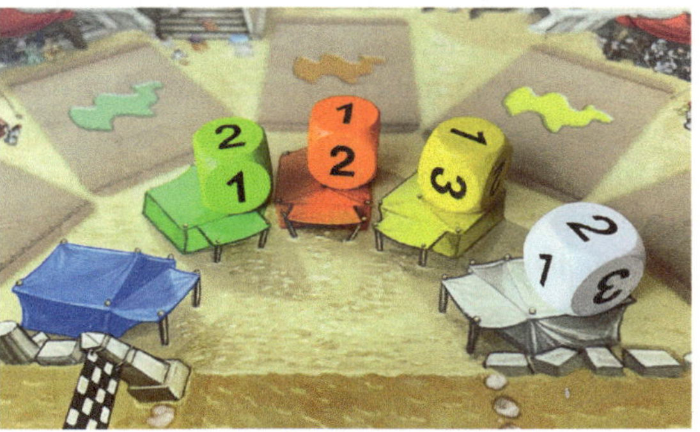

In *Camel Up* werden Würfel, die bereits aus der Pyramide gefallen sind, offen, auf farblich markierte Zelte des Spielplans neben die Wettplättchen gelegt, die am Anfang der Etappe leer sind. Damit wird die für Wetten wichtige Information bereitgestellt, welche Würfel in dieser Etappe bereits gefallen sind und nicht mehr fallen können. Spieler:innen, die überlegt wetten, werden diese Information im Blick behalten. Für ›educated guesses‹ bei den Wetten ist es entscheidend, die Würfel im visuellen Feld auf die Anordnung der Kamele und die noch zur Verfügung stehenden Wettplättchen zu beziehen.

4.5 *Spielräume, äußere und innere*

Wenn eine Partie glückt, öffnen sich *Spielräume*, in die sowohl *Spielfeld* als auch *Spielrunde* eingelassen bleiben und in denen sie sich entwickeln können. Bereits in ihrer Verortung (innen oder außen?) bleiben diese *Spielräume* unbestimmt. Ein *äußerer Spielraum* schützt die *Spielrunde*, so dass sie sich auf das *Spielfeld* konzentrieren kann. Der äußere *Spielraum* meint eine Sphäre der Sicherheit, in der etwas ›außen vor‹ bleibt und im Rücken der Teilnehmer:innen liegt. Er kann auch als *Off* bezeichnet werden, der trotz Spiel- und Regelveränderungen für eine gewisse Kontinuität sorgen kann.[172]

Spielräume können aber auch *innere* Räume meinen, die im *Spielfeld* und zwischen Feld und Runde entstehen. Die *Spielrunde* ist immer nur halb im Feld verortet und kann ihre Freiheit nutzen, den eigenen *Spielraum* abzustecken.[173] So können Teilnehmer:innen die Spielsituation unterschiedlich wahrnehmen, frei darauf reagieren und die Grenze zwischen relevanten und irrelevanten Unterschieden mit eigenen Spielweisen, Strategien und Taktiken ausloten. Innere *Spielräume* sind somit Optionen, die sich innerhalb der Regeln einpegeln und Schwankungsbreiten, die nicht zum Abbruch der Partie führen. Mit dem Ende der Partie schließt sich der innere *Spielraum*.

Schiedsrichter:innen und Unparteiische haben den Anspruch, aus einer neutralen Außenperspektive über die reguläre Transformation von *Spielräumen* zu wachen. Mit Zuschauer:innen, die die Parteien anfeuern oder gar (unerlaubt?) eingreifen, kann die räumliche Grenze zwischen *Spielraum*, *Spielrunde* und *Spielfeld* weiter unscharf und zu einer kreativen Zone des Übergangs werden.[174] Aleatorische Prozesse setzen äußere *Spielräume* voraus, in denen sich Regeln entwickeln können und haben das Öffnen und Schließen von inneren *Spielräumen* zum Gegenstand.

4.5.1 Spielräume einschränken: Zahlenwerte der Würfel

In den ersten Versuchen mit der Würfelmaschine des *(T)Ollen Kamels*, wurden die grundlegenden Zugprinzipien von *Camel Up* entwickelt: Die Farbe bestimmt, welches Kamel sich bewegt, die Zahl bestimmt, um wie viele Felder es vorrückt und gegebenenfalls aufspringt oder aufgestapelte Kamele mit sich trägt. Der Verlauf des Rennens ist vollständig durch die kontingenten Würfelergebnisse bestimmt. In der Entwicklung des *(T) Ollen Kamels* wurden zunächst herkömmliche W6-Würfel mit der Zahlenbelegung 1, 2, 3, 4, 5, und 6 verwendet. Die Wahrscheinlichkeit, dass die fünf Kamele auf einem Feld landen und dadurch interessante Kettenreaktionen und abwechslungsreiche Rennverläufe entstehen, war zu klein. Deshalb wurden die Würfelseiten mit den paarweise verteilten Zahlen 1, 2 und 3 belegt. Es entsteht ein *Spielraum*, in dem bereits nach der ersten Etappe, bei der alle Würfel aus der Maschine gefallen sind, maximal eines der fünf Kamele allein auf einem Feld stehen kann und sich daneben immer ein oder zwei Kameltürme bilden.

4.5.2 Spielräume öffnen: +1 / –1-Wüstenplättchen

In intensiven Testphasen, in denen das Spiel exklusiv von einem Verlag getestet wurde, regten die Redakteure André Maack und Lothar Hemme an, den Verlauf des Rennens nicht restlos den Würfeln zu überlassen, sondern punktuelle Einflussmöglichkeiten der Spieler:innen zu schaffen. So wurden +1/–1-Wüstenplättchen eingeführt und thematisch als Oase und Fata Morgana ausgestaltet. Alle Teilnehmer:innen verfügen über je

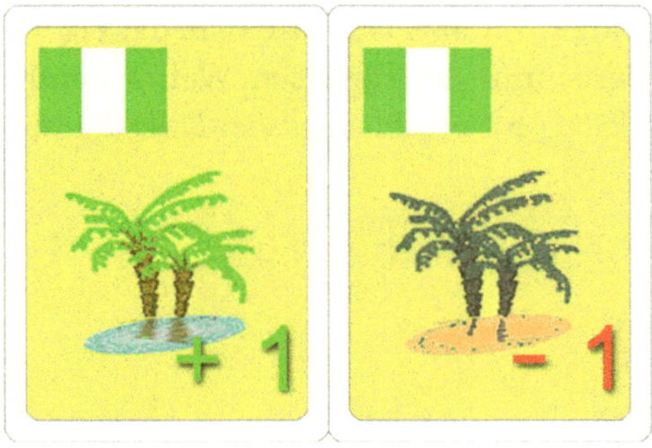

ein Plättchen, das sie auf der Rennstrecke platzieren können, sodass entweder die +1 oder –1 nach oben zeigt. Alle Kamele, deren Zug auf dem Feld endet, werden entweder ein zusätzliches Feld vorwärts oder rückwärts gezogen. Der dadurch geschaffene *Spielraum* erwies sich als Gewinn und wurde in den weiteren Testphasen einjustiert: So darf jede Partei ihr Wettplättchen im Lauf einer Etappe höchstens einmal umplatzieren, und niemand darf ein Wettplättchen direkt neben ein bereits ausgelegtes legen. Bei einer Rückwärtsbewegung wird auch das Stapelprinzip umgekehrt: Die Kamele, die auf dem –1-Feld landen und ein Feld verlieren, werden *unter* die Kamele geschoben, die bereits auf dem Feld hinter ihnen platziert sind. Durch diese Regel kann sich die Reihenfolge in einem Kamelturm bis zum Schluss durch eine Vorwärts- und Rückwärtsbewegung umkehren.

4.5.3 *Camel Up* und die Nachbarschaft

2011 lag der Prototyp des *(T)Ollen Kamels*, der zwei Jahre lang exklusiv bei einem großen Verlag getestet wurde, wieder bei mir zuhause. Das Spiel war nicht unter Vertrag genommen worden. Die Absage wurde mit zu hohen Produktionskosten begründet. Vielleicht hätte ich aufgegeben, weiter nach einem Verlag für das Spiel zu suchen, wenn nicht immer wieder Personen aus Freundeskreis und Nachbarschaft gekommen wären, die mich auf den Verbleib des *(T)Ollen Kamels* angesprochen hätten. Das war bei anderen Spielen, die ich mit ihnen getestet hatte, nicht der Fall. Derart motiviert begann ich die Verlagssuche noch einmal neu. Als kleiner Dank sind die Namen von Testspieler:innen auf die Papppyramide von *Camel Up* und in *Camel Up* 2.0 auf den Spielplan geschrieben.

4.6 *Exkurs I: klassische Wahrscheinlichkeitstheorie*

Klassische Wahrscheinlichkeitstheorien[175] haben sich am Beispiel von Glücksspielen entwickelt und berechnen mit der Kontingenz von inneren Spielräumen Gewinnchancen und Verlustrisiken. Sie fragen, wie oft ein gewünschtes Ergebnis in einer Serie von Versuchen, bei konstant gehaltenen Bedingungen und Regeln im Durchschnitt reproduziert werden kann. Wenn in einem Spiel die Höhe des Einsatzes variabel ist, kann man das eigene Spiel- oder Wettverhalten an solche Berechnungen anpassen. Wahrscheinlichkeit wird dann als *Anzahl günstiger Fälle* pro *Anzahl möglicher Fälle* definiert.

$$P(robability) = \frac{\text{Anzahl günstiger Fälle}}{\text{Anzahl möglicher Fälle}}$$

4.6.1 Liber de Ludo Aleae

Gerolamo Cardano entwickelt die klassische Definition von Wahrscheinlichkeit im 16. Jahrhundert, indem er über Jahrzehnte hinweg an Glücksspielen teilnimmt, Spielregeln sammelt und in seinen Notizen günstige von ungünstigen Wetten zu unterscheiden versucht.[176] So fragt er z. B., wie oft ein Würfel geworfen werden muss, damit sich die Wette, einen bestimmten Wert zu werfen, auszahlt. Er arbeitet zuerst mit der falschen Idee, die Wahrscheinlichkeit, mit der eine bestimmte Zahl fällt, mit der Anzahl der Würfe zu multiplizieren. Das würde bedeuten, dass die Wette auf eine Zahl des W6-Würfels, die mit einer Wahrscheinlichkeit von 1/6 fällt, bereits nach drei Würfen in der Hälfte aller Fälle und nach sechs Würfen mit Sicherheit gewonnen würde. Cardano erkennt seinen Irrtum und entwickelt in seinem um 1570 fertig gestellten und erst 1663 veröffentlichten Buch die richtige Modellierung des Falls, indem er die Anzahl günstiger Fälle über die Anzahl ungünstiger Fälle berechnet:

$$P(robability)_{\text{günstiger Fälle}} = 1 - \frac{\text{Anzahl ungünstiger Fälle}}{\text{Anzahl möglicher Fälle}} = 1 - \frac{5^n}{6^n}$$

Die Wahrscheinlichkeit, die Wette nach $n = 3$ Würfen zu gewinnen, beträgt also nicht 0,5, sondern nur 0,421. Ein Wettbüro, das seinen Kund:innen eine Wette mit drei Würfen und Verdopplung des Einsatzes bei Gewinn der Spieler:in anbietet, könnte also reich werden. In durchschnittlich 58 von 100 Fällen würde das Wettbüro den Einsatz einstreichen, in nur 42 von 100 Fällen müsste es ihn verdoppelt zurückzahlen. Das Wettbüro könnte also damit rechnen, in 100 Spielen 16 Einsätze zu gewinnen.

4.6.2 Wahrscheinlichkeit von Würfelsummen

In vielen Spielen werden sechs Seiten eines Würfels mit den Werten 1 bis 6 beschriftet und für die Bestimmung des Würfelwerts immer zwei Würfel gleichzeitig geworfen und als Summe gezählt. Diese Art der Hervorbringung, die auch jede Runde in *Monopoly* und *CATAN* eröffnet, wird auch als (2W6) abgekürzt: ein Wurf mit zwei sechsseitigen Würfeln. Bei gut gefertigten Würfeln macht es keinen Unterschied, ob derselbe Würfel zweimal nacheinander oder zwei möglichst identische Würfel gleichzeitig geworfen werden. Als Ergebnis zählt die *Summe* der geworfenen Zahlen (Art der Feststellung).
Auf einer grundlegenden Ebene der Herstellung können 36 gültige Würfe unterschieden werden: (1,1); (1,2); (1,3); ... (2,1); (2,2); (2,3); ... (6,4); (6,5); (6,6). Sie werden durch die

Art der Feststellung zu 11 unterscheidbaren Summen und Ergebnissen zusammengefasst: (1+1=2); (1+2=2+1=3), (1+3=2+2=3+1=4),... Die Summen können kombinatorisch auf unterschiedliche Weise hervorgebracht werden, die für das Ergebnis *keinen* Unterschied machen. Daraus resultieren die ableitbaren Wahrscheinlichkeiten der Zählung: Es gibt z. B. nur eine Möglichkeit, die kleinste und größte Summe 2 und 12 herzustellen und sechs verschiedene Möglichkeiten, die mittlere Summe von 7 zu bilden: (1 + 6), (2 + 5), (3 + 4), (4 + 3), (5 + 2), (6 + 1). Die Wahrscheinlichkeit, mit einem Wurf eine 7 zu werfen, beträgt also bei fair gewichteten Würfeln:

$$\frac{6}{36} = \frac{1}{6} \frac{\textit{spezieller Wurf}}{\textit{gültiger Wurf}}$$

Aus diesen Grundüberlegungen ergibt sich folgende gewichtete Wahrscheinlichkeitsverteilung der Summen zwischen 2 bis 12 pro Wurf mit zwei Würfeln:

$$P_{Summe\,2W6} = \begin{bmatrix} \frac{1}{36}\langle 2\rangle + \frac{2}{36}\langle 3\rangle + \frac{3}{36}\langle 4\rangle + \frac{4}{36}\langle 5\rangle + \frac{5}{36}\langle 6\rangle + \frac{6}{36}\langle 7\rangle \\ + \frac{5}{36}\langle 8\rangle + \frac{4}{36}\langle 9\rangle + \frac{3}{36}\langle 10\rangle + \frac{2}{36}\langle 11\rangle + \frac{1}{36}\langle 12\rangle \end{bmatrix}$$

4.6.3 Binomialkoeffizienten: Wahrscheinlichkeit einer Ziehung

Ein elementares Problem der Wahrscheinlichkeitstheorie, das in den Arbeiten von Pascal, Huygens und Bernoulli definiert wird, wird als ungeordnete Ziehung ohne Wiederholung definiert. Aus n unterscheidbaren Elementen, werden k Elemente zufällig gezogen. Die gezogenen Elemente werden in diesem Fall nicht zurückgelegt und die Reihenfolge der gezogenen Elemente soll keinen Unterschied machen. Die Anzahl unterscheidbarer Ziehungen von k aus n Elementen lässt sich als Binomialkoeffizient wie folgt darstellen und berechnen. Das Ausrufezeichen ist dabei ein Zeichen für Fakultät:

$$n! = n \cdot (n-1) \cdot (n-2) \cdot \ldots 2 \cdot 1$$

$$\binom{n}{k} = \frac{n!}{(n-k)!k!}$$

So werden z. B. beim Lotto 6 aus 49, 6 Kugeln aus einer Menge von 49 nummerierten Kugeln gezogen. Die Anzahl unterschiedlich zählender Ergebnisse der Ziehung beträgt also:

$$\binom{49}{6} = \frac{49!}{(49-6)! \cdot 6!} = 13.983.816$$

Die Chance eine Wette mit 6 Richtigen zu gewinnen, beträgt somit:

$$\frac{(49-6)! \cdot 6!}{49!} = 0{,}0000000715\ldots \frac{\textit{6 Richtige}}{\textit{ordnungsgemäße Ziehung}}$$

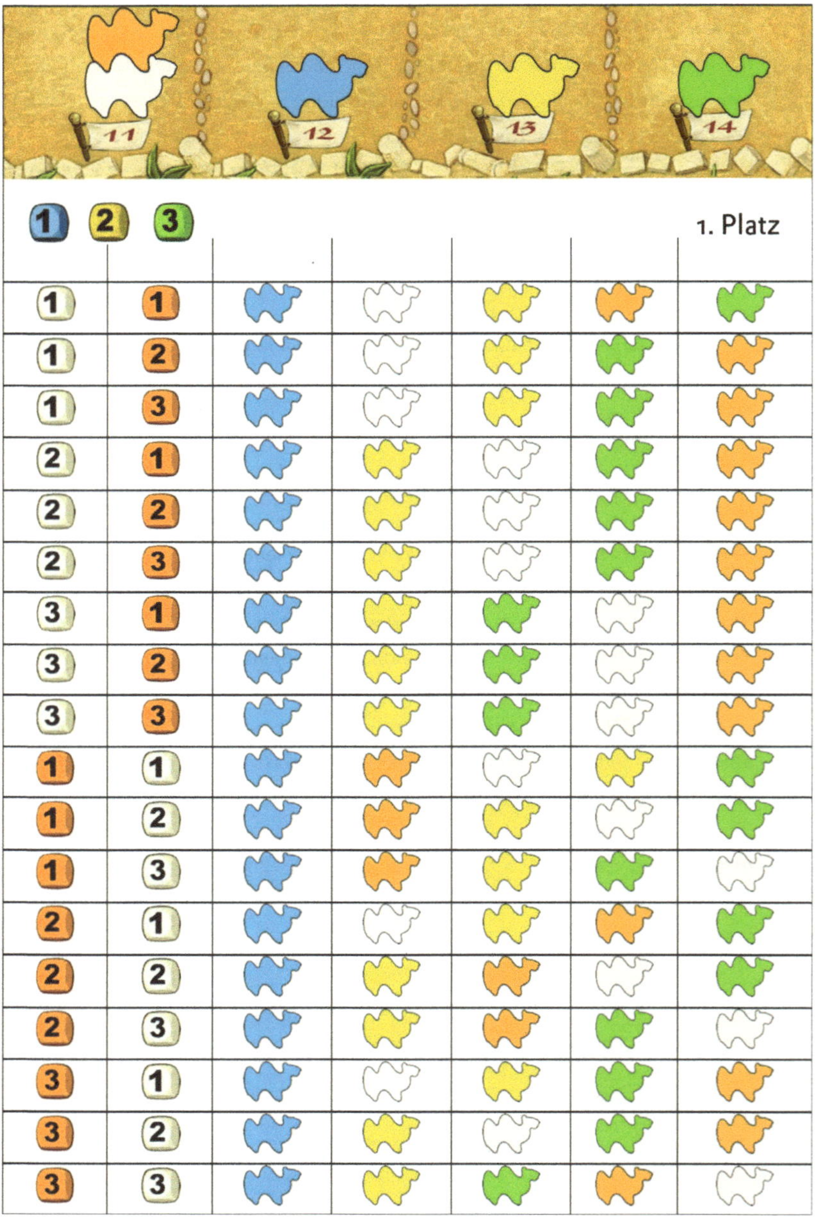

1 2 3						1. Platz
1	1					
1	2					
1	3					
2	1					
2	2					
2	3					
3	1					
3	2					
3	3					
1	1					
1	2					
1	3					
2	1					
2	2					
2	3					
3	1					
3	2					
3	3					

In Camel Up kann die Wahrscheinlichkeit, mit denen die Kamele am Ende einer Etappe auf bestimmten Plätzen landen werden, zu jedem Zeitpunkt berechnet werden. So wird das Spiel inzwischen auch in Lernkontexten bei der Vermittlung von Grundlagen der Wahrscheinlichkeitstheorie eingesetzt und es wurden digitale Kalkulationshilfen für diese Wahrscheinlichkeitsinformation programmiert.[177]

In der oben abgebildeten Spielsituation sind z. B. bereits der blaue, gelbe und grüne Würfel gefallen. Der weiße und orangefarbene Würfel befinden sich noch in der Pyramide. Es gibt somit eine Kombinatorik von 3 × 3 × 2 = 18 Würfelsequenzen, in denen die Etappe beendet werden kann. Die Chancen der Kamele, am Ende der Etappe vorne zu liegen (wobei weiter oben als weiter vorne gilt), lassen sich damit wie folgt visualisieren und berechnen.

In 10 von 18 möglichen Fortsetzungen wird Orange die Etappe gewinnen.

In 5 von 18 möglichen Fortsetzungen wird Grün die Etappe gewinnen.

In 3 von 18 möglichen Fortsetzungen wird Weiß die Etappe gewinnen.

Gelb und Blau haben keine Siegchancen mehr. Blau wird die Etappe auf alle Fälle auf dem letzten Platz beenden.

4.7 *Spielräume einschränken und erweitern (Aleatorik)*

Die Aleatorik interessiert sich nicht für die Frage, welche Partei eine bestimmte Partie gewinnen kann, sondern wie Zählweisen in einem Spiel ausagiert, eingeschränkt und erweitert werden können. Die Grunddefinition der Wahrscheinlichkeit soll daher nicht durch Wertungen wie ›günstig‹ auf Gewinne und Verluste bezogen werden, sondern wie folgt neutral und prozessorientiert gefasst werden:

$$P(robability) = \frac{\textit{Feststellungen im Wahrnehmungsfeld}}{\textit{Runden im operativen Feld}}$$

Ergebnisse, die im Spiel und seinen wiederholbaren Runden zählen, müssen auf der einen Seite immer wieder auf eine regelkonforme Art im operativen Feld hervorgebracht werden, auf der anderen Seite im Wahrnehmungsfeld auf eine regulierte Art festgestellt und unterschieden werden. Die Kontingenz der Ergebnisse resultiert daraus, dass das Wahrnehmungsfeld in gewisser Hinsicht feiner artikuliert ist als das operative Feld: Prozeduren, die in der Herstellung keinen Unterschied machen, werden auf Ergebnisse abgebildet, die in der Wahrnehmung einen Unterschied machen. So bleiben z. B. in *Camel Up* die gleich geformten Seiten der Würfel und die gleich geformten stapelbaren Kamele trotz ihrer Farben und Zahlen für die Art der Hervorbringung *austauschbar*, für die Feststellung des Spielstandes im Wettrennen sind die kontingenten Merkmale jedoch entscheidend.

Wahrscheinlichkeiten beruhen somit auf zwei verschiedenen Formen der Zählung, die das räumliche Feld und die räumliche Runde verknüpfen. Im Nenner werden die Runden gezählt, in denen etwas gleichförmig und regelkonform (»auf dieselbe Art«) hervorgebracht wird. Im Zähler wird gezählt, wie oft dabei ein spezifischer Wert festgestellt wird. Die Dimension oder Einheit der Wahrscheinlichkeit hat daher immer den Charakter eines festgestellten Werts pro Runde. Beide Zählweisen können mit der Herstellung von Spielmaterialien und in der Definition von Spielregeln modifiziert und dimensioniert werden. Ein grundlegendes Ziel des *Gamedesigns* ist es, mit der Spielarchitektur interessante und variable Zählweisen anzulegen.[178]

4.7.1 Roulette

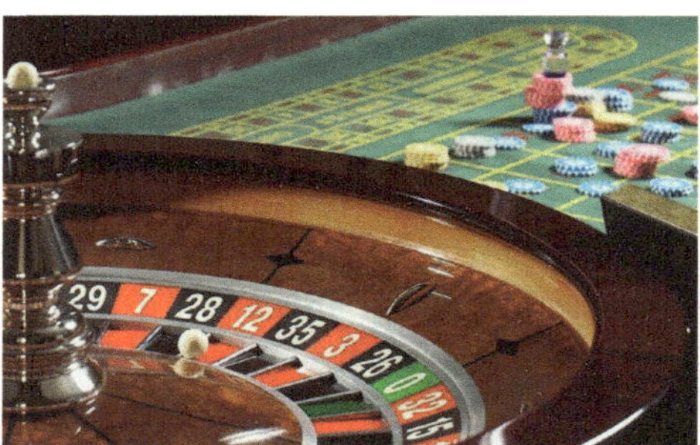

In einem Spielkasino versetzt der Croupier vor jeder neuen Setzrunde ein normiert hergestelltes Rad in Drehung und lässt eine Kugel in entgegengesetzter Richtung in der Schale kreisen. Das Kreisen der Kugel bestimmt und dramatisiert die Phase, in der auf das Ergebnis gewettet werden kann. Das Ergebnis steht fest, wenn die Kugel in einem bestimmten Fach gelandet ist und sich relativ zur Drehung des Rads nicht mehr bewegt. Zur Herstellung können viele normierte Konstanten, wie das Gewicht oder die Größe des Drehrads und der Kugel, gehören. Die Art der Herstellung lässt dennoch viele Variablen zu, die z. B. als unabhängige Impulse und Drehimpulse von Rad und Kugel gemessen werden können.

Mit dem Rad, der Anzahl seiner Fächer und der Beschriftung mit Zahlen und Farben, wird ein konstanter Rahmen der Wahrnehmung und Feststellung geschaffen. Seine Dimensionierung kann arbiträr festgelegt werden: Beim französischen Roulette hat das Rad z. B. 37 Fächer. Es gibt die Zahlen 1 bis 36 und einmal die ›0‹ (Zéro). Im amerikanischen Roulette hat das Rad 38 Fächer. Neben den Zahlen 1 bis 36 gibt es zweimal die ›0‹ als »Zéro« und »Double-Zéro«. Mit dem arbiträren Aufbau des Rades können die durchschnittlichen

Gewinnerwartungen der Bank reguliert werden: Beim europäischen Roulette gewinnt die Bank mit einer Erwartung von

$$\frac{1\,x\,Null}{37\,Drehungen}$$

den 37. Teil aller Einsätze, beim amerikanischen Roulette

$$\frac{2\,x\,Null}{38\,Drehungen} = \frac{1\,x\,Null}{19\,Drehungen}$$

darf die Bank mit dem 19. Teil aller Einsätze rechnen.

4.7.2 *Camel Up* 1.0: Würfelsequenz einer Etappe

In der ersten, 2014 veröffentlichten Version von *Camel Up* wurde die Würfelpyramide mit fünf W6-Würfeln bestückt, die auf gegenüberliegenden Seiten mit 1, 2 oder 3 beschriftet sind. Eine Etappe endet, wenn alle fünf Würfel in einer beliebigen Reihenfolge aus der Pyramide gefallen sind. In den Farben der Würfel lassen sich damit damit $5 \times 4 \times 3 \times 2 \times 1 = 120$ verschiedene Wurfsequenzen unterscheiden (geordnete Ziehung ohne Wiederholung). Mit Blick auf die Zahlen lassen sich $3^5 = 243$ verschiedene Sequenzen unterscheiden (geordnete Ziehung mit Wiederholung). Kombiniert entsteht ein Spielraum, in dem in jeder Etappe $120 \times 243 = 29160$ verschiedene Wurfsequenzen unterscheidbar sind. Die Dramaturgie der Etappe ist durch eine schnell sinkende Schwankungsbreite der Wurfsequenzen charakterisiert.

Kein Würfel gefallen:

$5 \cdot 4 \cdot 3 \cdot 2 \cdot 1 \cdot 3^5 = 29160$ *unterscheidbare Etappenverläufe*

1 Würfel gefallen:

$4 \cdot 3 \cdot 2 \cdot 1 \cdot 3^4 = 1944$ *unterscheidbare Fortsetzungen der Etappe*

2 Würfel gefallen:

$3 \cdot 2 \cdot 1 \cdot 3^3 = 162$ *unterscheidbare Fortsetzungen der Etappe*

3 Würfel gefallen:

$2 \cdot 1 \cdot 3^2 = 18$ *unterscheidbare Fortsetzungen der Etappe*

4 Würfel gefallen:

$1 \cdot 3^1 = 3$ *unterscheidbare Fortsetzungen der Etappe*

Die Würfelergebnisse werden auf die Bewegung der Spielfiguren übertragen, deren Reihenfolge dadurch eindeutig ermittelt wird. Für das Wetten ist nur die relative Reihenfolge der Kamele entscheidend, nicht ihre genaue Position. Interessiert man sich nur für die Reihenfolge der Kamele können also maximal maximal $5! = 120$ Ergebnisse unterschieden werden (geordnete Ziehung ohne Wiederholung). Der Reiz des Wettens besteht also darin, die am Anfang hohe, dann schnell sinkende Ungewissheit kontingenter Wurfsequenzen auf die korrelierte, aber leichter zu erfassende Ungewissheit der Kamel-Platzierung zu übertragen und zu überlegen, welche Würfelergebnisse dabei einen Unterschied machen und welche nicht. Die Einheit, in der die Wahrscheinlichkeit einer Etappenwette berechnet werden kann, lautet also: Kamelplatzierung pro Etappe.

4.7.3 Veränderte Regeln in *Camel Up* 2.0

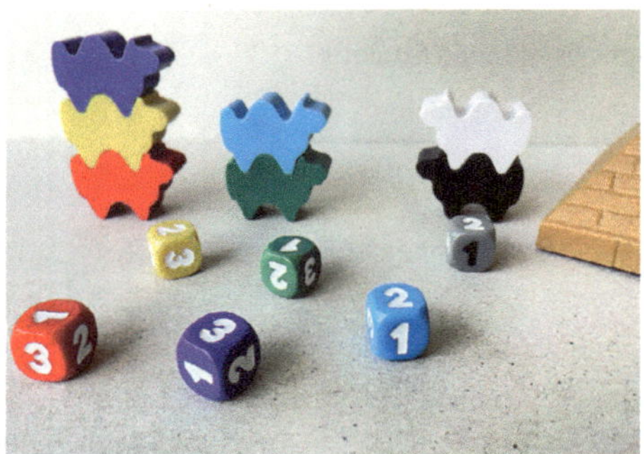

In der zweiten, überarbeiteten Auflage, die 2018 veröffentlicht wurde, wurden auf Anregung der neuen Spielredaktion (Sophie Gravel) zwei ›crazy camels‹ eingeführt, ein weißes und ein schwarzes Kamel, die in umgekehrter Richtung laufen. Für sie wird ein zusätzlicher grauer Würfel mit weißer Eins, Zwei und Drei, sowie schwarzer Eins, Zwei und Drei in die Pyramide gelegt. Die Etappe endet nach wie vor nach fünf Würfeln, pro Etappe bleibt also immer ein Würfel in der Pyramide. Dadurch verändert sich die Dramaturgie einer Etappe durch eine bis zum Schluss höhere Ungewissheit.

Sind drei Würfel gefallen, sind die möglichen Verläufe nun etwas komplexer zu berechnen.[179] Im Ergebnis gibt es z. B. nicht mehr nur 18, sondern im Durchschnitt 45 Fortsetzungsmöglichkeiten der Etappe.

Da die *crazy camels* als disqualifiziert gelten und bei der Platzierung der Kamele nicht mitzählen, sind für die Bestimmung der Reihenfolge nach wie vor nur 120 Platzierungen der Kamele zu unterscheiden. Die Modifikationen führen dazu, dass die Kontingenz von Wurfsequenzen auf den gleichen Möglichkeitsraum von Wettergebnissen abgebildet wird, so dass die Wetten bis zum Ende einer Etappe etwas unüberschaubarer, schwieriger zu berechnen und offener bleiben.

4.8 *Dimensionen, Werte und ihre Zählung*

Ein aleatorischer Prozess ist auf die Entwicklung von *Spielräumen* ausgerichtet, nicht auf die Frage, mit welcher Strategie man ein gegebenes Spiel am besten gewinnen kann. Anders als klassische Wahrscheinlichkeitstheorien fragt der Ansatz also nicht (nur), wie sich das *play* strategisch an einem vorgegebenen *game* ausrichten kann, sondern will umgekehrt beobachten, wie das *game* im Prozess des *play* überhaupt erst hervorgebracht und verändert wird.

Die Einschränkung und Öffnung von *Spielräumen* manifestiert sich immer in einer Ausdifferenzierung von *Spielrunden* und *Spielfeldern*: In den zeitlich wiederholbaren *Spielrunden* entstehen *Dimensionen*, in denen Spielstände auf bestimmte Art im operativen Feld hergestellt werden. Im perspektivierten Spiel- und Wahrnehmungsfeld lassen sich damit konkrete *Werte* feststellen und unterscheiden, die die einzelnen Dimensionen annehmen können. In jeder Partie wird das Auftreten von Werten gezählt, ausgewertet und als Spielstand bestimmt. Die Klassische Wahrscheinlichkeitstheorie berechnet die *Häufigkeit*, mit der ein bestimmter Wert festgestellt werden kann. In aleatorischen Prozessen geht es um die Frage, wie die Werte überhaupt auf die Gruppe der Teilnehmer:innen verteilt werden und dort als geteilte Bedingungen, Gewinne oder Verluste *zählen* sollen. Der Begriff *Wert* wird im Folgenden also terminologisch verwendet und bezieht sich auf die Differenzierung einer Dimension. Werte können kombinatorisch verknüpft werden (was in der folgenden Übersicht durch das Zeichen ⊗ markiert wird).

4.8.1 Dimensionen von *Camel Up*

In den Spielmaterialien der 2014 veröffentlichten Version von *Camel Up* sind folgende grundlegenden Dimensionen angelegt:

- 2 bis 8 Parteien in der *Spielrunde* (beschränkte Teilnehmerzahl)
  [Parteien ⟨A⟩, ⟨B⟩, ⟨C⟩, ⟨D⟩, ⟨E⟩, ⟨F⟩, ⟨G⟩] [180]
- Die Rennstrecke, mit den linear angeordneten Feldern 1 bis 16
  [Rennstrecke ⟨1⟩, ⟨2⟩, ⟨3⟩, ⟨4⟩, ⟨5⟩, ⟨6⟩, ⟨7⟩, ⟨8⟩, ⟨9⟩, ⟨10⟩, ⟨11⟩, ⟨12⟩, ⟨13⟩, ⟨14⟩, ⟨15⟩, ⟨16⟩]
- Spielfiguren (Kamele) in fünf verschiedenen Farben
  [Kamele ⟨blau⟩, ⟨grün⟩, ⟨orange⟩, ⟨gelb⟩, ⟨weiß⟩]
- Würfel (W6) in fünf verschiedenen Farben und der Zahlenbelegung 1, 1, 2, 2, 3, 3
  [Würfel (⟨blau⟩, ⟨grün⟩, ⟨orange⟩, ⟨gelb⟩, ⟨weiß⟩) ⊗ (⟨1⟩, ⟨2⟩, ⟨3⟩)]
- Wettplättchen in fünf verschiedenen Farben und den Werten 5, 3, 2
  [Wettplättchen (⟨blau⟩, ⟨grün⟩, ⟨orange⟩, ⟨gelb⟩, ⟨weiß⟩) ⊗ (⟨5⟩, ⟨3⟩, ⟨2⟩)]
- Wettkarten für jede Partei der Spielrunde in fünf verschiedenen Farben
  [Wettkarten (⟨A⟩, ⟨B⟩, ⟨C⟩, ⟨D⟩, ⟨E⟩, ⟨F⟩, ⟨G⟩) ⊗ (⟨blau⟩, ⟨grün⟩, ⟨orange⟩, ⟨gelb⟩, ⟨weiß⟩)]
- +1/−1 Plättchen für jede Partei der Spielrunde
  [Plättchen (⟨A⟩, ⟨B⟩, ⟨C⟩, ⟨D⟩, ⟨E⟩, ⟨F⟩, ⟨G⟩) ⊗ (⟨1⟩, ⟨−1⟩)]
- Spielgeld
  [Spielgeld ⟨1⟩, ⟨2⟩, ⟨5⟩, ⟨10⟩]

4.8.2 Werte in *Camel Up*

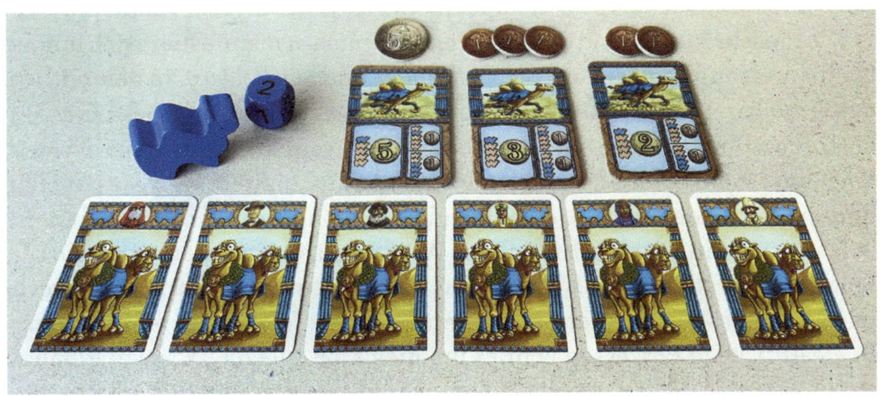

In jeder Dimension werden Werte unterscheidbar, die auch zwischen verschiedenen Dimensionen ausgetauscht werden können. So kehrt in *Camel Up* ein Farbwert wie Blau in einer Spielfigur, einem Würfel, drei Wettplättchen und je einem Wettkärtchen jeder Spieler:in wieder. Wiederkehrende Werte helfen, die Verknüpfung von Dimensionen zu regulieren. Mit $\langle \mathit{blau}, 5\rangle_{\mathit{Wettkärtchen}}$ kann man z. B. auf $\langle \mathit{blau}\rangle_{\mathit{Kamel}}$ wetten. Die Position von $\langle \mathit{blau}\rangle_{\mathit{Kamel}}$ bestimmt dann umgekehrt, ob und wie sich $\langle \mathit{blau}, 5\rangle_{\mathit{Wettkärtchen}}$ auszahlt. Zu den wiederkehrenden Werten können auch Zahlwerte gehören, die von der einen in die andere Dimension übertragen werden. Die Zahlwerte der Wettplättchen sind in Camel Up z. B. auf die Dimension Spielgeld bezogen. Wer die Wette $\langle \mathit{blau}, 5\rangle_{\mathit{Wettkärtchen}}$ gewinnt, weil $\langle \mathit{blau}\rangle_{\mathit{Kamel}}$ am Ende der Etappe vorne liegt, erhält z. B. $\langle 5\rangle_{\mathit{Spielgeld}}$.

4.8.3 Kamele und Wettplättchen

Eine Pointe von *Camel Up* besteht darin, dass die Kamele den Spielern nicht mit exklusiven Zugrechten ›gehören‹. Die *Spielrunde* kann die Bindungen an die Spielfiguren – und damit auch die Korrelationen unter den Spielenden – selbst temporär aufbauen, indem sie mit den Wettplättchen auf den Ausgang der Etappe und den Ausgang des ganzen Rennens wettet. Vor jeder neuen Etappe müssen die Wettplättchen nach Farbe und Wert sortiert werden. Der höchste Wert einer Farbe ⟨5⟩ liegt oben, die ⟨3⟩ in der Mitte, der niedrigste Wert ⟨2⟩ liegt unten. Wer am Zug ist, hat immer Zugriff auf das oben liegende Plättchen. Wer es in Besitz nimmt, entzieht er es dem Zugriff seiner Mitspieler:innen. So entstehen im operativen Feld unterschiedliche Zonen, in denen Werte den Spieler:innen als (temporärer) Besitz zugeordnet werden.

4.8.4 Gewinne und Verluste in *Camel Up*

Es gibt vier verschiedene Arten, in *Camel Up* Spielgeld zu gewinnen.

- durch Würfeln (»sicherer Würfelpunkt«[181])

- durch gutes Wetten auf den Etappensieger (1. Platz: je nach Zeitpunkt der Wette 5, 3 oder 2 Punkte, 2. Platz: 1 Punkt)
- durch richtiges Wetten auf den Gesamtsieger (›tolles Kamel‹) oder Gesamtletzten (›olles Kamel‹) (je nach Zeitpunkt der Wette 8, 5, 3, 2, 1 Punkte)
- durch gut platzierte +1/–1-Plättchen, auf denen Kamele oder Kameltürme landen

Es gibt zwei verschiedene Arten, in *Camel Up* Spielgeld zu verlieren:

- durch schlechtes Wetten auf den Etappensieger (3. bis 5. Platz: – 1 Punkt)
- durch falsches Wetten auf den Etappen- und Gesamtsieger (– 1 Punkt)

4.9 *Spielmaterialien dimensionieren*

In der Dimensionierung einer Spielarchitektur verändern sich alle drei genannten topologischen Komponenten Spielfeld, Spielrunde und Spielraum: In der Unbestimmtheit des *Spielraums* können neue Dimensionen und Zählweisen entstehen. Im *Spielfeld* kann die Schwankungsbreite oder Kontingenz dieser Dimensionen, d. h. die Anzahl der unterscheidbaren Werte festgelegt werden. In zeitlichen *Spielrunden* kann die Kombinatorik von Dimensionen und Werte eingeschränkt werden. Welche Dimensionen können unabhängig voneinander bestimmt werden, welche Werte werden übertragen und

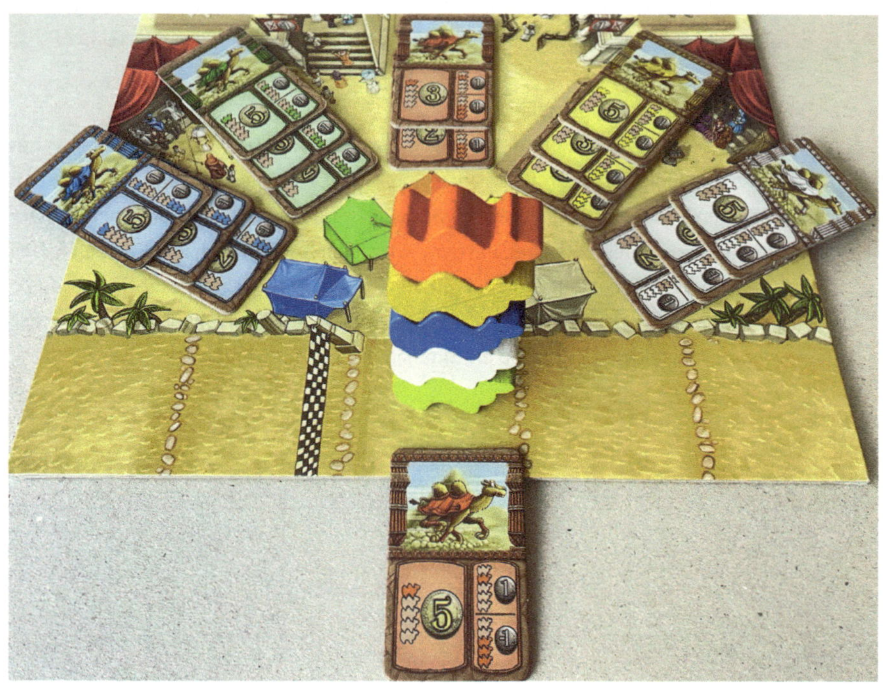

korreliert verändert? Welche Werte werden in der ganzen Spielrunde geteilt oder einzelnen Parteien als Gewinn oder Verlust zugerechnet? Am Anfang der Entwicklung sind alle Parameter noch weitgehend offen. Am Ende der Entwicklung ist die Dimensionierung ein Feintuning, in dem verschiedene Dimensionen des Spiels aufeinander abgestimmt werden.

Moderne Brettspiele zeigen, dass solche Fragen bis zum Ende einer Partie offengehalten werden, indem Materialien und Aktionsmöglichkeiten zufällig ins Spiel kommen oder von den Parteien gezielt ausgewählt werden. Jede Partie ist dann auch ein Experiment, das die arbiträre Dimensionierung und Kontingenz des Spiels befragt. Kann sich das *game* im *play* gut und abwechslungsreich entwickeln?

4.9.1 Dimensionierung der Würfel: Feintuning

Welche Werte auf den Spezialwürfeln von *Camel Up* mit welcher Häufigkeit verteilt werden sollten, war eine lange offene Frage. Über zahlreiche Testrunden wurde mit folgender Verteilung ›experimentiert‹: Nur eine Seite war mit 3 beschriftet, zwei Seiten mit 1, und drei mit 2. Mit dieser Entscheidung sollte die Schwankungsbreite kontrolliert reguliert und eine mittlere Zugweite von zwei Feldern begünstigt werden. Die Dimensionierung sollte zu einer stärkeren Konzentration der Kamele auf *einem* Feld und damit zu höheren Kamelstapeln beitragen. Es stellte sich jedoch heraus, dass diese Einschränkung die Gleichförmigkeit der Rennen eher unnötig erhöhte und die Erklärung des Spiels unnötig komplizierte. So fiel die Entscheidung für eine Gleichverteilung von 1, 1, 2, 2, 3, 3 auf den Würfeln.

4.9.2 Dimensionierung der Laufstrecke

Die Länge der Laufstrecke wurde über eine Computersimulation ermittelt. Ziel war es, Partien zu erhalten, die mit großer Wahrscheinlichkeit aus mindestens vier und höchstens fünf Etappen bestehen sollten. Dies ist, wie die folgende Tabelle zeigt, bei einer Laufstrecke von 16 Feldern gewährleistet, bei der die meisten Rennen nach vier Etappen enden. Würde man die Strecke nur um ein Feld verlängern, würde sich dieser Schwerpunkt bereits deutlich von vier auf fünf Etappen verschieben. bestehen sollten. Mit der letztlich gewählten Würfelbelegung ergab die Simulation folgende Ergebnisse.

Etappen / Felder	≥2	3	4	5	6	≥7
14	0,03	0,33	0,54	0,09		
15	0,01	0,18	0,57	0,23	0,01	
16		0,09	0,47	0,39	0,04	
17		0,04	0,33	0,51	0,12	
18		0,01	0,19	0,52	0,25	0,02

4.9.3 Dimensionierung der Farben

Es war zunächst schwierig, für den Prototyp des (T)Ollen Kamels einen Verlag zu finden. Bei der Kalkulation des Spiels kam der Vorschlag auf, die Anzahl der Kamele und Farben im Spiel zu verringern, um die Produktionskosten zu senken. Wie würde sich das Spiel verändern, wenn nur vier Kamele im Rennen wären? Die Simulation zeigte, dass sich die Dauer des Rennens, Rennverläufe und die Spreizung des Feldes überraschend wenig verändern würde. Zugleich wurde im *Playtesting* jedoch deutlich, dass das Spiel mit vier Kamelen stark an Spielreiz einbüßt, weil schlicht zu wenig unterschiedliche Wetten im Angebot sind und Teilnehmer:innen zu wenig Wettoptionen für abwechslungsreiche Spielverläufe vorfinden.

4.10 *Aktionsabläufe auf Spielrunden verteilen*

Spielregeln bringen nicht nur Spielfelder mit ihren eigenen Spielräumen hervor, sondern die zeitliche Struktur eines Spiels, indem sie einschränken, was gleichzeitig passieren kann oder mit einem exklusiven »Entweder-Oder« nacheinander passieren muss. In Brettspielen zirkuliert das Zugrecht häufig in festen Sequenzen in der Sitzrunde. In Spielen, die nicht rundenbasiert funktionieren, wird die Gleichzeitigkeit von erlaubten Aktionen einer recht offenen und freien Kombinatorik anheimgestellt, die für unterschiedliche Zonen und Phasen der Partie modifiziert werden kann und an grundlegende physikalische Eigenschaften der Spielmaterialien und des Spielraums gebunden bleibt. In rundenbasierten Spielen werden die Dimensionen und Werte, die in einem Zug verändert werden dürfen, sehr viel stärker eingeschränkt, in eine regulierte Reihenfolge gebracht und an den bisherigen Spielverlauf gebunden. Auch wenn die Parteien die gleichen Zugmöglichkeiten besitzen, entsteht durch die Frage, wer zuerst ziehen darf oder muss, ein immer wieder entscheidender Symmetriebruch.

4.10.1 Rundenstrukturen im (T)Ollen Kamel

Die Dimensionierung der zeitlichen Rundenstruktur ist häufig die schwierigste und wichtigste Aufgabe im Entwickeln eines Spiels. So hatte das Wettrennen der Kamele mit dem Arbeitstitel *(T)Olles Kamel* eine stabile Form erreicht, in der die Rundenstruktur viel stärker reglementiert und als vorgeschriebene Abfolge von dimensionierten Aktionstypen aufgebaut war. Vor jeder Aktion mit der Würfelpyramide durften die Spieler:innen reihum Wetten oder eines ihrer +1/–1 Kärtchen platzieren. Sobald niemand mehr eine dieser Aktionen ausführen wollte oder konnte, musste eine Spieler:in mit der Würfelmaschine das Rennen vorantreiben. In einer übergeordneten Rundenstruktur zirkulierte also die Pflicht zu würfeln, in einer untergeordneten Rundenstruktur das Recht zu wetten. Diese Hierarchie von Perioden kann wie folgt in verschachtelten Klammern notiert werden.

$$\left(\begin{array}{c} \left(\begin{array}{c} \textit{Wetten} \\ \langle A\rangle \rightarrow \langle B\rangle \rightarrow \langle C\rangle \rightarrow \ldots \rightarrow \langle G\rangle \end{array}\right) \\ \otimes \\ \textit{Würfeln} \\ \langle A\rangle \rightarrow \langle B\rangle \rightarrow \langle C\rangle \rightarrow \ldots \rightarrow \langle G\rangle \end{array}\right)$$

Die Regel sorgte für fair, aber auch sehr gleichförmig regulierte Spielverläufe.

4.10.2 Wetten oder Würfeln

Die veröffentlichte Version öffnete diese Abfolge von Aktionen in einer freieren Kombinatorik von Dimensionen. Die Partei, die an den Zug kommt, muss sich für eine Aktion entscheiden: Würfeln, +1/–1 Wüstenplättchen positionieren, auf Etappensieger wetten oder auf den Ausgang des Rennens wetten. In der Erweiterung kommen noch Wettpartnerschaften dazu. Diese Regulierung kann wie folgt notiert werden:

$$\left(\begin{array}{c} \textit{Zug} \\ \langle A\rangle \rightarrow \langle B\rangle \rightarrow \langle C\rangle \rightarrow \ldots \rightarrow \langle G\rangle \\ \otimes \\ \langle \textit{Würfeln}\rangle \dot{\vee} \langle \textit{Etappe Wetten}\rangle \dot{\vee} \langle \textit{Rennen Wetten}\rangle \dot{\vee} \langle \textit{Würfeln}\rangle \dot{\vee} \langle +1/-1\,\textit{Plättchen}\rangle \dot{\vee} \langle \textit{Wettpartner}\rangle \end{array}\right)$$

Das Produktsymbol und die ausschließenden ODER-Symbole zwischen den Aktionen (XOR) bedeuten, dass nur die Reihenfolge, in der die Personen an den Zug kommen, in einer strikten Sequenz reguliert ist, nicht die Reihenfolge der Aktionen, die den Spielstand verändern. Allerdings darf immer nur eine Aktion pro Zug gewählt werden. Mit welcher Aktion das zirkulierende Zugrecht verbunden wird, darf von den Personen in jeder Partie neu, von Fall zu Fall bestimmt werden.

Das war eine entscheidende »Modernisierung« des Spieldesigns: Die Teilnehmer:innen können damit viel leichter eigene, situationsabhängige oder rundenspezifische Spielweisen entwickeln. Personen, die gerne Risiken eingehen, können häufiger wetten; Personen, die sichere Chancen suchen, werden dagegen häufiger würfeln. Die entscheidende Einschränkung besteht darin, dass keine Partei gleichzeitig würfeln UND wetten oder eine der anderen Aktionen ausführen darf, sondern sich pro Zug immer für eine Aktion entscheiden muss. Dadurch entsteht ein grundlegendes Dilemma, die Informationen, die durch das Würfeln entstehen, nicht sofort selbst nutzen zu können. Rückblickend ist in dieser Regeländerung ein entscheidender Faktor für den Erfolg des Spiels zu erkennen, das sich nun an ganz unterschiedliche Spielrunden anpassen kann.

4.11 *Feste Kombination und offene Kombinatorik im Spielfeld*

Bei der Dimensionierung von Werten stellt sich nicht nur die Frage, wie viele Werte in einer Dimension unterscheidbar sind, sondern wie die Werte über Materialien und Rundenstrukturen im Feld miteinander kombiniert werden. Wenn Werte in einem Element der Spielmaterialien, z. B. einer Spielkarte fest verbunden sind, müssen sie immer zusammen ins Spiel gebracht werden. Die feste Kombination der Werte kann, wie in einem Standardkartensatz, jede kombinatorische Möglichkeit in gleicher Stärke ausschöpfen. Dem Design sind jedoch keine Grenzen gesetzt, wenn es darum geht bestimmte Kombinationen auszulassen oder zu verstärken. Werden die Werte auf verschiedene Elemente der Spielmaterialien verteilt, kann ihre Kombination zufällig bestimmt und auf Ebene der Rundenstruktur geöffnet und eingeschränkt werden.

4.11.1 Spezialwürfel in *Camel Up*

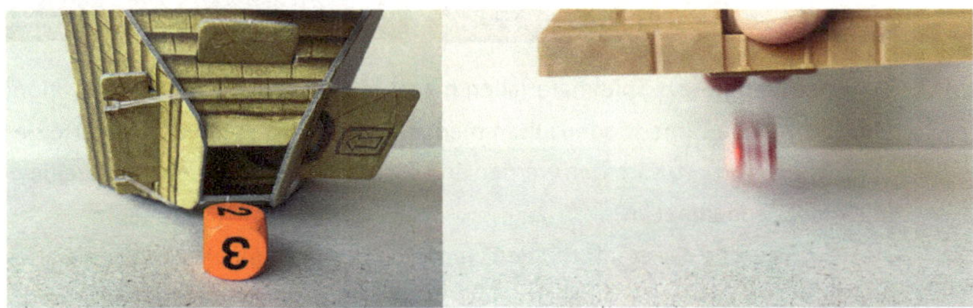

In den fünf Spezialwürfeln von *Camel Up* sind ähnlich wie auf Spielkarten, Farb- und Zahlwerte fest kombiniert. Jede mögliche Kombination wird mit gleicher Häufigkeit realisiert.

- Würfel (W6)
  [Würfel (⟨blau⟩, ⟨grün⟩, ⟨orange⟩, ⟨gelb⟩, ⟨weiß⟩) ⊗ (⟨1⟩, ⟨2⟩, ⟨3⟩)]

Im Prinzip könnte man die Verbindung der Werte auch mit einer freien Kombinatorik umsetzen, indem zunächst Farbkarten gezogen und dann die Zugweite ausgewürfelt würde. Die zeitliche Lücke zwischen den Aktionen, könnte für eine weitere Regulierung genutzt werden. Allerdings würde die für *Camel Up* essentielle Dramatik, mit der der Farbwürfel Farbe und Zahl gleichzeitig ins Spiel bringt, eher verwässert.

4.11.2 Wettplättchen in *Camel Up*

Eine Kombination von verschiedenen Werten muss keineswegs eine offene Kombinatorik abbilden, sondern kann ganz unterschiedlich gestaltet werden. Ein einfaches Beispiel in *Camel Up* sind die Wettplättchen, die die Farben der Kamele und die Wettquoten frei kombinieren, diese jedoch auf 1:2, 1:3 und 1:5 einschränken und z. B. die Quote 1:4 recht auffällig auslassen.

– Wettplättchen in fünf verschiedenen Farben und den Werten 5, 3, 2
  [Wettplättchen (⟨blau⟩, ⟨grün⟩, ⟨orange⟩, ⟨gelb⟩, ⟨weiß⟩) ⊗ (⟨5⟩, ⟨3⟩, ⟨2⟩)]

Mit dieser Einschränkung wird die erste Wette auf ein Kamel, die sich immer mit einer Quote von 1:5 auszahlt, gegenüber der zweiten Wette mit der Quote von 1:3 aufgewertet. In der Erweiterung von *Camel Up* und in *Camel Up* 2.0 wurden die Wettmöglichkeiten durch die Verdopplung des Wertes 2 erweitert, um in größeren Runden die Anzahl guter Wetten zu erhöhen.

4.11.3 Wettplättchen: Rennstrecke, Spielgeld, Partei

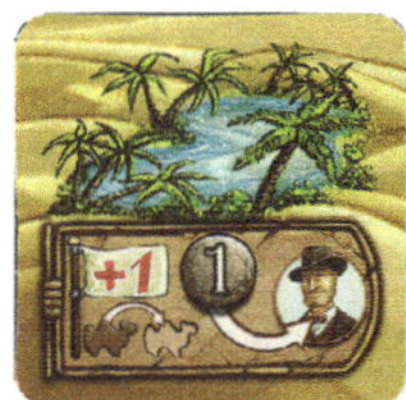

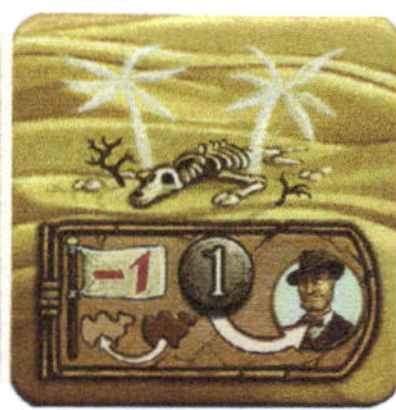

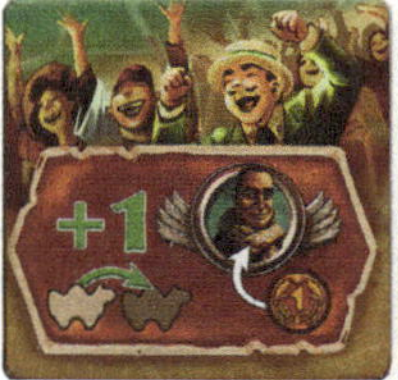

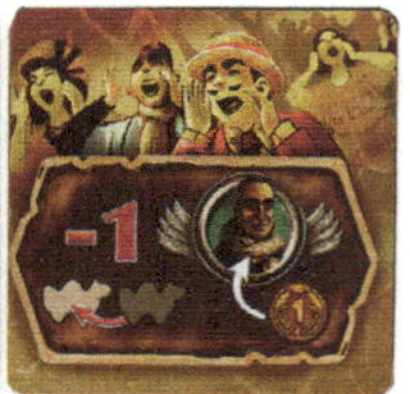

Ein gutes Design von Spielmaterialien macht in einer übersichtlichen Positionierung deutlich, welche Dimensionen zusammengefasst werden und welche Werte sie annehmen. In jedem +1/–1-Kärtchen werden drei Dimensionen kombiniert (Kamelbewegung, Spielgeld, Teilnehmer:in).

Die Visualisierung dieser Information wurde in der ersten und zweiten Edition des Spiels ähnlich, aber doch unterschiedlich gelöst. Die erste Version (Abbildungen links) blieb bei der Thematik des Prototypen und gestaltet die +1 der Kamelbewegung als »Oase« und die –1 als »Fata Morgana«. Die Oase mit grünen Bäumen und Wasser ist farblich klar von der Fata Morgana unterschieden, in der ein Skelett und ausgegraute Schemen erscheinen. In der unteren Hälfte des Plättchens wird die Information +1 und –1 eher dezent wiederholt und mit den beiden anderen Informationen kombiniert: der konstanten Zahlung von 1 Münze und dem variablen Charaktersymbol der Teilnehmer:in.

In der zweiten Edition (Abbildungen rechts) wurde die thematische Einkleidung der Aktionen und die Gewichtung der Informationen verändert. So stehen die Plättchen nicht mehr für Oase und Fata Morgana, sondern für Zuschauer:innen, die anfeuern oder ausbuhen. Die variable Information zur Kamelbewegung +1 oder –1 wurde durch Größe und farbliche Differenzierung gegenüber der konstanten Spielgeldinformation aufgewertet. Die rote und grüne Farbe dieser Zahl wandert auch in die Zuschauergruppe. Der Charakterkopf sticht dagegen weniger klar heraus, da er wie ein Teil der johlenden oder buhenden Zuschauermenge wirkt.

4.12 *Dimensionen über Werte verknüpfen*

In der Rundenstruktur einer Partie können konkrete Werte von der einen Dimension in die andere übertragen und die Dimensionen dadurch verknüpft werden. Ein für die Geschichte der Brettspiele konstitutives Beispiel, der Mechanismus *roll & move*, wurde bereits einleitend vorgestellt: Die Augenzahl eines Würfelwurfs wird auf die Zugweite einer Figur übertragen. Die Anwendung der Regel muss in Brettspielen von Hand ausgeführt werden, ist aber im Grunde ein Algorithmus, der die Abhängigkeit der Werte im *Spielfeld* erzwingt. Verknüpfte Werte fungieren als konkreter Index, mit dem die Spielmaterialien aufeinander referieren. Sie müssen durch die Wiederkehr von Zahlen, Farben, Symbolen oder Positionen auf den Spielmaterialien angezeigt werden. Die Verknüpfung kann zu einer komplexen logischen Konditionierung werden: Werte einer untergeordneten Dimension sind die Bedingung dafür, Werte einer höheren Dimension zu erhalten. Ein Beispiel sind die Rohstoffkarten in *CATAN*, die in einer festgelegten Kombination für Bau- und Entwicklungsaktionen ausgegeben werden müssen.

4.12.1 Transportmittel in *Scotland Yard*

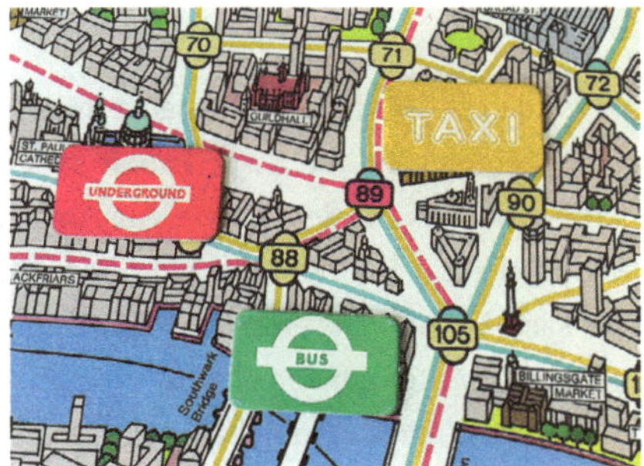

In Scotland Yard kehren die Werte »Taxi, »Bus« und U-Bahn« in verschiedenen Dimensionen des Spiels wieder und regeln im Spiel über ihre Verknüpfung die Zugoptionen. Die Übertragung wird bereits in der ersten Auflage des Spiels durch einen Farbcode angezeigt, der auf den Tickets, den Verbindungen und den dabei erreichbaren Stationen wiederkehrt.

4.12.2 Etappenwertung *Camel Up*

In der veröffentlichten Version von *Camel Up* werden die Wettquoten über eine Verknüpfung von Kamelfarbe und Wettplättchen reguliert. Pro Kamelfarbe steht ein Wettplättchen zur Verfügung, das oben auf dem Stapel liegt. Die dort aufgedruckte Zahl ist die Wettquote, die als Spielgeld ausgezahlt wird, wenn das Kamel am Ende der Etappe tatsächlich vorne liegt. Für den zweiten Platz gibt es noch einen Punkt, für alle anderen Plätze muss eine Münze abgegeben werden.

Am Anfang jeder Etappe werden die Wettplättchen sortiert. Die ›5‹ liegt oben, darauf folgt die ›3‹ und dann die ›2‹. Die Wettquoten verringern sich dadurch mit der Reihenfolge der Wetten in der *Spielrunde*, ohne vom Stand des Rennens abhängig zu sein. Bei den Testspielen hat sich gezeigt, dass gerade diese Form der »Blindheit« gegenüber den tatsächlichen Wahrscheinlichkeiten für den Spielreiz entscheidend ist. Die Einschätzung, was eine Wette wert ist, muss nun in der Interaktion der *Spielrunde* ausgehandelt werden, und kann zu abwechslungsreichen Verläufen und Runden führen.

4.12.3 Etappenwertung (T)Olles Kamel

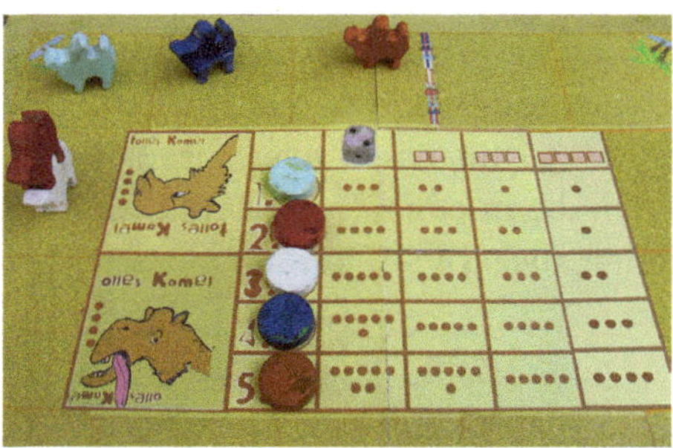

In der ersten Version von *(T)Olles Kamel* wurden die Wettquoten über ein zentrales Punktefeld reguliert. Sie wurden nicht mit der Reihenfolge der Wetten verknüpft, sondern mit der Anzahl der gefallenen Würfel und der Positionierung der Kamele. Am Anfang jeder Etappe musste die Reihenfolge der Kamele durch zusätzliche Farbsteine auf die erste Spalte einer Tabelle übertragen werden (im Beispiel: Türkis, Platz eins; Rot, Platz zwei; Weiß, Platz drei; Blau, Platz vier; Orange, Platz fünf). Wetten auf Kamelfarben, die am Anfang der Etappe weiter hinten lagen (in diesem Fall Blau und Orange), bekamen grundsätzlich höhere Quoten als Wetten auf »Favoriten«, die weiter vorne lagen (In diesem Fall Türkis und Rot). Die gefallenen Würfel wurden nach und nach in die obere Zeile der Tabelle gelegt. Im abgebildeten Beispiel liegt dort bereits die weiße Zwei. Auch mit wachsender Würfelzahl nahmen die Wettquoten in den Spalten von links nach rechts ab. Wer eine Wette einging, musste sein Wappen in die passende Zeile und Spalte legen, die Zelle gab dann die Wettquote in Form von Punkten an. Wer in dieser Situation auf Blau wettete, musste z. B. unter den Würfel der ersten Spalte in die vierte blaue Zeile legen und konnte damit auf 6 Punkte hoffen. Damit entstand ein relativ »intelligentes« System, das die Wettquoten in vielen Fällen an die tatsächlichen Wahrscheinlichkeiten einer Wette anpasste. Es war dennoch ein wichtiger Schritt, von diesem ›überregulierten‹ System Abstand zu nehmen. Denn jeder konnte seine eigenen Wettstrategien weitgehend unabhängig vom Verhalten der Mitspieler:innen entwickeln. Den Spieler:innen war sogar erlaubt, die gleichen Wetten einzugehen und Wappen übereinander in die gleiche Zelle zu legen. Die Partien verliefen damit gleichförmiger und verloren schneller an Wiederspielreiz. Die Deregulierung dieser Verknüpfung scheint mir ein weiterer Faktor für den Erfolg des Spieles zu sein.

4.13 *Bottom-up vs. Top-down*

Damit komme ich zu einer der wichtigsten aleatorischen Unterscheidungen, die die Ausrichtung von *Spielfeld* und *Spielrunde* betrifft. Dieses Wechselspiel kann zwei Richtungen annehmen: Bei einer Richtung, die *Bottom-up* genannt werden soll, wird (wie beim klassischen Würfeln) ein konkreter Wert im *Spielfeld* hergestellt und gleichsam nachträglich von der *Spielrunde* festgestellt und wahrgenommen. Bei der umgekehrten Richtung, die *Top-down* genannt werden soll, greifen Parteien (wie beim klassischen Ziehen einer Schachfigur) auf der Grundlage von *Wahrnehmungen* in das *Spielfeld* ein und stellen damit gezielt neue und veränderte Werte her. Ein Zugriff *Top-down* erfolgt also *intentional* und setzt gleichsam rückwärts in der Zeit das eigene imaginierte Spielziel mit der aktuellen Spielsituation in Beziehung. Eine Zuweisung *Bottom-up* erfolgt *zufällig*, unabhängig vom bisherigen Verlauf und Ziel der Partie. In beiden Prozessen bestimmen die Spielmaterialien den Wert, der den neuen Spielstand definiert, sowie die Spielrunde und die Dimension, in der er sich verändert.

Daraus resultieren zahlreiche Charakteristika: Bei Zuteilungen *Bottom-up* übernehmen Materialien die Rolle des Agens. Dies hat meist etwas mit dem Auswerten von Oberflächen zu tun, seien es die Oberseiten eines gefallenen Würfels, das Ziehen verborgener Lose oder das Aufdecken gemischter Karten. Bei einem Würfel werden Werte vollkommen unabhängig zugeteilt, beim Ziehen von Karten und Losen können sie partiell korreliert sein, wenn bereits zugeteilte Elemente nicht mehr zur Verfügung stehen (Ziehen ohne Nachlegen) (vgl. 1.16). Die blinde Zuteilung beruht auf der Eigenschaft von Spielmaterialien, bestimmte Prozeduren ununterscheidbar zu machen (durch neutral bedruckte Rückseiten der Karte oder gleich geformte Oberflächen des Würfels). Der Prozess des Aufdeckens kann als Moment der Spannung dramatisiert werden.[182]

Bei Zugriffen *Top-down* übernehmen die Teilnehmer:innen der *Spielrunde* die Führung. In der Koordination von sensorischem und motorischem Apparat entsteht die Fähigkeit, auf Orte des Spiel*felds* gezielt aus dem Spiel*raum* heraus zugreifen zu können. So werden Entscheidungen getroffen, die sich immer in einer Ausrichtung im Raum, auf Spielmaterialien und Positionen im Feld manifestieren.[183] Mit einer körperlichen und kognitiven Selbstkontrolle, die bereits metaphorisch im Begriff der »Teil-nehmer:in« enthalten ist, können Spielstände auf Spielziele projiziert und eigene Spielweisen entwickelt werden. Damit können auch neue Dimensionen entstehen, die im Spiel einen Unterschied machen. In Geschicklichkeitsspielen wird die Grenze zwischen Zuteilungen *Bottom-up* und Zugriffen *Top-down* ungewiss.[184]

4.13.1 Würfeltürme und Würfelbecher

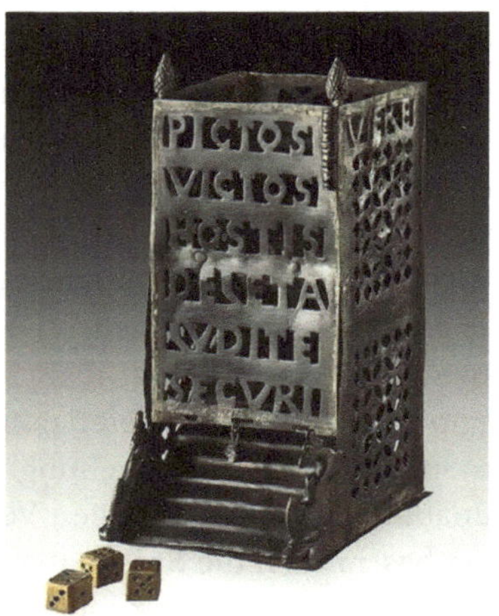

Eine bekannte Art, für bessere Zufallsverteilungen zu sorgen und das Würfeln gegen Manipulation zu schützen, sind Würfelbecher, in denen die Würfel erst geschüttelt und dann ausgeschüttet werden. Bereits in der Antike wurden noch kompliziertere Vorrichtungen gebaut. Beim abgebildeten Würfelturm von Vettweiß-Frotzheim aus dem 4. Jh. n. Chr. (Rheinisches Landesmuseum in Bonn) fallen die Würfel über eine Treppe nach außen. Ihr Fall verlängert sich und wird an viele unwägbare Faktoren gebunden.[185]

4.13.2 Zugoptionen im Schach

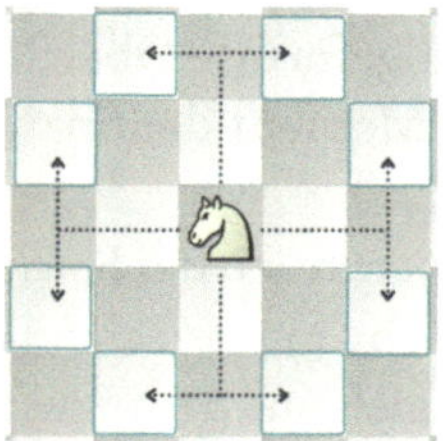

Schach ist ein Strategiespiel, in dem die Zugoptionen mit den Zugregeln festgelegt und von den Spieler:innen *Top-down* ausgewählt werden. Beim Zugriff auf den Springer stehen

z. B. bis zu acht unterscheidbare Zielfelder zur Wahl, die über ein direkt und diagonal benachbartes Feld angesteuert werden können. Die Teilnehmer:innen bestimmen durch Berühren und Führen einer Figur, welchen Zug sie auswählen.

4.13.3 Würfelpyramide

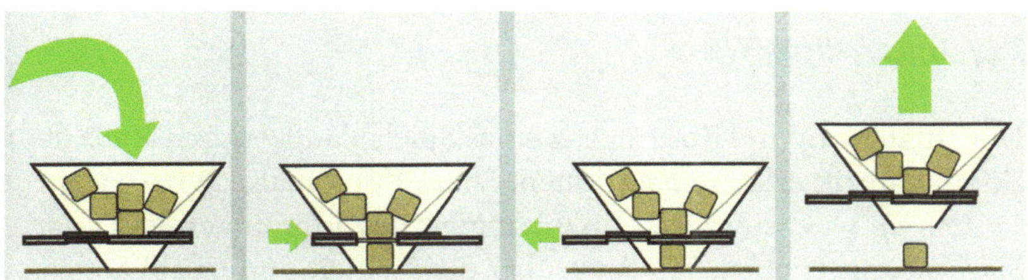

Den Kern von *Camel Up* bildet die Würfelmaschine, die jede Etappe zu einer Art Drama in fünf Akten macht. Die Papp-Pyramide, mit der der Mechanismus umgesetzt wurde (vgl. 4.3.4), besteht aus zwei Schalen. Die innere fasst die Würfel und kann durch einen Schieber geöffnet werden. Die äußere Pyramide wird beim Würfeln kopfüber auf den Spielplan gestellt. Sie fängt den gefallenen Würfel auf und verhindert, dass entgegen der Regel zwei Würfel gleichzeitig aus der Pyramide fallen. Dieses aus der Not geborene System, den gefallenen Würfel wie unter einem Würfelbecher zu verdecken, hat den schönen Nebeneffekt einer zusätzlichen Dramatisierung: Das Ergebnis steht fest, bevor mit dem Aufdecken der Pyramide Farbe und Zahl gleichzeitig sichtbar werden.

4.13.4 Auf den Ausgang des Rennens wetten

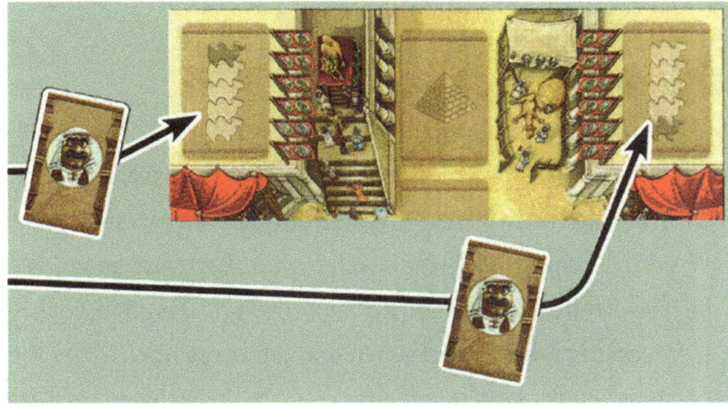

Wer in *Camel Up* nicht nur auf die Etappe, sondern auf den Ausgang des Rennens wetten will, muss gezielt eine Karte auf einem von zwei Feldern ablegen. Solche Regeln werden in der Spielanleitung häufig durch Pfeile erklärt, was anzeigt, dass Züge *Top-down* immer gezielt auf das Spielfeld zugreifen und sich senso-motorisch ausrichten. In diesem Fall ist eine Wettkarte der geheim gehaltenen Kartenhand der Ausgangspunkt, und einer der beiden Stapel, die für den Gewinner oder Verlierer des Rennens stehen (Tolles oder Olles Kamel) der Zielpunkt. Da die Karten verdeckt gelegt werden, können die Mitspieler:innen nur erkennen, ob man auf das *Olle* oder *Tolle Kamel* gesetzt hat, nicht auf welche Farbe man dabei wettet.

4.14 *Unkorrelierte Werte*

Die Zufälligkeit und Kontingenz eines Spielablaufs erwächst aus der freien Kombinatorik erlaubter Aktionen. Diese Kombinatorik hat zwei Quellen. *Bottom-up* wird sie durch unabhängige Bestimmungen von Werten im *Spielfeld* angetrieben, *Top-down* über die Freiheit und Unabhängigkeit von Teilnehmer:innen und unterschiedliche Spielziele in der *Spielrunde.*[186] Die *Bottom-up* erzeugte Kontingenz kann über die Materialien und Zugregeln dimensioniert werden. Auch das Maß an Korrelation kann etwa im Aufbau von Kartensätzen bestimmt werden. In strategischen Spielen kann es ein Ziel sein, die Kontingenz des eigenen Spiels zu verringern und stets den besten Zug zu finden. In *Mindgames* wie *Scotland Yard* geht es aber auch darum, möglichst unberechenbar zu bleiben. Müssen Teilnehmer:innen Entscheidungen mit unvollständiger Information treffen und sind die Alternativen beim gegebenen Informationsstand gleichwertig, kann die Kontingenz der Partie auch *Top-down* erhöht werden. Die Reihe möglicher Bestimmungen und Entscheidungen führt schnell zu einer Kombinatorik unkorrelierter Werte, die auch große Rechenleistungen überfordert und erst im Verlauf der Partie Schritt für Schritt in konkrete Partieverläufe überführt wird.

4.14.1 Unkorrelierte Zuteilungen *Bottom-up*

Würfel sind eine Domäne unkorrelierter Zuteilungen. Wenn in *Camel Up* der weiße Würfel mit einer drei aus der Pyramide fällt, erlaubt das z. B. keine Rückschlüsse, welche Zahl der blaue Würfel zeigen wird, der sich noch in der Pyramide befindet. Die Wahrscheinlichkeit, dass eine blaue drei fällt, wird durch die weiße drei weder vergrößert noch verringert. Beide Ereignisse sind, was die gewürfelten Zahlen betrifft, unkorreliert. Das gilt jedoch nicht für die Farben der Würfel. Wenn der weiße Würfel fällt und der blaue noch in der Pyramide steckt, erhöht das die Wahrscheinlichkeit, mit der der blaue beim nächsten Versuch fallen wird. Wenn der blaue Würfel der letzte in der Pyramide ist, wird er sogar mit Gewissheit fallen. Die letzte Ziehung ist mit der vorletzten vollständig korreliert.

4.14.2 Kontingente Koinzidenz von Entscheidungen Top-down: Schere – Stein – Papier

Eine Quelle *Top-down* erzeugter Kontingenz sind (parallele) Entscheidungen zwischen Optionen, die bei gegebenem Informationsstand gleichwertig sind. Ein bekanntes Beispiel ist das Spiel *Schere – Stein – Papier*. Es wird mit der eigenen Hand gespielt, die normierte Gesten formt. Im Duell wählen zwei Teilnehmer:innen gleichzeitig einen Wert, ohne den Wert des anderen zu kennen und auf ihn reagieren zu können. Im einfachsten Spielsystem stehen nur drei Optionen zur Verfügung: ⟨*Schere*⟩ schlägt ⟨*Papier*⟩, ⟨*Papier*⟩ schlägt ⟨*Stein*⟩ und ⟨*Stein*⟩ schlägt ⟨*Schere*⟩. Ohne das Wissen, welches Zeichen der andere formen wird, sind alle Zeichen gleichwertig, da es jeweils ein anderes Zeichen gibt, das gewinnt, verliert oder unentschieden spielt. Es entsteht ein *Mindgame*, in dem jeder versucht, die Überlegungen des anderen zu antizipieren, und selbst zu bluffen. Eine gute Gewinnstrategie besteht darin, die Zeichen möglichst zufällig und unberechenbar zu wählen.

4.14.3 Wetten auf den Ausgang des Rennens

Wer in *Camel Up* auf den Ausgang des Rennes wettet, legt seine Karte auf den Stapel ›Olles‹ oder ›Tolles Kamel‹ (4.13.4). Die Karten werden dort verdeckt abgelegt, so dass man keine Information über die bereits abgeschlossenen Wetten der Mitspieler:innen hat. Da man höhere Quoten bekommt, wenn man der erste ist, der auf die richtige Kamelfarbe gewettet hat, entsteht auch hier ein *Mindgame*, in dem man spekulieren und bluffen kann.

4.15 *Korrelierte Werte*

Obwohl *Bottom-up* zugeteilte Werte eine Quelle kombinatorischer Kontingenz bilden, können sie über die Materialien schwach korreliert sein. Die Art der Korrelation kann in der Spielarchitektur festgelegt und dimensioniert werden. Ein Beispiel sind Ziehungen ohne Nachlegen, in denen die gezogenen Elemente nicht noch einmal gezogen werden können. Die Wahrscheinlichkeit, dass bestimmte Werte ins Spiel kommen, ist mit den vorhergehenden Spielphasen negativ korreliert. Ein anderes Beispiel ist die ›Haltbarkeit‹ mit der eine zufällige Bestimmung in den Spielrunden gilt. So können zufällige Auslagen des Spielplans für die gesamte Dauer einer Partie gelten.

Im Gegensatz dazu sind *Top-down* ausgewählte Werte eine Sphäre von Korrelationen, mit denen Parteien ihre Spielziele erreichen, Spielstärken verbessern und eigene Spielweisen entwickeln wollen. Dies kann in unterschiedlichem Maß miteinander verbundene Entscheidungen erfordern. Manche können bereits in der Spielarchitektur angelegt sein, wenn Zugoptionen durch bestimmte Spielstände »freigeschaltet« werden müssen, etwa der Straßenbau in *CATAN* über den Besitz von Holz und Lehm. Entscheidungen, die eine Person *Top-down* trifft, können absichtlich oder unabsichtlich, z. B. bei nachlassender Konzentration, entkoppelt und unabhängig werden. In strategischen Spielen wirkt das Verhalten ungeübter Spieler:innen ›zufällig‹ und ›unkorreliert‹, wenn sie den über das Spielziel definierten Unterschied zwischen starken und schwachen Zügen gar nicht erkennen können. Je strategischer ein Spiel desto stärker durchdringt das Erreichen des Spielziels gleichsam rückwärts in der Zeit den gesamten Verlauf der Partie.

4.15.1 *Bottom-up* korrelierte Kamel-Bewegungen in *Camel Up* 2.0

In *Camel Up* 2.0 hat die kanadische Spielredaktion (Sophie Gravel) vorgeschlagen, *Crazy Camels* einzuführen, die in umgekehrter Richtung laufen und von Anfang an als disqualifiziert gelten. Die *Crazy Camels* werden selten aktiv, verändern jedoch die Dramaturgie einer Etappe auch dann, wenn sie nicht fallen. Nach wie vor endet eine Etappe, wenn der fünfte Würfel gefallen ist. Nun liegen aber sechs Würfel in der Pyramide. Die Züge der Kamele verlieren an Korrelation, da sich immer ein zufällig bestimmtes Kamel nicht bewegt. Die Wahrscheinlichkeit, am Ende der Etappe sichere Wetten abschließen zu können, verringert sich.

4.15.2 Korrelation von Wetten

Teilnehmer:innen können in *Camel Up* mehrmals pro Etappe und Spiel wetten und ihre Wetten unterschiedlich korrelieren. Die Gründe müssen nicht notwendig mathematisch rationalisierbar sein. So kann man häufiger auf Lieblingsfarben oder Lieblingskamele setzen, auch wenn das durch den Rennverlauf kaum begründet werden kann. Spieler:innen können riskant alles auf eine Farbe setzen, um damit möglichst hohe Gewinne zu erzielen. Sie können aber auch versuchen, sich durch Wetten auf verschiedene Farben abzusichern, um ihre Verluste zu minimieren. Auch innerhalb der *Spielrunde* entstehen so Korrelationen mit den Mitspieler:innen. Die Möglichkeit, im Spiel unterschiedlich häufig und unterschiedlich korreliert wetten zu können, ist einer der Gründe dafür, warum das Spiel in unterschiedlich zusammengesetzten *Spielrunden* funktioniert.

4.16 Input *und* Output Randomness

Mit den Konzepten *Bottom-up* und *Top-down* kann die bereits in Kapitel 1 eingeführte Unterscheidung zwischen *Input* und *Output Randomness* schärfer gefasst und als Baustein eines komplexeren Netzes von Spielaktionen definiert werden.[187] *Output Randomness* verkoppelt in einer zeitlichen Sequenz eine *Top-down* getroffene Auswahl der *Spielrunde* mit einer darauf folgenden Zuteilung *Bottom-up* aus dem Spielfeld. *Input Randomness* verkoppelt dagegen in umgekehrter Reihenfolge eine Zuteilung *Bottom-up* aus dem Feld mit einer Auswahl *Top-down* durch die *Spielrunde*. Da eine Partie meist aus vielen Aktionen besteht, greifen *Input-* und *Output Randomness* beständig ineinander, so dass z. B. ein und derselbe Fall eines Würfels januskopfig mit Blick auf die Vergangenheit der Partie als *Output Randomness*, mit Blick auf die Zukunft als *Input Randomness* zu werten ist.

4.16.1 *Input Randomness*: Startaufstellung

Eine klassische Form von *Input Randomness* ist ein zufällig erzeugter, variabler Spielplan. *Camel Up* macht von dieser Möglichkeit nur sehr sparsam in Form einer zufällig ermittelten Startaufstellung Gebrauch. So besteht die Rennstrecke zwar immer aus konstant 16 neutralen Feldern, die Startpositionen der Kamele werden allerdings vor jeder Partie neu und zufällig bestimmt, indem die Würfelpyramide befüllt und fünfmal gewürfelt wird. Diese Würfe bestimmen als *Input Randomness* den Start der Partie. In der offenen Kombinatorik können auf den ersten drei Feldern 21 verschiedene Startformationen mit unterschiedlichen Kamelstapeln entstehen, bei deren Unterscheidung die Farben der Kamele unerheblich sein sollen. (5/0/0) bedeutet also, dass auf dem ersten Feld ein Turm mit 5 Kamelen steht, auf dem zweiten und dritten Feld hingegen kein Kamel.

(5/0/0), (0/5/0), (0/0/5)
(4/1/0), (4/0/1), (1/4/0), (1/0/4), (0/4/1), (0/1/4)
(3/2/0), (3/0/2), (2/3/0), (2/0/3), (0/3/2), (0/2/3)
(3/1/1), (1/3/1), (1/1/3)
(2/2/1), (2/1/2), (1/2/2)

4.16.2 *Output Randomness*: Die Entscheidung für den sicheren Würfelpunkt

In *Camel Up* wird niemand gezwungen zu würfeln: Das Regelsystem bietet gleichwertige Zugoptionen. Die Aktion des Würfelns kann somit gewählt, sein Ergebnis, die Farbe und Zahl, die fällt, dagegen nicht bestimmt werden – der klassische Fall von *Output Randomness.*

4.16.3 Der Fortgang des Rennens als *Input Randomness*

Abhängig vom Fall des Würfels verändern sich die Positionen der Kamele im Feld und damit auch die Chancen und Risiken, die mit den Wetten auf den Etappensieger oder den Ausgang des ganzen Rennens verbunden sind. In dieser Hinsicht stellt jeder Fall des Würfels nicht nur *Output Randomness,* sondern *Input Randomness* dar, die die Qualität der Wettplättchen und Wettkarten situationsabhängig verändert. Wer gewürfelt hat, kann die Information aber nicht mehr nutzen, da sein aktueller Zug mit dem Würfeln beendet ist.

4.17 *Offene vs. verdeckte Informationen*

Alles, was in einem Spielverlauf ungewiss und zukünftig ist, kann als verdeckte Information betrachtet werden, die im *play* sukzessiv aufgedeckt wird. Offene Werte sind in den Spielmaterialien hergestellt und durch die ganze *Spielrunde* festgestellt. Verdeckte Werte sind in den Spielmaterialien angelegt, aber entweder noch gar nicht oder nur von einzelnen Parteien der *Spielrunde* festgestellt. Partiell verdeckte Informationen können z. B. in Form von Handkarten einzelnen Spielern zugeordnet werden. Das Aufdecken von Informationen ist eine Aktion, die nicht so leicht rückgängig gemacht werden kann.[188]

Bottom-up zugeteilte Informationen, die wie Handkarten nur einzelnen Teilnehmer:innen exklusiv zugeteilt und offengelegt werden, machen das *Spielfeld* zu einem Schirm, hinter dem *Top-down* wählbare Optionen der *Spielrunde* geheim gehalten oder vorgetäuscht werden können. Eigene Entscheidungen, die aktiv getroffen werden, können bis zu ihrer Ausführung als für die Mitspieler:innen partiell verdeckte Informationen behandelt werden, die zu unterschiedlich perspektivierten Spielverläufen führen. Jeder kennt die eigenen Entscheidungen, die er aktiv trifft, vor denjenigen, die von der Entscheidung passiv betroffen sind.

4.17.1 Ungefallene Würfel

Die noch nicht gefallenen Würfel werden in *Camel Up* als verdeckte Information im Inneren der Pyramide bereitgehalten. Mit jeder Würfelaktion wird ein Würfel für die gesamte Runde neu ›aufgedeckt‹, was den dramatischen Kern jeder Partie ausmacht. Nach ca. 20 bis 25 Würfen, die in den Farben partiell korreliert sind, steht der Ausgang des Rennens fest.

4.17.2 Wetten auf Gesamtsieger

Das Wetten auf den Gesamtsieger ist die einzige Aktion, in der die Teilnehmer:innen in *Camel Up* Aktionen verdeckt ausführen (vgl. 1.15.3). Erst am Ende der Partie wird diese Information aufgedeckt und bildet den dramaturgischen Schlusspunkt der Auswertung.

4.18 Gewinne und Verluste

Um einen Spielstand bestimmen zu können, werden Werte nicht nur »objektiv« unterschieden und gezählt, sondern Parteien der Spielrunde als Besitz, Gewinn oder Verlust zugewiesen (vgl. 4.8). Hier kommt noch einmal die kulturhistorisch grundlegende Funktion der Spielmaterialien als Mittel der Buchhaltung zum Vorschein. Ein- und Ausgaben können unterschiedlich verknüpft werden. So können Einnahmen in Form eines Tausches an Ausgaben gebunden werden, wenn etwa bei *CATAN* Rohstoffe in eine Siedlung investiert werden. Besitzstände können aber auch Voraussetzung für weitere

Investitionen sein, ohne dadurch verloren zu gehen. So ist in *Monopoly* der Besitz einer kompletten Farbgruppe von Straßen Voraussetzung, um dort Häuser errichten zu können. Jede Partie ist eine Zählung, bei der jedoch nicht die statistische Auswertung, sondern der Vergleich von verschiedenen Ergebnissen im Zentrum steht. In kompetitiven Spielen geht es um die Reihenfolge von Spieler:innen, in kooperativen Spielen legen die Teilnehmer:innen ihre Ergebnisse zusammen. Stets gibt es Zieldimensionen, deren Wert über das Ende der Partie entscheidet. Das kann die Anzahl von Runden sein, ein bestimmter Punktestand oder der Zeitpunkt, an dem eine bestimmte Aktion nicht mehr zur Verfügung steht.

4.18.1 Etappen- und Schlusswertung *Camel Up*

Camel Up endet, sobald ein Kamel die Ziellinie überquert hat. Wer am Ende das meiste Geld durch seine Wetten gewonnen hat, gewinnt. Alle Aktionen des Spiels sind mit dieser Zieldimension verbunden: Jedes Würfeln bringt eine Münze, eine gewonnen Wette, den auf dem Wettplättchen aufgedruckten Wert an Münzen (5, 3, oder 2), eine verlorene Wette kostet eine Münze. Liegt das Kamel auf Platz 2 gibt es noch 1 Münze für das Wettplättchen, unabhängig vom aufgedruckten Wert. Landet ein Kamel auf einem ausgelegten +1/–1-Kärtchen erhält der Besitzer ebenfalls eine Münze. Am Ende der Partie werden auch die Wetten auf den Gewinner und Verlierer des ganzen Rennens ausgewertet. Jede richtige Wette bringt abhängig von der Reihenfolge 8, 5, 3, 2 oder 1 Münze ein. Jede falsche Wette kostet eine Münze.

4.18.2 Wettpartnerschaften

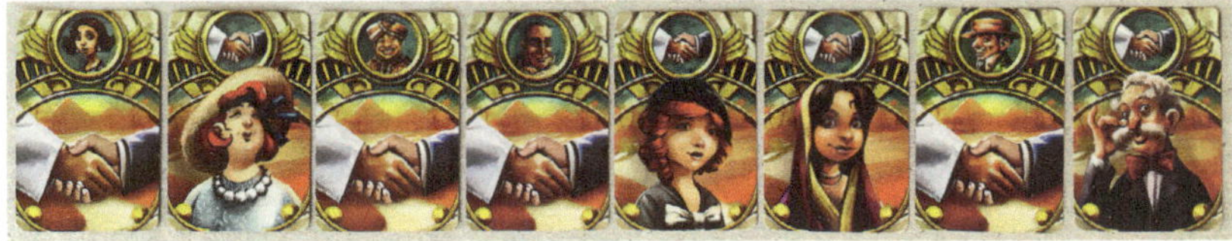

In der 2014 erschienenen Erweiterung Supercup wurde mit den »Wettpartnerschaften« erstmals eine Zugoption eingeführt, die auch in *Camel Up* 2.0 übernommen wurde. Die Spieler:innen können zusätzliche Charakterkärtchen als eine Art Visitenkarte tauschen und gehen damit eine bis zum Ende der Etappe gültige Wettpartnerschaft ein. In der Abrechnung am Etappenende zählt das beste Plättchen jeder Partei für beide Parteien. Niemand kann durch die Wettpartnerschaften verlieren, allerdings können die beiden Parteien in unterschiedlichem Maß voneinander profitieren. Der temporäre Spielpartner kann frei gewählt werden und kann die Wahl nicht ablehnen. Teilnehmer:innen, die bereits in einer Wettpartnerschaft verbunden sind (was durch die getauschten ›Visitenkarten‹ mit dem Symbol des Handschlags markiert wird), dürfen keine zweite Verbindung eingehen. Die

Regel bringt auf den Punkt und macht explizit, was für viele moderne Brettspielarchitekturen charakteristisch ist: Die Spielrunde kann im Lauf der Partie partielle kooperative Korrelationen aufbauen, sodass ihre Spielstände positiv miteinander verschränkt sind.

4.19 *Exkurs II: klassische Spieltheorie*

Was unterscheidet und verbindet den aleatorischen Ansatz mit klassischen Wahrscheinlichkeits- und Spieltheorien? Diese Frage kann nun präziser beantwortet werden. Am Beispiel der *Wahrscheinlichkeitstheorie* wurde bereits gezeigt, wie die klassische Theorie aus Sicht einer Partei kalkuliert, die ihre Gewinne maximieren und Verluste minimieren möchte. Die Grundfrage lautet also: Wie kann eine Partei durch Entscheidungen, die sie *Top-down* bestimmen kann, ihren Nutzen maximieren, auch wenn sie mit unbeeinflussbaren Zuteilungen *Bottom-up* konfrontiert ist? Die klassische *Spieltheorie* erweitert diese Frage auf *Top-down* getroffene Entscheidungen einer Gegenpartei, die die kalkulierende Partei nicht beeinflussen kann. Auch hier gilt die Suche den optimalen Strategien, die in den Regeln enthalten sind, mathematisch berechnet werden können und durch keinen Strategiewechsel der Gegenseite torpediert werden können.[189] Im Gegensatz dazu überlegt der aleatorische Ansatz, wie auf Ebene der Spielrunde variable, interessante und faire Partien aufgebaut werden, ohne die Gewinne einer bestimmten Strategie maximieren zu wollen.

4.19.1 Matrix Schere – Stein – Papier

	T2 ⟨Schere⟩	T2 ⟨Stein⟩	T2 ⟨Papier⟩	⌀ Gewinnerwartung T1
T1 ⟨Schere⟩	0/0	−1/+1	+1/−1	± 0
T1 ⟨Stein⟩	+1/−1	0/0	−1/+1	± 0
T1 ⟨Papier⟩	−1/+1	+1/−1	0/0	± 0
⌀ Gewinnerwartung T2	± 0	± 0	± 0	

Ein einfaches Beispiel, das spieltheoretisch modelliert werden kann, ist das bereits erwähnte Spiel *Schere – Stein – Papier*. Seine Regeln können in folgender Matrix von Kosten und Nutzen notiert werden:

In der linken Kopfspalte werden die Optionen von Teilnehmer:in 1 (T1) aufgeführt, in der oberen Kopfzeile die Optionen von Teilnehmer:in 2 (T2). In den Zellen werden die Ergebnisse aufgelistet. Links vom Schrägstrich das Ergebnis von Teilehmer:in 1, rechts das von Teilnehmer:in 2. Ein Unentschieden wird als Auszahlung ›±0‹ notiert, ein Gewinn als ›+1‹ und ein Verlust als ›−1‹. In der ersten Zeile spielt z. B. T1 unentschieden gegen T2, T1 verliert gegen T2, T1 gewinnt gegen T2. Wenn die Gegenseite die drei Symbole mit gleicher Häufigkeit in freier Kombinatorik spielt, ergibt sich daraus die rechts summierte Gewinnerwartung. Die Tabelle verdeutlicht: Kein Symbol besitzt einen Vorteil gegenüber den anderen. Die optimale Strategie besteht in diesem Fall darin, die Symbole möglichst zufällig, unkorreliert und unberechenbar zu wählen. Jede andere Strategie, kann durch eine Gegenstrategie attackiert werden. John F. Nash gelang der mathematische Beweis, dass es in jedem Nullsummenspiel (in dem die Werte nur umverteilt und Gewinne der einen Seite immer auch Verluste der anderen Seite sind) eine optimale Strategie gibt, die in den Regeln enthalten ist, und mathematisch berechnet werden kann.

4.19.2 Gefangenendilemma

Ein bekanntes Beispiel der Spieltheorie, an dem das Prinzip der rationalen Gewinnmaximierung weiter verdeutlicht werden kann, ist das sogenannte Gefangenendilemma. Das Problem (in dem die Aufgabe eine Verlustminimierung darstellt), kann wie folgt erzählt werden: In zwei voneinander abgetrennten Verhörsituationen werden zwei Verdächtige mit folgenden Wahlmöglichkeiten konfrontiert: entweder gestehen sie das Delikt und kooperieren mit den Ermittler:innen, oder sie streiten es ab und kooperieren nicht. Wenn beide abstreiten, bekommen beide eine hohe Strafe. Als Lohn für das Gestehen winkt beiden eine Strafreduktion. Sollte jedoch nur einer gestehen, der andere die Tat bestreiten, ist der Geständige – so die Modellierung des Falls – der Dumme: Er gilt dann als der allein Schuldige und bekommt eine überdurchschnittlich hohe Haftstraße, während der andere mit seiner Lüge durchkommt und freigelassen wird.
Der Fall soll numerisch in folgender Kosten-Nutzen-Matrix zusammengefasst werden: Wenn beide gestehen, kommen beide mit einer Strafe von einem Jahr davon (–1). Wenn beide abstreiten, erhöht sich die Strafe auf drei Jahre (–3). Wenn einer gesteht und der andere abstreitet, wird nur der Geständige überführt und bekommt eine Haftstrafe von fünf Jahren (–5), während der andere freikommt (0).

	T2 (gestehen)	T2 (abstreiten)	⌀ Strafe T1
T1 (gestehen)	–1/–1	–5/0	–3
T1 (abstreiten)	0/–5	–3/–3	–1,5
⌀ Strafe T2	–3	–1,5	

Das Modell der Spieltheorie geht davon aus, dass beide Entscheidungen frei und unabhängig getroffen werden und keine Absprachen möglich oder bindend sind. Deshalb ist in diesem Fall keine rationale Strategie. Jeder kann die eigene Strafe durch verringern: Wenn der andere gesteht, ist 0 (abstreiten) besser als –1 (ebenfalls gestehen), wenn der andere abstreitet ist –3 (ebenfalls abstreiten) besser als –5 (gestehen). Die durchschnittlich zu erwartende Strafe bei ›gestehen‹ liegt somit bei 3 Jahren, bei ›abstreiten‹ nur bei 1,5 Jahren. Für die beiden Gefangenen ist es also im gegebenen Setting mathematisch rational, abzustreiten. Wenn sich beide auf diese Weise entscheiden, werden sie folglich mit einer Strafe von drei Jahren belegt werden. Beide kämen mit einer geringeren Strafe von einem Jahr davon, wenn sie beide gestehen würden. Keiner von ihnen kann das Ergebnis jedoch kontrolliert ansteuern, ohne dem anderen die Möglichkeit zum Verrat zu geben. Die klassische Formulierung des Gefangenendilemmas mit einer so und nicht anders festgelegten Auszahlungsmatrix veranschaulicht somit eine Art Tragödie, in der eine rationale Verlustminimierung aus Sicht des Individuums nicht mit der Verlustminimierung für das Kollektiv verbunden ist.

4.19.3 Kosten und Nutzenfunktionen in *Camel Up*

In *Camel Up* werden die Spieler:innen immer wieder vor das Dilemma gestellt: »Wetten oder Würfeln«?

Gehen wir von der unter 4.6.4 berechneten Situation aus:

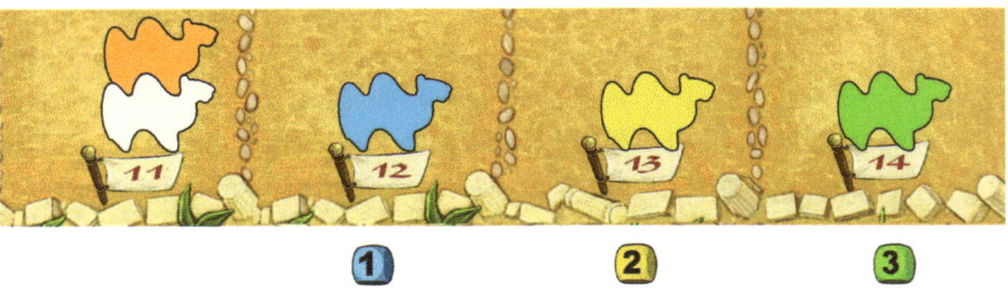

Nehmen wir an, dass für Orange noch das Wettplättchen 2 übriggeblieben ist. Was ist in diesem Fall besser für T1: wetten oder würfeln? Wie oben gezeigt wird Orange in 10 von 18 Fällen die Etappe gewinnen, in 3 von 18 Fällen zweiter werden, und in 5 von 15 Fällen auf Platz 3 oder 4 landen. Eine +2-Wette auf Orange ist also mit folgender Gewinnerwartung verbunden: Das Würfeln bringt ebenfalls einen sicheren Punkt +1 ein. Im Durchschnitt scheint also der, der wettet, in dieser Situation nicht besser zu fahren als der, der sich für den sicheren Würfelpunkt entscheidet. Hier ist jedoch zu berücksichtigen, dass die eigene Entscheidung die Situation für die Mitspieler:innen verändert. Bezieht man spieltheoretisch die Gewinnmöglichkeiten des nachfolgenden Spielers T2 in die Überlegungen ein, werden folgende Zusammenhänge deutlich:

	5. Platz	4. Platz	3. Platz	2. Platz	1. Platz	Ø Gewinnerwartung Wette auf
1	0	0	0	1/3	2/3	5/3
2	0	0	0	0	1	2
3	0	0	0	0	1	2
1	0	1	0	0	0	−1
2	0	0	2/3	1/3	0	−1/3
3	0	0	0	1/3	2/3	5/3

Entscheidet sich T1 für das Wetten, bleibt T2 nur noch die Möglichkeit zu würfeln (weil wir annehmen, dass in der Situation nur noch ein Wettplättchen zur Verfügung steht, das dann in den Besitz von T1 übergegangen ist). Entscheidet sich T1 für das Würfeln, bringt er neue Information ins Spiel, die die Berechenbarkeit einer Wette auf Orange wie folgt verändert:

	T2 (wetten)	T2 (würfeln)	ø Gewinnerwartung T1/T2
T1 (wetten)	1/–	1/1	1/1
T1 (würfeln)	1/1,83	1/1	1/1,56

In vier von sechs Fällen wird für T2 eine Wette auf Orange eindeutig besser sein als ein sicherer Würfelpunkt. In zwei von sechs Fällen wird der sichere Würfelpunkt eindeutig besser sein als die Wette. Wenn T2 in seinem Zug nur dann *Top-down* wettet, wenn er damit etwas gewinnen kann, hat er eine Gewinnerwartung von 1,83.
Die Matrix zeigt die Gewinnerwartungen von T1 und T2 und verdeutlicht, wie die Gewinnchancen von T2 von der Entscheidung von T1 abhängig sind. Es ist also spieltheoretisch rational für T1 in dieser Situation zu wetten und nicht zu würfeln, weil er dadurch T2 nicht eine höhere Gewinnerwartung als die eigene beschert.

4.20 *Exkurs III: evolutionäre Spieltheorie*

Die evolutionäre Spieltheorie arbeitet mit den gleichen mathematischen Modellen wie die klassische Spieltheorie, modelliert damit aber eine andere Situation.[190] Die Problemstellung geht zum einen davon aus, dass Strategien nicht rational *Top-down* gewählt, sondern dass sie als Verhaltensmuster mehr oder weniger *Bottom-up* zugewiesen und vererbt werden. Dadurch entstehen *Spielrunden*, die in der Regel als Population nicht-menschlicher Wesen oder noch abstrakter als Set verschiedener Strategien aufgefasst werden, die in einem solchen Kollektiv zur Wahl stehen und in zufälligen Mischungen auftreten. Daraus erwächst die zweite Veränderung der Problemstellung. Die evolutionäre Spieltheorie versucht die dynamische Veränderung dieser Situation zu modellieren. Der Erfolg von Individuen mit spezifischen Verhaltensmustern ist einerseits von der Zusammensetzung der Population abhängig, kann durch den eigenen Reproduktionserfolg aber auch umgekehrt die Zusammensetzung des Kollektivs verändern.

Die Grundannahmen lassen sich wie folgt zusammenfassen: In einer Population werden Strategien vererbt, die kontingent aufeinandertreffen. Die Wahrscheinlichkeit des Aufeinandertreffens hängt von der Zusammensetzung der Population ab. Für die Kombinatorik von Verhaltensmustern können eindeutige Kosten-Nutzen-Funktionen erstellt werden. Erfolglose Individuen scheiden aus, erfolgreiche können sich reproduzieren und die

Häufigkeit vermehren, mit der das Verhaltensmuster in der Population auftritt. Damit wird die dynamische Entwicklung von Verhaltensmustern modelliert, die keineswegs auf rationalen Entscheidungen beruhen, sich aber in unterschiedlichen Gleichgewichten einpendeln. Typische Fragen der evolutionären Spieltheorie lauten folglich: Kann eine (dominante) Strategie in einer Population durch einen (zufälligen) Strategiewechsel von Individuen attackiert werden, die gegenüber der dominanten Strategie Reproduktionsvorteile besitzen? Gibt es am Ende innerhalb der Population ein dominantes Verhaltensmuster, eine Bistabilität oder eine Koexistenz von Strategien? Diese Fragen erweisen sich als eng verbunden mit der Definition des *Nash*-Gleichgewichts innerhalb klassischer Spieltheorien.

4.20.1 Falken-Tauben-Dilemma I

Ein bekanntes Dilemma dieser Art wird als *Falken-Tauben*-Dilemma bezeichnet und betrifft die Entscheidung zwischen Konfrontation und Kooperation. Zufällig ausgewählte Paare einer Population rivalisieren um Ressourcen, die den *Wert* besitzen. Im Folgenden werden nur zwei unterschiedliche Verhaltensmuster modelliert. Kooperative Tauben teilen die Ressourcen unter sich auf und ziehen sich zurück, wenn die Gegenseite kämpft. Kompetitive *Falken* lassen die Konkurrenz zum Kampf eskalieren bis eine Partei gewinnt und die andere leer ausgeht. Der Kampf zwischen zwei *Falken* soll für beide mit den Kosten c verbunden sein. Diese Situation lässt sich in der folgenden Kosten-Nutzen-Matrix zusammenfassen:

	T2 ⟨Taube⟩	T2 ⟨Falke⟩	ø Ertrag T1
T1 ⟨Taube⟩	$\frac{v}{2}/\frac{v}{2}$	$0/v$	$\frac{v}{2}$
T1 ⟨Falke⟩	$v/0$	$\frac{v}{2}-c/\frac{v}{2}-c$	$\frac{3v-2c}{4}$

Wenn der Wert der Ressource die Kosten des Kampfes übersteigt, z. B. v=4 und c=1 ist ⟨Falke⟩ eine evolutionär stabile Strategie. T1 ⟨Falke⟩ erzielt, unabhängig davon, ob er auf eine T2 ⟨Taube⟩ oder einen T2 ⟨Falke⟩ trifft, in diesem Fall stets einen höheren Ertrag als T1 ⟨Taube⟩.

	T2 ⟨Taube⟩	T2 ⟨Falke⟩	ø Ertrag T1
T1 ⟨Taube⟩	2/2	0/4	1
T1 ⟨Falke⟩	4/0	1/1	2,5

4.20.2 Falken-Tauben-Dilemma II

Berücksichtigen wir nun die Zusammensetzung der Population. In der Population soll der Anteil an Tauben als a, der Anteil an Falken als b, bezeichnet werden. Die Ertragserwartung oder Fitness hängt dann wie folgt von der Zusammensetzung der Population und die Aufteilung in a und b ab.

	a T2 (Taube)	b T2 (Falke)	⌀ Ertrag T1
T1 (Taube)	$\frac{v}{2}/\frac{v}{2}$	o/v	$a \cdot \frac{v}{2}$
T1 (Falke)	v/o	$\frac{v}{2}-c/\frac{v}{2}-c$	$a \cdot v + b \cdot (\frac{v}{2} - c)$

Modellieren wir damit eine Situation, in der wir die Kosten des Kampfes so erhöhen, dass der Gewinn aufgezehrt wird. Setzen wir also z. B. den Nutzen v=2 und die Kosten c=2. Nehmen wir nun an, dass »Falken« in eine Population von »Tauben« einbrechen. Sie sollen zunächst nur einen Anteil von 1/10 an der Population haben. Damit nimmt die Matrix die folgenden konkreten Werte an:

	$\frac{9}{10}$ T2 (Taube)	$\frac{1}{10}$ T2 (Falke)	⌀ Ertrag T1
T1 (Taube)	1/1	o/2	$\frac{9}{10}$
T1 (Falke)	2/o	−1/−1	$\frac{18}{10} - \frac{1}{10} = \frac{17}{10}$

Stellen Falken eine Minderheit in der Population, erzielt die Strategie Falke einen höheren Ertrag als die Strategie Taube, sodass Falken in die Population der Tauben einbrechen können.

Was aber passiert, wenn umgekehrt »Tauben« in der Minderheit sind? Nehmen wir nun umgekehrt an, dass die Tauben einen Anteil von 1/10 an der Population haben. Damit nimmt die Matrix die folgenden konkreten Werte an:

	$\frac{1}{10}$ T2 (Taube)	$\frac{9}{10}$ T2 (Falke)	⌀ Ertrag T1
T1 (Taube)	1/1	o/2	$\frac{1}{10}$
T1 (Falke)	2/o	−1/−1	$\frac{2}{10} - \frac{9}{10} = -\frac{7}{10}$

In diesem Fall reiben sich die Falken in den verlustreichen Kämpfen auf, sodass Tauben mit ihrer Verzichts- und Teilstrategie in eine Population von Falken einbrechen können.
Ein Gleichgewicht ist erreicht, wenn:

$a\frac{v}{2} = a \cdot v + b \cdot (\frac{v}{2} - c)$

Im konkreten Fall mit v = c = 2 also z. B.

$a = 2a - b$

$a = b$

mit $a + b = 1$, ergibt sich $a = b = 0{,}5$

Mit den gegebenen Annahmen ist also eine Population, die zur Hälfte aus Falken und zur Hälfte aus Tauben besteht im Gleichgewicht. Beide Verhaltensmuster haben in diesem Fall die gleiche Ertragserwartung oder Fitness.

	$\frac{1}{2}$ T2 (Taube)	$\frac{1}{2}$ T2 (Falke)	ø Ertrag T1
T1 (Taube)	1/1	0/2	$\frac{1}{2}$
T1 (Falke)	2/0	−1/−1	$1-\frac{1}{2}=\frac{1}{2}$

4.20.3 *Camel Up*: Wetten oder Würfeln

Überträgt man die Modelle zurück auf moderne Brettspiele wird deutlich, dass viele Beispiele die Ausdifferenzierung von Strategien dadurch fördern, dass unterschiedliche Wege zum Ziel angeboten werden, die Erfolgschancen einer Strategie jedoch sinken, wenn andere Teilnehmer:innen die gleiche Strategie wählen. In Ansätzen lässt sich das auch in *Camel Up* erkennen: Wie oben gezeigt, wirkt sich das Würfeln einer Person immer positiv auf die Wettsicherheit der anderen aus. Wenn viele Teilnehmer:innen wetten, bleiben aber häufig nur noch Wettoptionen übrig, deren Gewinnchancen das Verlustrisiko nicht aufwiegen. Es gilt hier von Situation zu Situation und von Runde zu Runde die richtige Balance zu finden. Wer die eigenen Entscheidungen situationsabhängig von den Entscheidungen der Mitspieler:innen abhängig macht, und keiner ›sturen Strategie‹ nachgeht, hat eine höhere Chance, das Spiel zu gewinnen.

4.21 *Vielfalt von Spielweisen: Chancen maximieren / Risiken minimieren*

Moderne Brettspiele versuchen den Teilnehmer:innen keine Spielweisen vorzuschreiben, sondern laden sie dazu ein, ihre Spielweisen in offenen Partien zu differenzieren. Ein grundlegender Unterschied betrifft strategische und taktische Ansätze. Strategische Ansätze fokussieren auf Zugriffe *Top-down* und versuchen diese mit dem Spielziel zu korrelieren. Sie versuchen die eigene Stellung umsichtig auszubauen und abzusichern, wachen über die Einhaltung der Regeln und bewerten Risiken, die sie *Top-down* ausschließen können, höher als Chancen, die ihnen *Bottom-up* zufallen. Taktische Ansätze warten dagegen auf glückliche unkorrelierte Zuteilungen *Bottom-up* oder machen selbst überraschende Züge, die andere Teilnehmer:innen kaum vorhersehen konnten. Sie suchen günstige Gelegenheiten und sehen eher versteckte Chancen als Risiken, zu denen auch die Grenzen wahrnehmbarer Regelbrüche gehören. Viele Spielsysteme lassen gezielt Raum für beide Spielweisen und verwickeln sie in einen offenen Wettstreit.

So können Teilnehmer:innen ihren Charakter und ihre Beziehung in die Partie eintragen, dort verändern und aus den Partien in soziale Kontexte übertragen.

4.21.1 Strategie und Taktik nach Michel de Certeau

Die Ausrichtung auf Chancen oder Risiken, die mit dem gleichen Kalkül von Wahrscheinlichkeit verbunden sein können, ist eine Art *Kippfigur* des *play*, aus dem ganz unterschiedliche Spielweisen hervorgehen können, nicht nur ängstliche oder mutige, sondern auch strategische und taktische. Strategie ist, nach Michel de Certeau, die Berherrschung eines Ortes durch ein Sehen, das andere Parteien und fremde Kräfte beobachtet, misst und kontrolliert, Ungewissheit so weit wie möglich beseitigt, entziffert, zählt und Wissen und Information im eigenen Zentrum sammelt. Die Strategie ist eine Kunst der Starken, das Notwendige zu organisieren, die Ordnung abzusichern, systematische Netze zu knüpfen und Risiken zu minimieren. Taktik ist dagegen eine Operation auf dem Gebiet des anderen. Sie macht einen Schritt oder einen Zug nach dem anderen, sucht und braucht die zufällige, günstige Gelegenheit und ist ohne Macht und Basis, Gewinne zu speichern. Sie ist eine Kunst des Schwachen, ein Spiel der Überraschung, List und Täuschung, um in Ordnungen einzudringen, Coups zu landen und eine witzige, verblüffende Verbindung von Elementen zu nutzen.[191]

4.21.2 Strategie und Taktik in *CATAN*

Die Insel *Catan* ist nur für die erste Spieler:in leer und ohne Siedlung. Bereits für den zweiten Spieler kann es sinnvoll sein, die Vorgaben der ersten Spieler:in anzugreifen und auf das eigene Glück im Spiel zu vertrauen. Die oben analysierte Beispielpartie, die der an Position 2 mit Blau spielende Evaldas aus Litauen gewinnt, ist ein Beispiel für eine solche Taktik (vgl. 2.5.13).

4.21.3 Strategie und Taktiken in *Scotland Yard*

In Scotland Yard sind auf Ebene des *game* die asymmetrischen Positionen von eher strategischen und eher taktischen Spielweisen angelegt. Scotland Yard kontrolliert den Spielplan und versucht das Spiel zu beenden, Mister X muss unsichtbar werden, um Zug um Zug überleben zu können. Mit der Unterscheidung von *Gamedesign* und *Metagaming* haben wir in unserer Beispielpartie beobachtet, wie sich diese Gegensätze verflüssigen und aufeinander bezogen werden können (vgl. 3.15).

4.21.4 Sitzordnung in *Camel Up*

In *Camel Up* können unterschiedliche Spielweisen aufeinandertreffen: Teilnehmer:innen, die riskant wetten, und Teilnehmer:innen, die erst Informationen über das Würfeln mit der Pyramide sammeln oder Zeit über das Legen der Oasenplättchen gewinnen. Das Spiel ist so dimensioniert, dass keine Strategie einen klaren Vorteil haben soll. Gerade wenn strategisch und taktisch ausgerichtete Teilnehmer:innen aufeinandertreffen, können sich abwechslungsreiche und lustige Partien entwickeln. Die Sitzordnung hat dabei eine nicht zu unterschätzende Bedeutung. Wer nach Teilnehmer:innen an den Zug kommt, die gerne würfeln, hat einen deutlichen Vorteil das Spiel zu gewinnen.

4.22 *Gleichgewichte der Aleatorik:* Balancing *und* Feintuning

Wahrscheinlichkeits- und Spieltheorien zielen in einer strategischen Perspektive auf die Bewältigung von Kontingenz mit dem Ziel der maximierten Kontrolle für eine Partei. Noch einmal ist zu betonen, dass das aleatorische Projekt auch taktische Spielweisen einschließt und eine komplementäre und in gewisser Hinsicht umgekehrte Frage stellt: Wie können Dimensionen, in denen sich Spielstände verändern, so aufgebaut sein, dass sie spannende und abwechslungsreiche Spielverläufe ermöglichen und es der *Spielrunde* erlauben eigene und *unterschiedliche* Spielweisen zu entwickeln? Im Zentrum steht damit nicht die Frage, wie eine Partie in der entscheidenden Zieldimension gewonnen werden kann, sondern wie eine Partie in der entscheidenden Zieldimension lange genug offengehalten und in gewisser Weise *unentschieden* bleiben kann.[192]

Ein Grundzug moderner Spielarchitekturen besteht darin, das Spielziel über verschiedene, untergeordnete Dimensionen erreichbar zu machen. Um eine Vielfalt von Strategien zu fördern, müssen Kosten und Nutzen in verschiedenen Dimensionen fair ausbalanciert werden. Wird dieses *Balancing* auf Ebene der Regeln und Materialien festgeschrieben, kann es auch leicht ins Gegenteil umschlagen und gleichförmige, eindeutig lösbare oder beliebig wirkende Partieverläufe erzeugen.

Dieses Problem wird durch eine weitere Grundidee des modernen *Gamedesigns* angegangen: das *Balancing* wird bis zu einem gewissen Grad über eine zufällige Mischung von Spielmaterialien an die *Spielrunde* delegiert. Die beteiligten Personen müssen im Verlauf der Partie selbst herausfinden, wie die Relation der *Bottom-up* ins Spiel gebrachten Werte zu bewerten ist, und wie sich die eigene Spielweise an die der anderen anpassen sollte. Ein aleatorisches Gleichgewicht ist daher auch nicht einfach aus einer übergeordneten Sicht zu berechnen, sondern muss experimentell in Testspielen herausgefunden werden. Spiele (gemeinsam) entwickeln heißt nicht nur, Wettbewerbe zu gewinnen und eindeutige Aufgaben zu lösen, sondern neue Rätsel zu erfinden und in die Hände unterschiedlicher Teilnehmer:innen zu legen, so dass sie lange *spannend* und *unentschieden* bleiben.

4.22.1 *Camel Up*: sicherer Würfelpunkt

Wer in *Camel Up* würfelt, wählt eine Aktion, die für ihn selbst reine *Output Randomness* darstellt. Er kann das Ergebnis nicht kontrollieren und bringt eine Information ins Spiel, die für die Mitspieler:innen den Verlauf der Partie vorantreibt, die er aber als letzter selbst nutzen kann (vgl. 4.16.2). Für das *Balancing* von Spielaktionen ist es wichtig, dass die Aktion ›Würfeln‹ auch für diejenigen, die sie wählen, einen greifbaren Nutzen hat. So wurde in den frühen Testrunden der ›sichere Würfelpunkt‹[193] eingeführt: Wer würfelt, gewinnt eine Münze. Dieser Wert 1 ist der Bezugspunkt für das *Balancing* aller anderen Dimensionen. Es ist wichtig, dass die anderen Aktionen in vielen Situationen attraktiver sind, damit eine Etappe, die nach fünfmal Würfeln vorbei ist, durch die anderen Aktionen gerade bei Runden, die aus vielen Teilnehmer:innen bestehen, lange genug andauert.

4.22.2 Etappenwetten

Im fertig entwickelten und veröffentlichten Spiel gilt folgende Auszahlungsmatrix:

	p1 (Platz 1)	p2 (Platz 2)	p3 (Platz 3/4/5)	ø Ertrag
⟨Wette 1⟩	+5	+1	−1	5 p1 + p2 − p3
⟨Wette 2⟩	+3	+1	−1	3 p1 + p2 − p3
⟨Wette 3⟩	+2	+1	−1	2 p1 + p2 − p3
⟨Würfel⟩		+1		+1

Die Ertragserwartung einer Wette lässt sich über die Wahrscheinlichkeit bestimmen, mit denen das Kamel den ersten Platz (Wahrscheinlichkeit p1) oder den zweiten Platz (Wahrscheinlichkeit p2) erreicht oder auf den hinteren Rängen landen wird (Wahrscheinlichkeit p3). Wer völlig blind in einer Situation wettet, in der für das Kamel alle Plätze noch gleich wahrscheinlich sind, hat eine Ertragserwartung, die kleiner ist als der sichere Würfelpunkt. Das trifft zu, selbst wenn die Spieler:in eine +5-Wettkarte ergattern kann:

	$p = \frac{1}{5}$ (Platz 1)	$p = \frac{1}{5}$ (Platz 2)	$p = \frac{3}{5}$ (Platz 3/4/5)	ø Ertrag
⟨Wette 1⟩	+5	+1	−1	$\frac{5}{5} + \frac{1}{5} - \frac{3}{5} = \frac{3}{5}$

Blinde Wetten werden durch die Dimensionierung des Spiels also nicht belohnt. Nehmen wir jedoch an, dass sich im weiteren Verlauf der Etappe die Wahrscheinlichkeiten so verschoben haben, dass ein Kamel ein Rennen mit 1/3 Chance gewinnen kann und mit der gleichen Wahrscheinlichkeit auf Platz 2 oder auf den hinteren Plätzen landen wird. In diesem Fall liegt die Ertragserwartung für die erste Wette, die auf das +5 Wettkärtchen zugreifen kann, über dem sicheren Würfelpunkt, und auch das +3-Kärtchen ist attraktiv, da es mit der gleichen Ertragserwartung verbunden ist, ohne die Wetten der Mitspieler:innen sicherer zu machen. Die +2-Wette bleibt nach wie vor riskant. Die dritte Wette auf ein Kamel einzugehen, lohnt sich also erst, wenn die Wahrscheinlichkeit, dass das

	p = $\frac{1}{3}$ ⟨Platz 1⟩	p = $\frac{1}{3}$ ⟨Platz 2⟩	p = $\frac{1}{3}$ ⟨Platz 3/4/5⟩	⌀ Ertrag
⟨Wette 1⟩	+5	+1	−1	+$\frac{5}{3}$
⟨Wette 2⟩	+3	+1	−1	+1
⟨Wette 3⟩	+2	+1	−1	+$\frac{2}{3}$
⟨Würfel⟩		+1		+1

Kamel gewinnt, über 0,5 steigt. Die Abstufung der Wetten und die Verknüpfung mit der Reihenfolge der Wettaktionen auf die gleiche Kamelfarbe führt zu einer Streuung der Wetten auf die verschiedenen Kamelfarben und zu einer Streuung im Lauf der Runden. So sind mit der Dimensionierung der Wettkarten Wettquoten angelegt, die zu verschiedenen Zeitpunkten einer Etappe attraktiv werden können. Wann dieser Zeitpunkt erreicht ist, bleibt der Einschätzung der *Spielrunde* überlassen. Risikofreudige Teilnehmer:innen werden ihn anders einschätzen als risikoscheue, kalkulierende anders als eher intuitiv Spielende. Dennoch haben alle eine gewisse Chance, das Spiel zu gewinnen.

4.22.3 Wetten auf den Ausgang des Rennens

Die Wetten auf den Ausgang des Rennens werden mit der oben genannten Auszahlungsfunktion honoriert. Der erste, der richtig auf den Gewinner oder Verlierer des Rennens gewettet hat, bekommt acht Punkte, der zweite fünf Punkte, der dritte drei, der vierte zwei, und alle weiteren noch einen Punkt. Falsche Wetten zählen einen Minuspunkt. Folgende Überlegungen waren für die Festlegung der Werte entscheidend.
Bei einer Wette auf den Ausgang des Rennens ist der Unterschied zwischen einer gewonnen und verlorenen Wette größer als bei einer Etappenwette. Das gleiche gilt für den Unterschied zwischen der ersten und zweiten gewonnenen Schlusswette im Vergleich mit den Etappenwetten. Das wertet die letzte Wette gegenüber den Zwischenwetten auf und gibt ihr ein höheres Gewicht bei der Ermittlung des Gesamtergebnisses. Die Auswertung der verdeckt abgelegten Information bildet den Abschluss und dramatischen Schlusspunkt einer Partie und kann die Reihenfolge der Spieler:innen mit hoher Wahrscheinlichkeit verändern. Die letzte Wette soll aber auch nicht zu mächtig werden. Wer bereits früh alle Kamelkarten auf einen Stapel legt, kann sichere Punkte gewinnen: In der jetzigen Dimensionierung sind das +8 für die gewonnene Wette, -4 für die vier verlorenen. Er braucht dafür allerdings fünf Runden, sodass der Nutzen pro Runde mit 4/5 unter dem Ertrag des sicheren Würfelpunkts liegt, selbst wenn die anderen die Strategie nicht mit eigenen Wetten durchkreuzen.

4.22.4 +1/−1-Kärtchen legen

Mit dem +1/−1-Kärtchen können eigene Wetten unterstützt, und die der anderen torpediert werden. Der Einsatz des Kärtchens hat also einen Nutzen, der sich über Effekte auf die Wetten indirekt auszahlen kann. Dennoch erschien es ratsam, die Aktion durch einen weiteren, direkten Nutzen attraktiver zu machen. Die Aktivierung des Kärtchens durch den Treffer eines Kamels oder Kamelturms, bringt dem Besitzer des Kärtchens eine Münze ein. Die Ertragserwartung des Kärtchens steigt also mit den durchschnittlichen Trefferquoten der Felder. Können z. B. drei Kamele das Feld unabhängig voneinander durch eine passende Würfelzahl erreichen, ergibt sich folgende Trefferwahrscheinlichkeit:

	0 Treffer	1 Treffer	2 Treffer	3 Treffer	⌀ Ertrag
(+1/−1-Kärtchen)	8/27	12/27	6/27	1/27	1

Die Ertragserwartung kommt bei einer derart günstigen Platzierung an den sicheren Würfelpunkt heran, und wird allein dadurch schon zu einem günstigen Zug.

4.22.5 Wettpartnerschaften

Bei Wettpartnerschaften kann man nichts verlieren und bereits von einem sicheren Würfelpunkt des Wettpartners profitieren. Es ist daher immer lohnend eine Wettpartnerschaft einzugehen, die Frage ist nur, wann und mit wem. Die Aktion wurde für große *Spielrunden* eingeführt, um die Etappen zu verlängern und jeder Person ausreichend Aktionen pro Etappe zu ermöglichen. Bei der Wahl kann auch die Sitzordnung eine Rolle spielen, weil man mit Nachbar:innen ein Team aus Würfeln und Wetten bilden kann. Die Wettpartnerschaft fördert die temporäre Teambildung und Verschränkung innerhalb der Spielrunde.

4.23 *Zusammenfassung* game *und* play

Spielregeln haben die Funktion, einen vagen Zustand der vollständigen Unabhängigkeit, in dem alles zu jeder Zeit passieren kann, in einen regulierten Zustand zu überführen, in dem die möglichen Verläufe eingeschränkt werden. Zugleich lassen gute Regeln genügend kombinatorische Möglichkeit offen, sodass Partien interessant, spannend und überraschend verlaufen können. Im Entwickeln von Regeln steht Zufall damit nicht nur für den Kontrollverlust oder das Glücksbegehren einer bereits individuierten Partei, sondern wird zur gestaltbaren Kontingenz, die eine Ausdifferenzierung und Verschränkung von Individuen und Parteien der Spielrunde überhaupt erst möglich macht.

Um den Prozess der Regelbildung genauer beschreiben zu können, wurde in diesem Kapitel ein Katalog von Grundbegriffen bereitgestellt. Dazu gehören *innerer und äußerer Spielraum, räumliche und zeitliche Spielrunde, operatives und visuelles Spielfeld, Dimension, Wert, Zählung, Kombination, Kombinatorik, Korrelation, Verknüpfung, Bottom-up, Top-down, Input* und *Output Randomness, offene und verdeckte Information, Gewinne und Verluste* sowie spieltheoretisches und aleatorisches *Balancing*. Als Hauptbeispiel der Veranschaulichung diente das Spiel *Camel Up*, das in einigen Aspekten und Entwicklungsstufen analysiert wurde. Ich versuche diese Überlegungen noch einmal zusammenzufassen und auf den Punkt zu bringen.

Regulierte Spielräume, *Spielrunden* und *Spielfelder* sind in der Topologie unserer körperlichen Existenz und Erfahrung eigentlich immer schon angelegt und gegeben, da wir uns in einer Umgebung ausrichten und verschiedene Möglichkeiten des Zugriffs mit anderen Lebewesen und sogar rein physikalischen Prozessen teilen. Brettspiele übertragen Aspekte dieser Wirklichkeit in ein Modell, das sich auf einem Tisch aufbauen lässt. Auch in den Grundideen der Regulierung sind alle Elemente dieser topologischen Struktur anzutreffen. Das zeigt ein Spielgerät wie die Würfelmaschine, die in sich einen Spielraum birgt, der in der wiederholten Betätigung des Schiebers, in eine Sequenz von Würfelergebnissen überführt werden kann. So konnten die Spielregeln von *Camel Up* im Herumspielen und *playtesting* mit einer solchen Würfelmaschine immer weiter angereichert und ausdifferenziert werden.

Moderne Brettspiele versuchen den Reiz, den dieser Prozess mit sich bringt, in die einzelnen Partien hineinzutragen und dort zu erhalten. Nicht nur Teilnehmer:innen der *Spielrunde* sondern auch unkontrollierbare Ereignisse bestimmen mit, welche Handlungsoptionen die verschiedenen Partien prägen. In *Camel Up* ist dieser Aspekt in der Wahlfreiheit von Aktionen erhalten geblieben, die sich über mehrere Jahre sukzessiv entwickelt haben. Eine zwischenzeitlich stark regulierte Sequenz von Aktionsschritten wurde wieder aufgebrochen, sodass in der letzten Version alle Teilnehmer:innen selbst entscheiden können, ob und in welchem Moment sie würfeln, wetten, Etappenplättchen legen oder Wettpartnerschaften eingehen wollen. Die *Spielrunde* kann sich von Partie zu Partie einen zur Runde und zum Rennverlauf passenden Spielspaß aufbauen, der durch den unvorhersagbaren Fall der Würfel mitbestimmt wird.

In der Entwicklung von Regeln wird die freie Kombinatorik von Aktionen dennoch eingeschränkt und mit ihnen der *Spielraum*, der zu einer kombinatorisch hohen Zahl möglicher Spielverläufe führt. Diese Zahl ist meistens so groß, dass die Frage nach Öffnung und Schließung von *Spielräumen* nur in einzelnen Aspekten durch Rechnen beantwortet werden kann, insgesamt jedoch von *Spielrunden* im Testen bewertet werden muss. Die Experimente, in denen die Qualität der Regeln und Materialien auf dem Prüfstand steht, sind folglich die gespielten Partien selbst. Sie sollen immer wieder Spaß machen, sich an verschiedene Spielgruppen anpassen können und auch durch die Variation von Aufgabenstellungen für interessante Lernkurven und Wiederspielreiz sorgen. Das *play* wird zur Grundlage, das *game* zu verändern.

Wenn die Aleatorik versucht, Grundzüge der Regelbildung aus einer übergeordneten Perspektive zu beschreiben, sind dem Vorhaben enge Grenzen gesetzt. Von Anfang an steht fest, dass die kontrollierte Analyse das freie Spielen nicht ersetzen soll und kann. Jede Partie setzt die Bildung von Parteien voraus, die das *Spielfeld* im Wechselspiel ihrer Erwartungen und Wahrnehmungen als visuelles Feld hervorbringen, und dort bestimmte Werte mit Blick auf Spielziele unterscheiden und zählen. Die Aleatorik protokolliert, wie sich diese Zählweisen als Dimensionierung von Materialien im *Spielfeld* manifestieren und wie die Kombinatorik von erlaubten Zügen eingeschränkt und Aktionen in der *Spielrunde* verknüpft werden. Welche Werte werden in einer Dimension zusammengefasst und unterschieden? Wie bildet die Übertragung von Werten die Grundlage für die Verknüpfung von Dimensionen?

Ein zentraler Unterschied in der Herstellung, Wahrnehmung und Veränderung von Spielständen ist die (im Spiel immer wieder neu hinterfragte) Unterscheidung zwischen Werten, die entweder *Bottom-up* oder *Top-down* ins Spiel kommen. Eine Zuteilung *Bottom-up* wird durch die blinde Kombinatorik von Materialien hervorgebracht. Zugriffe *Top-down* beruhen auf den kognitiven und sensomotorischen Fähigkeiten der Spielrunde, aber auch auf ihrer Freiheit und Unabhängigkeit, zukünftige Spielziele auf die gegenwärtige Situation zurückzubeziehen. In *Camel Up* verkörpert z. B. die Würfelpyramide und die damit verknüpfte Bewegung der Kamele das Prinzip des *Bottom-up,* das Einsammeln und Platzieren von Wettkarten das Prinzip des *Top-down.*

Zuteilungen *Bottom-up* können nicht nur als individueller Gewinn oder Verlust gezählt werden, sondern als *Input Randomness* im Spielfeld zufällig bestimmte Optionen der Teilnehmer:innen miteinander verschränken. So zählt auch in *Camel Up* das Würfelergebnis nicht allein für den, der gewürfelt hat, sondern verändert den Verlauf und Stand des Rennens für alle, auch wenn diese Information nur in einer vorgegebenen Reihenfolge ausgewertet werden darf.

Die Freiheit, mit der reguläre Züge aufeinanderfolgen, kann auf zwei Arten eingeschränkt werden, die mit der Unterscheidung von *Spielfeld* und *Spielrunde* verbunden sind: Im *Spielfeld* wird die kontingente Kombinatorik von Materialien dimensioniert. Für die Entwicklung von *Camel Up* war es z. B. zentral, die Würfelseiten nicht mit den Werten 1 bis 6 zu belegen, sondern die Schwankungsbreite auf die Werte 1, 2 und 3 zu begrenzen. In der *Spielrunde* wird die kontingente Verknüpfung und freie Kombinatorik von Aktionen eingeschränkt. Was gilt als zeitliche Fortsetzung der Partie und welche unerlaubten Aktionen führen (sofern sie entdeckt werden) zu einer Spielunterbrechung oder gar einem Abbruch der ganzen Partie? Die schwierigste Aufgabe bestand darin festzulegen, welche Aktionen sich in einer Runde als alternative Optionen ausschließen (logische Verknüpfung als ›exklusives Oder‹) und welche notwendig nacheinander ausgeführt werden müssen (logische Verknüpfung als ›Und‹). Die Lösung dieser Aufgabe in *Camel Up* kann auf die Formel »Wetten oder Würfeln« gebracht werden.

Ein Grundzug moderner Brettspiele besteht darin, die Zuteilungen *Bottom-up* in Form von *Input Randomness* auf die Zugriffe *Top-down* zu beziehen, sodass die Spielgruppe die Schwankungsbreiten der Partie mitbestimmen kann. Ein Beispiel in *Camel Up* sind die +1/–1-Wüstenplättchen, mit denen die Spielgruppe die Unvorhersehbarkeit eine Etappe beeinflussen kann. Außerdem war es wichtig, die Wettquoten nicht zu genau an den Spielverlauf zu koppeln, sodass die Kontingenz des Spielverlaufs einen unvorhersehbaren Wechsel sicherer und riskanter Wetten erzeugt.

Was also bedeutet ›mit dem Zufall spielen‹ in modernen Brettspielen und wie kann dieser Prozess aleatorisch gefasst werden? Als Zusammenfassung der Zusammenfassung möchte ich noch einmal auf drei Aspekte aufmerksam machen.

1. Eine unkontrollierbare Zuweisung *Bottom-up* wird in modernen Brettspielen anders als in klassischen Glücksspielen meist nicht direkt reguliert und als Gewinn und Verlust auf das Konto von Teilnehmer:innen verbucht, sondern mannigfach in die Spielarchitektur eingespeist und im Sinn der *Input Randomness* an Zugriffe *Top-down* geknüpft. Dadurch wird es möglich, die *Spielrunde* an abwechslungsreich bestimmte Partieverläufe zu binden, ja sogar die *Regulierung* der ganzen Partie bis zu einem gewissen Grad an den Zufall zu delegieren und in die Hand der Spielrunde zu legen (wenn z. B. bestimmte Optionen gar nicht genutzt werden). Es ist ein wichtiges Anliegen der Aleatorik, auf diese *verbindende* Funktion von Zufällen hinzuweisen: Grundlose Zuteilungen lassen sich nicht nur als Glück oder Pech eines Individuums bestimmen und auf dessen Begehren beziehen, sie können auch Bestimmungen und Schwankungsbreiten meinen, die die Eigenschaften des ganzen Kollektivs mitbestimmen und gemeinsam und differenziert bewältigt werden müssen.

2. In dieser Hinsicht adressiert der Begriff Zufall dann auch das spieltheoretisch grundlegende Problem einer prinzipiellen Freiheit und Unabhängigkeit von Teilnehmer:innen, in der sich Spielziele, Spielweisen und Spielregeln entwickeln können. Die Verschränkung unabhängiger Empfindungen und Bewusstseinszustände über Materialien und perspektivierte Wahrnehmung ist eine Leistung gelingender Spiele, nicht eine Voraussetzung.

3. Die Entwicklung eines Spiels bleibt unkalkulierbar, sie ist nicht nur ein strategischer, sondern auch eine taktischer Prozess. So hängt auch die Entwicklung von *Camel Up* von vielen glücklichen Momenten und letztlich Zufällen ab. Ein erster glücklicher Moment war der Bau einer Würfelmaschine, die mehr oder weniger zufällig fünf Würfel fassen und in einer beliebigen Reihenfolge ausspucken konnte. Ohne die wohlwollenden Nachbar:innen, kritische Testspieler:innen und kooperative Spielredaktionen hätte sich das Spiel nicht weiterentwickelt. In einer guten Entwicklung führt die Normierung von Materialien im Feld zu keiner starren Normierung von Spielweisen in der *Spielrunde*. Nur so werden Teilnehmer:innen immer wieder Lust haben, ihre Spielweisen in einer gegebenen Runde auszuprobieren und auszudifferenzieren. Der »Reproduktionserfolg« von Spielmaterialien misst sich auf einer ökonomischen Ebene der Zählung als Häufigkeit, mit denen Spiele verkauft und gespielt werden und Teilnehmer:innen gemeinsam im Spiel bleiben wollen. Hier erreicht das aleatorische Dimensionieren als *test of time* seinen Moment der Wahrheit.

5 TO DO

Ich sitze in einem Strandbad an der Nordsee. An mir rennt ein kleiner Messi mit Rückennummer 9 knapp an einem heruntergefallenen Vanilleeis mit zersplitterter Schokoladenglasur vorbei. Über dem Schattendach tauchen immer wieder Möwen auf, die gegen den Wind segeln und sich elegant nach oben treiben lassen. Unter dem Dach haben Schwalben ihre Nester gebaut und hinterlassen, wenn man nicht aufpasst, weiße Spuren auf den Strandkörben und Liegestühlen. Im flachen Babybecken geht es im Moment recht friedlich zu. In der Mitte steht eine umkämpfte Kuh aus Plastik. Wenn man geschickt an einem Metallhebel pumpt, kommt ein doppelter Wasserstrahl aus rosa umrandeten Nüstern. Der Hebel ist allerdings schon etwas ausgeleiert. Währenddessen telefoniert ein zur Aufsicht eingeteilter Papa. Aus dem Lautsprecher quakt eine Frauenstimme: »Ich kann dich nicht verstehen!«

Ich stelle mir ein allwissendes und allmächtiges Wesen vor, das all diese kleinen Probleme im Blick behalten möchte, und merke, wie seltsam und absurd diese Vorstellung eigentlich ist. Wenn Gott existiert, denke ich mir, scheint er auf unsere Mithilfe ebenso angewiesen zu sein, wie wir auf seine Bereitschaft zur Kooperation. Leider habe ich mein Notizbuch nicht dabei, werde den Gedanken aber auch so nicht vergessen. Ich weiß nun, wie ich die Zusammenfassung meines Buches angehen möchte: Die Aleatorik als Gegenbild zur Vorstellung einer allmächtigen und allwissenden Instanz, deren Existenz auf ewigen unveränderlichen Regeln beruht. Denn in der Entwicklung von Spielen beobachten wir etwas ganz anderes.

Das letzte Kapitel dieses Buches soll noch einmal einige Themen und Fälle aufrufen, die zuvor besprochen wurden. Zugleich will es mehr sein als eine Zusammenfassung. Jedes Unterkapitel ist einem bestimmten Phänomen gewidmet, das mit Spielbeispielen erläutert und auf übergeordnete Themen geöffnet wird. In einer Art TO DO-Liste sollen so Anschlussstellen der Überlegungen aufgezeigt und die Welt selbst als großes Spiel aufgefasst werden. Die Gefahr ist, vom Hundertsten ins Tausendste zu kommen. Der rote Faden ist der Versuch, in der Entwicklung von Brettspielen ein Modell der Regelbildung zu erkennen. Was sich im *Playtesting* eines Prototypen, aber auch in der Entwicklung des Genres in den letzten Jahrzehnten beobachten lässt, soll zu einer Startrampe werden, auf der man zu überraschenden Höhenflügen über neue Themengebiete ansetzen kann. Dazu gehören drängende soziale und ökologische Themen der Gegenwart, ebenso wie die naturwissenschaftliche Entdeckung des genuinen Zufalls.

Um dieses Potential zu erkennen, das hier nur noch skizziert werden kann, sind die Themen der analysierten Spiele nicht mehr maßgeblich. Allerdings lässt sich aktuell z. B. ein Trend zu ökologischen Themen in Brettspielen erkennen, der spannend ist und den Reflexionen, die nun anstehen, entgegenkommt. Doch wahrscheinlich braucht es neue Spiele, um das Potential weiter freizulegen und zu erkunden. So kann es nicht schaden, wenn ein Buch über *Gamedesign* in eine Aufforderung zum Spieleerfinden mündet. Das Ziel würde ich als Frage formulieren: Wie können in und mit den Spielmaterialien Modelle der Regelbildung angelegt werden, die zeigen, dass sie keine allmächtige und allwissende Instanz der Regulierung zur Voraussetzung haben?

5.0.1 *CATAN*

Ein Grundzug von Catan besteht darin, Zufälle und unterschiedliche Spielweisen an der Regulierung der Partie zu beteiligen, so dass sich verschiedene Strategien mit offenem Ausgang aneinander messen können. Der Ablauf der Runden wird durch das Würfeln voneinander entkoppelt. Niemand kennt die Würfelsummen, die fallen werden, und die Entscheidungen, die die Mitspieler:innen treffen werden. Dennoch bauen alle gemeinsam die Architektur der Partie auf, die die Würfelsummen mit variablen Ausschüttungen in der Spielrunde verbindet.

5.0.2 Unbegründetes Spiel

Das Spiel soll mit Derrida als nur temporär zentrierte und begründete Struktur gedacht werden, in der nichts dem Spiel entzogen ist. Das Gegenmodell wäre der Begriff der »zentrierten Struktur« und des »*begründeten* Spiels«, »das von einer begründenden Unbeweglichkeit und einer versichernden Gewissheit, die dem Spiel entzogen sind, ausgeht«. So bleibt auch eine gewisse Angst (aber auch eine gewisse Lust), »ins Spiel verwickelt zu sein, vom Spiel gefesselt zu sein, mit Beginn des Spiels immer schon in der Weise des Im-Spiele-Seins zu sein.«[194]

5.0.3 Peirce über die Rolle des Zufalls im Universum

Der amerikanische Semiologe und Philosoph Charles Sanders Peirce hat 1885 das Programm einer kosmologischen Einschränkung des Zufalls skizziert: »We must suppose an element of absolute chance, sporting, spontaneity, originality, freedom in nature. We must further suppose that this element in the ages of the past was indefinitely more prominent than now, and that the present almost exact conformity to law is something that has been gradually brought about … If the universe is thus progressing from a state of all but pure chance to a state of all but complete determination by law, we must suppose that there is an original elemental tendency of things to acquire determinate properties, to take habits.

[...] Here then is a rational physical hypothesis, which is calculated to account, or all but account for everything in the universe except pure originality itself. (W5: 293).«[195]

5.1 Survival of the fittest

Welche Rolle spielt der Zufall in unserer Welt und Wahrnehmung? Bei einer Umfrage würde wahrscheinlich am häufigsten die Funktion genannt, für glückliche Gewinner:innen zu sorgen. Ein reines Würfelspiel ist das beste Beispiel dafür. Zufall ist in diesem Fall der Gegensatz zu dem, was sich mit Können oder Überlegung erreichen lässt. Es braucht eben auch Glück. Deshalb sind Würfel- und Glücksspiele in religiös geprägten Gesellschaften verboten, zumindest suspekt, nicht nur wegen der Gewaltexzesse, die sie auslösen können, sondern auch, weil das, was uns im Glücksspiel als Zufall erscheint, letztlich das Schicksal und den Glauben an eine allmächtige und allwissende Instanz herausfordern muss.[196] Ist sich Gott vielleicht zu schade, über den kleinsten Würfel im Hinterzimmer einer dunklen Spelunke zu wachen? Wie ist sonst zu erklären, dass Würfel in der Regel unbestechlich fallen, sodass selbst die schlimmsten Raufbolde darauf hoffen dürfen, die größten Gewinne einzustreichen?

Die Moderne hat eine allwissende Instanz der Providenz abgeschafft, jedoch nur, um den Zufall umso ausdrücklicher auf den Sockel zu stellen.[197] Der Zufall bestimmt demnach, wer den Kampf ums Überleben glücklich gewinnen wird. Er wird dort wirksam, wo sich Lebewesen in ihrer Umwelt wie Spielfiguren über einen Spielplan bewegen. Die Werte, die in diesem Spiel zählen, man nenne sie Fitness, Energiereserven oder Reproduktionsraten, bestimmen sich in der kontingenten Relation von Lebewesen und Umwelt. Auch wenn sie blind und zufällig zugeteilt werden, gibt es ein brutales Prinzip, das dazu führt, dass Lebewesen Eigenschaften ausprägen, die gut zur aktuellen Umwelt passen: Diejenigen, die nicht passen, werden aussortiert. Mit einer gesteigerten Fitness und Reproduktionsrate erhöht sich auch die Wahrscheinlichkeit, genau diese Merkmale in einer Population zu verbreiten. Welche Individuen zum Überträger dieser Eigenschaften werden, ist vollkommen beliebig.[198]

5.1.1 *Monopoly*

Monopoly ist ein Modell für das, was der Neo-Darwinismus als kapitalistisches Modell für die Natur der Dinge hält:[199] Auch das soziale Leben ist ein Kampf ums Überleben, den nur die Glücklichsten, Stärksten und Besten gewinnen werden. *Monopoly* ist das vielleicht »ehrlichste« der analysierten Spiele. Es will ein Modell des ungezügelten Kapitalismus sein und *ist* ein solches Modell, nicht nur im Thema, sondern in der Art wie die Spielarchitektur angelegt ist. Es gibt eine Umwelt, sprich den Spielplan, in die sich die Spieler:innen nach bestimmten Regeln und Vorgaben »einnisten« können. In der Konkurrenz mit anderen verfolgen sie austauschbare, aber egoistische Ziele. Die Umwelt, d. h. der Spielplan und die Materialien, sind aus Sicht einer allwissenden Instanz angelegt. Sie kennt alle Felder des Plans, kennt die Nachbarschaften und alle Preise, die für den Kauf oder die Miete von Eigentum bezahlt werden müssen.

In *Monopoly* ist diese allwissende Instanz die Bank, der am Anfang alles gehört. Sie hat alles schon übersichtlich angeordnet, sodass man leicht herausfinden kann, wo die Sahnestückchen unter den Grundstücken liegen. Im Spielplan und den Preistabellen ist vorgezeichnet, wie man das Spiel gewinnen kann: möglichst die teuersten Straßenzüge vollständig erwerben und mit Hotels bebauen. Nicht die Eigenschaften, die zum Gewinn führen, sind ungewiss, sondern nur, welche Person diese Eigenschaften am Ende besitzen wird. Schon nach den ersten Runden greift der im Darwinismus entscheidende Selektionsmechanismus: Wer Glück hat, und gute Straßen erwirbt, erhöht damit seine Fitness und Wahrscheinlichkeit, das Glück zu reproduzieren. Je weiter er seine Stellung ausbauen kann, desto unabhängiger wird er von den zufälligen Zahlen der Würfel werden.

5.1.2 Globale Vermögensverteilung

Die gegenwärtige Wirtschaftsordnung der Welt scheint ähnlich reguliert zu sein: 1 % Prozent der Weltbevölkerung besitzen etwa 50 % des Weltvermögens, die ärmeren 50 % zusammen nur 1 %. Nach einer Oxfam-Studie gönnt sich diese ›Elite‹ einen Lebensstil, der die Pro-Kopf-Emissionen an schädlichen Treibhausgasen, die für das Erreichen der Klimaziele notwendig wäre, um das 30-fach übersteigt, während der ärmere Teil der Weltbevölkerung die Ziele bereits jetzt einhalten würde. Nach dieser Studie wird 2030 1 % der Menschheit für 16 % der globalen Emissionen verantwortlich sein, ungeachtet auf welchem Kontinent und in welchem Land die Reichsten wohnen.[200]

5.1.3 Schummeln

In westlichen Gesellschaften, die in der globalen Bewegung gegenwärtig ins Hintertreffen geraten, lässt sich gegenwärtig eine Tendenz zum Schummeln beobachten. Populistische Politiker:innen können punkten, wenn sie sich selbst als Opfer staatlicher Regeln darstellen, die man am besten umgeht. Stattdessen werden Maßnahmen vorgeschlagen, die einen lokalen Fall zu den eigenen Gunsten lösen – egal, wie sich das auf Orte jenseits willkürlich gezogener Grenzen auswirkt. Man muss z. B. nicht viel über Donald Trump gehört haben, um zu wissen, dass er mit Immobilienspekulation in New York reich geworden ist. Tatsächlich scheint er *Monopoly* auf seine eigene Art in der Wirklichkeit leben und gewinnen zu wollen. Als ewiger *Trump* oder Trumpf, der das Glück bezwingt, indem er das Biegen von Regeln zum Normalfall erklärt: Wenn die Regeln sowieso arbiträr ausgehandelt sind, warum soll man einen Wurf von 7 akzeptieren, wenn man weiß, dass eine 9 nun viel besser wäre? Also behaupten wir einfach, wir hätten eine 9 geworfen, und wenn wir damit nicht durchkommen, legen wir einfach fest, dass eine 7 ab jetzt 9 zählt. Mal schauen, wie weit wir damit kommen. Eine solche Haltung imponiert vielen Menschen, nicht, weil sie *nicht* sehen, wie hier dreist geschummelt wird, sondern weil sie das sehr gut erkennen können und glauben, dass sich der Erfolg, auf den es im Kapitalismus allein ankommt, nur so pachten lässt. Westliche Demokratien treiben damit in die Dystopie von Willkürherrschaft und Recht des Stärkeren..

5.1.4 Eine Partei als allwissende Instanz der Regulierung

Fast ein Viertel der reichsten Menschen werden 2030 in China leben. Die Volksrepublik, die diesen Aufstieg reguliert, steht für ein im Vergleich entgegengesetztes Extrem und propagiert die Existenz einer allwissenden Instanz und Partei, die für Sicherheit und Wohlstand sorgt, nichts dem Zufall überlässt und selbst das Chaos einer Pandemie kontrolliert verwaltet. Hierfür sammelt sie maximale Daten und formt daraus mit Hilfe der Wissenschaft rationale Gesetze, an die sich alle halten müssen. So werden in chinesischen Großstädten gegenwärtig zahlreiche sogenannte Smart-City-Projekte umgesetzt: Digitale Techniken optimieren die städtischen Verkehrsnetze, die Versorgung mit Strom, Wasser und Wärme, die Abfallentsorgung, ebenso die Beleuchtung von Gebäuden und die Überwachung der Räume mit Kameras und Sensoren.[201] Verbunden wird dies mit dem Aufbau eines Sozialkreditsystems (*shehui xinyong tixi*). Mit dem Punktesystem sollen ähnlich wie in einem Computerspiel Einzelpersonen, Unternehmen, soziale oder staatliche Organisationen belohnt werden. Ein Bericht des *Mercator Institute for China Studies* aus dem Jahr 2020 kommt zum Schluss, dass bisher eigentlich nur feststeht, dass das Einhalten von Regeln belohnt wird, nicht welche Regeln das genau sein sollen. Ebenso wenig ist bereits formalisiert und digitalisiert, welche Auswirkungen das Punktesystem auf die Kreditwürdigkeit oder andere soziale Faktoren haben soll.

In westlichen Staaten sind einzelne Sektoren durch ähnliche staatliche oder privat-wirtschaftliche Auskunftskarteien geregelt, man denke etwa an die deutsche SCHUFA oder die »Verkehrssünderkartei in Flensburg«. Im Unterschied dazu versucht die chinesische Staatspartei alles in einer Hand zusammenzuführen und greift dabei auch auf *Big Data* und *Social Media* zurück, die in westlichen Demokratien privatwirtschaftlich und mit großen Gefahren der Monopolbildung vermarktet werden. Die Staatspartei versteht sich als Vertreter des ganzen Volkes und versucht die Regeln so zu formulieren, dass sie möglichst gut für alle sind. Der Verdacht liegt allerdings auf der Hand, dass diejenigen, die die Regeln entwickeln, auch hier Player mit eigener Agenda bleiben. Selbst wenn man die besten Absichten unterstellen würde, müsste die Utopie der unparteiischen Partei, die nichts dem Zufall überlässt, ihre eigene kontingente Geschichte verschleiern, um ihre Macht zu zementieren.

5.2 Survival of the fittings

In den hier vorgelegten Spielanalysen wurde immer wieder eine weitere Seite des Zufalls erkundet. Als *Input Randomness* entscheidet er nicht nur über die mehr oder weniger glückliche Zuteilung eines Wertes (und damit über Gewinn und Verlust), sondern ist auch ein Maß dafür, wie frei und unterschiedlich die Akteur:innen in einer Gruppe agieren können. So kann die zufällige Auslage von Spielmaterialien alle Personen, die mitspielen, miteinander verschränken. Sie können ihre Entscheidungen dann immer noch frei und unabhängig voneinander treffen, werden jedoch über eine zufällig aufgebaute Umwelt, die sie mit unterschiedlichen Zielen verändern können, in ihrer Entwicklung verkoppelt. Der Zufall steht steht dann nicht nur für die Schwierigkeit, Ziele kontrolliert zu erreichen oder Information vom Rauschen zu unterscheiden,[202] sondern ist auch Effekt und Bedingung von Kooperation und Konkurrenz.

Die Unterscheidung von *Input* und *Output Randomness* reflektiert nicht mehr, wie sich ein gegebenes Spiel am besten gewinnen lässt, sondern wie gemeinsam aufgebaute Spielarchitekturen mit ihren Feld- und Rundenstrukturen angelegt sind. Was auf dieser Ebene zählt, ist dann nicht einfach der Spielstand am Ende der Partie, sondern ob das Spiel selbst gut ankommen und häufig gespielt werden wird. Es gibt viele Geschmäcker – und die Spielrunden sind verschieden. Genau hier scheinen moderne Brettspiele anzusetzen und Spielsysteme zu entwickeln, in denen viele verschiedene Wege zu multiplen Zielen angelegt sind, so dass die kollektiv bestimmte Regulierung des Partieverlaufs immer wieder anders ausfällt. Fragen wir nach dem (Reproduktions)Erfolg, nicht nur von Spiel*weisen* und *Teilnehmer:innen*, sondern auch von Spiel*materialien* und Spiel*architekturen*, wird genau diese Eigenschaft belohnt werden: die Fähigkeit von Materialien und ineinander greifenden Mechanismen, die Spielweisen unterschiedlicher Gruppen zu ermöglichen. Die Lebensdauer eines Spiels, so die These, beruht nicht auf dem »survival of the fittest«, dem Überleben des Besten, sondern auf einer Art »survival of the fittings«, einer Reproduktion von Dingen und Personen, die vielfältig und variabel zusammenpassen.[203]

5.2.1 *CATAN*

CATAN ist ein epochemachendes Spiel, nicht weil hier die strategische Besiedlung einer Insel noch einmal romantisiert nacherzählt würde, sondern weil Zufälle geradezu demonstrativ als treibende Kraft eines gemeinschaftsstiftenden Spielerlebnisses eingesetzt werden. Die mehrschichtige Kombinatorik des Spielplans und eine Sequenz von Würfelsummen, von denen jede einzelne für alle zählt, sorgen für eine Variation der Aufgabenstellung, an deren Aufbau die Personen selbst beteiligt werden. Sie können durch den Bau von Straßen, Siedlungen und Städten mitentscheiden, mit welcher Wahrscheinlichkeit sie bestimmte Rohstoffe produzieren werden, und wie ähnlich oder unterschiedlich ihre Produktionsmöglichkeiten dabei sein werden.

Auch *CATAN* ist ein sehr kompetitives Spiel, in dem am Ende diejenigen gewinnen, die das Ziel der zehn Siegpunkte am schnellsten erreichen. Würfelsummen oder zufällig gezogene Siegpunkt- oder Monopolkarten (*Monopoly* lässt grüßen) entscheiden in Form von *Output Randomness* darüber, welche der nur als Wahrscheinlichkeit berechenbaren Strategien am schnellsten aufgehen wird. Dennoch wird dieser kompetitive Reiz von einem Spielgefühl überlagert, in dem die Runde etwas gemeinsam und unterschiedlich aufbauen kann. Das sind nicht nur konkrete Stellungen, sondern spezielle Regulierungen, die für die Dauer der Partie gelten.

CATAN hat damit eine neue Einstellung zu Brettspielen getriggert, die nicht auf den Gewinn der nächsten Partie im Rahmen des gleichen Spielsystems ausgerichtet ist, sondern auf den Aufbau neuer Spielarchitekturen. Eine gewisse Zeit passt dieser Wunsch in die *CATAN*-Schachtel, deren Materialien immer wieder rekombiniert werden. Früher oder später wird auch diese Schachtel zu eng und der Wunsch führt zu den gut gefüllten Regalen einer Brettspielsammlung, zu der dann wahrscheinlich auch kooperative Spiele gehören werden. Vielleicht wird sogar mit dem Kauf von Karton, Stiften, Schere und Klebstoff eine kleine Werkstatt entstehen, in der an neuen Prototypen gebastelt wird.

5.2.2 *Gamedesign* und *Metagame*

Eine gute Spielarchitektur kann durch keine allwissende und allmächtige Instanz errechnet werden. Gute Spiele werden im Spielen entwickelt und d. h. auch in der perspektivierten Wahrnehmung verschiedener Spielrunden (vgl. dazu Kap. 3). Im Metagaming werden Spielarchitekturen und Spielrunden mit krassen und riskanten Spielweisen auf die Probe gestellt, um in Erfahrung zu bringen, ob das *game* etwas taugt, auf verschiedene Spielweisen antwortet und »liefert.« Man kann das nicht wissen, indem man Regeln am grünen Tisch entwirft. Spielen ist ein unersetzliches Experimentieren eigener Art, das den Versuchsaufbau immer wieder umbauen wird, um zu verstehen, welche Ereignisse und Spielweisen einen Unterschied machen und welche nicht. Das kann nicht aus einer einzigen, unparteiischen Sicht entschieden werden, sondern nur aus den vielen Innenperspektiven des Spielens heraus.

5.2.3 Biodiversität, Biosphäre und ›Gaia‹ als Spielrunde

In der zweiten Hälfte des 20. Jahrhunderts sind Evolutionsmodelle entstanden, die die Ko-Evolution von Symbionten in den Blick nehmen. Bereits auf Ebene der Bakterien lassen sich unzählige Verschränkungen und Rückkopplungen beobachten, in denen die »Abfallprodukte« des einen Wesens zu »Nährstoffen« der anderen werden. Besonders spannend sind Prozesse der Endosymbiose, in denen sich die Symbionten in einer topologischen Inva-

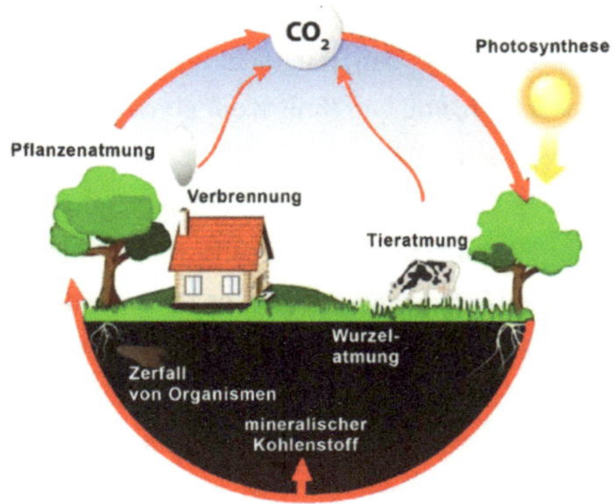

gination reproduzieren, einander sozusagen verschlucken, ohne zu verdauen. So hat Lynn Marguilis bereits in den 60er Jahren des 20. Jahrhunderts eine Theorie vorgelegt, nach der eukaryotische Zellen durch das zufällige Aufeinandertreffen von prokaryotischen Zellen entstanden sind, die dann. z. B. als Chloroplasten und Mitochondrien in größeren Verbünden agieren. Dieser erstaunliche Zusammenhang gilt inzwischen durch DNA Vergleiche zwischen Bakterien, Pflanzen- und Tierzellen als gut belegt.[204] In dieser Perspektive kann die ganze Biosphäre der Erde als ein zusammenhängender Prozess des Lebens verstanden werden, in dem eine bestimmte Zusammensetzung der Biosphäre Biodiversität ermöglicht, die sich wiederum auf die Zusammensetzung der Biosphäre auswirkt.[205]

Die Analogie zu den beobachteten Spielprozessen ist folgende: Die zufällige Mischung und molekulare Reaktionen zwischen den Bausteinen des Lebens wie Kohlenstoff, Wasserstoff, Stickstoff, Sauerstoff, Phosphor oder Schwefel ist eine Form von geteilter Input Randomness, in der sich aus kontingenten Koinzidenzen neue Formen des Lebens und neue Dimensionen der Unterscheidung entwickeln können. Wie Materialien, die in Spielrunden zirkulieren und durch die Spielweisen selektiert werden, gruppieren sich die Prozesse im Leben von Zellen und Organismen immer wieder neu. Nach außen wird der Spielraum durch die zufällige Mischung derselben Grundbausteine in der Atmosphäre geschützt. Eine rasche Änderung ihrer Zusammensetzung, wie der gesteigerte Eintrag von Kohlendioxid durch die Verbrennung fossiler Energieträger, kann Gleichgewichte zum Kippen bringen und zum Abbruch ganzer Partien führen.[206] Die Aleatorik vertritt damit die These, dass »Ökologie im Wesentlichen als ein Spiel zu begreifen« ist.[207]

5.2.4 Korallenbleiche

Der globale Anstieg der Temperatur ist ein zentraler Faktor der aktuellen Klimakrise. Höhere Temperaturen und Temperaturschwankungen können das fragile Gleichgewicht von Lebensformen unter Stress setzen und bestimmte Stoffwechselvorgänge unmöglich machen. Ein bekanntes Beispiel sind Steinkorallen, die aus einer symbiotischen Verbindung von Tieren und Pflanzen bestehen. Die Körper von ortsfesten Nesseltieren scheiden

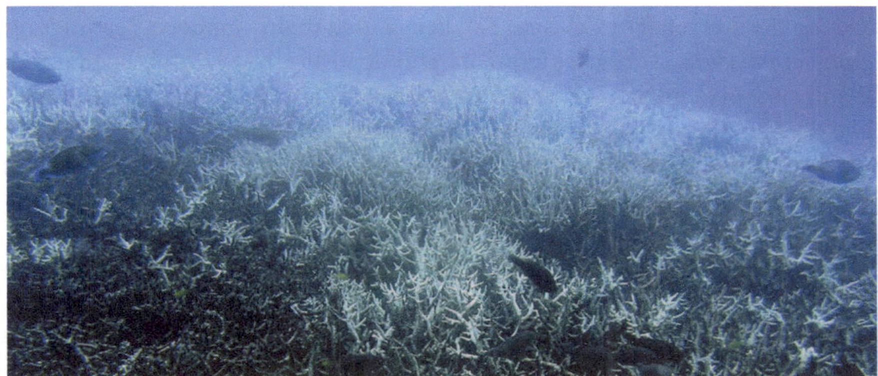

an ihrer Basis Kalk ab und verbinden sich mit der Erdkruste. In diesen Organismen leben mobile Algen (und andere meist einzellige Lebewesen), die über Flagellen verfügen und das System über Photosynthese mit Nährstoffen versorgen. An bestimmten Temperaturschwellen (die bei vielen Algenarten bei ca. 29° liegen) brechen die Interaktionsketten zusammen. Die Algen werden für die Nesseltiere toxisch und ausgeschieden. Die Steinkorallen bleichen aus und sterben langsam ab.[208]

Die Analogie zu den analysierten Spielarchitekturen ist folgende: Temperatur ist ein Maß für thermodynamische Ungewissheit, und damit ganz wörtlich ein Maß für die chaotische Dynamik physikalischer Elemente. Die Interaktionsketten der Korallenriffe erinnern an Spielarchitekturen, in denen unterschiedliche Strategien auf der Grundlage von bestimmten Schwankungsbreiten interagieren können. Wie im Gamedesign beobachten wir, dass mit der Dimensionierung von Schwankungsbreiten ein Gleichgewicht oder Ungleichgewicht von Strategien hergestellt werden kann. Spielmaterialien bestimmen, wie sich Teilnehmer:innen mit verschiedenen Strategien gegen eine geteilte Form von Input Randomness robust machen können. In kooperativen Spielen sind damit auch geteilte Spielziele verbunden. Ein verantwortungsvolles, ökologisches Handeln wird Schwankungsbreiten und Umweltbedingungen schützen, die mit einer möglichst großen Vielfalt von Arten und Lebensformen verbunden sind.

5.3 *Relativer Zufall als lokale Unabhängigkeit*

Was wir mit kontrolliert hergestellten und reproduzierten Spielmaterialien in Erfahrung bringen können, ist ein relativer Zufall, der auf Unwissenheit beruht. Wenn wir einen verdeckt abgelegten Kartenstapel aufnehmen, die Karten offen auffächern, dann wieder in unveränderter Reihenfolge zurücklegen, um sie schließlich noch einmal Karte für Karte aufzudecken, wissen wir genau, welche Karte als erste, zweite und dritte erscheinen wird. Das erneute

Ziehen der Karten ist in diesem Fall kein Zufall mehr, sondern Bestätigung eines Vorwissens. Ähnliches kann man für den Fall eines Würfels behaupten: Wenn alle notwendigen Daten gesammelt wären, könnten wir mit Mitteln der klassischen Physik vielleicht schon im Moment, in dem der Würfel die Hand verlässt, berechnen, mit welcher Seite nach oben er zur Ruhe kommen wird.

Im Fall des Würfels haben wir dieses Wissen nicht, weil wir all die kontingenten Daten gar nicht schnell und genau genug erfassen können. Im Fall der Spielkarten verzichten wir bewusst darauf und tun einiges dafür, damit das Spiel fair bleibt: Wir decken Karten nicht verfrüht auf, hinterlassen keine Gebrauchsspuren und schauen den anderen nicht in verdeckt gehaltene Handkarten (jedenfalls nicht so, dass sie es merken). Dadurch können Spielrunden Kontingenz kontrolliert herstellen und möglichst fair auf den Spielplan bringen. Im Spielfeld wird alles lokal, in voneinander unabhängigen Aktionen zusammengeführt. Von dort verteilt es sich wieder als Gewinn, Verlust oder neutraler Spielstand in der Spielrunde. Alles folgt seinen eigenen Ketten der Hervorbringung, die im Fall der nicht-elektronischen Spiele aus vielen materiellen Kontakten, Berührungen und Zusammenstößen bestehen. Manche Spielmaterialien, wie die Würfel, sind so geformt, dass sie möglichst unkontrollierbar fallen können. Andere, wie die Spielfiguren, sind hingegen so geformt, dass sie möglichst griffig gezogen und abgestellt werden können. Die Bewegungslinien, die sich im Spielfeld kreuzen, bleiben eine kontingente Kombinatorik, der relative Zufall eine lokale Unabhängigkeit.

5.3.1 *CATAN*: Der variable Spielplan

Der variable Spielplan von *CATAN* stellt das Prinzip der lokalen Unabhängigkeit aus und begrenzt zugleich die Unwissenheit der Spieler:innen. Am Anfang der Partie werden die Landschaftsfelder gemischt, in einem vorgegebenen Raster ausgelegt und aufgedeckt. Das Spielsystem reguliert die Wahrscheinlichkeiten und Schwankungsbreiten, indem jeder Landschaftstyp mit einer bestimmten Anzahl im Kartensatz vorhanden ist und jede Karte nur einmal ausgelegt werden kann. Mit den Zahlenchips werden auch die Produktionswahrscheinlichkeiten kontingent zugelost. Die Sequenz der unabhängigen Würfelsummen und die Reihenfolge der gemischten Entwicklungskarten sind die einzigen Faktoren, die erst im Lauf der Partie durch *Bottom-up* Entscheidungen sukzessiv aufgedeckt werden. Alle Informationen, die den Aufbau des Spielplans betreffen, werden am Anfang zufällig bestimmt und liegen dennoch bereits offen auf dem Tisch. Gleichwohl bleibt ein Unwissen oder eine große Ungewissheit, welche Siedlungsplätze die besten sein werden: Die Kombinatorik ist sehr groß, und es gilt viele Faktoren gegeneinander abzuwägen – so auch, welche Abstände und Vorzüge die eigene Siedlung im Vergleich mit anderen haben wird. Damit entwickelt sich jede Partie *CATAN* aus der Unabhängigkeit von Ereignissen, die im Spielfeld lokal zusammengeführt werden.

5.3.2 Gewinnstrategien und *Metagaming*

In Spielsystemen kann ein kontingenter Input über lokale Interaktionsketten mit anderen Dimensionen verknüpft werden, etwa die Augen, die von der Oberseite eines Würfels abgelesen und kontrolliert auf die Zugweite einer Figur in einem Parcours übertragen werden. Der Zufall kann dadurch determiniert durch das Spiel prozessiert werden, das in dieser Hinsicht einer gut funktionierenden Maschine gleicht. Im Prozess des *Metagaming* erkunden Spieler:innen das Regelsystem und die Zusammensetzung von Spielrunden und suchen nach Stellschrauben und Zusammenhängen, die sie so einstellen können, dass sie mit möglichst hoher Wahrscheinlichkeit ihre eigenen Spielziele erreichen können.

5.3.3 Galileis Versuche an der schiefen Ebene

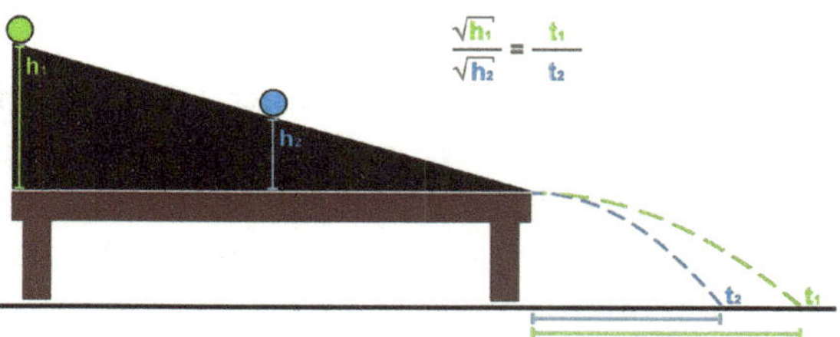

Analog zu Spielsystemen und Spielmechanismen wie »roll & move« sucht die klassische Physik in der Welt nach Regeln und Stellschrauben, die eine gleichsam allmächtige und allwissende Instanz vorgegeben hat. So bestimmt Galileo Galilei mit seinen Versuchen an der schiefen Ebene immer wieder kontingente Höhen, mit denen er eine Kugel starten lässt. Er bestimmt die Höhe der Kugel als vertikalen Abstand zur Tischplatte (h_1, h_2). Danach misst er die Tiefe oder Weite des Flugs, d. h. den horizontalen Abstand, mit der die Kugel, nachdem sie die schiefe Ebene verlassen hat, auf dem Boden auftrifft (t_1, t_2). Diese Weite des Flugs kann er nicht mehr frei und direkt bestimmen, sondern nur noch in einem arbiträren Maßstab messen. Gibt es eine Regel in der Natur, ein »Naturgesetz«, das die kontingente Höhe, mit der die Kugel über der Tischplatte startet, und den Abstand von der Tischkante, mit der sie auf dem Boden auftrifft, miteinander verknüpft und zu einem notwendigen »Mechanismus« werden lässt?
Nach langen Versuchen und Überlegungen, die einem Prozess des *Metagaming* gleichen, fand Galilei eine Beziehung, die zu recht präzisen Voraussagen führte: Die horizontalen Abstände von der Tischkante variieren proportional zur Wurzel ihrer *Höhe* über der Tischplatte.[209] Wer diesen Zusammenhang kennt und versteht, kann mit der frei wählbaren Höhe der Kugel einen bestimmten Punkt auf dem Boden anvisieren. Diese Erkenntnis steht am Anfang der klassischen Physik. Wer sich mit dieser Wissenschaft verbündet, kann die Kontingenz kontrollieren, mächtiger agieren und z. B. besser berechnen, wie eine Kanone ausgerichtet werden muss, um eine feindliche Stadt zu treffen.

Das Analogon zu den analysierten Spielsystemen ist folgende: Die klassische Physik erkennt in der Welt ein Spielsystem, in dem mit unveränderlichen Regeln Werte und Zählweisen zwischen räumlichen und zeitlichen Dimensionen ausgetauscht und übertragen werden. Aus solchen Regeln können mit der Definition von arbiträren Spielzielen eigene Gewinnstrategien abgeleitet werden.

5.4 *Genuine Zufälle: Gott würfelt nicht?*

Vor über hundert Jahren führte ein physikalisches Projekt, das mit Galileis Versuchen an der schiefen Ebene mit diametral entgegengesetzten Zielen begonnen hatte, zur Entdeckung von genuinen Zufällen. Es gibt beständig Ereignisse im physikalischen Universum, die von dem, was bisher geschah, in bestimmten Aspekten unabhängig bleiben, sodass sich Werte, die in zeitlichen und räumlichen Dimensionen messbar sind, im Moment der Feststellung unvorhersagbar einstellen. Diese Zufälle werden deutlich, sobald wir versuchen, mit hohen Energien sehr kleine räumliche und zeitliche Abstände zu bestimmen. Bei Betrachtung der mikroskopischen Welt (Atome, Elementarteilchen, etc.) stellt sich heraus, dass gewisse Größen nur in ganzen Vielfachen von elementaren Einheiten (eben »Quanten«) auftreten und variiert werden können. In gewissen Fällen sind diese Quanten durch Naturkonstanten fest vorgegeben (z. B. bei Drehimpuls oder Wirkung durch die Planck-Konstante), in anderen Fällen hängen sie von freien Parametern ab (bei Lichtquanten z. B. von der Farbe oder Frequenz des Lichts). Die klassische Naturwissenschaft war mit einem komplett umgekehrten Programm angetreten: Sie wollte die Natur als eine große Maschine verstehen, in der sich alle relevanten Dimensionen *kontinuierlich* verändern lassen und in ihrem Zusammenhang gleichzeitig messbar und rational vorhersagbar bleiben.

Anfang des 20. Jahrhunderts wurde jedoch immer unabweisbarer, dass es genuine Zufälle und Unbestimmtheiten gibt, die einer freien Veränderung und gemeinsamen Messung von Dimensionen (wie z. B. Ort und Impuls), ebenso wie der Vorhersagbarkeit von Experimenten prinzipielle Grenzen setzen. Albert Einstein, der vielleicht größte Physiker des 20. Jahrhunderts, der an der Entdeckung der Phänomene maßgeblich beteiligt war, hielt bis zum Schluss an der Überzeugung fest, dass auch diese Zufälle auf bloßem menschlichen Unwissen beruhen. Er fasste das in seinem berühmten Diktum zusammen: »Gott würfelt nicht!«[210] Ein anderer großer Physiker, Richard Feynman, sprach von der Natur als Schachspiel der Götter, bei dem wir vielleicht ein paar Regeln verstehen könnten, nicht aber die Züge, die ausgeführt werden.[211] Offenbar können auch Physiker ganz unterschiedliche

Spiele miteinander spielen, ohne sich vom Glauben an eine allwissende und allmächtige Instanz zu lösen.

5.4.1 Moderne Brettspielarchitekturen

Im Vergleich von *Monopoly* und *CATAN* wurde gezeigt, wie Würfelsummen und zufällige Auslagen eine neue Position in der Spielarchitektur bekommen. Der große Unterschied zwischen beiden Brettspielen besteht darin, dass die zufälligen Würfelsummen in *Monopoly* nicht darüber entscheiden, auf welche *Weise* eine konkrete Partie gewonnen werden kann. In *CATAN* werden die Würfelsummen dagegen im Verbund mit zufälligen Auslagen zum Medium, in dem sich unterschiedliche Strategien herausbilden und mit unvorhersehbarem Ausgang aneinander messen können. Diese Beobachtung soll im folgenden einen neuen Verständnishorizont für die verwirrende Welt der Quantenphysik setzen. Aus einer aleatorischen Perspektive sollen genuine Zufälle nicht nur als *Output Randomness* beschrieben werden, in der Teilnehmer:innen die Kontrolle verlieren, sondern als *Input Randomness*, mit der sich konkurrierende und kooperierende Strategien wie in *CATAN* immer wieder neu herausbilden können..

5.4.2 Knoten im Hirn[212]

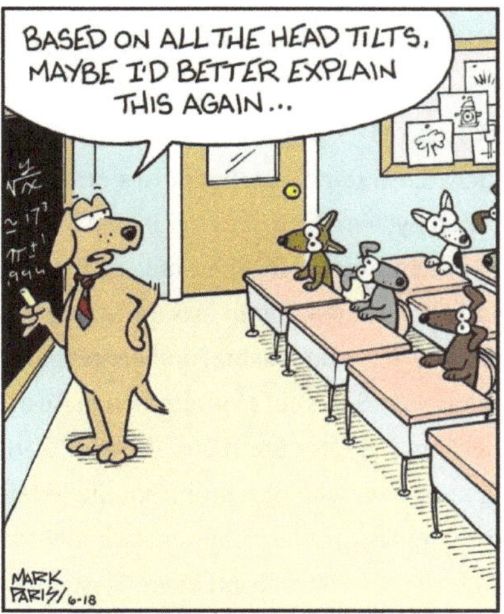

Quantenphysikalische Phänomene werden häufig informationstheoretisch über alternative Zustände eines Systems erklärt, dessen Bits die Werte ›0‹ und ›1‹ annehmen können. Die Besonderheit dieser *Qubits* besteht dann darin, dass sie regulierte Zustände besitzen, in denen in wiederholten Messungen beide Werte mit bestimmten Wahrscheinlichkeiten und Korrelationen festgestellt werden.[213] Isoliert betrachtet können dann Phänomene wie *Spin Up* oder *Spin Down* mit 0 und 1 als klassisches Bit an Information formalisiert werden, ohne sich weiter um die damit verbundenen Phänomene und Messverfahren kümmern zu müssen. Ich werde im Folgenden am Beispiel der Spinmessung eine weniger abstrakte Darstellung wählen, bei der erkennbar bleibt, dass *»Spin Up* |↑⟩« und »Spin Down |↓⟩*«* als diametral entgegengesetzte Richtungen im beobachtbaren Raum unterscheidbar werden. Dadurch bleibt deutlicher, dass es im Kern um Ereignisse geht, die sich mehr oder weniger unabhängig voneinander raumzeitlich ausrichten und verteilen.[214]

5.4.3 Das Stern-Gerlach-Experiment

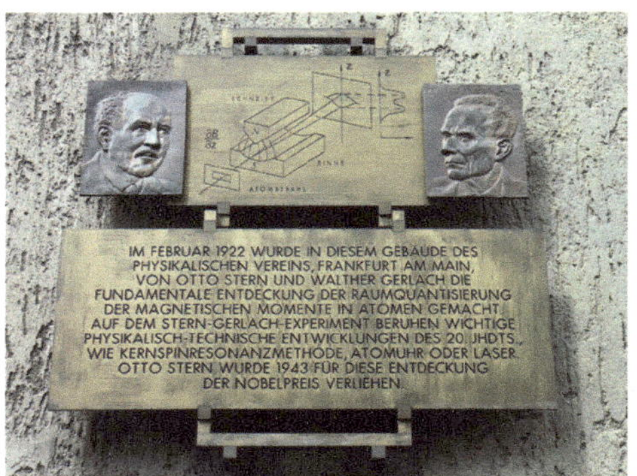

Spin bezeichnet eine Art magnetischen Drehimpuls, der sich an Elementarteilchen wie z. B. dem Elektron mit konstantem Wert einer physikalischen Wirkung nachweisen lässt, beim Elektron z. B. als Hälfte des Planckschen Wirkungsquantums. Als magnetisches Moment kann sich diese Wirkung mit der Achse seines Drehimpulses unterschiedlich im Raum ausrichten und an übergeordneten Systemen zeigen, mit jedem Wechsel des Magnetfelds neu, mit nur zwei eindeutig unterscheidbaren Alternativen, die als *Spin Up oder Spin Down* bezeichnet werden. An Silberatomen, deren äußere Schale durch ein einzelnes Elektron besetzt ist, kann dies relativ leicht beobachtet und gemessen werden. Diese Abbildung einer Menge zufällig gemischter Spins auf eine alternative Ausrichtung nach oben oder unten war noch nicht bekannt, als Otto Stern und Walther Gerlach im Februar 1922 in Frankfurt am Main folgenden Versuch durchführten. Sie leiteten gasförmig gelöste Silberatome durch ein orthogonal zur Flugrichtung stark inhomogenes Magnetfeld. Am Ende der Strecke schlugen sich die Atome auf einer Glasplatte nieder. Die Experimentatoren erwarteten eine unscharfe Wahrscheinlichkeitsverteilung der Atome über den zufällig ausgerichteten Spin. Es bildeten sich jedoch zwei durch Bruchteile eines Millimeters klar voneinander getrennte »Flecken«. Die Atome wurden in der vorgegebenen Richtung entweder eindeutig nach oben oder eindeutig nach unten abgelenkt. Das rätselhafte Resultat dieser »Richtungsquantelung im Magnetfeld« blieb über Jahre unerklärt.[215]

5.4.4 Die partiell korrelierten Ergebnisse von Spinmessungen

Bestimmt man den Spin eines Elektrons, der sich in einer bestimmten Richtung des Raums ausgerichtet hat, in einer neuen, nicht parallelen Achse, wird die Abbildung oder Übertragung des Spins auf die neue Vorgabe unsicher. Man kann nur noch eine vom Winkel der Drehung abhängige Wahrscheinlichkeit angeben, mit der sich der Spin im Messgerät gleich oder unterschiedlich reproduzieren wird und nicht mehr den tatsächlichen Ausgang der nächsten Messung vorhersagen. Diesen Zusammenhang verdeutlicht das folgende abstrakte Setting einer Spinmessung.

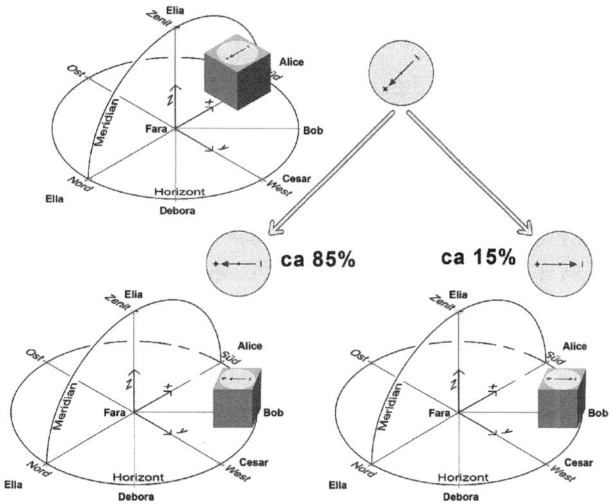

Alice richtet ein Spin-Messgerät so aus, dass der Minuspol auf die eigene Person und der Pluspol auf das Gegenüber die ihr gegenüber positionierte Ella zeigt. Alice versucht den Zustand des Geräts möglichst exakt zu präparieren: Nur wenn sie zufällig einen Spin Up misst, d. h. der Zeiger auf den Pluspol des Ziffernblattes zeigt, gibt sie das Gerät an eine andere Person weiter. Die nächste Messung wird durch Bob, Cesar, Debora oder Ella durchgeführt. Obwohl Alice nur exakt gleich präparierte Messgeräte weitergibt, bleibt es unvorhersagbar, welche Richtung die Wirkung in der nächsten Messung von Bob, Cesar oder Debora haben wird. Nur Ella, die im Winkel von 180° zu Alice steht, wird mit der Messung immer einen zu Alice diametral entgegengesetzten Spin erhalten. In der Achse von Bob (45°), Cesar (90°) und Debora (135°) wird sich der Spin *unterschiedlich häufig* mit einer bestimmten Wahrscheinlichkeit nach oben oder unten ausrichten. Wenn z. B. Bob das Experiment 100-mal nacheinander durchführt, (der im Winkel von 45° zu Alice steht) wird er ca. 85-mal analog zu Alice Spin Up erhalten, dagegen ca. 15-mal den umgekehrten Spin Down. Die Ereignisse lassen sich zählen und ihre Wahrscheinlichkeitsverteilung vorhersagen, nicht aber das Ergebnis einer einzelnen Messung.

5.4.5 Spinmessung als kalkulierbare Wahrscheinlichkeit

Die Quantenphysik postuliert, dass die partielle Korrelation der Messungen aus dem Winkel hergeleitet werden kann, mit dem das Messgerät zwischen der ersten und zweiten Messung gedreht wurde.[216] Die Wahrscheinlichkeit, dass sich der Spin gleich reproduziert, kann demnach als $\cos^2\frac{\delta}{2}$ vorhergesagt werden, die Wahrscheinlichkeit für eine Umkehrung des Spins als $\sin^2\frac{\delta}{2}$. Daraus ergibt sich mit Bezug auf Alice die folgende Tabelle von Wahrscheinlichkeiten:

δ	gleich ausgerichteter Spin $\uparrow \cos^2\frac{\delta}{2}$		umgekehrt ausgerichteter Spin $\downarrow \sin^2\frac{\delta}{2}$	
Alice 0°	1	$\uparrow_{Alice}$	0	$\downarrow_{Alice}$
Bob 45°	0,853...	$\uparrow_{Bob}$	0,147...	$\downarrow_{Bob}$
Cesar 90°	0,5	$\uparrow_{Cesar}$	0,5	$\downarrow_{Cesar}$
Debora 135°	0,147...	$\uparrow_{Debora}$	0,853...	$\downarrow_{Debora}$
Ella 180°	0	$\uparrow_{Ella}$	1	$\downarrow_{Ella}$

Das Projekt der klassischen Physik, Werte in verschiedenen Dimensionen zueinander in Beziehung zu setzen, muss mit der Quantenphysik also nicht gänzlich aufgeben werden. Allerdings ist es komplizierter geworden und hat sich entscheidend verändert: Wenn die relevanten Dimensionen in Beziehung gesetzt werden, können nicht einzelne *Werte* vorhergesagt werden, sondern nur die *Wahrscheinlichkeiten*, mit denen sie unter konstant gehaltenen Bedingungen auftreten und gezählt werden.

5.4.6 Regulierte Spielsituation als Analogon zu einem quantenphysikalischen Zustand

Quantenphysikalische Gleichungen können wie ein regulierter Spielstand aufgefasst werden, aus dem unterschiedliche Spielzüge, nach den gleichen Regeln und Bedingungen hervorgehen können. Ein gutes Beispiel ist *Scotland Yard*. Dort entsteht aus der Perspektive der Detektiv:innen mit der Fahrtentafel von ›Mister X‹ und den Ticktes, die er dort ablegt, ein wachsender Möglichkeitsraum von Aufenthaltsorten, die unter den gegebenen Bedingungen gleichwertig sind (vgl. 3.8). Sie bleiben für ›*Scotland Yard*‹ so lange unbestimmt, bis sich ›Mister X‹ wieder zeigen muss. Ein Taxiticket führt zum Beispiel dazu, dass Orte in der näheren Umgebung zu ähnlich wahrscheinlichen Aufenthaltsorten werden, ein U-Bahn-Ticket macht große Verbindungslinien miteinander vergleichbar. Jedes Ticket steht damit für eine eigene Dimension, den Spielstand zu bestimmen und einzuschränken, ähnlich wie eine Messung des Ortes oder des Impulses in physikalischen Experimenten. Was die Quantenphysik als »Superposition« von möglichen Zuständen bezeichnet, kann also mit Spielständen verglichen werden, die im Prozess der Hervorbringung in einer gegebenen Situation gleichwertig sind. Messungen und Dekohärenzeffekte führen wie Ereignisse und Spielzüge, in denen sich z. B. ›Mister X‹ zeigen muss, zu einer Veränderung des regulierten Spielstands. Der Unterschied zum Vergleichsbeispiel Scotland Yard besteht darin, dass dort die Person, die Person, die ›Mister X‹ spielt, ihren aktuellen Aufenthaltsort zu jedem Zeitpunkt kennt, und der unbestimmte Stand des Spiels auf Informationen beruht, die für die anderen Personen verdeckt bleiben, während der genuine quantenphysikalische Zufall, wie gezeigt werden kann, nicht auf verborgenen Werten beruht und eine prinzipielle Unbestimmtheit bezeichnet, die für alle gilt.

5.5 *Nichtlokale Abhängigkeit*

Ein besonders interessantes Phänomen, mit dem sich zeigen lässt, wie auch genuine Zufälle zu einer Form von Input Randomness werden können, die unterschiedliche Teilnehmer:innen miteinander verbinden, wird als *entanglement* bezeichnet. Erwin Schrödinger prägte diesen Terminus zunächst mit dem deutschen Begriff »Verschränkung« in seiner Reaktion auf die Einwände gegen die Quantenphysik, die in einem berühmten Paper von Einstein, Podolsky und Rosen vorgetragen wurden.[217] Physikalische Teilchen wie Elektronen, können in einem übergreifenden Regelsystem miteinander verschränkt sein, z. B. als Elektronenpaar im sogenannten »Singulett-Zustand«.

Über ein solches Elektronenpaar (und es können noch viel mehr Teilchen zu einer verschränkten Gruppe gehören) lassen sich dann Aussagen machen, die auf Ebene des einzelnen Elektrons unbestimmt bleiben. Im Singulett-Zustand werden die beiden Elektronen z. B. immer entgegengesetzte Spins annehmen. Wenn sie in einer Messung A und B gleichzeitig oder in welcher Reihenfolge auch immer in der gleichen Achse gemessen werden, wird ihr Gesamtspin ›0‹ betragen. *Welches* Teilchen mit einem *Spin Up* auftritt, und *welches* mit einem *Spin Down* , steht allerdings erst fest, wenn die Teilchen gemessen werden.

Dennoch stehen die Ergebnisse der Messung B mit den Ergebnissen der Messung A fest und kehren deren zufällige Abfolge einfach um, egal an welchen Orten des Universums sich die Teilchen inzwischen befinden. Selbst dann, wenn die Teilchen weit voneinander entfernt, nahezu gleichzeitig gemessen werden, sodass zwischen den Orten der Messung auch mit Lichtgeschwindigkeit keine Informationen ausgetauscht werden können, werden sich immer entgegengesetzte Spins einstellen, vorausgesetzt die Experimentatoren schaffen es, ihre Raumachsen der Messung zu parallelisieren und die Teilchen beim Transport gegen die Umwelt abzuschirmen.

Der Zufall tritt damit nicht als *lokale Unabhängigkeit*, sondern gerade umgekehrt als *nichtlokale Abhängigkeit auf:*[218] Die aus dem Rest des Universums gleichsam herausgelösten Ergebnisse der Messungen bleiben korreliert, ohne auf Eigenschaften zu beruhen, die im Universum vor der Messung bereits festgelegt worden wären. Albert Einstein erkannte früh, welche Sprengkraft diese Art von Zufall für das Theoriegebäude der klassischen Physik bereithielt und sprach von einer »spooky action at a distance«. Er hielt das zunächst nur postulierte Phänomen für so verwirrend, dass er glaubte, damit die Quantentheorie selbst anzweifeln, angreifen und widerlegen zu können.[219]

5.5.1 Korrelierte Ziehung von Spielkarten

Das Prinzip der Korrelation von Messungen kann man sich leicht an zwei Spielkarten verdeutlichen, z. B. an einer roten und einer schwarzen Spielkarte, die zusammen einen Satz aus nur zwei Spielkarten bilden. Sobald die erste Karte gezogen ist, steht das Ergebnis der zweiten Ziehung (ohne Nachlegen) fest, auch wenn die erste Ziehung bei guter Mischung nicht vorhersagbar ist. Der Unterschied zwischen den Beispielen (Spielkarten und Elektronenspin) ist, dass die Spielkarten die Eigenschaften Rot oder Schwarz besitzen, bevor sie gezogen werden. Die Farben sind lokal festgelegt und unabhängig von der Ziehung auf die Karten gedruckt. Bei gemessenen Quantenpaaren kann man dagegen zeigen, dass sich die Wirkung erst in und mit der Messung einstellt und gar nicht unabhängig von der Vorgabe einer Achse der Messung bestimmt werden kann. So können die Experimentatoren mit der Wahl der Messachse mitentscheiden, ob und wie stark die Elektronen miteinander korreliert sind. Dieses Phänomen ist geeignet, eine lokale von einer nichtlokalen Korrelation experimentell unterscheidbar zu machen.

5.5.2 Bellsches Spiel oder Ungleichung

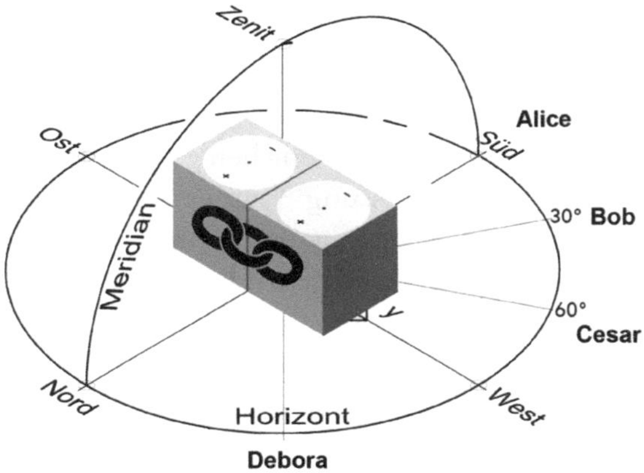

Diesen Zusammenhang erkannte John Stewart Bell. Sein Vorschlag für ein später tatsächlich ausgeführtes Experiment ist als Bellsche Ungleichung oder auch Bellsches Spiel berühmt geworden (vgl. ausführlicher weiter unter 5.6).[220] Seine Grundregeln können wie folgt beschrieben werden: Die Parteien machen aus, in welcher Ebene des Raums ein miteinander verschränktes Elektronenpaar gemessen werden soll. Das »Spielfeld« soll z. B. die Ebene xy sein. Im Bezug zur x-Achse soll Alice im Winkel 0°, Bob im Winkel 30° und Cesar im Winkel 60° stehen. In diesem Fall genügen diese drei Teilnehmer:innen.

Die Spielfelder können an verschiedenen Orten des Universums aufgemacht werden, müssen jedoch exakt parallel und gleich orientiert sein.

Als Spielmaterialien sollen wiederum Elektronenpaare im Singulett-Zustand dienen. Ihre Spins sind so miteinander verschränkt, dass zwei Messungen in parallelen Achsen immer, d.h. mit einer Wahrscheinlichkeit von 1, zu *unterschiedlichen* Ergebnissen führen, also mit unvorhersagbarer Verteilung immer einmal Spin Up $|\uparrow\rangle$ und einmal Spin Down $|\downarrow\rangle$ ergeben. Wenn die Achsen der beiden Messungen dagegen in der Ebene xy in einem bestimmten Winkel δ gedreht sind, postulieren die quantenphysikalischen Gleichungen einen Zusammenhang, in der auch die Korrelation der Messungen ungewiss wird: Mit einer Wahrscheinlichkeit von $cos^2\frac{\delta}{2}$ werden die Messungen in diesem Fall unterschiedliche Werte ergeben, mit einer Wahrscheinlichkeit von $sin^2\frac{\delta}{2}$ gleiche Werte.

In der folgenden Tabelle sind einige Fälle aufgelistet. Liest man die Spalten von links nach rechts, geben sie an, welche Person die erste Messung durchgeführt hat und welches Ergebnis sich dabei eingestellt hat (Messung 1); wer die zweite Messung durchführen soll (Messung 2); welcher Drehwinkel des Messgeräts damit verbunden ist (Spalte 3: Winkel), daraus werden Wahrscheinlichkeiten oder Häufigkeiten abgeleitet, mit *denen* sich bei gegebener Messung 1 die alternativen Werte der Messung 2 einstellen: *Spin Up* $|\uparrow\rangle$ (Spalte 4) und *Spin Down* $|\downarrow\rangle$ (Spalte 5).

Messung 1		Messung 2	Winkel	Häufigkeit ↑	Häufigkeit ↓
Alice	$\uparrow_{Alice}$	Bob	30°	① 0,07 $\uparrow_{Bob}$	0,93 $\downarrow_{Bob}$
Cesar	$\downarrow_{Cesar}$	Bob	30°	0,93 $\uparrow_{Bob}$	② 0,07 $\downarrow_{Bob}$
Alice	$\uparrow_{Alice}$	Cesar	60°	0,25 $\uparrow_{Cesar}$	❸ 0,75 $\downarrow_{Cesar}$

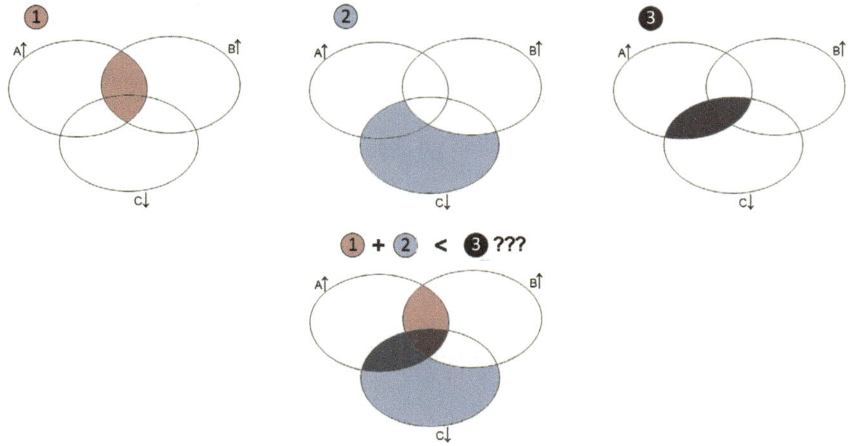

① ② ❸

① + ② < ❸ ???

Betrachten wir die farbig markierten Zellen der Tabelle und übertragen sie in ein Venn-Diagramm.[221]

(1) sind die Fälle $|\uparrow_{Alice}\uparrow_{Bob}\rangle$ aus Zeile (1)

(2) sind die Fälle $|\downarrow_{Cesar}\downarrow_{Bob}\rangle$ aus Zeile (2)

(3) sind die Fälle $|\uparrow_{Alice}\downarrow_{Cesar}\rangle$ aus Zeile (3)

Bell erkannte nun folgenden überraschenden Zusammenhang. Wenn alle Fälle in der Tabelle unabhängig voneinander existieren würden, dürften wir erwarten, dass die Ergebnisse (1) $|\uparrow_{Alice}\uparrow_{Bob}\rangle$ zusammen mit den Ergebnissen (2) $|\downarrow_{Cesar}\downarrow_{Bob}\rangle$ eine größere, mindestens gleich große Menge bilden wie die Fälle (3) $|\uparrow_{Alice}\downarrow_{Cesar}\rangle$. Denn (3) ist im Diagramm eine Teilmenge von (1) und (2).

Dieser Grundsatz wird jedoch im Quantenexperiment verletzt:

$$0{,}07P\,|\uparrow_A\uparrow_B\rangle + 0{,}07P\,|\downarrow_C\downarrow_B\rangle < 0{,}75P\,|\uparrow_A\downarrow_C\rangle$$

Daraus folgt, dass die Elektronen diese Eigenschaften nicht bereits vor der Messung »besitzen« und die Messergebnisse nicht unabhängig voneinander bereits vor der Messung existieren, sondern dass sie sich erst im Akt der Messung auf Ebene des Einzelfalls zufällig, auf Ebene des Systems jedoch reguliert einstellen.

5.5.3 Zählung als Gewinn und Verlust

Zu vielen Sonderbarkeiten der Quantenphysik lassen sich interessante Parallelen in der Regulierung eines *play* finden. Die zufällige Gruppierung von Ergebnissen in der Wiederholung eines Experiments, kann als eine Art Gruppenbildung unter den Teilnehmer:innen verstanden werden, die über verschiedene Zählweisen von Spielmaterialien miteinander verschränkt und voneinander unterschieden werden. Nehmen wir im Beispiel der roten und schwarzen Spielkarte an, dass Alice gewinnt, wenn sie die rote Karte zieht und Bob, wenn er die schwarze Karte zieht. Auch in einem solchen Spielsystem können wir über die Relation der Teilnehmer:innen Aussagen treffen, bevor die Karten gezogen sind und bevor feststeht, ob Alice und Bob am Ende gewinnen oder verlieren werden. Was wir ähnlich wie bei verschränkten Spins wissen ist, dass Alice und Bob entweder *beide* gewinnen oder *beide* verlieren werden. Anders als die rote und schwarze Farbe ist die Eigenschaft Gewinn oder Verlust nicht direkt auf die einzelne Karte gedruckt, sondern wird von zusätzlichen Spielregeln mit Bezug auf die Spielrunde definiert. Man beachte, dass in diesem Beispiel nicht die Spielkarten zum Analogon das Elektronenpaars werden, sondern Parteien, denen die Spielkarten *Bottom-up* zugelost werden.

5.5.4 Korrelierte Wahrscheinlichkeiten in *CATAN* und *Camel Up*

In *CATAN* und *Camel Up* können die Teilnehmer:innen ihre Eigenschaften über die gezielte Auswahl von Siedlungsplätzen und Wettkarten korrelieren, bevor feststeht, wie sich diese Aktionen tatsächlich auszahlen werden. Personen, die an den gleichen Zahlenplättchen

Siedlungen errichten oder nacheinander auf die gleiche Farbe wetten, bauen miteinander korrelierte Auszahlungen und Ausschüttungen auf. Die Eigenschaften der Spieler:innen sind korreliert, bevor feststeht, ob sie im Erfolg oder Misserfolg verbunden sind.

5.6 *Das Bell-Spiel*

Was kann man mit nichtlokalen Korrelationen anfangen? Es wurde bereits angedeutet, dass sich die zufällige Gruppierung von Ergebnissen in wiederholten Ereignissen der Messung als eine Art Team- und Gruppenbildung in einer Spielrunde verstehen lässt. Tatsächlich sind Bells Überlegungen, in einer Spielszenerie ausformuliert worden, die als Bell-Spiel oder nach der Fassung der Ungleichung in einem Paper von Clauser, Horne, Shimony und Holt auch als CHSH-Game bezeichnet wird.[222] In gewisser Weise versteht bereits das Bell-Spiel die nichtlokale Korrelation als eine Art *Input Randomness*: In zufällig korrelierten Zuteilungen können sich in einem regulierten Spielraum Parteien bilden, die mit eigenen Spielzielen unterschiedliche Optionen im Angebot unterscheiden können.

Konkret besteht die Aufgabe im Bell-Spiel darin, in einem kombinatorisch bestimmten Set zufällig zugeteilter »Spielstände« einen Fall zu erkennen, der willkürlich zum Sonderfall erklärt wird. Mit den unvollständigen Informationen, die die Regeln des Spiels den Teilnehmer:innen aufzwingen, können sie diesen Sonderfall und Unterschied allerdings gar nicht erkennen. Nur wenn sie nach einer vorab abgestimmten Strategie quantenphysikalische Messungen an einem verschränkten Elektronenpaar vornehmen, können sie die Messachsen so wählen, dass sie über die Ergebnisse den Sonderfall identifizieren und das Spiel gemeinsam gewinnen können.

Die Regeln und Zählweisen dieses Spiels muten reichlich seltsam und beliebig an. In dieser Beliebigkeit liegt jedoch gerade die Erkenntnis, die wir aus der Lektion des Bell-Spiels mitnehmen sollten: Mit Hilfe von verschränkten Elektronenpaaren, die aus einem kontingenten Kontakt hervorgehen, können sich Parteien mit spezifischen Spielzielen und Regeln der Unterscheidung und Zählung entwickeln. *Entanglement* ist das Gegenbild zu einer Wirklichkeit, in der eine Instanz alles allein bestimmen oder allmächtig hervorbringen kann. Es steht für eine Wirklichkeit, die als geteilter Zufall beginnt, und mit glücklich perspektivierten Zuteilungen die Möglichkeit gibt, gemeinsame und unterschiedliche Eigenschaften auszubilden.

5.6.1 CHSH-Game: Spielvorbereitungen

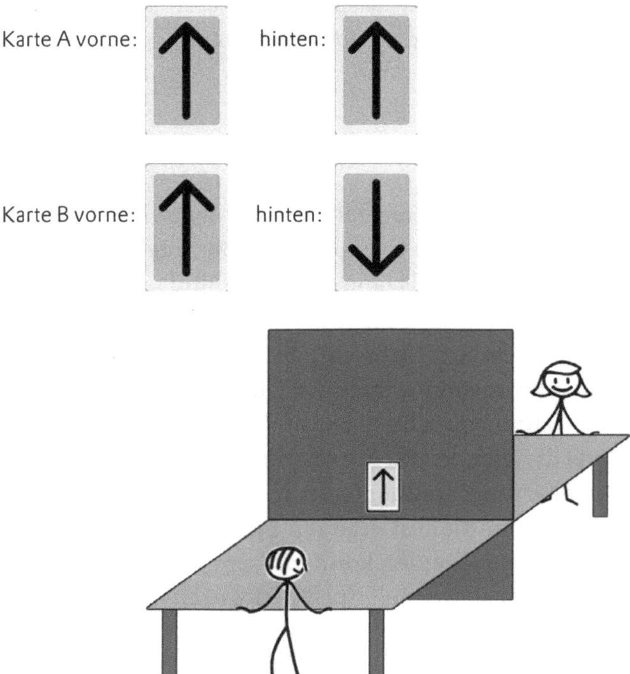

Im Folgenden werde ich das Bell- oder CHSH-Spiel so umformulieren, dass es mit einfachen Materialien und Regeln nachgespielt werden kann. Als Spielmaterialien dienen zwei rechteckige Karten gleichen Formats. Sie sind jeweils beidseitig bedruckt. Jede Seite sieht isoliert betrachtet identisch aus und zeigt einen Pfeil, der auf eine der schmalen Kanten ausgerichtet ist. Die beiden Karten unterscheiden sich nur durch das Verhältnis von Vorder- und Rückseite. Auf der einen Karte, nennen wir sie Karte A, zeigen die Pfeile der Vorder- und Rückseite auf die gleiche Kante der Karte. Wenn man die Karte durchleuchtet, kommen die Pfeile also zur Deckung. Auf der anderen Karte, nennen wir sie die Karte B, zeigen die Pfeile von Vorder- und Rückseite auf verschiedene Kanten.
Zum Spiel gehört außerdem ein Tisch und eine Vorrichtung, in der man die beiden Karte (im Hochformat) aufstellen kann. Erst dadurch wird über das Gravitationsfeld entschieden, ob ein Pfeil nach oben oder nach unten zeigt. Auf Karte A werden entweder beide Pfeile nach oben oder beide nach unten zeigen, auf Karte B immer ein Pfeil nach oben, ein Pfeil nach unten.
Die Personen, nennen wir sie in traditioneller Weise Alice und Bob, stehen voneinander abgeschirmt an gegenüberliegenden Seiten eines Tisches. Aus unterschiedlichen Richtungen können sie diejenige Karte sehen, die in der Mitte des Tischs aufgestellt ist. Jeder sieht jedoch nur eine Seite der Karte. Zu Beginn jeder Runde lost eine Schiedsrichter:in,

nennen wir sie Ella, eine der beiden Karten aus, entscheidet (zufällig), welche Seite Alice, und welche Seite Bob sehen wird und stellt die Karte in beliebiger Ausrichtung in die Öffnung der zentralen Vorrichtung, die auch als Sichtschirm zwischen den Parteien dient.

5.6.2 Spielziel

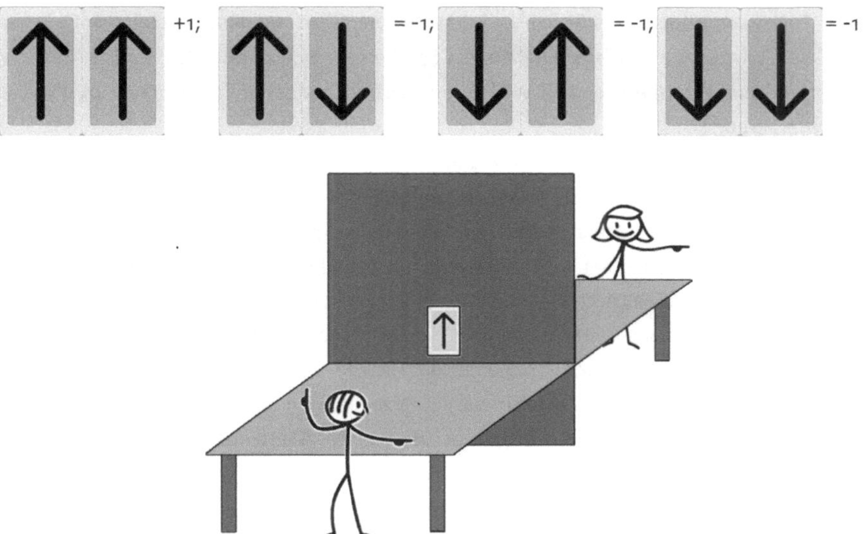

Mit der regulierten und variabel bestimmten Startaufstellung wird willkürlich folgendes Spielziel vorgegeben: Alice und Bob sollen Fälle erkennen, in denen die Karte A so in der Mitte steht, dass die Pfeile auf beiden Seiten nach oben zeigen. Sie sollen das signalisieren, indem sie einen Arm seitlich, nach links oder rechts ausstrecken, so dass ihre Arme in die gleiche Richtung zeigen, z. B. Alice den linken und Bob den rechten. Es kann aber auch genau umgekehrt sein: Alice kann den rechten und Bob den linken Arm ausstrecken, Hauptsache, sie zeigen in die gleiche Richtung. Alice und Bob sitzen jedoch gegeneinander abgeschirmt. Sie kennen weder die Rückseite der Karte, die der andere sieht, noch können sie sehen, welchen Arm das Gegenüber ausstreckt.
Mit diesen Regeln ist folgende Wertung der Karten verknüpft: Ella, die Schiedsrichterin, prüft, ob Alice und Bob in die gleiche Richtung zeigen oder nicht. Wenn sie in unterschiedliche Richtungen zeigen (also *beide* aus ihrer eigenen Sicht entweder den linken oder rechten Arm ausstrecken), ist das für die Schiedsrichterin ein Signal, dass sie die in die Mitte gestellte Karte *nicht* werten wollen. Wenn ihre Arme dagegen in die gleiche Richtung zeigen, soll das ein Signal sein, dass sie die Karte in der Mitte werten wollen. Wenn sie eine Karte werten, erhalten sie Punkte. Das Punktesystem ist wie folgt aufgebaut: Wenn es sich tatsächlich um die richtige Karte und Aufstellung handelt (Karte A mit zweimal Pfeil nach oben), erhalten sie einen Pluspunkt. In allen drei anderen Fällen

erhalten sie einen Minuspunkt. Wenn sie eine Karte *nicht* werten, erhalten sie stets 0 Punkte. Das Spiel endet, wenn sie 20 Punkte erreicht haben.
Alice und Bob dürfen vor der Partie Strategien verabreden, aber während der Partie keine Informationen austauschen.

5.6.3 Klassische Strategien

Man kann zeigen, dass Alice und Bob mit einem derart regulierten Spiel, wenn sie fair spielen, kaum eine Chance haben, das Spiel erfolgreich zu beenden. Ihr Punktestand wird immer um die 0 pendeln, weil sie mit gleicher Chance Punkte gewinnen und Punkte verlieren.[223]
Eine klassische Strategie von Alice und Bob könnte darin bestehen, die nach oben und unten zeigenden Pfeile, die sie sehen, nach einem vorab festgelegten Kode in die Richtungen links und rechts zu übersetzen. Mit Voraussicht und Überlegung haben sie diesen Kode komplementär definiert: Alice zeigt z. B. (aus ihrer Perspektive) immer nach links, wenn sie einen Pfeil nach oben sieht (und nach rechts beim Pfeil nach unten). Bob zeigt umgekehrt immer nach rechts, wenn er einen Pfeil nach oben sieht (und nach links beim Pfeil nach unten). Dadurch ist sichergestellt, dass sie die Aufstellung der Karte A mit zwei Pfeilen nach oben, durch Zeigen in die gleiche Richtung *immer* werten und die Karte B mit zwei Pfeilen in verschiedene Richtungen *nie* werten. Allerdings zeigen ihre Arme auch stets in die gleiche Richtung, wenn die Karte A mit zwei Pfeilen nach unten aufgestellt wird. Wenn alle Möglichkeiten der Aufstellung mit gleicher Wahrscheinlichkeit realisiert werden, werden sie daher im Durchschnitt genau so viel Pluspunkte wie Minuspunkte erhalten.
Man kann zeigen, dass Alice und Bob mit klassischen Materialien keine bessere Strategie entwickeln können, auch nicht, wenn sie sich die Richtung, in die sie zeigen, völlig zufällig und unabhängig voneinander bestimmen lassen. Jeder könnte unabhängig von der Aufstellung der Karte in der Mitte eine eigene Münze werfen und Wappen und Zahl nach einem festen Kode in ein Zeigen nach links oder rechts umwandeln, egal welchen Pfeil sie in der Mitte sehen. Sie würden in diesem Fall in einer vollkommen zufälligen Mischung die Hälfte aller Aufstellungen werten. Drei von vier Fällen würden einen Minuspunkt geben, nur einer einen Pluspunkt. Diese Zufallsstrategie wäre sogar noch schlechter als die zuvor Besprochene. Sie würde tendenziell zu einem immer weiter wachsenden, negativen Konto führen.

5.6.4 Ausrichtung an einem quantenphysikalischen Experiment

Ein Ausweg entsteht, wenn sich Alice und Bob die Antwort von einem Zufallsexperiment in einem quantenphysikalischen Labor diktieren lassen. Verfügen die Teilnehmer:innen über quantenphysikalisch verschränkte Elektronenpaare, die bei Messungen in einer Achse der xy-Ebene positiv korreliert sind, können sie eine positive Bilanz erzielen, wenn sie folgende Strategie verabreden.

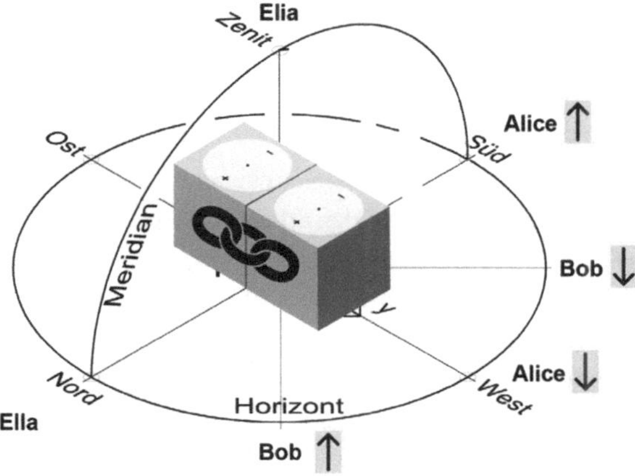

Beide bestimmen die Antwort über die Messung eines Spins.
Wenn Alice eine Karte mit Pfeil nach oben sieht, misst sie in der Achse 0°
Wenn Alice eine Karte mit Pfeil nach unten sieht, misst sie in der Achse 90°
Wenn Bob eine Karte mit Pfeil nach oben sieht, misst er in der Achse 135°
Wenn Bob eine Karte mit Pfeil nach unten sieht, misst er in der Achse 45°
Diese strategische Koordination hat zur Folge, dass immer dann, wenn mindestens einer von beiden, Alice oder Bob, einen Pfeil nach unten sieht, ihre Messachsen um genau 45° gegeneinander verschoben sind. Wenn beide einen Pfeil nach oben sehen, und nur dann, messen sie in einem Winkel von 135°. Diese Strategie führt zum gewünschten Resultat: Mit einer Drehung der Messachsen um 45° werden sie mit einer Wahrscheinlichkeit von 85,3 % *gleich* ausgerichtete Spins erhalten (so dass sie nach dem vorher verabredeten Kode aus Sicht der Schiedsrichterin in *unterschiedliche* Richtungen zeigen). Mit einer im Winkel von 135° gedrehten Messachse werden sie 85,3 % Wahrscheinlichkeit unterschiedlich ausgerichtete Spins erhalten. Und diesen Sonderfall haben sie für die Aufstellung der Karte reserviert, die in der neu und beliebig eingeführten Wertungsdimension des Spiels den entscheidenden Unterschied macht (so dass sie nach dem vorher verabredeten Kode aus Sicht der Schiedsrichterin in die gleiche Richtung zeigen).
Nun können sich Alice und Bob das Spiel gewinnen. 85,3 % der Fälle, in denen beide eine 1 sehen, werden sie durch das Ausstrecken unterschiedlicher Arme und das Zeigen in die gleiche Richtung gewinnen. 85,3 % aller anderen Fälle werden sie durch das Ausstrecken des gleichen Arms zurückweisen.
Ihre Gewinnerwartung beträgt, wenn alle Zielkarten mit gleicher Wahrscheinlichkeit ins Spiel kommen:

$$\frac{-3 \cdot 0{,}147 + 0{,}853}{4} = 0{,}103$$

Es genügen also im Durchschnitt knapp 200 Runden, um auf die geforderte Zahl von 20 Punkten zu kommen. Tendenziell wird der Punktestand von Alice und Bob immer weiter steigen.

5.6.5 Operative und visuelle Felder

Wie lässt sich das Bell-Spiel in die Spielarchitekturen einordnen, die in diesem Buch untersucht wurden? Auf der einen Seite ist es ein klassisches Glücksspiel, in dem Gewinnwahrscheinlichkeiten mit einer im Regelsystem angelegten Strategie optimiert werden können. Das *CHSH-Game* formuliert in diesem Sinn eine klassische spieltheoretische Fragestellung. Auf der anderen Seite ist es auch eine Spielarchitektur, die durch willkürliche Spielziele definiert und durch eine überraschende Form von Kooperation ohne Kommunikation gewonnen werden kann. Die quantenphysikalische Verschränkung des genuinen Zufalls steht damit nicht nur für die Möglichkeit, bestimmte Partien zu gewinnen, sondern ist das Medium, in dem sich perspektivierte Blickwinkel auf ein gemeinsames Spielfeld aufbauen: unabhängige visuelle Felder werden in einem gemeinsamen *operativen* Feld zusammengeführt.

5.7 *Konstanten und genuine Zufälle in einem aleatorischen Modell der Evolution*

Im Bell-Spiel lassen sich Funktionen des Zufalls beobachten, die aus Sicht moderner Spielarchitekturen keineswegs überraschen: Die korrelierten Zuweisungen *Bottom-Up* bestimmen in Form von *Input Randomness*, wie abhängig und unabhängig die Parteien einer Spielrunde agieren können, ohne dass sie dies kommunizieren müssten. Die Zuteilungen sind über die Geschichte des Systems miteinander verschränkt (die Elektronen müssen in Kontakt gebracht worden sein, um Paare zu bilden), sodass sich im Verlauf dieses Prozesses eine kontingente Regulierung aufbauen kann. Die *überraschende* Besonderheit des Beispiels liegt in der Unterscheidung von genuinen und relativen Zufällen begründet. Die Brettspiele, die wir analysiert haben, arbeiten mit einem künstlich hergestellten *relativen* Zufall. Es braucht menschliches Bewusstsein, um Würfel und Karten mit ihren speziell geformten und bedruckten Oberflächen, Vorder- und Rückseiten herzustellen, nach festgelegten Prozeduren ins Spiel zu bringen, die reproduzierten und rekombinierten Informationen auszuwerten und mit Zugriffen *Top-down* in der Partie zu verteilen.

In Bells Experiment (das inzwischen in vielen Laboren überprüft wurde) stellen wir dagegen fest, dass genuine Zufälle zu korrelierten Zuteilungen führen, auch wenn die Ergebnisse nur nachträglich kommunizierbar werden. Wenn sich dadurch Möglichkeiten der Kooperation öffnen, die uns aus dem

Aufbau von Spielrunden vertraut sind, können wir daraus den Schluss ziehen, dass sich dieser Prozess auch ohne Selbstkontrolle, Selbstbewusstsein oder Kommunikationsfähigkeit vollziehen kann.[224] Das Bell-Spiel zeigt, dass Regulierung auf einer quantenphysikalischen Ebene anders, geheimnisvoller und in gewisser Weise einfacher geht: Miteinander verschränkte Teilchen können reguliert verteilte Eigenschaften ausbilden und dadurch übergeordnete Prozesse koordinieren, ohne sich dabei gegenseitig »wahrnehmen« zu müssen.

Deshalb müssen ›Alice‹ und ›Bob‹ auch keine menschlichen Individuen sein, die die Information bewusst unterscheiden lernen. Für das, was als koordinierte Bewegung auftritt, genügen Massen, Ladungen und Spins, die sich mit konstanten Eigenschaften in drei austauschbaren, orthogonalen Raumachsen reproduzieren, ausrichten und umgruppieren.

Auf die TO DO Liste schreibe ich daher abschließend ein ambitioniertes und hochspekulatives Ziel der Aleatorik: Aus der Analyse von aleatorischen Prozessen und ihrer Übertragung auf genuine Zufälle ist ein evolutionäres Modell der Regelbildung zu entwickeln, in dem sich Regeln und freie Parameter in kontingenten Begegnungen unabhängiger Teilchen und Teilnehmer:innen einschränken. Die Einschränkung von physikalischen Schwankungsbreiten der Teilchen und ein strategisches Gleichgewicht zwischen ausdifferenzierten Teilnehmer:innen und ihren Aktionsmustern sind dann zwei Seiten ein und derselben Medaille: was als freier Parameter zu einer Konstante wird, lässt sich nicht auf Ebene des Regelsystems begründen, sondern ist der komplementäre Effekt eines möglichst variablen *play*. Diese spekulative Idee lässt sich am Ende dieses Buchs nur noch grob skizzieren.

5.7.1 Der Aufbau von Spielarchitekturen im *play*

In modernen Eurogames wie *CATAN* haben konstante Eigenschaften der Spielmaterialien die Funktion, eine Vielzahl von Spielweisen zu ermöglichen und deren Chancen und Risiken fair auszubalancieren. In *CATAN* bildet die mehrschichtige Auslage des Spielplans, der immer aus den gleichen Bausteinen besteht, die geteilte Grundlage jeder Partie. Die Verknüpfung zwischen Würfelsummen und Rohstofferträgen werden von den Spieler:innen im Lauf der Partei selbst aufgebaut. Sie können damit geteilte und spezielle Eigenschaften ausbilden. Die Konstanten des Spiels sind aus einem langen Prozess des *playtesting* hervorgegangen und bestehen den *test of time*, weil sie den Spaß am Präzisieren des *game* in jeder neuen Partie wiederholen.

5.7.2 Elementarteilchen als Spielmaterialien und physikalisches ›Feintuning‹

Das Standard-Modell physikalischer Elementarteilchen definiert Teilchen, mit deren Kombinations- und Interaktionsregeln alle messbaren Ereignisse im Universum verbunden sein sollen. Ihre Konstanten wie Masse, Ladung und Spin können zwar in Teilchenbe-

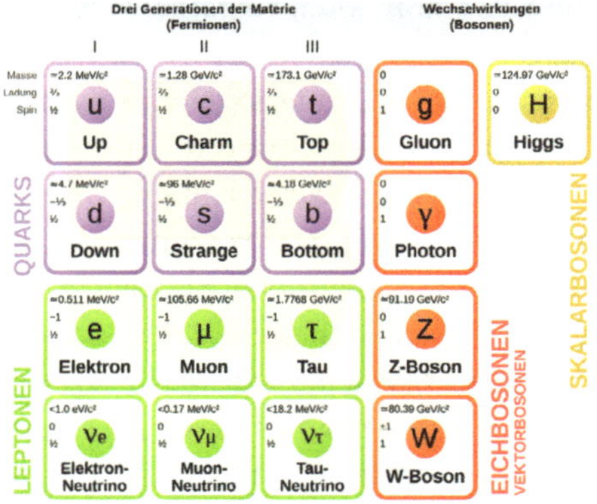

schleunigern experimentell als kontingente Parameter bestimmt werden, es gibt jedoch kein Modell, ihren Wert zu begründen. Sie gelten als eine Art physikalische Willkür des Universums. Hier könnte der Erklärungsversuch einer evolutionären, aleatorischen Regulierung ansetzen: Die Geschichte des Universums wäre ein undeterminiertes *play*, in dem die kontingenten Parameter nicht *Bottom-up* durch noch einfachere Regeln und Prozesse aufgebaut werden, sondern *Top-down* durch die Fortdauer übergeordneter Prozesse, in Dimensionen der Raumzeit verknüpft und immer wieder gleich »geprägt« werden. Diese Zusammenhänge werden bereits mit einer spielförmigen Metaphorik als »Feintuning« oder »Feinabstimmung« von physikalischen Konstanten diskutiert. Wäre z. B. das Verhältnis zwischen der arbiträren Elektronen- und Protonenmasse bei gegebener Stärke der Gravitation und der elektromagnetischen Wechselwirkung (Feinstrukturkonstante) etwas anders beschaffen, wären molekulare Strukturen entweder zu instabil oder zu starr, um ein »bewohnbares Universum« zu ermöglichen. Dies wird als »anthropische Kosmologie«, »kosmische Koinzidenz« oder mit einer noch stärker ans Glücksspiel angepassten Metaphorik als »kosmischer Jackpot« bezeichnet.[225] Aus einer aleatorischen Perspektive müssen wir weder einen allwissenden Spieleentwickler als »Uhrmachergott« postulieren, der die Parameter der Elementarteilchen von Anfang an »richtig« eingestellt hätte, noch müsste man die passende Dimensionierung als glücklichen Zufall, d. h. als einzigartiges, wie der Gewinn des Jackpots datierbares Ereignis deuten. Stattdessen wäre das Feintuning freier Parameter als Ergebnis langwieriger Regulierungsprozesse zu verstehen, die bereits auf molekularer Ebene stattfinden und Felder von Massen und Ladungen immer feiner zur Deckung bringen und angleichen. Diese Prozesse werden auch *Top-down* bestimmt, weil nur so eine geteilte Wirklichkeit mit unabhängigen Teilnehmer:innen überhaupt entstehen kann.

5.7.3 Atomare Strukturen

All diese hochspekulativen Ideen bekommen eine rätselhafte Anschaulichkeit, wenn sich bereits an atomaren Strukturen die topologische Struktur eines Spielraums aufzeigen lässt. Das atomare Modell zeigt Charakteristika eines regulierten Spielraums, der die Verteilung gleichwertiger und unterscheidbarer Ereignisse definiert. Die im Kern überlagerten Elementarteilchen sind das Analogon zu einem hoch-kombinatorisch angelegten Spielfeld, das sich nur zusammen mit der Elektronenhülle stabil reproduzieren kann. Die Elektronenhülle ist Teil dieses Feldes, in der regulierten Verschränkung und Superposition der Elektronenzustände aber auch Platzhalter einer Spielrunde, in der sich neue Dimensionen der Unterscheidung entwickeln können. Es entstehen nach außen abgeschirmte, innere Spielräume.[226]

Es ist eine besondere Herausforderung für die aleatorische Metaphorik, dass die Spielfelder und Spielrunden, die in elementaren physikalischen Spielräumen geformt werden, weit von der Sphäre des Lebens und des Bewusstseins entfernt sind. Dennoch bleibt die Funktion des Spielfelds, für zufällig bestimmte Werte zu sorgen, ebenso sichtbar, wie die Funktion der Spielrunde, neue Dimensionen der Unterscheidung zu stabilisieren. Elektronen sind so etwas wie Platzhalter für Teilnehmer:innen, die durch eine glückliche Zuteilung im Spiel bleiben und sich über die ausgerichtete Korrelation ihrer Spins immer weiter wechselseitig bestimmen lassen.

5.8 *Visuelle Felder, Wahrnehmung und Bewusstsein*

Das Wetter ist gut, das Freibad nicht überfüllt und die Situation läuft trotz kleiner Missgeschicke nicht aus dem Ruder. Unter dem Regendach und den unansehnlichen Nestern, an denen die Schwalben stur ihre Brut füttern, sind kleine Lücken in den Liegestuhlreihen entstanden. Im Plantschbecken werden fortlaufend neue Spiele erfunden: Im Moment wird die Wasserkuh unter Einbeziehung einer flachen Rutsche prozessionsartig umrundet. Über mein Notizbuch gebeugt, grüble ich noch immer, wie sich das aleatorische Modell in ein evolutionäres Modell der Regelbildung übertragen lässt. Ich fühle mich umgeben von Akteuren, die die Situation mit ihren je eigenen und doch miteinander geteilten Momenten der Freiheit verändern: die Möwen, die im Wind segeln, die Schwalben, die Nester ohne Absicht über den Liegestühlen bauen, die Gäste, die mit Glück einen guten Platz ergattern, die Kinder, die mit jeder Runde um die Wasserkuh ihr Spiel variieren, bis die Anschlüsse abbrechen und Neuansätze ohne Folgen bleiben.

Leider werden auch die Notizen in meinem Buch immer zusammenhangloser und skizzenhafter: *Entstehung von Wahrnehmung und Bewusstsein = sich frei im Raum ausrichten können, verschiedene Dimensionen der Wirklichkeit unterscheiden, auf das Erreichen und Reproduzieren eigener Ziele beziehen.*

Wahrnehmung und Bewusstsein im Spiel: unabhängige und abgeschirmte Zugriffe auf das Spielfeld Top-down entwickeln, bezogen auf zufällige Zuteilungen Bottom-up, ausgerichtet auf gegebene Spielziele, im operativen Feld verschränkt mit den visuellen Feldern der ganzen Spielrunde: Hervorbringung und Einschränkung relativer Zufälle.

Wahrnehmung und Bewusstsein eines Körpers: unabhängige und abgeschirmte Verschränkung mit einer kontingenten Umgebung, ausgerichtet auf eigene Ziele, über genuine Zufälle verschränkt mit der eigenen Vergangenheit und Zukunft.

Quantenphysikalische Superposition: Analogon eines regulierten, visuellen Feldes? Bewusstsein: Empfinden, wie die regulierten Quantenzustände unkalkulierbar in operativen Feldern kollabieren?

Strategie: was zufällig passiert, zu einem nebensächlichen Detail machen, in der Wahrnehmung ein Gefühl von Sicherheit und Schönheit genießen.[227] *Taktik: in zufälligen Konstellationen etwas entdecken, was man bisher übersehen hat. Sich die Tragweite dieses Details bewusst machen…*

5.8.1 Perspektiviertes *Play*

Mit der Partie *Scotland Yard* wurde in Kapitel drei ein perspektiviertes *play* verfolgt. Als ›Scotland Yard‹ war ich daran interessiert, eine strategische Aufstellung zu finden, in der mir ›Mister X‹ grundsätzlich ins Netz gehen sollte. Meine Wahrnehmung der Partie war vom Begehren durchdrungen, Dimensionen zu finden, die eine solche stabile Strategie ermöglichen. PH versuchte als Mister X dieses Ziel zu durchkreuzen. Sein *play* war ganz anders auf die Chancen und Risiken der Partie ausgerichtet. Er versuchte lokale Koinzidenzen zu erzeugen, die er auf eine unvorhergesehene Weise zu den eigenen Gunsten wenden konnte.

5.8.2 Penrose und Hameroff

Der Physiker Roger Penrose und der Neurobiologe Stewart Hameroff verfolgen mit ihrer Theorie der *orchestrated objective reduction (Orch OR)* die Hypothese, dass Bewusstsein etwas mit der Dekohärenz von Quantenzuständen innerhalb von Neuronen zu tun hat und lokalisieren diese in den Mikrotubuli von Gehirnregionen.[228] Ganz oben auf der aleatorischen TO DO Liste steht der Versuch, an diese Hypothese anzuknüpfen, und Bewusstsein als unkalkulierbares *play* in einem quantenphysikalischen *game* zu modellieren.

5.8.3 Schlusspfiff

Ich sitze an einem improvisierten Schreibtisch in einem »Strandvogt« genannten Ferienhaus. Ich bin früh aufgestanden, denn das Kapitel ist leider immer noch nicht fertig. Plötzlich tutet in der Dämmerung ein Zug, seltsam unlokalisierbar in der Ferne. Erst bei der Abreise werde ich feststellen, dass es zwei Züge waren, die sich jeden Morgen dem Bahnhof fahrplanmäßig aus verschiedenen Richtungen nähern. Noch irritieren mich nur die schwankenden Töne. Durch den seltsamen Schlusspfiff aus dem Konzept gebracht, bemerke ich, dass die Bäume die ganze Zeit wunderbar gerauscht haben, auch wenn ich das beim Klackern meiner Tastatur ganz ausgeblendet hatte.

Anmerkungen

Einleitung: Brettspiele entwickeln

1 https://boardgamegeek.com/browse/boardgamedesigner (zuletzt abgerufen: 6.3.2023).

2 Sicart (2014), S. 83-93. Booth (2021), S. 82 und S. 91 schlägt die Termini »Créateur« und »Crafter of Games« vor.

3 Zur grundlegenden Unterscheidung von *game* (als Spielsystem) und *play* (als Spielverlauf) vgl. Mead (1934) und Neumann / Morgenstern (1944), S. 59. Verschränkungen und Rückkopplungen beleuchtet DeKoven (1978). Zur Anwendung auf Computer- und Brettspiele vgl. Salen / Zimmermann (2004), S. 72-73 u. 311 und Booth (2021), S. 10.

4 Duke (1974), S. 51 definiert diesen Aspekt in seinen frühen gattungsübergreifenden Konzepten des guten Spieldesigns wie folgt: »Well-designed games are quite transient in character. They permit the restructuring or redefinition of the game itself during the event of play.« Marcel-André Casasola Merkle spricht in Spiele entwickeln (2010), S. 119–126 von »Spielen, die sich selbst tarieren« und thematisiert unterschiedliche Ansätze wie z. B. »Live-Tarierung« (S. 121) und »flexible Spielpläne« (S. 123).

5 Vgl. Huizinga (1956 [1838]), S. 21 f. und 27–30.

6 DeKoven (2002). Zu einer ähnlichen Kritik an Huizinga (1956), vgl. Consalvo (2009). S. 409 und am Beispiel moderner Eurogames bereits Woods (2012), S. 6.

7 Vgl. z. B. Freyermuth u. a. (2013), Fuchs u. a. (2014), Jagoda (2020) und Ochsner u. a. (2023) mit einem Forschungsprogramm und Forschungsüberblick zu verschiedenen Formen des *serious gaming*.

8 Diesen Zusammenhang thematisiert bereits die evolutionäre Spieltheorie: Smith / Price (1972) und Smith (1982).

9 Vgl. zur Einführung Gisin (2014). Zum *entanglement* als Zustand quantenphysikalischer Systeme vgl. Einstein / Podolsky / Rosen (1935), Bell (1964) und in einer bereits spieltheoretischen Wendung Clauser / Horne / Shimony / Holt (1969).

10 Dies zeigt Geoffrey Engelstein mit seinen GameTek-Podcasts zu Brettspielen, die in der Sektion Ludologie von Dicetower abrufbar sind: https://www.dicetower.com/game-podcast/ludology (zuletzt abgerufen: 4.4.2023). Zahlreiche Beiträge können inzwischen auch in Buchform konsultiert werden können, vgl. Engelstein (2019) und Engelstein / Shalev (2020).

1 Wandlungen einer alten Gattung

11 Einen Überblick über die Geschichte der Gattung Brettspiel bieten folgende historisch und materialarchäologisch ausgerichtete Arbeiten: Murray (1952), Bell (1979) und Parlett (1999) ordnen die Brettspiele historisch, nach Spieltypen aber auch geografisch und erfassen mit der Rekonstruktion von Spielregeln auch variable Zahlenverhältnisse und Dimensionen der Spielmaterialien. Eine Übersicht über ältere Literatur bei Avedon / Sutton-Smith (1971), S. 253–257. Weitere Spezialstudien zu den ältesten Epochen und Spieltypen bei Pusch (1979), Cazaux (2003), Finkel (Hrsg.) (2008) und Crist / Dunn-Vaturi / de Voogt (2016). Reicher illustriert sind die bis in die Gegenwart reichenden Überblickswerke von Pritchard (1975), Glonnegger (1999) und Schädler (2007a) und Studien, die einen beson-

deren Fokus auf Spielmaterialien legen, wie z. B. Kobbert (2010), Vogt (2012) und Gloger / Hartinger / Rood (Hrsg.) (2022). Zur Geschichte der Gattung vgl. auch die regelmäßig publizierten Kolloquien der *Board Game Studies*, die sich auch immer wieder auf die eigene Gegenwart geöffnet haben, z. B. Whitehill (Aminzadah) (2004) zu den »Siedlern von Catan«.

12 Die Idee, verschiedene Brettspiele als ›Sitzspiele‹ zusammenzufassen, geht bereits auf das erste, 1283 geschriebene Buch der Brett- und Würfelspiele von Alfons X. zurück, vgl. Schädler (2009), S. 53.

13 Vgl. Randolph (1999). Der Begriff des ›Homo Ordinator‹ wird nur im Titel des Vortrags genannt. Das Bild des mit (Zähl-)Steinen spielenden Kindes ebenda, S. 19, die Gattungsbezeichnung »Tischspiele« findet sich auf S. 35. Zur Biographie von Alex Randolph vgl. Randolph / Evrard (2012).

14 Zum Zusammenhang von Sitzspielen, Sesshaftigkeit und Kulturtechniken der Kalkulation und Orientierung vgl. Bogen (2018). Zur damit verbundenen Verschiebung von Spielformen Caillois (1966), S. 112–114. In einer ähnlichen kulturtheoretischen Perspektive verstehen bereits Deleuze / Guattari (1980), S. 426–457 *Go* und *Schach* als Modelle für nomadische Verbände und sesshafte Staatsformen. Zur Ökonomie antiker Stadtstaaten vgl. Harris / Lewis / Woolmer (2015).

15 Vgl. Nollé (2007). Vgl. in diesem Zusammenhang auch die Grundkategorien des Spielens bei Caillois (1966), S. 19 zwischen geregeltem Wettkampf (*Agôn*), Glück (*Alea*) und Rausch (*Ilinx*) sowie Henricks (2006).

16 Zum Karnevalesken und den »Göttern der Parodie« im Spiel vgl. Caillois (1966), S. 157 ff. und Sicart (2014), S. 10–11.

17 Die Geschichte der Kartenspiele ist vor allem als Geschichte der Spielkarten geschrieben worden, vgl. Hargrave (1960), Hoffmann (1972), Mann (1990), Hoffmann / Timann / Schoch (1993), Hoffmann (Hrsg.) (1998) und mit einem Fokus auf die Kultur- und Technikgeschichte der Spielkartenherstellung Werfel (2000). Parlett (1990) bietet einen stärker auf Spielprinzipien und Spielkontexte bezogenen Überblick.

18 Vgl. zu den Brettspielen Anm. 11 und zu den Kartenspielen Anm. 17.

19 Vgl. für den Bereich der Brettspiele Crist / Dunn-Vaturi / de Voogt (2016), Aydin (2018) und Conrad (2022). Insbesondere die Spielkartenforschung hat hier eine neue Dynamik gewonnen vgl. Wörner (2009), Abele-Hipp (2022) und Bogen / Leonhard (2022).

20 Dieses Verschmelzen von Spielbrett, Würfel und kombinatorisch aufgebauten Kartensätzen wurde bisher noch wenig beachtet. Gattungsübergreifende Gesamtdarstellungen und Überblickswerke bei Holländer / Zangs (1994) und Schädler (2007a). Eine frühe Materialsammlung, die Schachspiele und Spielkarten zusammenführt, hat der Pionier der ethnologischen Spielforschung Culin (1898) vorgelegt.

21 Vgl. Erasmus (1971), S. 128: »[...] the dice-and board games of today do not differ in principle from those of the Aztecs and the Hindus. A game as American as Monopoly uses the same devices.«

22 Diese Verengung des modernen Spiels auf Computerspiele kritisieren bereits Stenros / Waern (2011) und Booth (2021), S. 3.

23 So vor allem die deutschsprachige, kultur- und medienwissenschaftlich ausgerichtete Computerspielforschung, vgl. Pias (2002), S. 197–228 mit einem Kapitel zu Schach und strategischen Kriegssimulationsspielen und Mersch (2008), S. 37. Erwähnungen des Brettspiels (mehr oder weniger pauschal) bei Furtwängler (2010), S. 146, 177, Freyermuth (2015), S. 41–43 und Beil / Hensel / Rauscher (2018), S. 12, 15.

24 Solche Ausblicke auf neuere Brettspiele finden sich vor allem in den englischsprachigen *Gamestudies*, die sich als reflektiertes Gamedesign verstehen, vgl. Salen / Zimmermann (2004), S. 64–65 u. 177–179, Hunicke / LeBlanc / Zubek (2004), S. 3, Eskelinen (2005), S. 103, Järvinen (2009), Flanagan (2009), S. 63–116 und Harteveld (2011), S. 8–14, 68, 77, 146 und 201 oder Despain (Hrsg.) (2013) Auch hier bleiben Brett- und Kartenspiele jedoch häufig unerwähnt, vgl. Galloway (2006), Bogost (2007) und Mäyrä (2008). Eine frühe Studie, die Computer- und Sammelkartenspiele verbindet: Williams / Hendricks / Winkler (Hrsg.) (2006).

25 Juul (1999) befeuert die Debatte zwischen Ludologie und Narratologie mit seiner »thesis on computer games and interactive fiction«. Auch die weiteren Diskussionsbeiträge von Eskelinen (2001), Frasca (2003), Aarseth (2004), Juul (2005) und Murray (2005) bleiben auf ›video-‹ bzw. ›computergames‹ fokussiert, ebenso die Zusammefassung von Beil (2013), S. 26–32. Eine Wende und Öffnung der Debatte erst bei Woods (2012), S. 7–9, Thibault (2016) und Booth (2021), S. 17–37.

26 Vgl. z. B. Dorst (1984). Für den Hinweis danke ich Nils Bühler. Zum Mythos ›Digital Detox‹ vgl. auch die kritische Analyse von Krause (2022), S. 151–159.

27 Vgl. Buland (1992). Jens Junge und sein an der SRH Hochschule für Kommunikation und Design in Berlin gegründetes Institut für Ludologie publizieren (bisher) nur online: https://www.ludologie.de.

28 Die Beiträge der von Marcel-André Casasola Merkle, Christwart Conrad, Friedemann Friese, Andrea Meyer, Henning Pöhl, Andy Wetter und anderen Spieleautor:innen organisierten »Weilburger Spieleautorentage« sind bereits seit einigen Jahren vergriffen, vgl. Casasola Merkle u. a. (Hrsg.) (2006), (2007), (2008), (2009), (2010), (2011), (2012–2015).

29 So schrieben z. B. Bernward Thole und Tom Werneck Brettspielkritiken für *DIE ZEIT* und *Frankfurter Rundschau*, Synes Ernst für den *Tages-Anzeiger*, Uwe Petersen für die *Stuttgarter Nachrichten* und Hans-Ulrich Schneider für die *Schwäbische Zeitung*. Bernward Thole bündelte einige Prinzipien der Brettspielkritik in einem wenig beachteten Aufsatz: Thole (1992).

30 Vgl. Thole / Werneck (Hrsg.) (1988) und mit einem ersten historischen Rückblick Woods (2012), S. 50–54.

31 Zu den 2010er Jahren als »Goldenem Zeitalter der Brettspiele« vgl. Konieczny (2019).

32 Sogar Woods (2012), der mit den »Eurogames« einen modernen Zweig der Brettspiele erschlossen hat, wundert sich noch über das andauernde Interesse an Brettspielen in einem von Computerspielen dominierten Zeitalter (S. 6).

33 Krause (2022), S. 50–54 und 111–116.

34 Vgl. z. B. die erstmals 2019 vom Verein »Spiel des Jahres« veranstalteten Tage der Spielkritik https://www.spiel-des-jahres.de/tag-der-brettspielkritik-kulturkritik-und-kritikkultur/ (abgerufen am 20. 2. 2023)

35 https://embracer.com/releases/embracer-group-completes-the-acquisition-of-asmodee/ (zuletzt abgerufen 20. 2. 2023) und Booth (2021), S. 5.

36 Vgl. das 2014 gegründete Journal *Analog Game Studies* https://analoggamestudies.org/ (zuletzt abgerufen: 4. 4. 2023) und den Blog *Boardgame Historian* https://bghistorian.hypotheses.org/ (zuletzt abgerufen: 4. 4. 2023).

37 Zu dieser historischen Entwicklung vgl. Woods (2012), »Anglo-American Hobby Board Games 1960–1995«, S. 32–46 und »From German Games to Eurogames«, S. 63–79.

38 Zu Milton Bradley vgl. Adams / Edmonds (1977) und Whitehill (1992). Zur neueren Entwicklung vgl. Booth (2021), Kapitel 4, The Designer as Créateur: The Board Game Industry and Constructed Authorship, S. 77–100.

39 Vgl. Reinhold Wittig, »Ein Bierdeckel macht Geschichte – Spielgeschichte«, in: Casasola Merkle, Marcel-André (2008), S. 6–10 und Woods (2012), S. 53.

40 So stieß Guido Heinecke 2013 auf seiner deutschsprachigen Tric-Trac-Webseite eine Diskussion über einen *new boardgame journalism* an: https://www.spieleautorenzunft.de/newsreader/trictrac-new-boardgame-journalism-noetig.html.

41 Akademische, auf das moderne Brettspiel bezogene Systematisierungsversuche bei Järvinen (2009), Woods (2012), Brown / MacCallum-Stewart (2020), Engelstein / Shalev (2020). Brown (2020) unterscheidet Spielästhetik, die Schaffung narrativer Welten und das Wechselspiel von Thema und Mechanik.

42 Brown / MacCallum-Stewart (2020), darin besonders die Beiträge von Nguyen (2020), Rogerson / Gibbs / Smith (2020), Wassermann (2020), Zagal (2020) und Booth (2021).

43 Die Promotionsprojekte von Sarah Klöfer und Valentin Köberlein sind an der Universität Konstanz angesiedelt und werden von Anne Kwaschik (Geschichte), Beate Ochsner (Medienwissenschaft) und mir als Kunstwissenschaftler betreut.

44 https://www.game-in-lab.org/en/game-in-lab-home/ (zuletzt abgerufen: 4.4.2023).

45 Vgl. den Rückblick und Überblick von Lukas Boch https://bghistorian.hypotheses.org/4212 (zuletzt abgerufen 13.9.2023).

46 So schreibt Espen Aarseth (2017) im Editorial des Journals *Game Studies*: »[…] from the next issue, *Game Studies*, actively welcomes articles on games in general. […] It is time to recognize that the study of games cannot and should not be segregated into digital and non-digital.« Vgl. auch Booth (2021), S. 5–7.

47 Neben dem bereits erwähnten und in Buchform publizierten GameTek-Podcast von Geoff Engelstein and Ryan Sturm (Anm. 10) vgl. für den deutschsprachigen Bereich z. B. das August 2017 gestartete Brettspielradio von Jürgen Karla (spielbar.com), https://www.spielbar.com/wordpress/spielbar-com/brettspielradio-shows/ (zuletzt abgerufen: 4.4.2023). Aus der Podcast-Reihe soll auch ein Sammelband zum Entwicklungs- und Herstellungsprozess moderner Brettspiele hervorgehen.

48 Vgl. oben Anm. 28. Die Reihe der praktischen Ratgeber eröffnet Werneck (1987).

49 Vgl. Selinker (2011), Costikyan (2013), Adams (2014 a), Adams (2014b) und Sellers (2017).

50 Rogerson / Gibbs / Smith (2020), S. 99–103: »Game Pieces as Tools for Calculation and Randomization«.

51 Latour (2014), S. 599: »Es würde im Grunde genügen, ein Lob auf die *Buchhaltung* und ihr Hauptbuch anzustimmen. Dieses Buch ist […] das Buch der Konten, es ist die Bilanz.« Die Wirklichkeit mit ihren perspektivierten Gewinnen und Verlusten entsteht mit »Inskriptionstechniken […]. Die rote oder grüne Tinte ist noch ganz frisch«, S. 600.

52 Vgl. die Übersicht bei Woods (2012), S. 97.

53 Das zeigt z. B. auch die Gattung von ›Business Games‹, die seit 1950 ökonomische Prozesse und Entscheidungssituationen simuliert, vgl. Avedon / Sutton-Smith (1971), S. 305–313.

54 Vgl. Juul (1999), S. 5 und 54 ff. und Frasca (2003), zum reader/player S. 8, Fernández-Vara (2019), S. 5, »the foundation to a more sophisticated discourse on games ist to understand them as *texts*«. Vgl. mit Bezug auf Brettspiele: Järvinen (2009) und Parlett (2016).

55 In Avedon / Sutton-Smith (1971), einem vor dem Siegeszug des Computerspiels entstandenen Sammelband zur Spieleforschung, verweisen immerhin drei Aufsätze mit Zahlzeichen auf Spiele und ihre Komponenten: Erasmus (1971), Tylor (1971) und Goldstein (1971).

56 Vgl. Booth (2021) S. 119–144.

57 Järvinen (2009), S. 250–273. Auch der Begriff ›Spielmechanik‹ hat in der Diskussion zwischen ›ludologischen‹ und ›narratologischen‹ Ansätzen an Bedeutung gewonnen, vgl. z. B.

Hunicke / LeBlanc / Zubek (2004) und Sicart (2008). Eine auf Brettspiele fokussierte Systematisierung bei Engelstein / Shalev (2020).

58 Woods (2012), bes. Kapitel 5 »The Eurogame Genre«, S. 79–120.

59 Ebenda, S. 80–88.

60 Dort sind unter der Kategorie *mechanics* inzwischen knapp zweihundert Begriffe verschlagwortet, die von *Action Drafting* und *Deck, Bag und Poolbuilding* über *Random Production* bis *Worker Placement* reichen https://boardgamegeek.com/browse/boardgamemechanic.

61 Vgl. Woods (2012), S. 23–25, Robinson (2014) und Waburg / Sterzenbach (2023). Auch ideologische Aspekte des Spielens werden mit der Metapher des Lesens freigelegt, vgl. Ruberg / Shaw (2017), S. 96–149, »Reading Games Queerly«.

62 Vgl. Booth (2021), S. 25–37 zum Aspekt der »Kooperation« und S. 167–191 zu »Diversität und Inklusion«.

63 Ebenda, Kapitel 1: »Ludo-Textual Analysis of Boardgames« (S. 17–37), Kapitel 2 »The Interactive Potentiality of Board Games«, S. 38–57 und Kapitel 3: »Ludic Discourse Analysis«, S. 58–76.

64 Vgl. z. B. Beil (2013), S. 26 und Beil / Hensel / Rauscher (2018), S. 70: »die Trennung zwischen ludischen und narrativen Elementen [lässt sich] in heutigen Videospielen im Vergleich zu einem traditionellen Brettspiel oder einem Text-Adventure nicht mehr klar vornehmen«.

65 So hat sich die klassische Wahrscheinlichkeitstheorie bei Cardano, Pascal, Huygens und Bernoulli an der Frage entwickelt, wie man in einem gegebenen Spielsystem rational wetten kann, vgl. Dacunha-Castelle (1997), Sá (2008) und Bronder (2016). Vgl. auch das originelle Buch von Bewersdorff (2018) zur Mathematik klassischer Gesellschaftsspiele bis *Monopoly* und Austin / Molitoris-Miller (2015) und Clark (2021) zur Verwendung moderner Brettspiele im Mathematikunterricht.

66 Der 2023 leider plötzlich verstorbene Autor Klaus Teuber spricht von »zugegeben ziemlich romantischen Vorstellungen«, mit denen er das Narrativ früher Entdeckungsfahrten ausgearbeitet habe. Teuber (2020), S. 170–171.

67 Robinson (2014), Waburg / Sterzenbach (2023).

68 Das zeigen Engelstein / Shalev (2020), die in ihrer Übersicht zu Spielmechanismen auch numerische Überlegungen berücksichtigen.

69 So entwickelt das an der technischen Hochschule in Nürnberg angesiedelte Projekt *Empamos* eine KI-basierte Auswertung von Brettspielmechanismen mit dem Ziel, eigene Konzepte der Gamifizierung zu entwerfen: https://www.empamos.de/

70 Booth (2021), S. 14.

71 In Computerspielen ist das nicht anders, vgl. Griesemer (2010).

72 Knizia (1990) mit Exkursen in die Spieltheorie (S. 49–56), Kombinatorik (S. 99–110) und Wahrscheinlichkeitsrechnung (S. 145–155). Ich danke dem Autor für die Überlassung zahlreicher Exemplare für akademische Lehr- und Forschungszwecke. Ähnliche Ansätze auch (mit Bezug auf Knizia) bei Salen / Zimmermann (2004), Kapitel 15: »Games as Systems of Uncertainty« S. 173–190. Vgl. auch Kobbert (2006), Friese (2010) und Bewersdorff (2018).

73 Die brettspielorientierten GameTek-Podcasts von Engelstein beginnen mit einer Folge über »Luck in Games«: »Ludology Bonus Episode 1 – GameTek Classic!« (20. 2. 2011). Weitere Folgen, die sich dezidiert mit dem Thema »Zufall« und seiner Einschränkung beschäftigen: Episode 6 – Finding the Balance (17. 4. 2011), GameTek Classic 32 – Push your Luck (20. 5. 2012), Ludology Episode 34 – The Good, The Bad, and The Random (10. 6. 2012), GameTek Classic 52 – Entanglement (31. 3. 2013), GameTek Classic 55 – Intransitive Dice (12. 5. 2013), GameTek Classic 62: Flipping Probability (18. 8. 2013), Ludology Episode 81 – Random Acts of Kindness (1. 7. 2014), Ludology Episode 81 – Lucky Break (27. 7. 2014), Ludology Episode 103 – House

of Cards (3.5.2015), GameTek Classic 110 – Luck (16.8.2015), GameTek Classic 139 (Entropy), 6.11.2016,), GameTek Classic 151 – Risk (14.5.2017), GameTek Classic – Input Output Randomness (16.9.2018), Ludology Episode 187 – Balancing Act (4.11.2018).

74 Zur musikalischen »Aleatorik« vgl. Frobenius (1976). Zur Erweiterung auf »Bildende Kunst« Reck (1999).

75 Zum Zufall als ästhetisches Verfahren vgl. Bürger (1974), Richter (1978), Arnheim (1979), Lachmann (1998), Lübbe (1988),), Boenicke / Blasius / Freier / Hilmes / Mathy (Hrsg.) (1994), Diederich (Hrsg.) (2007), Mersch (2016). Ich danke Juliane Vogel und Isabell Otto für zahlreiche Hinweise und Diskussionen im Rahmen eines im SoSe 2023 gemeinsam veranstalteten Seminars.

76 Zur modernen Kunst als »Kontingenzbewältigung« vgl. Köhler (1993), Graevenitz / Marquard (1998), Gendolla / Kamphusmann (Hrsg.) (1999), Campe (2002), Hahn / Kleinschmidt / Pethes (2004) (darin bes. Kleinschmidt (2004)).

77 Zum Zufall als Waffe gegen eine dominierende gesellschaftliche Zweckrationalität vgl. bes. Bürger (1996), Weltzien (2011) und Miller (2018).

78 Zu einer für Spiele konstitutiven Ungewissheit vgl. Randolph (1999), S. 21, Salen / Zimmermann (2004), Kapitel 15, S. 173–190, Costikyan (2013), Hamayon (2016), S. 203–228, Torner (2016), Johnson (2019), und Woods (2021), S. 38–57.

79 Zum Gegensatz von Zufall und Geschick, bzw. *chance* und *skill* vgl. Bronder (2016), S. 27, 71, 196–232 und Dürsch / Lambrecht / Oechseller (2017). Selbst Woods (2012), S. 164–65 reduziert die Zufallselemente in »Eurogames« an manchen Stellen seines Buches auf Glücks- und Chaosfaktoren, die eine strategische Planung durchkreuzen können.

80 Jaffe (2013).

81 Schreiber (2010).

82 Zu »Input« und »Output Randomness« vgl. Garfield (2013), Burgun (2014), Burgun (2018), Zhang u. a. (2021). Auch im GameTek-Podcast von Engelstein werden die Begriffe immer wieder auf Brettspiele und Balancingprobleme bezogen, vgl. Episode 6 – Finding the Balance (17.4.2011), Ludology Episode 34 – The Good, The Bad, and The Random (10.6.2012), GameTek Classic 110 – Luck (16.8.2015), und vor allem GameTek Classic 183 – Input Output Randomness (16.9.2018) sowie Ludology Episode 187 – Balancing Act (4.11.2018).

83 Zahlreiche Beispiele bei Knizia (2001). Eine genauere Definition gebe ich in Kap 4.16, S. 154.

84 Johnson (2019), S. 1–34. Weiter führt er *Chance* als eine dritte Zwischenkategorie ein, so dass *Randomness* mit Startauslagen wirksam wird, *Luck* den ganzen Spielausgang bestimmt und *Chance* den weiten Bereich des Partieverlaufs abdecken muss. Das macht es allerdings schwieriger, die Janusköpfigkeit von *Input* und *Output Randomness* in einzelnen Prozeduren zu analysieren. Vgl. auch Booth (2021), S. 44 und Elias / Garfield / Gutschera (2012), S. 139.

85 Diese Einschränkung von Willkür fasst die linguistische Sprachwissenschaft auch im Begriff der »Arbitrarität«, vgl. Ferdinand de Saussure (2013[1916]), §2, 1121, S. 171. Es ist interessant, dass Saussure die Beziehung zwischen synchronischer und diachronischer Betrachtungsweise des Sprachsystems am Beispiel einer Partie »Schach« veranschaulicht, in der jeder Zug die Werte der Figuren im System verändert (ebenda, §4, 1465–1487, S. 204–207).

86 Johnson (2019), S. 149–168. Für den Hinweis danke ich Kristina Jevtic.

87 Auch solche Anschlussstellen hat bereits Engelstein erkundet, vgl. GameTek Classic 115 – Microbes (8.11.2015), GameTek Classic 143 – Nash Equilibrium (22.1.2017).

88 Zur Wahrscheinlichkeitstheorie vgl. Anm. 65.

89 Grundlegende Arbeiten: Neumann / Morgenstern (1944), Nash (1950), Duncan / Howard (1957).

90 Vgl. z. B. Berninghaus / Ehrhart / Güth (2010), S. 1.

91 So North (1992), S. 18, in seiner Kritik an einer zu abstrakten Modellierung der Spieltheorie. Pias (2002), S. 194 fasst das in der Wendung einer »ebenso schlichten wie kalten Spieltheorie« zusammen. Eine Öffnung und Anwendung auf klassische Gesellschaftsspiele bei Bewersdorff (2018).

92 So zuletzt Busch (2023) mit dem sprechenden Untertitel: »Wie wir Ungewissheit und unerwartete Ereignisse für uns nutzen können«.

93 Dies betont auch Jaffe (2013), eine der wenigen Studien, die »Randomness« mit quantitativen Methoden als Teil des Gamedesigns und Balancings untersucht. Duke (1974) kommt in seinem Abschnitt zu »rough and fine tuning« (S. 100) dagegen vollkommen ohne Zahlen und Rechenbeispiele aus.

94 Zur evolutionären Spieltheorie vgl. Anm. 8.

95 Bereits Woods (2012), S. 6 stellt fest, dass mit den neuen Eurogames eine neue Balance anvisiert wird, kompetitive Strukturen mit Gemeinschaftserlebnissen zu verbinden.

96 Vgl. z. B. Pias (2002) und sein Diktum von den »Pflichten des Spielers«, weiterentwickelt bei Winkler (2016) und Nohr (2021).

97 Vgl. Bogen (2023) zu einem topologischen Modell des Eskalations- und Deeskalationspotentials von Brettspielen, das ich in Kapitel 4 weiter ausführen werde.

2 Würfel und Spielkarten in *Monopoly* und *CATAN*

98 Diese Wandlung der Gattung haben bereits Woods (2012), Brown / MacCallum-Stewart (2020), Engelstein / Shalev (2020), Booth (2021) und Krause (2022) aufgezeigt.

99 Aktualisierte Informationen zu den beiden Hauptbeispielen *Monopoly* und *CATAN* finden sich auf Boardgamegeek: https://boardgamegeek.com/boardgame/1406/monopoly und https://boardgamegeek.com/boardgame/13/catan (zuletzt abgerufen: 15. 9. 2023).

100 Vgl. Whitehill (2004) und Tönnesmann (2011), der auf S. 64 das übliche intellektuelle Verdikt anspricht. Eine kurze, immerhin wohlwollende Erwähnung von *Monopoly* findet sich bei Duke (1974), *preface xvii*.

101 So Erasmus (1971), S. 128: »There are in America today individuals and companies who do nothing but apply their ingenuity to the construction and invention of games with which to amuse the public and thereby derive their sustenance. Yet, despite this concentration of effort, the dice-and board games of today do not differ in principle from those of the Aztecs and the Hindus. A game as American as Monopoly uses the same devices.«

102 Pritchard (1975), S. 85–91 und Whitehill (1992), S. 23.

103 *Anti-Monopoly* (1973) https://boardgamegeek.com/boardgame/1931/anti-monopoly, *Class Struggle* (1978) https://boardgamegeek.com/boardgame/1510/class-struggle (zuletzt abgerufen: 15. 9. 2023). An der Ausgestaltung der deutschen Ausgabe von »Klassenkampf« war der Historiker Peter Brandt aus Hagen beteiligt Vgl. auch: *provopoli – Wem gehört die Stadt?* (1976) https://boardgamegeek.com/boardgame/12570/provopoli-wem-gehort-die-stadt und *Ökolopoly* (1983) https://boardgamegeek.com/boardgame/6647/okolopoly (zuletzt abgerufen: 15. 9. 2023), zusammenfassend Tönnesmann (2011), S. 64–83, der sich in seiner originellen Studie auf ikonografische Traditionen des Spielplans konzentriert und ludologische Überlegungen ausblendet. Bewersdorff (2018), S. 69–81 nimmt *Monopoly* in sein Buch über die Mathematik klassischer Brettspiele auf.

104 Dort wird das Zählen von »wood« verulkt, vgl. *The Big Bang Theory* Staffel 5 – Episode 13 vgl. https://www.youtube.com/watch?v=eEq-oinAWzk. Bereits Aminzadah (2003) hat sich in

einer Reihe von Interviews mit deutschen Spieler:innen auf die Suche nach dessen Erfolgsgeheimnis begeben. Zur Erfolgsgeschichte des Spiels vgl. auch GameTek Classic 164 – Catan (26. 11. 2017).

105 »It became clear, at least to me, a white person playing this game in the U. S. in the early 2010s, that every game of *Settlers of Catan* re-tells the American myth of White European settlers stumbling upon a fertile land that was theirs by right, encountering no meaningful resistance, and acting on behalf of God and Country to develop economies, settlements, and cities in this »New World.« My first thought was to never play *Settlers of Catan* again«. Loring-Albright (2015).

106 Das vollständige Zitat lautet: »Das Grundgerüst [passt] in unseren Zeitgeist und [fügt sich] nahtlos in das Grundmuster unseres Lebens ein. Auch wenn es sich immer wieder als mühsames und zähes Unterfangen erweist, so entwickelt sich Europa doch beharrlich in die gleiche Richtung. Der europäische Gedanke enthält alle *CATAN*-Elemente. Es gilt Schranken abzubauen, Grenzen zu öffnen, Straßen, Schienen, Wasserwege, also Verbindungen und Netze durch ganz Europa zu ziehen. Die Bautätigkeit wird nicht einfach unkontrolliertem Wildwuchs überlassen. Handel ist keine von Gier getriebene Einbahnstraße, sondern ein freies und freiwilliges Geben und Nehmen in beiderseitigem Interesse der Partner, um zu einem erfolgreichen Abschluss zu kommen. Dass dabei jeder seine eigenen Strategien und Ziele verfolgt, ist völlig in Ordnung, solange die Balance insgesamt stimmt. Denn Wachstum bringt Wohlstand. Nicht mit der Gießkanne für alle gleich, sondern manchen etwas mehr, anderen, die weniger Glück haben oder nicht ganz so geschickt sind, etwas weniger. Genau wie bei *CATAN!*« Werneck (2020), S. 298.

107 Wie Robinson (2014) am Beispiel »Orientalismus« aufzeigt.

108 Dabei ist es wie Loring-Albright (2015) im letzten Satz seines Textes etwas unbescheiden formuliert, sein *First Nations of Catan*, das die Spieler:innen zu »game-makers« und »re-makers« machen soll, nicht etwa *Catan* selbst.

109 Dies wird in den zahlreichen Laudationes auf das Spiel immer wieder hervorgehoben, vgl. z. B. Woods (2012), S. 72.

110 Die Datenbank auf Bordgamegeek zählt auf: Afrikaans, Arabic, Basque, Bulgarian, Catalan, Chinese, Croatian, Czech, Danish, Dutch, English, Estonian, Finnish, French, German, Greek, Hebrew, Hungarian, Icelandic, Italian, Japanese, Korean, Latvian, Lithuanian, Macedonian, Norwegian, Polish, Portuguese, Romanian, Russian, Serbian, Slovak, Slovenian, Spanish, Swedish, Thai. https://boardgamegeek.com/boardgame/13/catan/versions?pageid=1 (zuletzt abgerufen: 15. 9. 2023).

111 Wie flexibel die thematischen Varianten ausfallen können, zeigt z. B. das 2011 vom amerikanischen Mayfair-Verlag veröffentlichte Szenario »Ölquellen« (https://boardgamegeek.com/boardgameexpansion/110794/catan-scenarios-oil-springs), das 2018 von einem von Fans getragenen Kickstarter-Szenario »Global Warming« gekontert wurde (https://boardgamegeek.com/boardgameexpansion/305516/catan-scenarios-global-warming) (zuletzt abgerufen: 15. 9. 2023).

112 https://boardgamegeek.com/boardgamedesigner/89308/greg-loring-albright (zuletzt abgerufen: 15. 9. 2023).

113 Vgl. oben das Unterkapitel »1.3 Narratologie vs. Ludologie«. Die Forschungslücke wird z. B. auch im Kapitel »The Pleasure of Play« von Woods (2012), S. 146–172 deutlich, der nach Gründen für »player enjoyment« und »replayability« sucht, und dabei Themen und isolierte Spielmechaniken in den Mittelpunkt stellt.

114 Die dubiose Patentgeschichte wurde aufgearbeitet bzw. aufgedeckt von Anspach (2010). Eine abwägende Gesamtdarstellung bei Tönnesmann (2011), S. 11–44.

115 Teuber (2020), S. 189.

116 Dieser Umstand ist bisher wenig reflektiert worden. So wird die Entwicklung individuell gestalteter Kartensätze im Rahmen moderner Brettspiele auch in Geschichten der Spielkarte kaum reflektiert, vgl. die Literatur in Anm. 17.

117 Meist haben diese Spiele eine Reisethematik. Die Recherche führte bisher zu einem »Jeu des explorateurs«, Paris: Watiliaux (1880), »Die Reise durch die Schweiz«, Otto Maier Verlag Ravensburg (1891), »Voyages en Europe«, Bienne: Kuhn, Ernest (1892), »Kaiserfahrt nach Palästina«, Berlin: Engel, Adolph (1898). Kartengesteuerte Ludo-Varianten wie »Sorry!« (1929) https://boardgamegeek.com/boardgame/2407/sorry stehen für eine komplexere Hybridisierung von Brett- und Kartenspiel. Die publizierten Versionen liegen jedoch zeitlich *nach* dem *Landlord's Game* als Basis für *Monopoly*. Ich danke Christin Fischer und Valentin Köberlein für Hinweise.

118 Zu diesem Grundzug von *Monopoly* vgl. Hunicke / LeBlanc / Zubek (2004), S. 3 und Despain (Hrsg.) (2013), Friese (2010) und Bewersdorff (2018), S. 69–81.

119 Zu »Input Randomness« Anm. 82.

120 *CATAN* (1995), Schachtelrand Tipp 1.

121 Vgl. Bogen (2018), S. 350–355 und Anm. 11 bis 13.

122 Zur Geschichte des Lottos vgl. Lange (1980), Zollinger (1997), Colzi (2004).

123 Teuber (2020), S. 179 ff.

124 Ebenda, S. 172.

125 Ebenda, S. 175.

126 Ebenda, S. 180.

127 Diesen Zusammenhang kritisieren auch Hunicke / LeBlanc / Zubek (2004), S. 3 und Despain (Hrsg.) (2013), Feedback Loops (o. S.): »When playing a game of Monopoly, often it just seems like one player gets stronger and stronger while the others flounder« (Universal Principles for Game Innovation, feedback-loops). Vgl. zur Problematik von Schneballsystemen und Gegenstrategien im Gamedesign Friese (2010), auch mit Bezug auf *Monopoly* (S. 84)

128 U. S. Patent 2,026,082, https://patents.google.com/patent/US2026082.

129 Vgl. die Zusammenfassung von Woods (2012), S. 97 und allgemeiner: https://www.dicetower.com/podcast/ludology Episode 20, The Point of Victory 20. 11. 2011 (zuletzt abgerufen: 15. 9. 2023).

130 Teuber (2020), S. 170–188.

131 Zu den Binomialkoeffizienten vgl. 4.6.3

$$P\,(5\ \mathit{Siegpunkte}) = \frac{\binom{5}{5}\binom{20}{1}}{\binom{25}{6}} = \frac{5!}{5!}\,\frac{20!}{19!1!}\,\frac{19!6!}{25!} = \frac{20}{1}\,\frac{6\cdot 5\cdot 4\cdot 3\cdot 2}{25\cdot 24\cdot 23\cdot 22\cdot 21\cdot 20} \approx 0{,}00011$$

$$P\,(4\ \mathit{Siegpunkte}) = \frac{\binom{5}{4}\binom{20}{2}}{\binom{25}{6}} = \frac{5!}{4!}\,\frac{20!}{18!2!}\,\frac{19!6!}{25!} = \frac{5}{1}\,\frac{20\cdot 19}{2}\,\frac{6\cdot 5\cdot 4\cdot 3\cdot 2}{25\cdot 24\cdot 23\cdot 22\cdot 21\cdot 20} \approx 0{,}00536$$

$$P\,(3\ \mathit{Siegpunkte}) = \frac{\binom{5}{3}\binom{20}{3}}{\binom{25}{6}} = \frac{5!}{3!2!}\,\frac{20!}{17!3!}\,\frac{19!6!}{25!} = \frac{5\cdot 4}{2}\,\frac{20\cdot 19\cdot 18}{3\cdot 2}\,\frac{6\cdot 5\cdot 4\cdot 3\cdot 2}{25\cdot 24\cdot 23\cdot 22\cdot 21\cdot 20} \approx 0{,}06437$$

$$P\,(2\ \mathit{Siegpunkte}) = \frac{\binom{5}{2}\binom{20}{4}}{\binom{25}{6}} = \frac{5!}{2!3!}\,\frac{20!}{16!4!}\,\frac{19!6!}{25!} = \frac{5\cdot 4}{2}\,\frac{20\cdot 19\cdot 18\cdot 17}{4\cdot 3\cdot 2}\,\frac{6\cdot 5\cdot 4\cdot 3\cdot 2}{25\cdot 24\cdot 23\cdot 22\cdot 21\cdot 20} \approx 0{,}2736$$

$$P\,(1\ \textit{Siegpunkt}) = \frac{\binom{5}{1}\binom{20}{5}}{\binom{25}{6}} = \frac{5!}{1!4!}\,\frac{20!}{15!5!}\,\frac{19!6!}{25!} = \frac{5}{1}\,\frac{20\cdot19\cdot18\cdot17\cdot16}{5\cdot4\cdot3\cdot2}\,\frac{6\cdot5\cdot4\cdot3\cdot2}{25\cdot24\cdot23\cdot22\cdot21\cdot20} \approx 0{,}43772$$

$$P\,(0\ \textit{Siegpunkte}) = \frac{\binom{20}{6}}{\binom{25}{6}} = \frac{20!}{14!6!}\,\frac{19!6!}{25!}\,\frac{1}{2} = \frac{20\cdot19\cdot18\cdot17\cdot16\cdot15}{6\cdot5\cdot4\cdot3\cdot2\cdot1}\,\frac{6\cdot5\cdot4\cdot3\cdot2}{25\cdot24\cdot23\cdot22\cdot21\cdot20} \approx 0{,}21886$$

Nach dem Satz von Bayes ergibt sich folgender durchschnittliche Hinzugewinn bei 6 Entwicklungskarten:
$0{,}00011 \cdot 5\,[SP] + 0{,}00536 \cdot 4\,[SP] + 0{,}06437 \cdot 3\,[SP] + 0{,}2736 \cdot 2\,[SP] + 0{,}43772 \cdot 1\,[SP] + 0{,}21886 \cdot \langle 0 \rangle\,[SP] \cong \langle 1{,}2 \rangle$

132 Vgl. Engelsteins GameTek Podcast »Luck in Games«: »Ludology Bonus Episode 1 – GameTek Classic!« (20. 2. 2011) und Episode 6 – Finding the Balance (17. 4. 2011) und Kobbert (2006).

133 YouTube, Finale 2017: https://www.youtube.com/watch?v=oTwVZmJ9uRo

134 Teuber (2020), S. 181.

135 Ebenda, S. 178.

136 Eine mathematische Analyse von Gewinnchancen bei *Monopoly* bei Bewersdorff (2018), S. 70–82.

137 Vgl. Austin / Molitoris-Miller (2015).

138 Ebenda, S. 181.

139 So bereits Friese (2010), S. 84.

140 »Consider the ›frontier myth‹ a phrase that describes the work of Frederick Turner Jackson, whose 1893 essay ›The Significance of the Frontier in American History' attributes the rapid development of the U. S. in the late 19th century, and the specificity of the U. S. American character, to mystical forces contained in the ›empty' and thus edenic American West. *Settlers of Catan*, by allowing its settlers to find the island of Catan in a similarly edenic state, reifies this myth, which helped to render American Indians invisible.« Loring-Albright (2020), o. S.

141 Teuber (2020), S. 179.

142 Vgl. Woods (2012), S. 6 und S. 91–92 und allgemein zum Aufbau kooperativer Interaktion: Deutsch (2000).

143 Vgl. Casasola-Merkle (2010a), S, 122.

144 Zu Wettkampf, Zufall und dem günstigen Augenblick (kairos), vgl. Caillois (1966), S. 125 ff.

3 Spielräume suchen: Eine Partie *Scotland Yard*

145 Dieses Kapitel ist zusammen mit Philip Hauser verfasst und kann auch als eigenständiger Aufsatz zitiert werden: Steffen Bogen / Philip Hauser, »Spielräume suchen: Eine Partie *Scotland Yard*«, in: Steffen Bogen, *Mit dem Zufall spielen. Würfel, Karten, Zahlen, Quanten*, Konstanz: konstanz university press 2024, S. 77–114.

146 Zu *play* vs. *game* vgl. Anm. 3, besonders DeKoven (1978), der am deutlichsten die Durchlässigkeit herausstellt.

147 Es geht also gerade nicht um einen geschlossen ›magic circle‹, sondern um Schließen und Öffnen. Zu dieser Kritik an Huizinga vgl. bereits Anm. 6 bes. Consalvo (2009). S. 409 und Woods (2012), S. 6.

148 Zum Spiel vgl. https://boardgamegeek.com/boardgame/438/scotland-yard, sowie GameTek Classic 162 – Scotland Yard (29. 10. 2017) und Biography of a Board Game Classic 270.5 – Scotland Yard (27. 3. 2022).

149 Zu den Genderkonventionen dieses Kapitels, die viel mit der Unterscheidung von *game* und *play* zu tun haben, vgl. oben 3.1.1 und 3.1.2.
150 https://boardgamegeek.com/boardgame/148740/scotland-yard-master
151 Heisenberg (1927). Zu dieser Analogie vgl. auch Kapitel 5.
152 https://boardgamegeek.com/boardgame/92644/schnappt-hubi

4 Grundbegriffe der Aleatorik

153 Informationen zum 2014 veröffentlichten *Camel Up* finden sich hier: https://boardgamegeek.com/boardgame/153938/camel. Die 2018 veröffentlichte, zweite Edition von Camel Up, auf das ich als Camel Up 2.0 verweisen werde, ist in einem gesonderten Eintrag erfasst: https://boardgamegeek.com/boardgame/260605/camel-second-edition.
154 https://www.spiel-des-jahres.de/spiele/camel-up/ (zuletzt abgerufen 21. 9. 2023)
155 Diese Triade einer »Topologie des Spielens« entwickle ich erstmals mit Bezug auf eine im 13. Jahrhundert entstandene Darstellung eines eskalierenden Würfelspiels in Bogen (2022). Zu ähnlichen Ergebnissen kommt mit einer psycho-analytischen Herleitung Görling (2017), vgl. besonders »Spiel:Zeit«, ebenda S. 19–52.
156 Goffman 1973, S. 20.
157 Die räumliche Orientierung von Spielprozessen wird klar reflektiert bei Buytendijk (1933) und Krämer (2007).
158 Vgl. Huizinga (1956), S. 16.
159 Vgl. Deleuze (1997) und die Konzepte von »Macro- und Micro-Cycle« bei Duke (1974), S. 128–134. Das Spiel als »Abstraktion und Variation« bei Sutton-Smith (1978), S. 45–51. Grodal (2004), S. 148 spricht mit Bezug auf Spiele von einer »aesthetic of repetition«. Hier bieten sich auch Anschlüsse an Fragen der Serialität vgl. Denson / Jahn-Sudmann (2013). Für Literaturhinweise danke ich Kristina Jevtic, die gegenwärtig an einem Promotionsprojekt über Rundenstrukturen und »Time Loops« in Computerspielen arbeitet.
160 Zum metaphorischen Potential von *Cat's Cradle* vgl. Haraway (2016), S. 19–45.
161 Dies betont auch Wassermann (2020), S. 83–85 in seinen Überlegungen zur materiellen Medialität von Brettspielen.
162 Costikyan (2013), S. 99.
163 Zum 30-Löcherspiel mit Hunde- und Schakalköpfen vgl. A. J. Hoerth, »The Game of Hounds and Jackals!«, in: Finkel (2008), S. 64–68.
164 Weitere Informationen zu den Spielen: https://boardgamegeek.com/boardgame/1806/piggy-back-brigade und https://boardgamegeek.com/boardgame/1730/trap-cap (zuletzt abgerufen: 21. 9. 2023).
165 Die Überlegungen zum visuellen Feld schließen an kunsthistorische »Feldbegriffe« an. Zu einem Überblick, auch mit Bezug auf Spielfelder, vgl. Pichler (2012).
166 Vgl. Wassermann (2020), S. 83: »boardgame play is both, face-to-face and mediated.« Zum Wechselspiel von Blick und Gegenblick vgl. die bildtheoretischen Überlegungen von Lacan (1994).
167 Vgl. die »Regeln der Irrelevanz« bei Goffmann (1973), S. 21–28.
168 Bourdieu (2015), S. 149–150 bezeichnet das als Wahrnehmung des Künftigen, ein Prozess, der vor allem am Beispiel des Schachspiels psychologisch gut untersucht ist: vgl. z. B. Gobet u. a. (2004). Zur Möglichkeit des Spieldesigns »perceptual challenges« zu gestalten vgl. Costikyan (2012), S. 101.
169 Zu den Diagrammen der Spielsituation vgl. Bogen (2016).

170 Zu den Falschspielern von Georges de la Tour vgl. Rosen (2016), zum Sujet der »betrogenen Betrüger« bei Caravaggio: Müller (2020).

171 Ziehe (2022), S. 19.

172 Dieser Aspekt des Spielraums erinnert an das, was Huizinga 1956, S. 24 den »magischen Zirkel« nennt, in den die Teilnehmer:innen einer Spielrunde eintreten, und der nicht einfach mit dem Spielfeld identisch ist. Den Sicherheit stiftenden Charakter dieses Spielraums, in dem Gefahren und Risiken eingedämmt bleiben, betont z. B. Sutton-Smith 1978, S. 14 und S. 52–58 mit einer Reihe weiterer »Umkehrungen«, die damit verbunden sind.

173 Gregory Bateson leitet daraus auch einen »meta-kommunikativen Rahmen« des Spielens ab, in dem Teilnehmer:innen signalisieren, dass ein Teil von ihnen »außerhalb« der Spielsituation bleibt, vgl. z. B. Bateson 1991, S. 254.

174 Den Zusammenhang beschreibt schon Cardano im *Liber de ludo aleae (Kapitel 6, the fundamental priciple of gambling)*, vgl. Bellhouse (2005), S. 184.

175 Zu einem historischen Überblick vgl. Dacunha-Castelle (1997) und Sá (2008). Eine systematische, mathematische Einführung bei Henze (2019).

176 Zu Cardano vgl. Bellhouse (2005).

177 Clark (2021). Zu einem Kalkulationstool vgl. z. B. https://github.com/cbhua/tool-camel-up (zuletzt abgerufen: 21. 9. 2023).

178 Zur Gestaltung von Ungewissheit im Gamedesign vgl. Costikyan (2013), S. 97, jedoch stark verknüpft mit der Kategorie »narrativer Spannung«.

179 Sind drei Würfel gefallen, wird der Würfel der verrückten Kamele mit einer Wahrscheinlichkeit von $1 - \frac{5 \cdot 4 \cdot 3}{6 \cdot 5 \cdot 4} = 0{,}5$ bereits gefallen sein (Fallgruppe A), mit der komplementären Wahrscheinlichkeit von ebenfalls 0,5 wird er sich noch in der Pyramide befinden (Fallgruppe B). In Fallgruppe A sind die möglichen Fortsetzungen wie folgt zu berechnen: 3 × 3 für die Zahlen multipliziert mit 3 × 2 für die Farben ergibt 54 mögliche Fortsetzungen. In Fallgruppe B sind zwei untergeordnete Fallgruppen zu unterscheiden. Mit einer Wahrscheinlichkeit von $1 - \frac{2}{3 \cdot 2} = \frac{2}{3}$ wird sich das verrückte Kamel in den letzten beiden Runden noch bewegen, wodurch 6 unterscheidbare Werte des Sonderwürfels ins Spiel kommen. In diesem Fall werden $6 \cdot 3 \cdot 2 = 36$ mögliche Fortsetzungen unterscheidbar. In $\frac{1}{3}$ der Fälle wird sich jedoch das verrückte Kamel bis zum Ende der Etappe überhaupt nicht bewegen. In diesem Fall werden nur 3 Zahlen der beiden verbliebenen »normalen« (d. h. nicht der auf die verrückten Kamele bezogene Sonderwürfel) ins Spiel kommen. Dies entspricht den oben dargestellten 18 Fällen der ersten Version von *Camel Up*. Mit dem Satz von Bayes, der die Berechnung bedingter Wahrscheinlichkeiten erlaubt, sind nach drei bereits gefallenen Würfel noch die folgende Anzahl von Fortsetzungen möglich:
$\frac{1}{2} \cdot 54 + \frac{1}{2} \cdot \frac{2}{3} \cdot 36 + \frac{1}{2} \cdot \frac{1}{3} \cdot 18 = 42$

180 Noch eine Anmerkung zur Notation: Eine Dimension kann in eckigen Klammern und die zusammengefassten Werte in spitzen Klammern notiert werden, also:
$[\text{Dimension}_A \langle Wert_{Aa} \rangle, \langle Wert_{Ab} \rangle, \langle Wert_{Ac} \rangle, \ldots \langle Wert_{Ax} \rangle]$.
Häufig wird eine Dimension aus der Kombinatorik unabhängiger Werte erzeugt, was durch runde Klammern und ein Produktsymbol angezeigt werden soll:
$(\langle a \rangle, \langle b \rangle, \langle c \rangle, \ldots \langle x \rangle) \otimes (\langle 1 \rangle, \langle 2 \rangle, \langle 3 \rangle, \ldots \langle n \rangle)$
Die Zuordnung eines Wertes zu einer Dimension kann auch durch einen tiefgestellten Index angezeigt werden, also z. B. als $\langle Wert\_a \rangle_{Dimension\_A}$ Dies ist besonders dann sinnvoll, wenn Werte in verschiedenen Dimensionen wiederkehren.

181 Den Begriff »sicherer Würfelpunkt« verdanke ich Michael Paping, einem der »Cheftester« in meinen Spielerunden.

182 Vgl. Costikyan (2013), S. 86 zur Dramaturgie des Aufdeckens.

183 Maren Krämer arbeitet gegenwärtig an einer Dissertation über Entscheidungsprozesse in Spielen. Ich danke ihr für zahlreiche Hinweise und Anregungen. Hier ließen sich auch Anschlüsse an Theorien der Entscheidungsfindung herstellen, vgl. z. B. Archer / Tritter (2003) und Jagoda (2020), S. 119–152: »Choice«.

184 Zu »challenges of hand-eye coordination« in Videospielen vgl. Costikyan (2013), S. 71

185 Zu Betrugsversuchen und zum umgekehrten Anliegen, diese technisch auszuschließen vgl. auch Schädler (2007b), S. 16–19.

186 Costikyan (2013) unterscheidet elf Formen der Ungewissheit im Spielen. Drei von ihnen können mit der hier entwickelten Terminologie dem Spielfeld zugeordnet werden (*randomness, hidden information, uncertainty of perception*), neun der Spielrunde (*performative uncertainty, solver's uncertainty, player unpredictability, analytic complexity, narrative anticipation, development anticipation, schedule uncertainty, semiotic uncertainty*). Bewersdorff (2018), S. v unterscheidet abstrakter nur drei Kategorien: Zufall, vielfältige Kombinationen und unterschiedlicher Informationsstand.

187 Zu *Input* und *Output Randomness* vgl. die bereits in Anm. 82 und 84 genannte Literatur: Garfield (2013), Burgun (2014), Burgun (2018), Johnson (2019), S. 1–34, Zhang u. a. (2021) und Epstein, GameTek Classic 183 – Input Output Randomness (16. 9. 2018).

188 Vgl. auch die Unterscheidung von »known unknown« und »unknown unknown« bei Costikyan / Consalvo (, S. 92.

189 Zur klassischen Spieltheorie vgl. die weiter oben in Anm. 89 genannten grundlegenden Beiträge von Neumann / Morgenstern (1944), Nash (1950) und Duncan / Howard (1957), sowie als Einführung Berninghaus / Ehrhart / Güth (2010). Eine Anwendung und Modellierung komplexer Entscheidungssituationen bei Börgers (2010). Für Hinweise und Anregungen danke ich Michael Conrad, der gegenwärtig ein größeres Forschungsprojekt zur Entwicklung kooperativer Spielformen vorbereitet.

190 Zur evolutionären Spieltheorie vgl. die bereits in Anm. 8 genannten grundlegenden Beiträge von Smith / Price (1972) und Smith (1982), sowie Axelrod (1997) und Wiemer (2017).

191 Zur Unterscheidung auf der Grundlage älterer, militärhistorischer Quellen vgl. vor allem Certeau (1990), S. 85–92.

192 Vgl. Engelstein Ludology Episode 187 – Balancing Act (4. 11. 2018). Jaffe (2013) ist eine der wenigen Studien, die auf Unentschiedenheit ausgerichtete Balancing-Probleme bereits mit quantitativen Methoden untersucht.

193 Zum »sicheren Würfelpunkt« vgl. oben Anm. 181.

5 TO DO

194 Derrida (1972), S. 423.

195 Peirce (1982–1993), Bd. 5, S. 293. Zur evolutionären Kosmologie von Peirce vgl. Hookway (1997), Pape (1984) und Peirce (1991).

196 Zur historischen Diabolisierung des Spielens vgl. Conrad (2022), S. 87–116. Zu »Wettkampf und Zufall« vgl. auch Caillois (1966), S. 112–146.

197 Vgl. Graevenitz / Marquard (1998), Campe (2002), Hahn / Kleinschmidt / Pethes (2004).

198 Damit referiere ich natürlich auf die epochemachende Begründung der evolutionären Biologie durch Darwin (1859).

199 Zu neo-darwinistischen Zuspitzungen dieser Art vgl. bes. Dawkins (2007).

200 Quelle: https://www.oxfam.de/unsere-arbeit/themen/soziale-ungleichheit (zuletzt abgerufen: 21.9.2023).

201 Quelle: https://www.bpb.de/themen/asien/china/506031/chinas-digitalisierung-effizienz-und-kontrolle-durch-eigene-technologiestandards/#node-content-title–3 (zuletzt abgerufen: 21.9.2023).

202 Zum Zufall als Rauschen und Information vgl. Shannon (1949)

203 Zur Evolution der Kooperation vgl. Bowles / Gintis (2011) und Lindenfors (2017). Diese Ansätze fragen vor allem nach der Entwicklung kooperativer Spielweisen. Der Blick auf Spielmaterialien verschiebt diesen Ansatz auf prinzipiell kooperativ angelegte *Umwelten*. »Survival of the fittings« meint in diesem Sinn eine Reproduktion von »Teilchen«, die in ihrer flexiblen Verwednung übergreifend dimensioniert werden. Im Prinzip ist dies eine Frage nach der »Fitness der Materie«, die bereits Henderson (1913) stellt.

204 Marguilis (1970) Zur aktuellen Bedeutung von Lynn Margulis vgl. auch den Film »Symbiotic Earth« von John Feldman.

205 Die Idee, die ganze Erde als eine Art Lebewesen aufzufassen, wird auch als Gaia-Hypothese bezeichnet, vgl. Lovelock (1972), Lovelock / Margulis (1974), Marguilis (1997), Marguilis (1999), Schwartzmann (2002).

206 Lovelock (2007).

207 So auch Reinhord Görling, Spiel:Zeit, in Görling (2017), S. 19–52, Zitat S. 20.

208 Morris / Voolstra u. a. (2019).

209 Zu den Versuchen Galileos und seiner diagrammatisch unterstützten Suche nach mathematischen Regeln und Gleichungen vgl. Bogen (2017) mit weiteren Quellenangaben und Literaturverweisen.

210 Das genaue Zitat aus einem Brief an Max Born vom 4. Dezember 1926 lautet: »Jedenfalls bin ich überzeugt, dass der Alte nicht würfelt.« Einstein-Archiv 8–180, zitiert in: Calaprice, Alice (Hrsg.), *Einstein sagt*, München / Zürich: 1996, S. 143.

211 »Stellen wir uns einmal vor, diese vielschichtige Ansammlung sich bewegender Dinge, aus denen ›die Welt‹ besteht, sei so etwas wie ein großes Schachspiel der Götter, und wir beobachten dieses Spiel. Die Spielregeln kennen wir nicht; wir dürfen lediglich *zusehen*. Wenn wir das lange genug tun, kapieren wir natürlich mit der Zeit ein paar Regeln. Und diese *Spielregeln* sind das, was wir unter *Grundlagenphysik* verstehen. Doch selbst wenn wir alle Regeln kennen würden, wären wir möglicherweise trotzdem nicht in der Lage, diesen oder jenen Schachzug zu begreifen, einfach weil das Spiel zu kompliziert und unsere Auffassungsgabe beschränkt ist.« Feynman (2007), S. 70–1.

212 Der vielfach im Internet mit gelöschtem Autornamen zirkulierende Cartoon stammt von Mark Parisi (https://markparisi.com/)

213 vgl. Mermin (2007).

214 Die Suche nach »anschaulichen Inhalten« der quantenmechanischen Gleichungen manifestiert sich gerade in den frühen Arbeiten wie Heisenberg (1927).

215 Gerlach / Stern (1922a) und Gerlach / Stern (1922b) und Sakurai (1985), S. 2–10; wissenschaftshistorisch aufgearbeitet bei Friedrich / Herschbach (2003) und Castelvecchi (2022).

216 Vgl. Sakurai (1985), S. 61–62 (Problem 9). Eine anschauliche Einführung in das Operieren mit »Wahrscheinlichkeitsamplituden« und deren Phasenstruktur bei Feynman (1985), S, 35–47. Zur Einführung vgl. auch die online verfügbaren MIT und Stanford-Lectures: Zwiebach (2013–2018), Susskind (2013) und Susskind (2018).

217 Einstein / Podolsky / Rosen (1935) und Schrödinger (1935). Zur zentralen Bedeutung dieses Elements der Quantentheorie vgl. Gisin (2014).

218 Vgl. Gisin (2014), bes. S. 17 – 56, Kapitel 3 »Lokale und nichtlokale Korrelationen« und S. 57–72, Kapitel 4 »Nichtlokalität und echter Zufall«

219 Das berühmte Paper wird auch nach den Anfangsbuchstaben der Autoren als EPR-Paper oder EPR-Paradoxon bezeichnet: Einstein / Podolsky / Rosen (1935).

220 Bell (1964) und Clauser / Horne / Shimony / Holt (1969).

221 Diese anschauliche, diagrammatische Fassung der Bellschen Ungleichung entnehme ich den Vorlesungen von Susskind (2013).

222 Bell (1964) und Clauser / Horne / Shimony / Holt (1969). Vgl. auch die Darstellung bei Gisin (2014), S. 57–72. Die Verschränkung mit spieltheoretischen Überlegungen bei Cleve / Høyer / Toner / Watrous (2004),

223 In der Regel wird dieser Zusammenhang mit einer anderen Zählweise so dargestellt, dass ohne quantenphysikalische Verschränkung maximal 3 von 4 Fällen gewonnen werden können, vgl. Anm. 218.

224 Gisin (2014), S. 60 bringt dies auf den Punkt: »Koordinieren bedeutet nicht kommunizieren«

225 Zum kosmologischen »fine-tuning« vgl. Hawking (1988), S. 7 und 125, Gribbin / Martin (1989), S. 7 und 269, Rees (2001), S. 4 und Davis (2007), S. 2.

226 Zu Orbitaldiagrammen vgl. Woody (2000).

227 Vgl. z. B. die ökologische Wahrnehmungstheorie von Gibson 1982. Vgl. Penrose (1989).

228 Vgl. Hameroff (2012), Penrose (2014), Hameroff / Penrose (2014a), Hameroff / Penrose (2014b).

Literatur

Aarseth, Espen (2001), »Game Studies: Year One«, in: *Game Studies* Vol. 1, Issue 1. URL: https://gamestudies.org/0101/editorial.html (zuletzt abgerufen: 23. 3. 2023).

Aarseth, Espen (2005), »The Game and its Name: What is a Game Auteur?«, in: Grodal, Torben / Larsen, Bente / Thorvin Laursen, Iben (Hrsg.), *Visual Authorship. Creativity and Intentionality in Media*, University of Copenhagen: Museum Tusculanum Press, S. 261–269.

Abele-Hipp, Sabine (2022), *Tarocchi. Spielerische Herrschaftsdemonstration der Herzöge von Mailand 1395–1500*, Darmstadt: wbg Academic.

Adamowsky, Natascha (2005a), *Die Vernunft ist mir noch nicht begegnet. Zum konstitutiven Verhältnis von Spiel und Erkenntnis*, Bielefeld: transcript Verlag.

Adamowsky, Natascha (2005b), »Spielen und Erkennen. Spiele als Archive«, in: Bilstein, Johannes / Winzen, Matthias / Wulf, Christoph (Hrsg.), *Anthropologie und Pädagogik des Spiels*, Weinheim / Basel: Beltz Verlag, S. 37–51.

Adams, David Wallace / Edmonds, Victor (1977), »Making Your Move: The Educational Significance of the American Board Game, 1832 to 1904«, in: *History of Education Quarterly*, 17.4, S. 359–383.

Adams, Ernest (2014a), *Fundamentals of Adventure Game Design*, San Francisco, CA: New Riders.

Adams, Ernest (2014b), *Fundamentals of Strategy Game Design*, San Francisco, CA: New Riders.

Alfonso (1283/2009), *Alfonso X. »Der Weise«: Das Buch der Spiele*, Schädler, Ulrich / Calvo, Ricardo (Hrsg.), Ludographie, Spiel und Spiele 1, Wien: LIT Verlag.

Aminzadah (Whitehill), Sybille M. (2003), *»The significance of players for the reception and further development of a contemporary game: ›The Settlers of Catan‹«*, Paper presented at the Board Game Studies Colloquium 6, Marburg.

Aminzadah (Whitehill), Sybille M. (2004), *»Some Reasons Behind the Success of ›The Settlers of Catan‹? What Makes This Contemporary Board Game so Attractive to Players?«*, Paper presented at the Board Game Studies Colloquium 7, Philadelphia.

Aminzadah (Whitehill), Sybille M. (2006), *The results of the »Catan« surveys in Germany and the U. S.*, Knucklebones, Issue 3.

Analog Game Studies (URL: https://analoggamestudies.org).

Anspach, Ralph (2010), *The Billion Dollar Monopoly®-Swindle*, 2. Aufl. Bloomington, IN: Xlibris.

Archer, Margaret / Tritter, Jonathan (Hrsg.) (2003), *Rational Choice Theory: Resisting Colonization*, London: Routledge.

Arnheim, Rudolf (1979), *Entropie in der Kunst. Ein Versuch über Unordnung und Ordnung*, Köln: DuMont Buchverlag.

Austin, Jathan / Molitoris-Miller, Susanna (2015), »The Settlers of Catan: Using Settlement Placement Strategies in the Probability Classroom«, in: *The College Mathematical Journal* 46.4, S. 275–282.

Avedon, E. M. (1971), »The Structural Elements of Games«, in: Avedon, E. M. / Sutton-Smith, Brian (Hrsg.), *The Study of Games*, New York: John Wiley & Sons, S. 419–426.

Avedon, E. M. / Sutton-Smith, Brian (Hrsg.) (1971), *The Study of Games*, New York: John Wiley & Sons.

Axelrod, Robert (1997), *The Complexity of Cooperation. Agent-Based Models of Competition and Collaboration*, Princeton: Princeton University Press.

Axelrod, Robert (2009), *Die Evolution der Kooperation*, Reihe Scientia Nova, München: Oldenbourg Wissenschaftsverlag.

Aydin, Karen / Ghosh-Schellhorn, Martina / Schlange-Schöningen, Heinrich (Hrsg.) (2018), *Games of Empires. Kulturhistorische Konnotationen von Brettspielen in transnationalen und imperialen Kontexten*, Transcultural Anglophone Studies, Vol. 5, Berlin / Münster: LIT.

Barbour, Julian (2020), *The Janus Point. A New Theory of Time*, New York: Basic Books.

Bataille, Georges (2014), »Spiel und Ernst«, in: Ebeling, Knut (Hrsg.), *Johan Huizinga. Das Spielelement der Kultur. Spieltheorien nach Johan Huizinga von Georges Bataille, Roger Caillois und Eric Voegelin*, Berlin: Matthes & Seitz Berlin, S. 75–111.

Bateson, Gregory (1981), »Eine Theorie des Spiels und der Phantasie«, in: *Ökologie des Geistes*, Frankfurt a. M.: Suhrkamp Verlag, S. 241–261.

Baumgartner, Christoph (2015), »Das Kaiserspiel. Nidwaldner Spielkarten aus dem 16. Jahrhundert«, in: *traverse – Zeitschrift für Geschichte*, Ausgabe 22, S. 167–175.

Beil, Benjamin (2013), *Game Studies: eine Einführung*, Berlin: LIT Verlag.

Beil, Benjamin / Hensel, Thomas / Rauscher, Andreas (Hrsg.) (2018), *Game Studies*, Wiesbaden: Springer VS.

Bell, John Stuart (1964), »On the Einstein Podolsky Rosen Paradox«, in: *Physics*, Vol. 1, No. 3, S. 195–200.

Bell, R. C. (1979), *Board and Table Games from Many Civilizations*, New York: Dover.

Bellhouse, David (2005), »Decoding Cardano's *Liber de Ludo Aleae*«, in: *Historia Mathematica* 32.2, S. 180–202.

Bendor, Roy (2018), *Interactive Media for Sustainability*, Cham: Palgrave Macmillan.

Bergson, Henri (1912), *Die schöpferische Entwicklung*, Jena: Diederichs.

Berninghaus, Siegfried / Ehrhart, Karl-Martin / Güth, Werner (2010), *Strategische Spiele. Eine Einführung in die Spieltheorie*, Berlin / Heidelberg: Springer.

Bewersdorff, Jörg (2018), *Glück, Logik und Bluff. Mathematik im Spiel: Methoden, Ergebnisse und Grenzen*, 7. Aufl., Wiesbaden: Springer Spektrum.

Bierende, Edgar (2002), »Das höfische Glücksspiel im Spannungsfeld zwischen »arma« und »litterae« – Beobachtungen zu den Prunkspieltischen in der Münchener Residenz«, in: *Pracht und Zeremoniell*, Ausst. Kat., München: Hirmer Verlag, S. 106–118.

Boehm, Gottfried (2012), »Der Grund. Über das ikonische Kontinuum«, in: Boehm, Gottfried / Burioni, Matteo (Hrsg.), *Der Grund. Das Feld des Sichtbaren*, München: Brill | Fink, S. 29–94.

Boellstorff, Tom (2006), »A Ludicrous Discipline? Ethnography and Game Studies.«, in: *Games and Culture* Vol. 1, Issue 1, S. 29–35.

Boenicke, Rosemarie / Blasius, Jürgen / Freier, Hans / Hilmes Carola / Mathy, Dietrich (Hrsg.) (1994), *Spielzüge des Zufalls. Zur Anatomie eines Symptoms*, Bielefeld: Aisthesis.

Bogen, Steffen (2001), »Sternstunde der Zeichentheorie. Wie ein Kapitell aus Autun das triadische Zeichenmodell von Peirce veranschaulicht«, in: Sachs-Hombach, Klaus / Rehkämper, Klaus (Hrsg.), *Vom Realismus der Bilder. Interdisziplinäre Forschungen zur Semantik bildhafter Darstellungsformen*, Magdeburg: Herbert von Halem Verlag, S. 229–245.

Bogen, Steffen / Thürlemann, Felix (2003), »Jenseits der Opposition von Text und Bild. Überlegungen zu einer Theorie des Diagrammatischen«, in: Patschovsky, Alexander (Hrsg.), *Die Bildwelt der Diagramme Joachims von Fiore. Zur Medialität religiös-politischer Programme im Mittelalter*, Stuttgart: Jan Thorbecke Verlag, S. 1-22.

Bogen, Steffen (2005), »Schattenriss und Sonnenuhr. Überlegungen zu einer kunsthistorischen Diagrammatik«, in: *Zeitschrift für Kunstgeschichte* 68.2 (2005), S. 153-176.

Bogen, Steffen (2012), »Die Schlinge als Konklusion. Zum Bild des Denkens bei Charles S. Peirce«, in: Engel, Franz / Queisner, Moritz / Viola, Tullio, *Das bildnerische Denken: Charles S. Peirce*, Berlin: Akademie Verlag, S. 235–251.

Bogen, Steffen (2013), »Vom Spiel zum Buch und über das Diagramm mit Zeitachse wieder zurück«, in: Passepartout (hrsg. unter dem Pseudonym »Passepartout« zusammen mit Dünne, Jörg / Kramer, Kirsten), *Weltnetzwerke – Weltspiele. Jules Verne In 80 Tagen um die Welt*, Konstanz: Konstanz University Press, S. 23–30.

Bogen, Steffen (2016), »The Diagram as Board Game: Semiotic Discoveries in Alfonso the Wise's Book of Games (1283 CE)«, in: Krämer, Sybille / Ljungberg, Christina (Hrsg.), *Thinking with Diagrams. The Semiotic Basis of Human Cognition*, Boston / Berlin: De Gruyter Mouton, S. 179–208.

Bogen, Steffen (2017), »Diagramm, Experiment und die Anschaulichkeit von Theorie: Zur Schematisierung der Bewegung bei Galileo Galilei«, in: *Das Mittelalter. Perspektiven mediävistischer Forschung* 22.2, S. 431–455.

Bogen, Steffen (2018), »Mit Regeln spielen. Bericht aus einer Spielewerkstatt«, in: Aydin, Karen / Ghosh-Schellhorn, Martina / Schlange-Schöningen, Heinrich (Hrsg.), *Games of Empires – Kulturhistorische Konnotationen von Brettspielen in transnationalen und imperialen Kontexten*, Transcultural Anglophone Studies, Vol. 5, Berlin: LIT Verlag, S. 349–388.

Bogen, Steffen (2023), »Topologie des Spielens. Zur Eskalation eines Brettspiels im Welschen Gast«, in Gebert, Bent (Hrsg.), *Wettkämpfe in Literaturen und Kulturen des Mittelalters: Riskante Formen und Praktiken zwischen Kreativität und Zerstörung*, Berlin / Boston: De Gruyter, S. 19–40.

Bogen, Steffen / Leonhard, Karin (2022), »Kunst- und Bildwissenschaft neu gemischt: Die ›Stuttgarter Spielkarten‹ als special object«, in: Scholz, Peter / Weppelmann, Stefan (Hrsg.) *Special Objects. Werke jenseits von Norm und Kanon*, München: Hirmer, S. 68–79.

Bogost, Ian (2007), *Persuasive Games. The Expressive Power of Videogames*, Cambridge: MIT Press.

Booth, Paul (2021), *Board Games as Media*, New York: Bloomsbury Publishing.

Börgers, Christoph (2010), *Mathematics of Social Choice. Voting, Compensation, and Division*, Medford, MA: SIAM.

Bourdieu, Pierre (2015), *Sozialer Sinn. Kritik der theoretischen Vernunft*, Frankfurt a. M.: Suhrkamp.
Bowles, Samuel / Gintis, Herbert (2011), *A Cooperative Species. Human Reciprocity and its Evolution*, Princeton: Princeton University Press.
Brady, Maxine (1978), *The Monopoly Book. Strategy and Tactics of the World's Most Popular Game*, London: Robert Hale.
Bronder, Thomas (2016), *Spiel, Zufall und Kommerz, Theorie und Praxis des Spiels um Geld zwischen Mathematik, Recht und Realität*, Heidelberg: Springer Verlag.
Bronner, Marc (Hrsg.) (2021), *Game / World / Architectonics. Transdisciplinary Approaches on Structures and Mechanics, Levels and Spaces, Aesthetics and Perception*, Heidelberg: Heidelberg University Publishing.
Brown, Douglas / MacCallum-Stewart, Esther (2020), *Rerolling Boardgames. Essays on Themes, Systems, Experiences and Ideologies*, Jefferson: McFarland & Company, Inc. Publishers.
Buland, Rainer (1992), »Zur Grundlegung einer Spielforschung«, in: Bauer, Günther (Hrsg.), *HOMO LUDENS. Der spielende Mensch*, Bd. 2, München / Salzburg: Verlag Emil Katzbichler, S. 45–65.
Buland, Rainer (2005), »Wenn der Mensch nach dem Glück greift. Über Gewinner und Verlierer«, in: Raulff, Helga, *Spielen zwischen Rausch und Regel.* Begleitbuch zur Ausstellung »Spielen. Die Ausstellung«, 22. Januar – 31. Oktober 2005, Ostfildern-Ruit: Hatje Cantz Verlag, S. 126–135.
Bürger, Peter (1974), *Theorie der Avantgarde*, Frankfurt a. M.: Suhrkamp.
Bürger, Peter (1996), *Der französische Surrealismus. Studien zur avantgardistischen Literatur*, Frankfurt a. M.: Suhrkamp.
Burgun, Keith (2014), *Radomness and Game Design*, URL: http://keithburgun.net/randomness-and-game-design/ (zuletzt abgerufen: 22. 3. 2023).
Burgun, Keith (2018), *Three types of bad randomness, and one good one*, URL: http://keithburgun.net/three-types-of-bad-randomness-and-one-good-one/ (zuletzt abgerufen: 22. 3. 2023).
Busch, Christian (2023), *Erfolgsfaktor Zufall. Wie wir Ungewissheit und unerwartete Ereignisse für uns nutzen können*, Hamburg: Murmann Publishers.
Buytendijk, Johannes (1933), *Wesen und Sinn des Spiels. Das Spielen des Menschen und der Tiere als Erscheinungsformen der Lebenstriebe*, Berlin: Casa del Conte Verde.
Caillois, Roger (1966), *Die Spiele und die Menschen: Maske und Rausch*, München: Langen-Müller Verlag.
Campe, Rüdiger (2002), *Spiel der Wahrscheinlichkeit. Literatur und Berechnung zwischen Pascal und Kleist*, Göttingen: Wallstein.
Casasola Merkle, Marcel-André u. a. (Hrsg.) (2006), *Spiele entwickeln. Dokumentation der 1. Deutschen Spieleautorentage*, Weilburg / Hessen 17.–19. 3. 2006, Berlin: Pro Business.
Casasola Merkle, Marcel-André u. a. (Hrsg.) (2007), *Spiele entwickeln. Dokumentation der 2. Deutschen Spieleautorentage*, Weilburg / Hessen 16.–18. 3. 2007, Berlin: Pro Business.
Casasola Merkle, Marcel-André u. a. (Hrsg.) (2008), *Spiele entwickeln. Dokumentation der 3. Deutschen Spieleautorentage*, Weilburg / Hessen 14.–16. 3. 2008, Berlin: Pro Business.
Casasola Merkle, Marcel-André u. a. (Hrsg.) (2009), *Spiele entwickeln. Dokumentation der 4. Deutschen Spieleautorentage*, Weilburg / Hessen 20.–22. 3. 2009, Berlin: Pro Business.

Casasola Merkle, Marcel-André (2010a), »Spiele, die sich selbst tarieren«, in: Ders. u. a. (Hrsg.) (2010a), *Spiele entwickeln. Dokumentation der 5. Deutschen Spieleautorentage*, Weilburg / Hessen 19. – 21. 3. 2010, Berlin: Pro Business, S. 119–126.

Casasola Merkle, Marcel-André u. a. (Hrsg.) (2010), *Spiele entwickeln. Dokumentation der 5. Deutschen Spieleautorentage*, Weilburg / Hessen 19.–21. 3. 2010, Berlin: Pro Business.

Casasola Merkle, Marcel-André u. a. (Hrsg.) (2011), *Spiele entwickeln. Dokumentation der 6. Deutschen Spieleautorentage*, Weilburg / Hessen 18. – 20. 3. 2011, Berlin: Pro Business.

Casasola Merkle, Marcel-André u. a. (Hrsg.), (2012–2015), *Spiele entwickeln. Beiträge der 7. bis 10. Deutschen Spieleautorentage 2012–2015*, Bd 1 u. 2, Bochum: Karsten Höser.

Castelvecchi, Davide (2022), »The Stern–Gerlach experiment at 100«, in: *Nature Reviews Physics* 4, S. 140–142.

Cazaux, J. L. (2003), *Du Senet au Backgammon. Les jeux de parcours*, Paris: Chiron.

Certeau, Michel de (1990), »Berichte von Räumen«, in: Ders., *Kunst des Handelns*, Berlin: Merve Verlag, S. 215–240.

Cevolini, Alberto (Hrsg.) (2014), *Die Ordnung des Kontingenten. Beiträge zur zahlenmäßigen Selbstbeschreibung der modernen Gesellschaft*, Wiesbaden: Springer.

Chang, Alenda Y. (2019), *Playing Nature. Ecology in Video Games*, Minneapolis / London: University of Minnesota Press.

Clark, Thomas J. (2021), Classroom and Computational Investigations of *Camel Up*, in: *The College Mathematics Journal*, 52:4, S. 289–296, DOI: 10.1080/07468342.2021.1941538.

Clauser, John F. / Horne, Michael A. / Shimony, Abner / Holt, Richard A. (1969), »Proposed Experiment to Test Local Hidden-Variable Theories«, in: *Physical Review Letters*, Vol. 23, No. 15, S. 880–884.

Cleve, Richard / Høyer, Peter / Toner, Ben / Watrous, John (2004), »Consequences and Limits of Nonlocal Strategies«, in: *Proceedings. 19th IEEE Annual Conference on Computational Complexity*, 2004.

Colzi, Francesco (2004), *La fortuna dei papi. Il gioco del lotto nello Stato pontificio tra Sette e Ottocento*, Neapel: Editoriale Scientifica.

Conrad, Michael (2019), »Randomization in Paper. Shuffling as a Material Practice in the Late Middle Ages and Early Modernity«, in: Classen, Albrecht (Hrsg.), *Pleasure and Leisure in the Middle Ages and Early Modern Age: Cultural-Historical Perspectives on Toys, Games, and Entertainment, Fundamentals of Medieval and Early Modern Culture*, Vol. 23, Berlin / Boston: De Gruyter, S. 529–582.

Conrad, Michael A. (2018), »Ist das Spiel schuld? Vorüberlegungen zur Verantwortung ludischen Handelns im Mittelalter«, in: Klager, Christian (Hrsg.), *Dimensionen der Moral im Spiel*, Göttingen: Cuvillier Verlag, S. 9–30.

Conrad, Michael A. (2022), *Ludische Praxis und Kontingenzbewältigung im Spielebuch Alfons' X. und anderen Quellen des 13. Jahrhunderts. Spiel als Modell guten Entscheidens*, Berlin / Boston: De Gruyter.

Consalvo, Mia (2009), »There Is No Magic Circle«, in: *Games and Culture*, Vol. 4, Issue 4, S. 408–417.

Costikyan, Greg (2013), *Uncertainty in Games*, Cambridge: MIT Press.

Costikyan, Greg / Davidson, Drew (2013), *Tabletop. Analog Game Design*, Pittsburgh: ETC Press.

Crist, Walter / Dunn-Vaturi, Anne-Elizabeth / de Voogt, Alex (2016), *Ancient Egyptians at Play. Board Games Across Borders*, London / New York / New Delhi / Sydney: Bloomsbury Academic.

Csíkszentmihályi, Mihály (1990), *Flow. The psychology of optimal experience*, New York: Harper & Row.

Culin, Stewart (1898), »Chess and Playing Cards«, in: U. S. *National Museum. Annual report. 1896*. Washington: Government Printing Office, S. 665–942.

Dacunha-Castelle, Didier (1997), *Spiele des Zufalls. Instrumente zum Umgang mit Risiken*, München: Gerling Akademie Verlag.

Darwin, Charles (1859), *On the Origin of Species by Means of Natural Selection, or the Preservation of Favoured Races in the Struggle for Life*, London: John Murray.

Davis, Paul (2007), *Cosmic Jackpot: Why Our Universe Is Just Right for Life*, New York: Orion Publications.

Dawkins, Richard (2007), *Das egoistische Gen*, München: Springer Link.

DeKoven, Bernard (1978), *The Well-Played Game. A Playful Path to Wholeness*, San Jose / New York / Lincoln / Shanghai, iUniverse / New York: Doubleday.

DeKoven, Bernard (2006), »Changing the Game«, in: Salen, Katie / Zimmerman, Eric (Hrsg.), *The Game Design Reader. A Rules of Play Anthology*, Cambridge: The MIT Press, S. 417–431.

Deleuze, Gilles (1992), »Postscript on the Societies of Control«, in: *October*, Vol. 59, S. 3–7.

Deleuze, Gilles / Guattari, Félix (1980), »Traitè de Nomadologie. La Machine de Guerre in Capitalisme et Schizophrénie«, in: Dies., *Milles Plateaux*, Paris: Les Éditions de Minuit, S. 426–457.

Deleuze, Gilles (1997), *Differenz und Wiederholung*, München: Wilhelm Fink.

Denson, Shane / Jahn-Sudmann, Andreas (2013), »Digital Seriality: On the Serial Aesthetics and Practice of Digital Games«, in: *Eludamos. Journal for Computer Game Culture* 7.1, S. 1–32.

Derrida, Jacques (1972), »Struktur, Zeichen und Spiel«, in: Ders., *Die Schrift und die Differenz*, Frankfurt a. M.: Suhrkamp Verlag, S. 422–442.

Despain, Wendy (Hrsg.) (2013), *100 Principles of Game Design*, Berkeley: New Riders.

Deutsch, Morton (2000), »Cooperation and Competition«, in: Deutsch, Morton / Coleman, Peter T. / Marcus, Eric C. (Hrsg.), *The Handbook of Conflict Resolution: Theory and Practice*, San Francisco: Jossey-Bass/Wiley, S. 23–42.

Diederich, Stephan (Hrsg.) (2007), *Gerhard Richter – Zufall, das Kölner Domfenster und 4900 Farben*, Ausst. Kat., Museum Ludwig, Köln: Walther König.

Diekmann, Andreas (Hrsg.) (2009), *Spieltheorie. Einführung, Beispiele, Experimente*, Hamburg: Rowohlt Taschenbuch.

Distelmeyer, Jan / Hanke, Christine / Mersch, Dieter (Hrsg.) (2008), *Game over!?: Perspektiven des Computerspiels*, Bielefeld: transcript.

Dorst, Brigitte (1984), »Videospiele – Regelbare Welten am Draht Teil V: Erlebnisdimensionen von Jugendlichen beim Videospiel«, in: *Spielmittel* 1, S. 24–36.

Duke, Richard (1974), *Gaming. The Future Language*, Los Angeles / London / New Delhi u. a.: SAGE Publications Ltd.

Dummett, Michael (1980), *The Game of Tarot. From Ferrara to Salt Lake City*, London: Duckworth.

Dürsch, Peter / Lambrecht, Marco / Oechssler, Joerg (2017), *Measuring Skill and Chance in Games*, Discussion Paper Series No. 643, Heidelberg.

Einstein, A. / Podolsky, B. / Rosen N. (1935), »Can Quantum-Mechanical Description of Physical Reality Be Considered Complete?«, in: *Physical Review*, Vol. 47, No. 10, S. 777–780.

Elias, George Skaff / Garfield, Richard / Gutschera, K. Roberts (2012), *Characteristics of Games*, Cambridge, MA: MIT Press.

Emigh, William (2014), »Strategies for Publishing Transformative Board Games«, in: *Analog Game Studies*, Vol.1, Issue 2. URL: https://analoggamestudies.org/volume-i-issue-ii/.

Engelstein, Geoffrey (2017), *Gametek. The math and science of gaming. The first ten years*, United States: Ludology.

Engelstein, Geoffrey (2018), *The Dice Tower Ludology Podcast*, URL: https://www.dicetower.com/podcast/ludology (zuletzt abgerufen: 22.3.2023).

Engelstein, Geoffrey (2019), *Gametek. What games can teach us about life, the universe and ourselves*, Sydney: HarperCollins Publishers.

Engelstein, Geoffrey / Shalev, Isaac (2020), *Building blocks of tabletop game design. An encyclopedia of mechanisms*, Boca Raton: CRC Press Taylor & Francis Group.

Erasmus, Charles John (1971), »Patolli, Pachisi, and the Limitation of Possibilities«, in: Avedon, E.M. / Sutton-Smith, Brian (Hrsg.), *The Study of Games*, New York: John Wiley & Sons, S. 109–129.

Eskelinen, Markus (2001), »The Gaming Situation«, in: *Games Studies*, Vol. 1, Issue 1, URL: https://www.gamestudies.org/0101/eskelinen/ (zuletzt abgerufen: 22.3.2023).

Eskelinen, Markus (2005), »Explorations in Game Ecology, Part 1«, in: *Jahrbuch für Computerphilologie* 7, S. 93–110. URL: http://computerphilologie.digital-humanities.de/jahrbuch/jb7-content.html (zuletzt abgerufen 22.3.2023).

Esposito, Elena (2014), »Algorithmische Kontingenz. Der Umgang mit Unsicherheit im Web«, in: Cevolinie, Alberto (Hrsg.), *Die Ordnung des Kontingenten. Beiträge zur zahlenmäßigen Selbstbeschreibung der modernen Gesellschaft*, Wiesbaden: Springer VS, S. 233–249.

Fernández-Vara, Clara (2019), *Introduction to Game Analysis*, New York: Routledge.

Feynman, Richard P. (1985), *QED – The Strange Theory of Light And Matter*, Princeton: Princeton University Press (dt.: *QED – Die seltsame Theorie des Lichts und der Materie*. Aus dem Amerikanischen von Siglinde Summerer und Gerda Kurz, München / Zürich: Piper Verlag).

Feynman, Richard P. (1989), »Lectures on physics. Quantum mechanics«, in: *The Feynman Lectures on Physics*, Vol. 3, Reading, Mass.: Addison-Wesley.

Feynman, Richard P. (2007), *Sechs physikalische Fingerübungen*, aus dem Amerikaischen von Inge Leipold und Helmut Reuter, München / Berlin: Piper Verlag.

Fink, Eugen (1957), *Oase des Glücks. Gedanken zu einer Ontologie des Spieles*, Freiburg/Münster: K. Alber Verlag.

Finkel, Irving (Hrsg.) (2008), *Ancient Boardgames in Perspective. Papers from the 1990 British Museum colloquium with additional contributions*, London: British Museum Press.

Fittà, Marco (1998), *Spiele und Spielzeug in der Antike. Unterhaltung und Vergnügen im Altertum*, Stuttgart: wbg Verlag.

Flanagan, Mary (2009), *Critical Play: Radical Game Design*, Cambridge: MIT Press.

Foucault, Michel (1994), *Überwachen und Strafen. Die Geburt des Gefängnisses*, Frankfurt a. M.: Suhrkamp.

Frank, Robert H. (2018), *Ohne Glück kein Erfolg. Der Zufall und der Mythos der Leistungsgesellschaft*, München: dtv Verlag.

Frasca, Gonzalo (1999), »Ludology meets Narratology: Similitude and Differences Between (Video)Games and Narrativ« (URL: https://ludology.typepad.com/weblog/articles/ludology.htm, zuletzt abgerufen: 21. 9. 2023).

Frasca, Gonzalo (2003), »Simulation versus Narrative: Introduction to Ludology«, in: Wolf, Mark J. P. / Perron, Bernard (Hrsg.) (2003), *The Video Game Theory Reader*, New York: Routledge.

Freyermuth, Gundolf S. (2015), *Games – Game Design – Game Studies. Eine Einführung*, Bielefeld: transcript.

Freyermuth, Gundolf S. / Gotto, Lisa / Wallenfels, Fabian (Hrsg.) (2013), *Serious Games – Exergames – Exerlearning. Zur Transmedialisierung und Gamification des Wissenstransfers*, Bielefeld: transcript.

Friedrich, B. / Herschbach, D. (2003), »Stern and Gerlach: How a Bad Cigar Helped Reorient Atomic Physics«, in: *Physics Today* 56.12, S. 53.

Friese, Friedemann (2010), »Schneeballsysteme«, in: Casasola Merkle, Marcel-André u. a. (Hrsg.), *Spiele entwickeln. Dokumentation der 5. Deutschen Spieleautorentage*, Weilburg / Hessen 19. – 21. 3. 2010, Berlin: Pro Business, S. 80–98.

Fritz, Jürgen (1983), »Videospiele – Regelbare Welten am Draht Teil I: Erläuterung und Begründung des Forschungsprojekts«, in: *Spielmittel*, Nr. 2, S. 2–7.

Frobenius, W. (1976), Art. »Aleatorisch, Aleatorik«, in: Eggebrecht, Hans Heinrich (Hrsg.), *Handwörterbuch der musikalischen Terminologie*, Stuttgart: Steiner Verlag, S. 3.

Fuchs, Mathias / Fizek, Sonia / Ruffino, Paolo / Schrape, Niklas (Hrsg.) (2014), *Rethinking Gamification*, Lüneburg: meson press.

Fuchsberger, Verena / Murer, Martin / Tscheligi, Manfred (2013), »Materials, Materiality and Media«, in: CHI ‹2013: Changing Perspectives. *Proceedings of the SIGCHI Conference on Human Factors in Computing Systems*, Paris, S. 2853–2862.

Fullerton, Tracy (2008), *Game Design Workshop. A Playcentric Approach to Creating Innovative Games*, 2. Ed., Boca Raton: CRC Press Taylor & Francis Group.

Furtwängler, Frank (2010), *Computerspielphilosophie. Zu einer Spielforschung innerhalb der Medienwissenschaft*, Konstanz, Univ., Diss.

Galloway, Alexander R. (2006), »Gaming: Essays on the Algorithmic Culture«, in: *Electronic Mediations*, Vol. 18, London / Minneapolis: University of Minnesota Press.

Garfield, Richard (2013), *Luck in Games*, Vortrag an der ITU Copenhagen. URL: https://www.youtube.com/watch?v=av5Hf7uOu-o (zuletzt abgerufen: 14. 7. 2020).

Gendolla, Peter / Kamphusmann, Thomas (Hrsg.) (1999), *Die Künste des Zufalls*, Frankfurt a.M.: Suhrkamp.

Gerlach, Walther / Stern, Otto (1922a), »Der experimentelle Nachweis des magnetischen Moments des Silberatoms«, in: *Zeitschrift für Physik* 8 (1), S. 110–111.

Gerlach, Walther / Stern, Otto (1922b), »Der experimentelle Nachweis der Richtungsquantelung im Magnetfeld« in: *Zeitschrift für Physik* 9 (1), S. 349–352.

Gibson, James Jerome (1982), *Wahrnehmung und Umwelt. Der ökologische Ansatz in der visuellen Wahrnehmung*, übersetzt von G. Lücke und I. Köhler, München / Wien / Baltimore: Urban & Schwarzenberg.

Gisin, Nicolas (2014), *Der unbegreifliche Zufall. Nichtlokalität, Teleportation und weitere Seltsamkeiten der Quantenphysik*, aus dem Französischen von Manfred Stern, Berlin / Heidelberg: Springer.

Gloger, Jakob / Hartinger, Anselm / Rood, Tim (Hrsg.) (2022), *Die Welt als Würfel. 5000 Jahre Glück im Spiel*. Begleitbuch zur Sonderausstellung im Stadtgeschichtlichen Museum Leipzig, Leipzig: Stadtgeschichtliches Museum.

Glonnegger, Erwin (1999), *Das Spiele-Buch. Brett- und Legespiele aus aller Welt. Herkunft, Regeln und Geschichte*, Uehlfeld: Drei Magier Verlag.

Gobet, Fernand / Voogt, Alexander J. / Retschitzki, Jean de (2004), *Moves in Mind. The Psychology of Board Games*, Hove: Psychology Press, S. 69–107.

Goffman, Erwin (1973), *Interaktion. Spaß am Spiel, Rollendistanz*, München: Piper Verlag.

Goldstein, Kenneth S. (1971), »Strategy in Counting Out: An Ethnographic Folklore Field Study«, in: Avedon, E. M. / Sutton-Smith, Brian (Hrsg.), *The Study of Games*, New York: John Wiley & Sons, S. 167–193.

Görling, Reinhold (2017), *Denkweisen des Spiels. Medienphilosophische Annäherungen*, Wien / Berlin: Turia & Kant.

Graevenitz, Gerhart von / Marquard, Odo (1998), »Kontingenz«, in: *Poetik und Hermeneutik*, Vol. 17, München: Brill | Wilhelm Fink.

Gribbin, John / Rees, Martin (1989), *Cosmic Coincidences, Dark Matter, Mankind, and Anthropic Cosmology*, New York: Bantam Books.

Griesemer, Jaime (2010), *Design in Detail: Changing the Time Between Shots for the Sniper Rifle from 0.5 to 0.7 Seconds for Halo 3*. Game Developer's Conference. URL: https://www.gdcvault.com/play/1012211/Design-in-Detail-Changing-the (zuletzt abgerufen: 22.3.2023).

Hahn, Thorsten / Kleinschmidt, Erich / Pethes, Nicolas (2004), *Kontingenz und Steuerung. Literatur als Gesellschaftsexperiment 1750–1830*, Würzburg: Königshausen & Neumann.

Hamayon, Roberte (2016), *Why We Play. An Anthropological Study* (Jouer: Une Étude Anthropologique, Paris 2012), Chicago: Hau Books.

Hameroff, Stuart (2012), »How quantum brain biology can rescue conscious free will«, in: *Frontiers in Integrative Neuroscience* 6: 93.

Hameroff, Stuart / Penrose, Roger (2014a), »Consciousness in the universe«, in: *Physics of Life Reviews* 11.1, S. 39–78.

Hameroff, Stuart / Penrose, Roger (2014b), »Reply to seven commentaries on ›Consciousness in the universe: Review of the ‹Orch OR‹ theory‹«, in: *Physics of Life Reviews* 11.1, S. 94–100.

Haraway, Donna J. (2016), *Staying with the trouble. Making kin in the Chthulucene*, London: Duke University Press.

Hargrave, Catherine Perry (1960), *A History of Playing Cards and a Bibliography of Cards and Gaming*, Dover: Dover Publications.

Harris, Edward M. / Lewis, David M. / Woolmer, Mark (2015), *The Ancient Greek Economy. Markets, Households and City-States*, Cambridge: University Press.

Harteveld, Casper (2011), *Triadic Game Design. Balancing Reality, Meaning and Play*, London: Springer Verlag.

Harvey, Penelope / Jensen, Casper / Morita, Atsuro (2017), *Infrastructures and social complexity*, London / New York: Routledge.

Hawking, Steven (1988), *A Brief History of Time*, New York: Bantam Books, S. 7, 125.

Heidegger, Martin (1959), *Der Satz vom Grund, dreizehnte Stunde*, Stuttgart: Klett-Cotta, S. 171–188.

Heintz, Bettina (2016), »›Wir leben im Zeitalter der Vergleichung‹. Perspektiven einer Soziologie des Vergleichs«, in: *Zeitschrift für Soziologie* 45, S. 305–323.

Heisenberg, Werner (1927), »Über den anschaulichen Inhalt der quantentheoretischen Kinematik und Mechanik«, in: *Zeitschrift für Physik* 43.3, S. 172–198.

Heisenberg, Werner (1958), *Die physikalischen Prinzipien der Quantentheorie*, Mannheim: Bibliographisches Institut.

Heisenberg, Werner (1959), *Physik und Philosophie*, Stuttgart: Hirzel Verlag.

Henderson, Lawrence Joseph (1913), *The fitness of the environment. An inquiry into the biological significance of the properties of matter*, London / New York: Macmillan Publishers.

Henning, Martin / Krah, Hans (Hrsg.) (2018), *Spielzeichen II. Raumspiele/Spielräume*, Glückstadt: Verlag Werner Hülsbusch.

Henricks, Thomas S. (2006), »Orderly and Disorderly Play: A Comparison«, in: *American Journal of Play*, Vol. 2, S. 12–40.

Henze, Norbert (2019), *Stochastik. Eine Einführung mit Grundzügen der Maßtheorie*, Berlin: Springer Verlag.

Hillenbrand, Tom / Lischka, Konrad (2014), *Drachenväter. Die Geschichte des Rollenspiels und die Geburt der virtuellen Welt*, Münster: Monsenstein und Vannerdat.

Himmelheber, Georg (1972), *Spiele. Gesellschaftsspiele aus einem Jahrtausend*, Kataloge des Bayrischen Nationalmuseums, XIV, München / Berlin: Deutscher Kunstverlag.

Hoffmann, Detlef (1972), *Die Welt der Spielkarte. Eine Kulturgeschichte*, Leipzig: Edition Leipzig.

Hoffmann, Detlef (Hrsg.) (1998), *Schweizer Spielkarten*, Bd. 1: Die Anfänge im 15. und 16. Jahrhundert, Schaffhausen: Schleitheim, Stamm + Co., Buch- und Offsetdruck.

Hoffmann, Detlef / Timann, Ursula / Schoch, Rainer (1993), *Altdeutsche Spielkarten. 1500–1650.* Katalog der Holzschnittkarten mit deutschen Farben aus dem Deutschen Spielkarten-Museum Leinfelden-Echterdingen und dem Germanischen Nationalmuseum Nürnberg, Nürnberg: Verlag des Germanischen Nationalmuseums.

Holländer, Hans / Zangs, Christiane (1994), *›Mit Glück und Verstand‹. Zur Kunst und Kulturgeschichte der Brett- und Kartenspiele, 15. – 17. Jahrhundert*. Katalogbuch zur Ausstellung im Museum Schloß Rheydt vom 29. Juli bis 25. September 1994, Aachen: Thouet.

Hoof, Florian (2015), »The Boundary Objects Concept: Theorizing Film and Media«, in: Herzogenrath, Bernd (Hrsg.), *Media Matter. The Materiality of Media, Matter as Medium*, New York: Bloomsbury, S. 180–200.

Hookway, Christopher (1997), »Design and Chance: The Evolution of Peirce's Evolutionary Cosmology«, in: *Transactions of the Charles S. Peirce Society*, 33.1 (Winter, 1997), S. 1–34.

Huizinga, Johan (1956), *Homo Ludens. Vom Ursprung der Kultur im Spiel*, Hamburg: rororo – Verlag Rowohlt (Niederländisch 1938).

Hunicke, R. / LeBlanc, Marc / Zubek, Robert (2004), *MDA: A Formal Approach to Game Design and Game Research*. URL: http://www.cs.northwestern.edu/~hunicke/MDA.pdf, zuletzt abgerufen: 21. 2. 2023.

Jaffe, Alexander (2013), *Understanding Game Balance with Quantitative Methods*. A dissertation in partial fulfillment of the requirements for the degree of Doctor of Philosophy: University of Washington.

Jagoda, Patrick (2020), *Experimental Games. Critique, Play, and Design in the Age of Gamification*, Chicago: The University of Chicago Press.

Järvinen, Aki (2009), *Games without Frontiers. Theories and Methods for Game Studies and Design*, Saarbrücken: VDM Verlag.

Johnson, Mark R. (2018), *The Unpredictability of Gameplay*, New York: Bloomsbury Publishing.

Jönsson, Arne (1998), »Der Ludus cartularum moralisatus des Johannes von Rheinfelden«, in: Hoffmann, Detlef (Hrsg.): *Schweizer Spielkarten*, Bd. 1. Die Anfänge im 15. und 16. Jahrhundert, Schaffhausen: Schleitheim, Stamm + Co., Buch- und Offsetdruck, S. 120–134.

Juul, Jesper (1999), *A Clash Between Game and Narrative: A Thesis on Computer Games and Interactive Fiction*. URL: http://www.jesperjuul.net/thesis, zuletzt abgerufen: 21. 2. 2023.

Juul, Jesper (2005), *Half-Real: Videogames between Real Rules and Fictional Worlds*, Cambridge / London: MIT Press.

Kangas, Marjaana (2010), »Creative and playful learning: Learning through game co-creation and games in a playful learning environment«, in: *Thinking Skills and Creativity*, Vol. 5, No. 1, S. 1–15.

Kleinschmidt, Erich (2004), »Fällige Zufälle. Spiele der (Un)Ordnung in der Literatur um 1800«, in: Hahn, Thorsten / Kleinschmidt, Erich / Pethes, Nicolas (2004), S. 147–166.

Knizia, Reiner (1990), *Neue Taktikspiele mit Würfeln und Karten*, München: Hugendubel.

Knizia, Reiner (2001), *Dice Games Properly Explained*, Tadworth, Surrey: Elliot Right Way Books.

Kobbert, Max (2006), »Ungerechtigkeit im Spiel«, in: Casasola Merkle, Marcel-André u. a. (Hrsg.) (2006), *Spiele entwickeln. Dokumentation der 1. Deutschen Spieleautorentage*, Weilburg / Hessen 17. – 19. 3. 2006, Berlin: Pro Business, S. 23–30.

Kobbert, Max (2010), *Kulturgut Spiel*, Münster: Daedalus Verlag.

Köhler, Erich (1993), *Der literarische Zufall, das Mögliche und die Notwendigkeit*, Frankfurt a. M.: Fischer.

Konieczny, Piotr (2019), »Golden Age of Tabletop Gaming: Creation of the Social Capital and Rise of Third Spaces for Tabletop Gaming in the 21st Century«, in: *Polish Sociological Review* 2, S. 199–215.

Koschorke, Albrecht (2012), *Wahrheit und Erfindung. Grundzüge einer Allgemeinen Erzähltheorie*, Frankfurt a. M.: Fischer.

Koster, Ralph (2005), *A Theory of Fun for Game Design*, Scottsdale: Paraglyph Press.

Krämer, Sibylle (2007), »Die Welt – ein Spiel? Über die Spielbewegung als Umkehrbarkeit«, in: Niehof, Rolf / Wenrich, Rainer (Hrsg.), *Denken und Lernen mit Bildern. Interdisziplinäre Zugänge zu Ästhetischer Bildung*, Kontext Kunstpädagogik, Bd. 12, München: kopaed, S. 238–254.

Krause, Toni Janosch (2022), *Analoges Spiel im digitalen Zeitalter. Das Brettspiel zwischen Wohnzimmertisch und YouTube*, Glückstadt: Verlag Werner Hülsbusch.

Kreuder, Friedemann / Husel, Stefanie (Hrsg.) (2018), *Spiele spielen. Praktiken, Metaphern, Modelle*, Paderborn: Wilhelm Fink Verlag.

Lacan, Jacques (1994), »Was ist ein Bild/Tableau«, in: Boehm, Gottfried (Hrsg.), *Was ist ein Bild?*, München: Wilhelm Fink Verlag, S. 75–89.

Lange, Klaus (1980), *Zahlenlotto. Theorie und Chancen eines populären Glückspiels*, Ravensburg: Otto Maier.

Latour, Bruno (2014), *Existenzweisen. Eine Anthropologie der Modernen*, Berlin: Suhrkamp Verlag.

Latour, Bruno (2018), *Das terrestrische Manifest*, Frankfurt a. M.: Suhrkamp.

Lindenfors, Patrik (2017), *For Whose Benefit? The Biological and Cultural Evolution of Human Cooperation*, Heidelberg / Berlin: Springer.

Loring-Albright, Greg (2015), »The First Nations of Catan: Practices in Critical Modification«, in: *Analogue Game Studies*, Vol. 1, No. 7. URL: http://analoggamestudies.org/2015/11/the-first-nations-of-*Catan*-practices-in-critical-modification/, zuletzt aufgerufen: 3. 3. 2023.

Lovelock, James E. (1972), »Gaia as seen through the atmosphere«, in: *Atmospheric Environment* 6.8, S. 579–580.

Lovelock, James E. (2007), *Gaias Rache. Warum die Erde sich wehrt*, Berlin: List.

Lovelock, James E. / Margulis, Lynn (1974), »Atmospheric homeostasis by and for the biosphere: the gaia hypothesis«, in: *Tellus* A. 26.1–2, S. 2–10.

Lübbe, Hermann (1988), »Das Spiel mit dem Zufall«, in: Graevenitz, Gerhart von / Marquard, Odo, *Kontingenz. Poetik und Hermeneutik*, Vol. 17, München, S. 145–150.

Luce, R. Duncan / Raiffa, Howard (1957), *Games and Decisions. Introduction and Critical Survey*, Dover / New York: Wiley.

Luhmann, Niklas (1987), *Soziale Systeme. Grundriß einer allgemeinen Theorie*, Frankfurt a. M.: Suhrkamp.

Mahler, Andreas (2013), »Welt als Spiel. Syntaktik – Pragmatik – Semantik«, in: Passepartout (Hrsg.), *Weltnetzwerke – Weltspiele. Jules Verne In 80 Tagen um die Welt*, Konstanz: Konstanz University Press, S. 285–293.

Mann, Sylvia (1990), *Alle Karten auf den Tisch. Geschichte der standardisierten Spielkarten aller Welt*, Bd. 1: Text, Bd. 2: Abbildungen, Bestands- und Ausstellungskataloge des Deutschen

Spielkarten-Museums, 4.1 und 4.2, Leinfelden-Echterdingen: Deutsches Spielkarten-Museum.

Margulis, Lynn (1970), *Origin of Eukaryotic Cells. Evidence and Research Implications for a Theory of the Origin and Evolution of Microbial, Plant, and Animal Cells on the Precambrian earth*, New Haven: Yale University Press.

Marguilis, Lynn (1997), *Slanted truths: Essays on Gaia, symbiosis and evolution*, New York: Springer.

Margulis, Lynn (1999), *Die andere Evolution*, Heidelberg und Berlin: Spektrum Akademischer Verlag.

Marquard, Odo (1986), *Apologie des Zufälligen. Philosophische Studien*, Stuttgart: Reclam.

Mäyrä, Frans (2008), *An Introduction to Game Studies: Games in Culture*, Los Angeles / London / New Delhi u. a.: SAGE Publications Ltd.

McGonigal, Jane (2011), *Reality is Broken. Why Games Make Us Better and How They Can Change the World*, London: Penguin Press.

Mead, George Herbert (1934), »Play, the Game and the Generalized Other, Section 20«, in: Morris, Charles W. (Hrsg.), *Mind, Self and Society from the Standpoint of a Social Behaviorist*, Chicago: University of Chicago Press, S. 152–164.

Mehl, Jean-Michel (2010), *Des jeux et des hommes dans la société médiévale*, Paris: Honoré Champion, (Nouvelle bibliothèque du Moyen Âge, 97).

Mermin, N. David (2007), *Quantum Computer Science. An Introduction*, Cambridge: Cambridge University Press.

Mersch, Dieter (2008), »Logik und Medialität des Computerspiels. Eine medientheoretische Analyse«, in: Distelmeyer, Jan / Hanke, Christine / Mersch, Dieter (Hrsg.), *Game over!?: Perspektiven des Computerspiels*, Bielefeld: transcript, S. 19–41.

Mersch, Dieter (2016), »Materialität, Zufall und das Reale. Der achte Tag der Genesis«, in: Fehrenbach, Frank / Krüger, Matthias (Hrsg.), *Der achte Tag. Naturbilder in der Kunst des 21. Jahrhunderts*, Berlin: De Gruyter, S. 1–12.

Miller, Michael T. (2018), »Allowing the Fly to Leave: The Chance Meeting of Wittgenstein and Buñuel at a Mexican Dinner Table«, in: *Film-Philosphy* 22:3, S. 384–405.

Morris, Luke A. / Voolstra, Christian R. u.a. (2019): »Nutrient Availability and Metabolism Affect the Stability of Coral–Symbiodiniaceae Symbioses«, in: *Review, Special Focus: Microbes in Biogeochemical Cycles during Climate Change* 27.8. (URL: https://doi.org/10.1016/j.tim.2019.03.004).

Müller, Jürgen (2020), »Betrogene Betrüger. Michelangelo Merisi da Caravaggios »Die Falschspieler« als Metamalerei«, in: *Kunstchronik*, Vol. 73.9, Issue 10, S. 501–510.

Murray, Harold J. R. (1952), *History of Board-Games Other Than Chess*, Oxford: Oxford University Press.

Murray, Janet H. (2005), »The Last Word on Ludology v. Narratology in Game Studies«, Proceedings of the DIGRA 2005, Conference: *Changing Views – Worlds in Play*, Vancouver.

Nash, John (1950), »Equilibrium points in n-person games«, in: *Proceedings of the National Academy of Science*, Vol. 36, No. 1, S. 48–49.

Neumann, John von / Morgenstern, Oskar (1944), *Theory of Games and Economic Behavior*, Princeton: Princeton University Press.

Nguyen, C. Thi (2020), »Playing Games, Splitting Selves«, in: Brown / MacCallum-Stewart (2020), *Rerolling Boardgames. Essays on Themes, Systems, Experiences and Ideologies*, Jefferson: McFarland & Company, Inc. Publishers, S. 161–178.

Nohr, Rolf (2021), »The Labyrinth. Digital Games as Media of Decision-Making«, in: Bonner, Marc (Hrsg.), *Game | World | Architectonics. Transdisciplinary Approaches on Structures and Mechanics, Levels and Spaces, Aesthetics and Perception*, Heidelberg: Heidelberg University Publishing, S. 133–149.

Nohr, Rolf F. u.a. (Hrsg.) (2016), *Medien der Entscheidung*, Münster / Berlin: LIT Verlag.

Nollé, Johannes (2007), *Kleinasiatische Losorakel. Astragal- und Alphabetchresmologien der hochkaiserzeitlichen Orakelrenaissance*, Vestigia. Beiträge zur alten Geschichte, Bd. 57, München: Verlag C. H. Beck.

North, Douglass C. (1992), *Institutionen, institutioneller Wandel und Wirtschaftsleistung*, Tübingen: J. C. B. Mohr.

Nowak, Martin A. (2013), *Kooperative Intelligenz. Das Erfolgsgeheimnis der Evolution*, München: Verlag C. H. Beck.

Ochsner, Beate u. a. (2023), »›Serious Gaming‹ – oder Spielen ernst nehmen: Ein Forschungsprogramm«, in: *Zeitschrift für Medienwissenschaft* 15.1, S. 123–136.

Pape, Helmut (1984), »Laws of Nature, Rules of Conduct and Their Analogy in Peirce's Semiotics«, in: *Transactions of the Charles S. Peirce Society*, 20, S. 209–39.

Pape, Helmut (1997), *Die Unsichtbarkeit der Welt. Eine visuelle Kritik neuzeitlicher Ontologie*, Frankfurt a. M.: Suhrkamp Verlag.

Parlett, David (1990), *The Oxford Guide to Card Games. A Historical Survey*, Oxford: Oxford University Press.

Parlett, David (1999), *The Oxford History of Board Games*, Oxford: Oxford University Press.

Parlett, David (2016), »What's a Ludeme?«, in: *Game & Puzzle Design*, Vol. 2, Issue 2, S. 81–4.

Passepartout (Hrsg.) (2013), *Weltnetzwerke – Weltspiele. Jules Verne In 80 Tagen um die Welt*, Konstanz: Konstanz University Press.

Peirce, Charles S. (1931–1960), *Collected Papers of Charles Sanders Peirce*, volumes 1–8, (eds. Charles Hartshorne, Paul Weiss and Arthur Burks), Cambridge: Harvard University Press.

Peirce, Charles S. (1982–1993), *Writings of Charles S. Peirce: A Chronological Edition*, volumes 1–5, (eds. M. Fisch, E. Moore, C.Kloesel, N.Houser, et al.), Bloomington: Indiana University Press.

Peirce, Charles S. (1986–1993), *Semiotische Schriften*, Bd. 1 bis 3, Frankfurt a. M.: Suhrkamp Verlag.

Peirce, Charles Sanders (1991), *Naturordnung und Zeichenprozeß (sic!). Schriften über Semiotik und Naturphilosophie*. Mit einem Vorwort von Ilya Prigogine, hrsg. und eingel. von Pape, Helmut, Frankfurt a. M.: Suhrkamp Verlag.

Peirce, Charles S (1992), *Reasoning and the Logic of Things* (ed. Kenneth L. Ketner), Cambridge: Harvard University Press.

Penrose, Roger (1989), *The emperor's new mind: Concerning computers, minds, and the laws of physics*, Oxford University Press.

Penrose, Roger (2014), »On the Gravitization of Quantum Mechanics 1: Quantum State Reduction«, in: *Foundations of Physics* 44.5, S. 557–575.

Pias, Claus (2002), *Computer-Spiel-Welten*, München: Sequenzia Verlag.

Pichler, Wolfram (2012), »Zur Kunstgeschichte des Bildfeldes«, in: Boehm, Gottfried / Burioni, Matteo (Hrsg.), *Der Grund. Das Feld des Sichtbaren*, München: Wilhelm Fink, S. 441–474.

Podret, Peter (2018), *Schleifen spielen. Der Loop als Grundform von Games*, in: Henning, Martin et al. (Hrsg.), *Spielzeichen II. Raumspiele/Spielräume*, Glückstadt: Verlag Werner Hülsbusch, S. 59–83.

Pollok, Patrick (2020), »Knowledge diversity and team creativity: How hobbyists beat professional designers in creating novel board games«, in: *Research Policy*, Vol. 50, Issue 8 (URL: https://doi.org/10.1016/j.respol.2020.104174).

Pritchard, David (Hrsg.) (1975), *The Games and Puzzle Book of Modern Board Games*, London: William Luscombe.

Pusch, Edgar B. (1979), *Das Senet-Brettspiel im Alten Ägypten*, Teil 1–2, München / Berlin: Deutscher Kunstverlag.

Rademacher, Timo / Schilling, Erik (2021), »2.1.3 Autonomie. Digitale Berechenbarkeit versus Zufall in Literatur und Recht«, in: Piallat, Chris (Hrsg.), *Der Wert der Digitalisierung*, Bielefeld: transcript, S. 147–166.

Randolph, Alex (1999), *Homo Ordinator. Opening lecture for the Colloquium on Board Games in Academia, Florenz. Zum 80. Geburtstag des Spieleerfinders*, Uehlfeld: Drei-Magier, S. 5–37.

Randolph, Alex / Evrard, Phillipe (2012), *Die Sonnenseite. Fragmente aus dem Leben eines Spieleerfinders.* Manuskript aus dem Französischen übersetzt von Kathi Kappler, Willy Dumaz u. Michel Matschoss. Vorwort von Herbert Feuerstein. Uehlfeld: Verlag Drei Hasen in der Abendsonne.

Reck, Hans-Ulrich, »Aleatorik in der bildenden Kunst«, in: Gendolla, Peter / Kamphusmann, Thomas (Hrsg.), *Die Künste des Zufalls*, Frankfurt a.M.: Suhrkamp, S. 158–194.

Reckwitz, Andreas (2017), *Die Gesellschaft der Singularitäten. Zum Strukturwandel der Moderne*, Berlin: Suhrkamp.

Redl, Fitz / Gump, Paul / Sutton-Smith, Brian (1971), »The Dimensions of Games«, in: Avedon, E. M. / Sutton-Smith, Brian (Hrsg.), *The Study of Games*, New York: John Wiley & Sons, S. 408–418.

Rees, Martin (2001), *Just Six Numbers: The Deep Forces That Shape The Universe*, New York: Basic Books.

Rheinfelden, Johannes von (1377), *Ludus cartularum moralisatus*, Freiburg.

Richter, Hans (1978), *DADA. Kunst und Antikunst*, Köln: Dumont.

Robinson, Will (2014), »Orientalism and Abstraction in Eurogames«, in: *Analog Game Studies* Vol. 1, Issue 5. URL: analoggamestudies.org/2014/12/orientalism-and-abstraction-in-eurogames/ (zuletzt abgerufen 22. 3. 2023).

Rogerson, Melissa J. / Gibbs, Martin / Smith, Wally (2020), »More Than the Sum of Their Bits. Understanding the Gameboard and Components«, in: Brown / MacCallum-Stewart (Hrsg.)

(2020), *Rerolling Boardgames. Essays on Themes, Systems, Experiences and Ideologies*, Jefferson: McFarland & Company, Inc. Publishers, S. 88–108.

Rogerson, Melissa J. /Gibbs, Martin / Smith, Wally (2016), »›I love all the bits‹: The Materiality of Boardgames«, in: *CHI 16: Proceedings of the 2016 CHI Conference on Human Factors in Computing Systems*, S. 3956–3969.

Rosen, Valeska von (2016), »›Der Betrüger ist im Bild‹ oder ›der Betrachter als Spießgeselle‹ in den Kartenspielern von Georges de La Tour«, in: Narr-Leute, Sabine / Steurer, Hannah / Lichtental, Julia: *Le Pont des Arts. Festschrift für Patricia Oster zum 60. Geburtstag*, Münche:, Brill | Wilhelm Fink Verlag, S. 225–245.

Ruberg, Bonnie / Shaw, Adrienne (Hrsg.) (2017), *Queer Game Studies*, Minneapolis: University of Minnesota Press.

Sá, Joaquim P. Marques de (2008), *Chance. The Life of Games, the Game of Life*, Berlin / Heidelberg: Springer Verlag.

Sakurai, Jun John (1985), *Modern Quantum Mechanics*, Reading, Mass. [u. a.]: Addison-Wesley.

Salen, Katie / Zimmerman, Eric (2004), *Rules of Play. Game Design Fundamentals*, Cambridge: MIT Press.

Saussure, Ferdinand de (2013/1916), *Cours de linguistique générale*. Zweisprachige Ausgabe französisch-deutsch mit Einleitung, Anmerkungen und Kommentar von Peter Wunderli, Tübingen: Narr.

Schädler, Ulrich (2007b), »Schicksal – Chance – Glück. Die vielen Seiten des Würfels«, in: Ders. (Hrsg.), *Spiele der Menschheit*, Darmstadt: wbg Verlag, S. 8–19.

Schädler, Ulrich (Hrsg.) (2007a), *Spiele der Menschheit. 5000 Jahre Kulturgeschichte der Gesellschaftsspiele*, Darmstadt: wbg Verlag.

Schädler, Ulrich / Calvo, Ricardo (Hrsg.)(2009), *Alfons X. »der Weise«. Das Buch der Spiele*, Ludographie – Spiel und Spiele, Bd. 1, Wien, Berlin / Münster: LIT Verlag.

Schiller, Friedrich (1795), *Über die ästhetische Erziehung des Menschen in einer Reihe von Briefen*, in: Schiller, Friedrich (Hrsg.), Die Horen, Tübingen: Cotta'schen Verlagsbuchhandlung.

Schiller, Friedrich (1989), *Über die ästhetische Erziehung des Menschen in einer Reihe von Briefen*, Stuttgart: Verl. Freies Geistesleben.

Schlieben, Barbara (2009), *Verspielte Macht. Politik und Wissen am Hof Alfons' X. (1252–1284)*, Berlin: Akademie Verlag.

Schreiber, Ian (2010), *Game Balance Concepts. A Continued Experiment in Game Design and Teaching*, URL: https://gamebalanceconcepts.wordpress.com/2010/07/07/ (zuletzt aufgerufen 21. 12. 2021).

Schreiber, Wilhelm (1932), *Die Briefmaler und ihre Mitarbeiter*, in: Gutenberg Jahrbuch, S. 53–54.

Schrödinger, Ernst (1935), »Die gegenwärtige Situation in der Quantenmechanik«, in: *Die Naturwissenschaften* 1935.48, S. 807–812; 1935.49, S. 823–28; 1935.50, S. 844–849.

Schrödinger, Erwin (1926), »Quantisierung als Eigenwertproblem«, in: *Annalen der Physik*, 1926.79, S. 361, 489, 734, und 1926.81, S. 109.

Schüttpelz, Erhard / Gießmann, Sebastian (2015), »Medien der Kooperation. Überlegungen zum

Forschungsstand«, in: *Navigationen. Zeitschrift für Medien – und Kulturwissenschaften: Medienwissenschaft und Kapitalismuskritik*, Vol. 15, Ausgabe 1, S. 7–57.

Schwartzman, David (2002), *Life, Temperature, and the Earth: The Self-Organizing Biosphere*, New York: Columbia University Press.

Selinker, Mike (Hrsg.) (2011), *The Kobold guide to board game design*, Kirkland: Open Design LLC.

Sellers, Michael (2017), *Advanced game design. A systems approach*, Boston: Addison-Wesley.

Shannon, Claude (1949), »Communication in the Presence of Noise«, in: *Proceedings of the IRE*, Vol. 37, S. 10–21.

Sicart, Miguel (2008), *Defining Game Mechanics*, in: Game Studies, Bd. 8, Nr. 2. URL: http://gamestudies.org/0802/articles/sicart (zuletzt aufgerufen 3. 3. 2023).

Sicart, Miguel (2013), *Beyond Choices: The Design of Ethical Gameplay*, Cambridge, MA: MIT Press.

Sicart, Miguel (2014), *Play Matters*, Cambridge, MA: MIT Press.

Simmel, Georg (1992), *Soziologie. Untersuchungen über die Formen der Vergesellschaftung*, Frankfurt a. M.: Suhrkamp.

Smolin, Lee (2013), *Time reborn – from the crisis in physics to the future of the universe*, Boston: Houghton Mifflin Harcourt.

Smith, John Maynard (1982), *Evolution and the Theory of Games*, Cambridge: Cambridge University Press.

Smith, John Maynard / Price, George Robert(1972), »The Logic of Animal Conflict«, in: *Nature* 246, S. 15–18.

Snow, Charles Percy (1959): *The two cultures and the scientific revolution: the Rede Lecture*, Cambridge: Cambridge University Press.

Stenros, Jaakko / Waern, Annika (2011), »Games as Acitivity: Correcting the Digital Fallacy«, in: Evans, Monica (Hrsg.), *Videogames Studies: Concepts, Cultures, and Communication*, S. 11–22.

Strouhal, Ernst (2000), *Schach. Die Kunst des Schachspiels*, Hamburg: Nikol Verlag.

Strouhal, Ernst (2012), »Spiel und Propaganda. Antisemitismus, Krieg und politische Ideologie in Gesellschaftsspielen 1900 bis 1945,« in: Strouhal, Ernst / Zollinger, Manfred / Felderer, Brigitte (Hrsg.), *Spiele der Stadt*, Vienna / New York: Springer, S. 136–45.

Strouhal, Ernst (2016) (Hrsg.), *Agon und Ares. Der Krieg und die Spiele*, Frankfurt a. M. / New York: Campus.

Suits, Bernard (1978), *The Grasshopper. Games, Life, and Utopia*, Toronto: University of Toronto Press.

Susskind, Leonard (2006/07), Stanford physics lecture, Quantum entanglement (playlists auf youtube und http://www.stanford.edu).

Susskind, Leonard (2013), Advanced Quantum Mechanics (playlists auf youtube und http://www.stanford.edu).

Susskind, Leonard (2018), »Why do things fall«, in: arXiv:1802.01198v2 [hep-th] 22 Apr 2018].

Sutton-Smith, Brian (1978), *Die Dialektik des Spiels. Eine Theorie des Spielens, der Spiele und des Sports*, Reihe Sportwissenschaft, Band 10, Schorndorf: K. Hofmann Verlag.

Teuber, Klaus (2020), *Mein Weg nach Catan*, Stuttgart: Langen Müller Verlag.

Thibault, Mattia (2016), »Notes on the Narratological Approach to Board Game«, in: *KOME. An International Journal of Pure Communication Inquiry* 4.2, S. 74–81.

Thole, Bernward (1992), »Umrisse einer Spielkritik«, in: Bauer, Günther (Hrsg.), *HOMO LUDENS. Der spielende Mensch*, Band. 2, München / Salzburg: Musikverlag Emil Katzbichler, S. 15–42.

Thole, Bernward / Werneck, Tom (1988), *Spiel des Jahres. Ratgeber der Jury*, München: Hugendubel.

Thomä, Dieter / Henning, Christoph / Mitscherlich-Schönherr, Olivia (Hrsg.) (2011), *Glück. Ein interdisziplinäres Handbuch*, Stuttgart / Weimar: Springer Verlag, urspr. J. B. Metzler'sche Verlagsbuchhandlung.

Tönnesmann, Andreas (2011), *Monopoly. Das Spiel, die Stadt und das Glück*, Berlin: Klaus Wagenbach Verlag.

Torner, Evan (2016), »Uncertainty in Analog Role-Playing Games«, in: *Analog Game Studies* 1, S. 141–160.

Tylor, E. B. (1971), »On American Lot-Games, as Evidence of Asiatic Intercourse Before the Time of Columbus«, in: Avedon, E. M. / Sutton-Smith, Brian, *The Study of Games*, New York: John Wiley & Sons, S. 77–93.

Vogt, Peter (2011), *Kontingenz und Zufall. Eine Ideen- und Begriffsgeschichte*, mit einem Vorwort von Hans Joas, Berlin: Akademie Verlag.

Vogt, Ulrich (2012), *Der Würfel ist gefallen – 5000 Jahre rund um den Kubus*, Hildesheim / Zürich / New York: Olms Presse.

Waburg, Wiebke / Sterzenbach, Barbara (2023), »Kolonialgeschichte in Brettspielen – Potenziale rassismuskritischer Spielpädagogik«, in: Baquero Torres, Patricia u. a. (Hrsg.), *Jahrbuch für Pädagogik 2023. Rassismuskritik und (Post)Kolonialismus*, Weinheim: BeltzJuventa, S. 57–74.

Wasserman, Joe A. (2020), »Materially Mediated. Boardgames as Interactive Media and Mediated Communication«, in: Brown / MacCallum-Stewart (Hrsg.) (2020), *Rerolling Boardgames. Essays on Themes, Systems, Experiences and Ideologies*, Jefferson: McFarland & Company, Inc. Publishers, S. 71–88.

Weltzien, Friedrich (2011), *Fleck – das Bild der Selbsttätigkeit. Justinus Kerner und die Klecksographie als experimentelle Bildpraxis zwischen Ästhetik und Bildwissenschaft*, Göttingen: Vandenhoeck & Ruprecht.

Werfel, Silvia (2000), *Kultur- und Technikgeschichte der Spielkartenherstellung.* Vorträge und Forschungsberichte der Jahrestagung des Internationalen Arbeitskreises Druckgeschichte (IAD) 27. bis 29. Oktober 2000, Mainz: Internationaler Arbeitskreis Druckgeschichte.

Werneck, Tom (1987), *Leitfaden für Spieleerfinder und solche, die es werden wollen*, Ravensburg: Ravensburger Verlag.

Werneck, Tom (2020), »Nachwort – *Catan* und noch lange kein Ende«, in: Teuber, Klaus (2020), *Mein Weg nach Catan*, Stuttgart: Langen Müller Verlag, S. 297–299.

Werning, Stefan (2020), »Making Data Playable – Exploring the Impact of Playfulness and Game Co-Creation on Creative Data Literacy«, in: *Journal of Media Literacy Education*, Vol. 12, Issue 3, S. 88–101.

Whitehill, Bruce (1992), *American Boxed Games and Their Makers: 1822–1992*, Radnor: Wallace-Homestead.

Whitehill, Bruce (2004), *Americanopoly. America as Seen Through its Games*, Renens: Musée Suisse de Jeu.

Wiemer, Serjoscha (2016), »Von der Matrix zum Milieu. Zur Transformation des Entscheidungsbegriffs zwischen homo oeconomicus und evolutionärer Auslese«, in: Nohr, Rolf F. u. a. (Hrsg.) (2016), *Medien der Entscheidung*, Münster / Berlin, LIT.

Williams, J. P. / Hendricks, S. Q. / Winkler, K. S. (Hrsg.) (2006), *Gaming as Culture. Essays on Reality, Identity and Experience in Fantasy Games*, Jefferson NC: McFarland.

Winkler, Hartmut (2016), »Don't be a Maybe. Entscheidungslust, Entscheidungsdruck und Entscheidungsnot unter den Bedingungen der Moderne«, in: Conradi, Tobias / Hoof, Florian / Nohr, Rolf F. (Hrsg.), *Medien der Entscheidung*, Münster: LIT Verlag, S. 209–227.

Wittgenstein, Ludwig (1982), *Philosophische Untersuchungen* (3. Auflage), Frankfurt a. M.: suhrkamp.

Wolf, Mark. J. P. / Perron, Bernard (Hrsg.) (2003), *The Video Game Theory Reader*, New York: Routledge.

Wonica, Peter (2017), »Ending the Cycle. Developing a Board Game to Engage People in Social Justice Issues«, in: Ruberg / Shaw (Hrsg.) (2017), *Queer Game Studies*, Minneapolis: University of Minnesota Press, S. 45–54.

Woods, Stewart (2012), *Eurogames. The Design, Culture and Play of Modern European Board Games*, Jefferson: McFarland & Company.

Woody, A. (2000), *»Putting Quantum Mechanics to Work in Chemistry«*, in: *Philos. of Sci.*, 67, S. 612–627.

Wörner, Ulrike (2009), »Die Dame im Spiel. Spielkarten als Indikatoren des Wandels von Geschlechterbildern und Geschlechterverhältnissen an der Schwelle zur Frühen Neuzeit«, in: Drascek / Daniel, Groschwitz / Helmut, Kleindorfer-Marx, Bärbel / Trummer, Manuel, *Regensburger Schriften zur Volkskunde/Vergleichenden Kulturwissenschaft*, Band 21, Münster: Waxmann Verlag, S. 186–197 u. 293–297.

Zagal, José P. (2020), »Collaborative Games redux. New Lessons from the Past 10 Years«, in: Brown / MacCallum-Stewart (Hrsg.) (2020), *Rerolling Boardgames. Essays on Themes, Systems, Experiences and Ideologies*, Jefferson: McFarland & Company, Inc. Publishers, S. 29–47.

Zeh, H. Dieter (2005), *Entropie*, Frankfurt a. M.: Fischer Taschenbuch.

Zhang, Yiewin u. a. (2021), *Effect of Input-output Randomness on Gameplay Satisfaction in Collectable Card Games*, IEEE Conference on Games.
URL: Vortrag: https://video.itu.dk/video/71683529/effect-of-input-output-randomness (zuletzt abgerufen: 22. 3. 2023)

Ziehe, Fabian (2022), »Die Geschichte von Camel Up«, in: *SPIEL DOCH!* 2022.2, S. 18-22.

Zollinger, Manfred (1997), *Geschichte des Glücksspiels. Vom 17. Jahrhundert bis zum Zweiten Weltkrieg.* Wien u. a.: Böhlau.

Zwiebach, Barton (2013–2018), MIT 8.04–8.06 Quantum Physics I–III (2013–2018) (playlists auf youtube und http://ocw.mit.edu).

Abbildungen

Alle Fotos und Graphiken stammen aus dem Archiv des Autors mit Ausnahme von: (1.1) NY Brooklyn Museum, (1.2) SAZ / Nürnberg, Spielearchiv, (2.3.1) u. (2.3.2) https://patents.google.com/patent/US2026082, (2.4.4) https://www.youtube.com/watch?v=oTwVZmJ9uRo, (2.6.2) Privatarchiv Teuber; (4.2.1) Clarence Squareman, Book of Indoor Games, 1916, (4.3.1) NY Brooklyn Museum, (4.4.1) Ricardo Calvo, (4.4.2) Paris, Louvre, (4.7.1) https://de.vecteezy.com/foto/747741-roulette-casino, (4.13.1) Bonn, Rheinisches Landesmuseum, (4.13.2) https://schachliebe.de/schachregeln/, (5.2.3) https://www.istockphoto.com/de/vektor/kohlenstoffkreislauf-gm586726364-100721927, (5.2.4) https://de.mongabay.com/2019/02/, (5.4.2) Mark Parisi, (5.4.3) Frank Behnsen in der Wikipedia auf Deutsch, (5.7.2) https://de.m.wikipedia.org/wiki/Datei:Standard_Model_of_Elementary_Particles-de.svg,

Dank

Ich danke allen Mit- und Gegenspieler:innen, ohne die dieses Buch nicht entstanden wäre, besonders: Alexander (Sascha), Bent, Bernd, Christin, Elena, Guido, Helmut, Isabell, Jenny, Juliane, Juri, Jutta, Konrad, Laurenz, Luisa, Martin, Michael C., Michael P., Philip, Russ, Sandra, Sarah, Uwe und Valentin.